Hermann-Josef Fohsel

Berlin, du bunter Stein, du Biest

HERMANN-JOSEF FOHSEL

Berlin, du bunter Stein, du Biest

BIOGRAFISCHE ERKUNDUNGEN

KOEHLER & AMELANG
MÜNCHEN BERLIN

Für Laura, meine Felicitas

Die Deutsche Bibliothek – CIP-Einheitsaufnahme
Ein Titeldatensatz für diese Publikation ist bei
Der Deutschen Bibliothek erhältlich

Satz und Layout: BK-Verlagsservice, München
Druck- und Bindearbeit: Friedrich Pustet, Regensburg
ISBN 3-7338-0320-5

INHALT

1 Voraussetzungen

> ... jedes vollkommene Werk ist die Totenmaske seiner Intuition.
> WALTER BENJAMIN

Alle Wege führen nach Rom – urbs aeterna, die Ewige Stadt. Rom sehen und sterben. Die Stadt der Städte. Nicht umsonst residiert hier der Papst und spricht seinen Segen: »urbi et orbi« (der Stadt und dem Erdenkreis) aus dem Caeremoniale Romanum. Wenn nach vollzogener Papstwahl der weiße Rauch aufsteigt und es heißt »habemus Papam«, dann wird dem neuen Papst der Mantel seiner Würde mit den Worten »investio te de Papatu Romano, ut praesis urbi et orbi« (ich bekleide dich mit der römischen Papstwürde, damit du vorstehst der Stadt und dem Erdkreis) umgehängt. Rom war lange Zeit Maßstab für alles, u.a. überliefert in dem Ausspruch »Roma locuta, causa finita« (Rom hat gesprochen, die Streitsache hat ihr Ende). Oder um mit Kaiser Konrad II. (990–1039) zu sprechen: »Roma caput mundi regit orbis frena rotundi« (Rom, das Haupt der Welt, lenkt die Zügel des Erdkreises). So alt wie die Stadt ist ihr Mythos. Ein Mythos, der so recht nicht aus den Köpfen der Besucher und Bewunderer weichen wollte, der so weit ging, daß, wenn jemand sich anschickte, die Geschichte einer beliebigen Stadt zu schreiben, er bei Rom anzufangen hatte. Ganz so wie es noch zur Spätantike üblich war, jede Geschichte einer Stadt mit Athen beginnen zu lassen. Aber mit der Aufklärung und ihrer Verlaufsform sollte sich das ändern. Rom, die »Hauptstadt des Barocks«, verlor seinen Glanz, seine Anziehungskraft, und plötzlich stand Paris da und wurde zur »Hauptstadt des Geschmacks und der Welt«, was später dann im Ehrentitel »Hauptstadt des 19. Jahrhunderts« (Walter Benjamin) kulminieren sollte. Der Rom-Mythos verblaßte. Walter Benjamin versucht sich an folgender Erklärung, die so recht eigentlich die Sache auch nicht erklärt:

»Den Typus des Flaneurs schuf Paris. Daß nicht Rom es war, ist das sonderbare. Und der Grund? Zieht nicht in Rom selbst das Träumen gebahnte Straßen? Und ist die Stadt nicht zu voll von Tempeln, umfriedeten Plätzen, nationalen Heiligtümern, um ungeteilt mit jedem Pflasterstein, jedem Ladenschild, jeder Stufe und jeder Torfahrt in den Traum des Passanten eingehen zu können? ... Aber die großen Reminiszenzen, der historische Schauer – sie sind ein Bettel, den er (der Flaneur) dem Reisenden überläßt ... Noch oft gäbe er all sein Wissen um das Domizil von Balzac oder von Gavarni, um den Ort eines Überfalls und selbst einer Barrikade für die Witterung einer Schwelle oder das Tastbewußtsein einer Fliese dahin, wie der erstbeste Haushund es mit davonträgt.«

Nihil tibi, Roma ... Rom, das war Urgeschichte der Menschheit, ist noch immer Museum des Abendlandes. Wer nach Rom reist, weiß schon im voraus, was ihn erwartet. Nichts überrascht ihn. Er kennt sich aus. Ist nicht umsonst Bildungsbürger. Er spaziert auf bekanntem Boden. Bildet sich spazierend weiter.

Und Paris? Paris! Hier flaniert man der Schaulust wegen. Und Berlin, die preußische Hauptstadt, von der hier eigentlich die Rede sein soll? Da bummelt man durch märkischen Sand und versucht der Langeweile zu entfliehen, die an jeder Ecke auf einen wartet. Aber kein Entkommen. Kaum denkst du, du seist ihr entwichen, läuft sie dir an der nächsten Straßenecke wieder über den Weg. Berlin schuf den Bummler, Paris und nur Paris den Flaneur. Jules Laforgue, in den 80er Jahren des 19. Jahrhunderts Vorleser der Kaiserin am Berliner Hof, schreibt in seinem langen Essay »Berlin. Der Hof und die Stadt«: »Der Deutsche, selbst der Berliner, ist kein *flâneur.*«

Ins gleiche Horn stößt Victor Aubertin, ein zu seiner Zeit berühmter Feuilletonist, in seiner fürs »Berliner Tageblatt« geschriebenen Miniatur »Wie sie spazierengehen«:

»Wir [die Berliner; d. Vf.] kennen die Kunst des Spazierens nicht, die Kunst des Flanierens. Die Gabe ist uns versagt ...«

Bei diesen fachkundigen Urteilen wollen wir's belassen.

Doch zurück, noch einmal, zum letzten Mal, nach Rom. Rom, »Hauptstadt der Welt«, wie Goethe mit Blick von Weimar und nur von dort aus, von der Provinz, formulieren konnte, empfing im zu Ende gehenden 18. Jahrhundert noch einmal den gesamten deutschen Klassizismus, der sich hier bei seinen Spaziergängen durch den abendländischen Kulturboden grub. Die Rom-Spaziergänger Johann Joachim Winckelmann,

Johann Wolfgang Goethe und Wilhelm von Humboldt wären in Paris auf verlorenem Posten gewesen. Sie hätten sich durch das Labyrinth einer Stadt wühlen müssen, deren Text sie nicht verstanden, den sie sich erst mühsam hätten erarbeiten, ergehen müssen. Und keine Ariadne in Sicht, die ihnen geholfen hätte.

»Die Stadt [natürlich ist hier Paris gemeint; d. Vf.] ist die Realisierung des alten Menschheitstraums vom Labyrinth. Dieser Realität geht, ohne es zu wissen, der Flaneur nach.« (Walter Benjamin)

Der Flaneur und nicht der wissende Bummler ward ja in Paris geboren.

Ja und war da nicht noch etwas gewesen, in Paris? Eine Revolution? Der Pöbel an der Macht? Dann doch lieber Weimar und Rom.

Paris, das neue Babylon. Warum das so ist, woher die Abneigung kommt, das kann man in Goethes »Pariser Reisejournal« aus dem Jahre 1792 nachlesen (auch wenn's erfunden sein sollte, so ist es doch ganz wunderbar und für unsere Geschichte gerade das richtige):

»Nun bin ich fünf Tage hier (in Paris), aber noch könnte ich nicht sagen, daß in meiner Seele der allgemeine Begriff dieser Stadt hervorträte. Zu widrig sind die empfangenen Eindrücke, zu fremd ist mir ihr ganzes welsches Wesen, gleich ob ich auch Helenen in manchem Weibe wähnen mochte, das die Bahnen kreuzte, derer ich im Palais Royal wandelte.«

Was ihn wohl am meisten ärgerte und ihn in seiner Abneigung gegen Paris bestärkte, berichtet er von einem Besuch bei Bouquinisten auf dem Quai Malaquais unter dem Datum des 24. September:

»Diplomatische Traktate, Schriften über das Geld oder das Bauwesen, Broschüren zum Streit über die Staatsverschuldung, Scharteken über den Krieg zwischen den Türken und dem Kaiser, über das Leben von Päpsten und Eremiten – den Büchertrödlern ist alles gleich. Sie verballhornen den Titel bei dem Bemühen, ihn auszusprechen, und bieten die Werke des Geistes feil, als verkaufen sie ein Stück Käse. Unter all dem bedruckten, wild durcheinander rangierten, meist elend anzuschauenden Zeug erspähte ich auch in bescheidenem Kostüm und arg zerlesen meinen Werther, den ich einst dem Baron Grimm zugeeignet habe.«

Das geht natürlich nicht, der Werther, mit Widmung von eigener Hand, beim Trödler. Kein Wunder, daß Goethe nach sechs Tagen die Schnauze voll hatte und Paris verließ, um sich seinem Herzog wieder anzuschließen und den Rückzug nach der »Kanonade von Valmy« mitzumachen. Wie es weiterging, kann man in der »Campagne in Frankreich« nachlesen, wissend allerdings jetzt, daß die Tage vom 21. September bis zum 29. September frei erfunden sein könnten. Wichtig am Tagebuch für uns ist die Erwähnung des Baron Grimm. Er wird an anderer Stelle noch eine Rolle, seine Rolle spielen. Warum Goethe in seinem Reisebericht vom Feldzug Preußens und Österreichs gegen das revolutionäre Frankreich seinen Abstecher nach Paris verschwiegen hat, wird sein ewiges Geheimnis bleiben.

Erst mit der Verlaufsform der anti-autoritären Bewegung sollte das »Ewige Rom« wieder für einige deutsche Intellektuelle von Interesse werden, aber nicht der Antike wegen, nein: es waren die glutvollen schwarzhaarigen und dunkeläugigen Fabrikarbeiterinnen, die es ihnen angetan hatten. Und statt auf irgendwelchen Spuren zu wandeln, lag man in seinem Hotelbett, träumte von den Frauen, der Revolution, onanierte – und das ganze unter dem Motto: »lotte in italia« – »Sag der Revolution: Ich komme!«

Verlassen wir die pseudo-revolutionäre Stätte und die Phantasien von verhinderten Revolutionären oder Lehrern oder beidem und wenden wir uns unserem Problem wieder zu: Berlin resp. Paris.

Und schon sind wir bei der Frage: was ist die »Mutter aller Städte« (Kairo), um dem Eurozentrismus wenigstens für eine Zeile zu entfliehen, das »Himmlische Jerusalem«, die »Stadt der Weltgeschichte« Athen und »Roma aeterna« gegen Paris? Nichts! Wer heute über eine beliebige Stadt schreiben will – schreibend in ihr flanieren, flanierend in ihr schreiben –, der muß, es geht nicht anders, bei Paris beginnen. Rom war für den klassizistisch-romantischen Bildungsbürger Urgeschichte der Menschheit, Wiege der abendländischen Kultur. Paris aber wurde zum Experimentierfeld der Moderne, »zur ... Hochschule der Philosophie ... und [zur] neuen Hauptstadt der neuen Welt« (Karl Marx); halt zur »Hauptstadt des 19. Jahrhunderts«. Daß Paris nicht auch Hauptstadt des 20. Jahrhunderts wurde, liegt außerhalb unserer Betrachtung und wäre eine eigene Studie wert. Und was ist mit London? Metropole einer immerhin einmal weltumspannenden Macht. Ja, was ist mit London, fragt und rumort es im Schreiber. London? War da nicht einmal etwas. Richtig: Heine, Heinrich, Emigrant in ... Paris. London? Hören wir ihn:

»Aber schickt keinen Poeten nach London!« Nein, tun wir nicht. Vergeßt London!

Und Berlin? Seine Metropolen-Träume waren im 19. Jahrhundert noch auf märkischen Sand gebaut. Und danach, sieht man einmal von dem kurzen Zwischenspiel ab, das man »Goldene 20er Jahre« nannte, die auch nicht so golden waren wie es den Anschein nicht hatte und die eigentlich nur Vorspiel für das waren, was dann 12 Jahre lang folgen sollte und wofür Auschwitz steht: Vernichtung. Berlin, die Hauptstadt der Vernichtung! Aber von der soll hier nicht die Rede sein.

Im Folgenden wollen wir durch ein vergangenes Berlin spazieren, auf den Spuren von Personen, indem wir durch ihr Leben und ihr Werk schlendern. Der Raum, den wir dabei durchschreiten werden, ist aber nicht nur Berlin, sondern auch Paris. Paris ist der gemeinsame Nenner; und wo es einmal nicht die Stadt ist, da ist es Mozart, aber Mozart ist auch Paris, ist Wien und eben auch Berlin. In all den Städten begeben wir uns auf Spurensuche, folgen quasi als »Letzter Mohikaner« den Fährten der Stadtwildnis, die folgende Akteure gelegt haben:

Louis-Sébastien Mercier, Wolfgang Amadeus Mozart, Heinrich von Kleist, Wilhelm Müller (der »Schöne-Müllerin-Müller«), E.T.A. Hoffmann, Arthur Schopenhauer, Heinrich Heine, Dietrich Grabbe, Albert Lortzing, Bruno Bauer, Max Stirner, Friedrich Wilhelm Joseph von Schelling, Sören Kierkegaard, Michail Bakunin, Friedrich Engels (der Marx/Engels-Engels), sowie Beethoven, Hegel, Marx und einige andere, je nach Bedarf. Dabei ergeben sich u.a. folgende Konstellationen: Mozart/Hoffmann/Grabbe/Kierkegaard (Paris, Berlin), Mozart/Beethoven/Fürst Lichnowsky/Hoffmann/Hegel (Berlin), Schopenhauer/Mercier/Marx (Paris, Berlin, Jena), Hoffmann/Schopenhauer (Berlin, Dresden), Heine/Grabbe (Berlin), Schelling/Kierkegaard/Engels/Bakunin (Berlin). Tja und Rixdorf (Bruno Bauer). Vergeßt mir Rixdorf nicht, denn da ist nicht nur »Musicke«, und natürlich Charlottenburg, der »Heiligen Familie« wegen. Und als düster-phantastisches Spiel Bamberg (Hegel/Hoffmann).

Von Italo Calvino gibt es die Erzählung »Das Schloß, darin sich Schicksale kreuzen«. Sie ist uns verschlungener Leitfaden. Das Schloß ist bei uns Berlin. Die Schnitt- und Kreuzungspunkte liegen dabei aber nicht nur in der preußischen Metropole. Bei unserer Erkundung begeben wir uns wie der Reisende des Mittelalters und der Renaissance auf eine Wanderschaft, bei der wir glauben, daß wir wüßten, wohin wir unterwegs sind, aber statt dessen immer wieder zu Orten und Personen kommen, deren Besuch eigentlich nicht eingeplant war.

Den Leser bitten wir deshalb, zum Flaneur in den einzelnen Kapiteln zu werden, wenn er zwischen den Texten einen Zusammenhang herstellen will.

Als Rhizom und Patchwork ist diese Arbeit auch ein Salut an Felix Guattari und Gilles Deleuze und ihre »Mille plateaux«, der sie so unendlich viel verdankt, auch wenn das prima vista nicht gleich zu sehen ist.

2 Auf dem Weg nach Berlin

Reisen

Reisen bildet. Das wußten schon die Alten. Und so reisten sie auf Teufel komm raus in der Weltgeschichte umher. Aber nicht zum Vergnügen, denn dazu war es zu gefährlich. Mehr fürs Renommee. Denn wer schon einmal in Italien, Frankreich oder England war, der galt was, egal ob als Gelehrter, Kaufmann oder Komponist. So etwas konnte sich ganz erheblich im Salär niederschlagen. Aber das Reisen war im 18. Jahrhundert gar nicht so einfach und auch nicht billig und darüber hinaus sehr anstrengend. Vollgestopft, in einer meist schlecht gefederten Kutsche, saß man mit Fremden dicht auf dicht. Nur wer über genügend Geld verfügte, war in der Lage, sich eine eigene Kutsche zu leisten, mit eigenem Personal.

Neben Ganoven, derer man allgegenwärtig sein mußte, war der Zustand der Straßen das größte Handikap für die Reisenden. Christian Friedrich von Lüder notierte 1779 in seinem Werk über die Straßen in deutschen Landen:

»Dem Vermuthen nach sollten die Weege in Deutschland bey dem anhaltendem Gewerb und den häuffigen Fabricken, Manufacturen und allen übrigen großen Handlungs-Anstalten recht gemächlich seyn, allein die mehreste davon sind, wie in allen anderen Reichen die größte Zeit des Jahres fast ganz unbrauchbar. Jedermann leidet dabey, weil die Waaren öfters gar zu lange in den Vorrathshäusern liegen bleiben müssen, oder unterwegs ganz zu Grunde gerichtet oder durch den schweren Fuhrlohn, Zehrungskosten und Wartegelder vertheuret werden und auch die Reisenden gar zu oft der Gefahr bei längst nicht verwahrten Anhöhen und Abgründen in die Tiefe geworfen zu werden, oder auf den Erddämmen in grundlosen Weegen liegenbleiben und wenigstens viel Vieh anspannen lassen müssen, wenn sie nicht Zeit haben, den Frost und Sonnenschein, wodurch die Wege wieder hart werden, abzuwarten ...

Geräth man aber in die engen Weege oder in die, welche mit Holz, Reisern und Prügel belegt sind, so ist das Elend erst recht groß, und siehet man sich gezwungen über die zerrissenen Berge und fette Felder, durch überschwemmte Thäler, morrastige Flächen und mit gefährlichen oder gar keinen Brücken versehene Bäche zu reisen, so ist gar nicht fortzukommen ...«

Darum wird die Empfehlung ausgegeben, »die höllische Landstraße wie den Teufel zu meiden«.

In ihren berühmten »Denkwürdigkeiten« erzählt Wilhelmine Markgräfin von Bayreuth (ihrem Bruder, Friedrich II., werden wir im zweiten Kapitel noch begegnen) von einer Fahrt nach Ansbach: »Schon seit langer Zeit waren wir dem Markgrafen von Ansbach einen Besuch schuldig, nahmen also diesen ... Zeitpunkt wahr ... und reisten den ein und zwanzigsten Jenner nach seiner Residenz ab ... Indem wir neben einem ungeheuren Abgrund fuhren, kam das Vorderrad aus dem Gleise, und ohne die Hülfe meiner Heyducken, welche den Wagen bei den Hinterrädern zurück hielten, wären wir herunter gestürzt. Der Markgraf, die Marwitz und meine Hofmeisterinn stiegen, weil die Thüre des Wagens der anstoßenden Felsen wegen nicht ganz aufgingen, mit einiger Mühe aus, und weil meine Leute glaubten, daß auch ich ausgestiegen sey, ließen sie die Räder los; der Schrecken gab mir Kraft und Geschicklichkeit, ich sprang in einem Satz aus der Wagenthür, allein ich strauchelte mit beiden Füßen, und fiel unter die Kutsche in dem Augenblick, wo sie wieder fortfuhr. Die Marwitz und ein preußischer Offizier, der uns gefolgt war, ergriffen mich bei den Kleidern und rissen mich hinweg, sonst wäre ich unter die Räder gekommen. Da ich sehr erschrockem war, gab man mir zur Herzstärkung ein wenig Wein, und dann setzten wir unseren Weg fort.«

Aber der Schrecken sollte noch kein Ende sein. An einem Fluß ohne Brücke wäre jede andere Reisegesellschaft, die nicht über ausreichendes Begleitpersonal und Ersatzpferde verfügt hätte, unweigerlich gescheitert oder ertrunken: »Das Thauwetter war erst mit der Nacht eingetreten, die Sonne mußte dem Schatten weichen, um im Romanstyle zu reden, und unser Weg führte uns über einen Fluß. Er war zugefroren, allein kaum waren wir darauf, so brach das Eis, und Pferd und Wagen blieben ganz zur Seite hängend darinn stecken. Mit Hülfe von Winden und mit der größten Vorsicht, sonst hätten wir alle ertrinken können, zog man uns wieder heraus.«

Im September 1755 machte sich der achtunddreißigjährige Johann Joachim Winckelmann, ausgestattet mit einer jährlichen Pension des sächsischen Kurprinzen Friedrich Christian in Höhe von 200 Reichstalern, auf den Weg nach Italien. Gerade war seine Schrift »Gedancken über die Nachahmung der griechischen Wercke in der Mahlerey und Bildhauer-Kunst« in dreißig Exemplaren in Dresden erschienen. Eine Vorstufe zu seinem fundamentalen Werk »Geschichte der Kunst des Alterthums«. Das zu schreiben er nach Italien, genauer nach Rom aufbrach. Durch sein Wirken in Italien und seine Schriften erhob er die Archäologie in den Rang einer Wissenschaft. 1763 wurde er zum Generalkustos aller römischen Altertümer und Scriptor der Vatikanischen Bibliothek ernannt. Seine Studienreise nach Rom wurde für ihn eine Reise für immer. Seine Heimat sollte er nach dreizehn Jahren nur ganz kurz wiedersehen. Auf der Rückreise von Wien, wohin er mit dem Bildhauer Cavaceppi aufgebrochen war, fand Winckelmanns Leben auf tragische Weise ein Ende. In einem Gasthof in Triest wurde er von einem vorbestraften Koch aus Pistoia namens Francesco Arcangeli erdrosselt und erstochen. Vor Gericht gab der Mörder an, er habe Winckelmann für einen »Lutheraner, Juden, Spion oder überhaupt einen Untermenschen gehalten«.

Also Winckelmann auf dem Weg nach Rom schreibt einem Freund in Sachsen: »In Augsburg suchte ich Gelegenheit nach Italien, fand aber keine, weil die Jesuiten, die zur Wahl ihres Generals durch Augsburg um diese Zeit gingen, alle Vetturini [Postkutschen; d. Vf.] weggenommen und bestellt hatten. Nach 8 Tagen, um nicht länger im Wirtshaus zu liegen, sah ich mich genötigt, mit einem Kastraten in einer hinten und vorn sehr beladenen Kutsche von Augsburg über Innsbruck, Bozen, Trient und Mestre nach Venedig abzugehen. Auf diesem Wege haben wir wegen der üblen Straßen im Tridentinischen und Venezianischen und wegen der ausgerissenen Flüsse 14 Tage zugebracht. Von Bozen muß ich anführen, daß ich alle Mädchen, welche ich gesehen, hübsch, ja schön gefunden habe, die Kastraten verstehen sich auf diese Kenntnis, und mein Kompagnon stimmt mir bei. Sobald ich in Rom ankam, führte man mich mit meinen Sachen nach der Dogana [Zoll; d. Vf.]. Meine Sachen wurden, von Grund aus dem Koffer genommen, und die Bücher, welche man fand, nahm man zu sich. Ich bekam sie alle wieder bis auf die Werke von Voltaire, welche an 3 Wochen in der Dogana geblieben sind.«

Da hatte unser Begründer der Archäologie aber noch einmal Glück gehabt, denn neben den ganzen Unwägbarkeiten des Weges und des Wetters und der Räuber gab es auch noch den Staat oder besser die Kleinstaaten, die man durchreisen mußte. Und die verlangten nicht nur Zoll, sondern auch manchmal Bares, um das, was beschlagnahmt wurde, wieder auszulösen.

Paris zum Ersten

Reisen: Renommee oder Sicherheit? Für die Familie des Vizekapellmeisters und Hofkomponisten in Salzburg, Leopold Mozart, gar keine Frage. Renommee, was sonst! Und so wurde gereist. Allein, mit der ganzen Familie, mit Sohn und Tochter, nur mit Sohn. Das hatte Folgen. Nicht nur für die Musikgeschichtsschreibung (was für ein Wort), sondern auch für einen der Beteiligten: Wolfgang Amadeus Mozart. Von Beruf vagabundierendes Wunderkind, nomadischer Komponist (man verfolge nur einmal seine Adressen in Wien), musikalisches Genie, Schöpfer der ersten »bürgerlichen Oper« (Hochzeit des Figaro), in der zum ersten Mal Leute von nebenan, also wirkliche Menschen und keine Allegorien auf der Bühne standen, und Mythos seiner selbst. Ein Drittel seines nur 35 Jahre währenden Lebens war er auf Achse. Mit Familie, nur mit Vater, nur mit Mutter, alleine, mit Ehefrau, mit Gönnern. Drei Reisen davon sind für uns hier von Interesse, die von 1763 und 1777 nach Paris, die erste mit der gesamten Familie, die zweite nur mit der Mutter, und 1789 die nach Berlin mit dem Fürsten Lichnowsky.

Am 9. Juni 1763 verließ am frühen Morgen eine Kutsche die erzbischöfliche Residenz Salzburg in Richtung bayerische Grenze. In der Kutsche saßen der Vizekapellmeister am salzburgisch-erzbischöflichen Hofe, Herr Leopold Mozart, nebst Gattin Anna Maria und den beiden Kindern, dem siebenjährigen Wolfgang und seiner um fünf Jahre älteren Schwester, der Nannerl. Noch dabei waren ein Diener, Sebastian Winter, und ein Clavichord. Es sollte ja keine Vergnügungsreise werden. Man reiste in eigener Kutsche. Das war zwar teuer, und das Geld dazu mußte sich Leopold Mozart leihen, aber dafür war es weniger stressig, dachte man. Aber schon vor der ersten Station, Wasserburg, wo die Pferde rasteten und die Familie picknicken wollte, gab es die erste größere Verdrießlichkeit, ein Rad brach. Es dauerte Stunden, bis es weiterging. Wie es weiterging, davon berichten das Tagebuch von Nannerl und die vielen Briefe, die Leopold schrieb, schreiben mußte, an seinen Geldgeber. Immer schön berichtend, was man so erlebte, vor allem aber, was man einnahm, damit zu Hause auch jeder wußte, daß sich die Investition auch gelohnt hatte. Der Geldgeber der Reise war der Hausherr der Mozarts, Johann Lorenz Hagenauer. An ihn schrieb am 11. Juni 1763 Leopold Mozart:

»Das heist auf der Schneckenpost gereiset! – – aber nicht aus unserer Schuld. 2 Stunden ausser Wasserburg brach uns ein hinteres Rad in Stükken. Da sassen wir. zum glücke war es heiter und schön, und noch zum grössern glücke war in der Nähe eine Mühle. man kam uns mit einem Rad, das zu klein und doch im Hauffen zu lang war, zu hilfe. wir musten frohe seyn, daß wir dieses hatten, und gleichwohl ein kleines bäumchen abhauen, um es vor das Rad zu binden, daß es nicht ablauffen konnte; das zerbrochene Rad schlugen wir gar in Stücken, um das Eysenwerk mit zu nehmen. den Reiffen musten wir unter den wagen=kasten binden um ihn fortzubringen. Dieß sind nur die Hauptumstände, die uns über ein Stund auf der freyen Strasse aufhielt. den übrigen Weeg machte ich und der Sebastian im Nahmengottes per pedes apostolorum fort um mit unseren schweren Cörpern dem blessierten wagen kein neues Ungemach zuzusiehen. da wir also um 10 uhr in Wasserburg hätten eintreffen können, mussten wir zufrieden seyn um 1 Viertel nach 12 uhr alda anzulangen. Nun ward der Wagner und schmied gerufen um ein neues Rad zu fertigen. Es war nothwendig auch dem andern Rad die Puls zu fühlen. ... Es hieß der Wagen würde bis heute früh, folglich in Tag und Nacht restituirt seyn. – – aber ja! Einen blauen Teufl! – – wir hofften bis nach tische weiter zu kommen. – – vergebens! Der Wagner hackte und schnitt; der Schmid sengte und brennte, und schlug dapfer darauf.«

Nach behobenem Radbruch ging die Reise am nächsten Tag endlich weiter. Sie führte über München, Augsburg, Ludwigsburg, Schwetzingen, Heidelberg, Mainz nach Frankfurt/Main. Von hier schreibt Leopold am 20. August an seinen Kreditgeber: »Der Wolfgang: ist ganz ausserordentlich lustig ... Die Nannerl ... spielt, daß alles von ihr spricht, und ihre Fertigkeit bewundert.«

Im hohen Alter erinnerte sich Goethe an eins der vier Konzerte, die die im Duett spielenden Wunderkinder Nannerl und Wolfgang gaben. Zu Eckermann meinte er am 3. Februar 1830, es sei überaus putzig gewesen, den »kleinen Mann in seiner Frisur und Degen« zu sehen.

Angekündigt wurde das Konzert so: »Der Knab wird ein Concert auf der Violin spielen, bey Synfonien mit dem Clavier accompagnieren, das Manual oder die Tastatur des Claviers mit dem Tuch gänzlich verdecken, und auf dem Tuche so gut spielen, als ob er die Claviatur vor Augen hätte; er wird ferner in der Entfernung alle Töne, die man einzeln oder in Accorden auf dem Clavier, oder auf allen nur erdenklichen Instrumenten, Glocken, Gläsern und Uhren usw. anzugeben imstande ist, genaust benennen. Letztlich wird er nicht nur auf dem Flügel, sondern auch auf einer Orgel vom Kopfe phantasiren.«

Klar, daß solcherart angekündigte Kunststücke Goethes Vater nicht gleichgültig ließen und er tief in sein Portemonnaie griff, um solches seinen Filius erleben zu lassen. In seinem Haushaltsbuch lesen wir unter dem 25. August 1763: »4 Gulden 7 kreuzer pro concerto musicali duorum infantium«.

Als Goethe mit Eckermann sprach, war der kleine Mann seiner Erinnerung schon ein paar Jährchen tot, er, der der Wunschkandidat Goethes für die Vertonung seines »Faust« gewesen war.

Von Frankfurt ging's weiter nach Koblenz, einem verträumten provinziellen Residenzstädtchen der Kurfürsten von Trier, die die Stadt am Zusammenfluß von Rhein und Mosel seit 1690 zu ihrem dauernden Sitz erkoren hatten. Jedoch nicht in Koblenz, d.h. linksrheinisch, hielten sie Hof, sondern im Schloß Philippsburg, am Fuße des Ehrenbreitsteins. Die Philippsburg war einer der größten und bedeutendsten Barockbauten am Rhein. Apropos Barockbauten. Die berühmtesten Baumeister des Barock gaben sich in Koblenz, respektive Ehrenbreitstein, die Kelle in die Hand. Der bekannteste heute noch: Balthasar Neumann, der »Treppen-Neumann«, wie er auch genannt wurde, denn Treppen waren seine Leidenschaft (man schaue sich nur die Doppeltreppe in der Augustenburg bei Brühl an). Aber nicht nur »14 Heiligen« und die Residenz des Fürsterzbischofs von Würzburg gehen auf sein Konto, sondern auch die ersten Pläne für das heutige Stadttheater in Koblenz, das dann von Peter Josef Krahé verwirklicht wurde, ein Kleinod!

Nun denn, rechtsrheinisch, in Ehrenbreitstein, damals noch nicht zu Koblenz gehörend, wohnte Maria Magdalena Leym geb. Keverich. Was heißt wohnte. Sie wurde hier geboren. Ihr Geburtshaus ist noch heute als Museum zu besichtigen. Warum wir das an dieser Stelle erzählen? Kob-

Wolfgang Amadeus Mozart (1756–1791).

lenz? Es sollte doch von Berlin die Rede sein, von Paris, allenfalls noch von Bamberg, aber Koblenz? Geduld. Des Rätsels Lösung folgt ja. Ein kleiner Sprung in die Zukunft. Wir schreiben den April 1787. Der zweite Hoforganist des Kurfürsten von Köln, Ludwig van Beethoven, weilt in Wien und stattet Wolfgang Amadeus Mozart seinen Besuch ab. Ja und? Beethoven ist der Sohn von eben jener Maria Magdalena Leym geb. Keverich.

Maria Magdalena Keverich wurde am 19. Dezember 1746 zu Ehrenbreitstein als sechstes und jüngstes Kind des kurtrierischen Oberhofkochs Johann Heinrich Keverich und seiner Ehefrau Anna Klara Westorff geboren. Mit 16 Jahren heiratete sie am 30. Januar 1763 den um 13 Jahre älteren kurfürstlichen Kammerdiener Johann Leym. Am 25. Oktober 1764 wurde ihr Sohn Johann Peter Anton geboren, der aber bereits einen Monat später starb. Im Herbst 1765 folgte sein Vater ihm nach, so daß Maria Magdalena mit 19 Jahren bereits Witwe war. Sie zog wieder zu ihrer Mutter in die Wambachgasse 204. Durch ihren angeheirateten Vetter, den Bonner Hofviolinisten Johann Konrad Rovantini, lernte sie Johann van Beethoven kennen. Wann das genau war, weiß man nicht, aber am 12. November 1767 heirateten die beiden. Die Trauung fand in St. Remigius in Bonn statt.

Nun gut, Koblenz. Wenn man schon keine Dichter, nein Poeten nach London schicken sollte, dann auch keine Musiker nach Koblenz. Oder doch. Hören wir Vater Mozart über Koblenz aus Koblenz. Am 26. September 1763 schreibt er: »... Ich mußte der Noblesse noch ein Concert geben [in Frankfurt; d.Vf.]: und gieng nach Coblenz. Nun kömt eine merkwürdige Reise! – – – Den 13:ten Dieß sind wir mit einer Jagd, oder wie man hier spricht, Jacht, nach Coblenz abends um ½ 7 Uhr von Maynz abgefahren. Von Maynz fährt man, wenn es gut geht, und wenn man Morgens recht früh abfährt, in einem Tage.«

Tja, wenn es gutgeht! Aber es ging nicht gut. Eine ganze Seite schildert Vater Mozart das Ungemach, das über sie hereinbrach, an seinen Geldgeber. Winde, Regen, Unwetter, Krankheit des Sohnes ... Aber nach vier Tagen war es dann soweit: »Endlich kamen wir Sonntags den 17:ten Mittags in Coblenz an, nachdem mich diese Reise 3. Louisd'or Schifferlohn und eine Louisd'or zährung und an anderen nöthigen Ausgaben gekostet. Sie werden sich wundern, daß ich nicht lieber zu Land gegangen bin welches mich weniger würde gekostet haben. Allein sie müssen wissen, daß die Wege an sich selber sehr elend sind, weil alles zu wasser geht, ietz aber waren sie, wegen der beständig üblen Witterung gänzlich verdorben ... den 18. Nachmittag haben wir schon bey dem Churfürsten uns hier produciret, und sind auch gleich nach der Production mit 10 Louisd'or beschenkt worden.«

Am nächsten Tag sollte es dann weitergehen, aber ein Unwetter und eine Krankheit des kleinen Wolfgang machten die Absicht zunichte. »Eine meiner Ursachen: daß ich nicht gleich ... von Coblenz abgegangen bin, war, daß der Wolfgang: einen Schnupfen oder Strauchen hatte, der sich ... in einen förmlichen Catharr verwandelt hatte. Ich bin so gezwungen, noch ein Paar Tage abzuwarten, sonderlich weil das Wetter so schlecht ist ...«

Und was tut man, wenn man in einer fremden Stadt zu warten gezwungen ist? Man schaut sich in ihr was um. Aber großen Eindruck hat die Fast-Geburtsstadt Ludwig van Beethovens am Zusammenfluß von Rhein und Mosel nicht auf die Mozarts gemacht.

»Der hießige Hof ist nicht brillant, das meiste bestehet in Essen und tapfer trinken. Nun trinken wir halt auch gute Mosler Weine, und der hünigerbleicher ist ein delikater Wein. wir logiren hier in den 3. Reichskronen ... sonst ist hier die fliegende Brücke über den Rhein, und die steinerne über die Mosel. dann die Festung Ehrenbreitstein das Schloß oder die Residenz, das Schloß Schönborns=Lust etc. sehenswürdig. nur ist zu bedauern, daß immer böses Wetter ist ...«

Aber so bemerkenswert war dies auch nicht, daß es über den Tag des Schreibens hinaus Bestand gehabt hätte. Das einzige, was ihn doch irgendwie beschäftigt hatte, notierte er fast am Rande in sein Tagebuch: »In der Vestung soll auch ein Rock Xsti seyn, ich habe den Platz des Behältnisses und die Abbildung gesehen.« Ja was ist denn das: »Rock Xsti«? Hören wir den Evangelisten Johannes: »Als die Soldaten nun Jesus gekreuzigt hatten, nahmen sie seine Kleider und machten vier Teile daraus, für jeden Soldaten einen Teil, dazu den Rock. Der Rock aber war ohne Naht, von oben an ganz durchgewebt. Da sprachen sie untereinander: ›Wir wollen ihn nicht zerteilen, sondern darüber losen, wem er gehören sol‹ – damit die Schrift erfüllt würde: ›Sie haben meine Kleider unter sich verteilt und über mein Gewand das Los geworfen‹. Das also taten die Soldaten.« (Joh. 19,23)

Das ist er also: der »Rock Christi« oder wie Vater Mozart schreibt: Rock Xsti, die Tunika des Jesus von Nazareth. Aber wie kam er nach Koblenz, der Rock? Kleiner historischer Exkurs gefällig aus der Frühgeschichte des Christentums? Bitte!

Um 250 n. Chr. wurde in England oder auf dem Balkan die nachmalige »Nobilissima femina« des dem Untergang geweihten Römischen Reiches, Helena, geboren, die nicht nur als Mutter des Kaisers Konstantin, dem die Geschichtsschreibung später einmal den Beinamen der Große verleihen sollte, in die Geschichte einging. Und das »nicht-nur« ist für uns von Interesse. Nein, nicht nur Mutter war sie, sondern auch Reisende. (Reisen! Wir verlieren unseren Faden so schnell nicht.) Zu Beginn des 4. Jahrhunderts reiste sie nach Palästina, sie, die schon früh zum Christentum sich bekehren ließ, um auf den Spuren von Jesus und anderer biblischer Gestalten zu wandern. Ihren Weg können wir relativ genau verfolgen. Sie fand die Stelle, wo der brennende Dornbusch mit Mose redete; sie fand den Berg, auf dem Mose die Gesetzestafeln erhielt, wo der »Tanz ums Goldene Kalb« stattfand. Sie fand den Stall, wo Jesus geboren wurde, heute steht dort immer noch die Geburtskapelle; sie fand den Ort auf dem Ölberg, wo Jesus gen Himmel gefahren ist, heute befindet sich dort noch immer die Himmelfahrtskirche. Ja und dann fand sie noch so dieses und jenes, wie das Kreuz Christi, die Nägel, das Abendmahlmesser, die Gebeine des Apostels Matthias ... und den Rock des Herrn. Und das alles übergab sie in einer Kiste dem Bischof Agritus von Antiochien, der seit 314 Bischof von Trier war. Alles fromme Legende? Hören wir einen Fast-Augenzeugen: 395 n. Chr. hielt der in Trier geborene Bischof von Mailand, der Kirchenvater Ambrosius, eine »Trauerrede auf Kaiser Theodosius den Großen«:

»Ängstlich besorgt für ihren Sohn Konstantin, dem die Herrschaft über das römische Weltreich zugefallen war, eilte die Mutter nach Jerusalem und erforschte die Stelle, wo der Herr gelitten hatte ... Sie begab sich auf Golgata ... Sie läßt nun den Boden aufgraben, das Erdreich wegnehmen; da stößt sie auf drei durcheinanderliegende Marterhölzer, die der Schutt bedeckt, der Feind versteckt hatte ... Sie sucht nun nach dem mittleren Kreuzesholz ... Sie findet, daß das mittlere Kreuz die Aufschrift an der Stirne trug: »Jesus von Nazareth, König der Juden« ... Sie suchte die Nägel, mit denen der Herr ans Kreuz geheftet wurde, und fand sie. Aus dem einen hieß sie ein Pferdegebiß machen, den anderen ließ sie in ein Diadem verarbeiten ... Sie sandte ihrem Sohn Konstantin das Diadem, mit Edelsteinen geschmückt, die dem Eisen des Nagels eingefügt waren und das den noch kostbareren Edelstein des Kreuzes der göttlichen Erlösung zusammenhielt ... Ein Gut ist dieser Nagel im Zügel der römischen Herrschaft. Er beherrscht den ganzen Erdkreis und schmückt die Stirne der Kaiser, so daß sie jetzt Prediger sind, die so oft die Verfolger waren. Mit Recht ruht der Nagel auf dem Haupte, damit dort, wo der Verstand thront, auch der Schutz herrsche. Auf dem Haupte die Krone, in den Händen die Zügel: Die Krone vom Kreuz, daß der Glaube leuchte; desgleichen die Zügel vom Kreuze, damit die Macht herrsche ...«

Toll, toll! So einfach geht das mit dem Gottesgnadentum der Herrscher. Eine hochpolitische Rede also, die uns der Kirchenvater da erzählt. Aber zurück zum Ausgangspunkt. Halt, zuvor noch einmal das Kreuz. Alle Kreuzesreliquien zusammengenommen, die über die ganze Welt verstreut liegen, würden einen Wald von der Größe des Berliner Bezirks Tempelhof ergeben. Ja und die Tunika des Herrn? Von ihr gibt es zwar nicht so viele Stücke wie vom Kreuz, aber in vielen Ländern, u.a. in Frankreich und Italien, werden mehrere Röcke aufbewahrt, die beanspruchen, die Tunika des Herrn zu sein. Aber warum ist nur der Trierer so berühmt? Hören wir den Wallfahrtsleiter der Heilig-Rock-Wallfahrt 1996, Felix Glenn: »O. Fleißt hat in seinem Fernsehfilm eine Erklärung gegeben, die davon ausgeht, daß es sich hier um den echten Leibrock Christi handelt. Nach dem Tod des Herrn hätten sich Jünger Christi bemüht, von dem Soldaten, der der glückliche Empfänger des Leibrokkes bei der Verlosung gewesen sei, dieses Gewand zu erhalten. Sie hätten es ihm abgenommen oder vielleicht sogar abgekauft mit dem Argument, daß sie in einer viel engeren Beziehung dazu ständen als er. Die Familie habe dann das Kleidungsstück kostbar gehütet. Als die Kaiserin nach Jerusalem gekommen sei und nach Andenken Christi gefragt habe, habe man geglaubt, es nicht länger verbergen zu können, sondern es als eine Ehre angesehen, der Kaiserin ein solches Geschenk zu machen. Die Aussage klingt plausibel.«

Also Helena brachte den Rock nach Trier. Glauben wir's. Es »klingt plausibel«. Die »Gesta Treverorum« aus dem 12. Jahrhundert erwähnt den Rock, der bereits seit Agritus (seit 314 Bischof von Trier) sich dort befinden sollte. Was dann folgt, ist nicht sehr spannend. Wahrscheinlich ist er, als die Normannen die Stadt im Jahre 882 in Schutt und Asche legten, verbrannt, um dann auf wunderbare Weise wiederaufzuerstehen. Sei's drum. Machen wir einen Sprung in der Geschichte.

1657 ließ der Trierer Kurfürst Karl Kaspar von der Leyen den Heiligen Rock nach Ehrenbreitstein bringen. Das dauerte seine Jahre. Seit 1667 befand er sich aber für 130 Jahre auf der Festung. In Trier hatte man Angst. Angst, der Franzose in Gestalt des Sonnenkönigs könnte die höchste Reliquie der Christenheit nördlich der Alpen in seine Gewalt bringen. War nicht ganz unberechtigt, die Angst. Am 25. September 1688 marschierte die französische Armee in Deutschland ein. Nach nicht mal einem Monat waren bereits Kaiserslautern, Neustadt, Worms, Bingen, Mainz und Heidelberg besetzt. Ludwig XIV. wurde von seinem Kriegsminister Louvois bestürmt, ihm freie Hand für die Verwüstung der besetzten Gebiete zu geben. Ein klein wenig zierte sich der Sonnenkönig, bevor er dann doch Ja sagte, und im März 1689 lief die Aktion »Verbrannte Erde« an. Nichts wurde verschont. Die französische Armee plünderte und verbrannte Heidelberg, Mannheim, Speyer, Worms, Oppenheim, Teile des Erzbistums Trier und der Markgrafschaft Baden. Hören wir Voltaire, der in seiner »Geschichte des Zeitalters Ludwigs XIV.« schreibt: »Es war tiefer Winter. Den französischen Generälen blieb nichts anderes übrig, als zu gehorchen. Sie kündigten also den Bürgern dieser blühenden und wohlgeordneten Städte, den Einwohnern der Dörfer, den Herren von mehr als fünfzig Schlössern an, daß sie ihre Wohnstätten, die mit Feuer und Schwert zerstört würden, zu verlassen hätten. Männer, Weiber, alte Leute und Kinder flohen ohne Säumen. Manche wanderten im offenen Land umher, andere suchten Zuflucht in benachbarten Gebieten, während das Kriegsvolk ... plündernd und brennend das Land durchzog. Sie begannen in Mannheim und Heidelberg, den kurfürstlichen Residenzen: Ihre Schlösser und auch die Häuser der gemeinen Bürger wurden in Trümmer gelegt ... Zum zweitenmal wurde dieses schöne Land von Ludwig XIV. verwüstet; aber die Flammen der zwei Städte und zwanzig Dörfer, die Turenne verbrannt hatte [während der Verwüstung von 1674; d. Vf.], waren nur Funken im Vergleich zu diesen Feuersbrünsten.«

Sie taten also recht, die Trierer Domherren. Man hatte zwar die Reliquienkammer im Dom (Schatzkammer) erneuern lassen, aber rechtes

Vertrauen wollte trotzdem nicht aufkommen. Im festen Gewölbe des Zeughauses der Festung war der Rock allemal sicherer, dachte man in Trier, im Domkapitel. Dort im Gewölbe blieb er, ungesehen von der Allgemeinheit und unter ständiger Bewachung, so lange, bis die französischen Besatzer ihn nach der großen Revolution an sich nahmen und – nach Trier zurückbrachten, in den Dom. Und dort wird er hin und wieder ausgestellt und der katholischen Christenheit gezeigt, damit der gemeine katholische Christ Generalabsolution erlange. Joseph Görres, ehemaliger soi-disant Jakobiner, Herausgeber des »Rheinischen Merkur« und späterer Wortführer der katholischen Reaktion in Deutschland, schrieb 1844: »Am 18. August 1844 hatte in Trier die Aussetzung ihren Anfang genommen; diese Stadt hatte täglich 2000 Menschen Unterkunft und Bewirtung angeboten und diese nach Möglichkeit gastfrei geübt. Bald kamen die unabsehbaren Züge auf allen Straßen zu allen Toren hereingezogen, so daß schon in der Nacht vom 22.–23. August alle bereiteten Räume von den Pilgern sich angefüllt hatten, und am 24. die Gesamtzahl aller, die seither eingezogen, auf 65 000 gestiegen war ..., bis sie endlich am 6. Oktober, am Tage des feierlichen Schlusses, mit 1 100 000 abbricht ...«

Eine andere Augenzeugin, Jenny Marx, schreibt ihrem in Paris lebenden Ehemann Karl folgendes: »... In Trier ist schon ein Treiben und Leben, wie ich es nie gesehen habe. Alles ist in Bewegung. Die Läden sind alle neu aufgeputzt, jeder richtet Zimmer zum Logieren ein. Wir haben auch eine Stube bereit. Ganz Koblenz kommt, und die Crême der Gesellschaft schließt sich an die Prozession an. Alle Gasthöfe sind schon überfüllt ... Täglich 16 000 Menschen. ... An jedem Haus hängen Rosenkränze von 6 Pf. an bis zu 100 Taler. Ein klein Medaillon hab' ich auch fürs Mämerchen [die erstgeborene Tochter Jenny; d. Vf.] gekauft, und gestern hat es sich selbst ein Rosenkränzchen geholt. ... Ist das ein gutes Zeichen der Zeit, daß alles bis zum Extrem gehen muß, oder sind wir noch so fern vom Ziel? ...«

Ob der Adressat des Briefes, Karl Marx, seine ein halbes Jahr früher geschriebene geniale Jugendschrift, »Kritik der Hegelschen Rechtsphilosophie. Einleitung«, in der das Büchmann-verdächtige Zitat »Religion ist Opium des Volkes« vorkommt, dessen Zusammenhang aber heute fast keiner mehr kennt oder kennen will, geändert hätte, nachdem er den Brief seiner über alles geliebten Jenny gelesen hat, ist fraglich. Aber dafür paßt seine Kritik an der Oberfläche der Religion auf die Zurschaustellung des »braunen Linnens« in Tier wie die Faust aufs Auge, weshalb wir sie hier einmal im Zusammenhang zitieren wollen:

»(Die Religion) ist die phantastische Verwirklichung des menschlichen Wesens, weil das menschliche Wesen keine wahre Wirklichkeit besitzt ... Das religiöse Elend ist in einem der Ausdruck des wirklichen Elends und in einem die Protestation gegen das wirkliche Elend. Die Religion ist der Seufzer der bedrängten Kreatur, das Gemüt einer herzlosen Welt, wie sie der Geist geistloser Zustände ist. Sie ist das Opium des Volkes.«

Was der Augustinermönch Martin Luther, von dem Marx sagte, daß er den Glauben an die Autorität durch die Autorität des Glaubens ersetzt habe, z. B. von der Rock-Wallfahrt im Jahre 1545 hielt, kann man in seinem kurz vor seinem Tod, 1546, erschienenen Traktat lesen: »Wie ist man gelaufen zu den Wallfahrten! ... Was thät allein die neue Bescheißerei zu Trier, mit Christus Rock? Was hat hie der Teufel großen Jahrmarkt gehalten ... Und das noch Allerärgste ist, daß sie die Leute hiemit verführet und von Christo gezogen haben, auf solche Lügen zu trauen und bauen.«

1996 war wieder so ein Jahr, in dem der »Rock Christi« gezeigt wurde, und aus allen Himmelsrichtungen kamen die Gläubigen geströmt. 1959, zur vorletzten Ausstellung, pilgerte auch der Verfasser, als Meßdiener, mit nach Trier, erhielt Generalabsolution, aber keine Erleuchtung. Denn Luther zu lesen war ihm Todsünde. Aber wie recht hatte doch dieser kleine Augustinermönch! Ob Vater Mozart auch Generalabsolution erhalten hat? Wir wissen es nicht. Er schweigt sich darüber aus. Aber daß es ihn in Ehrenbreitstein gab, den Rock der Röcke, das war ihm eine Notiz im Tagebuch wert. Und uns diese kleine Abschweifung.

Aber Rock hin, Generalabsolution her: Man war zwar gläubig, aber so gläubig wiederum auch nicht, daß man über ein Stück rotbraunes Leinen den Grund der Reise vergessen hätte: vor Fürsten zu spielen und Geld zu verdienen. Nach einer Zwischenabrechnung, die Leopold Mozart Hagenauer gibt, hat die Reise bis Koblenz bereits 1100 Gulden gekostet. Also ganz schnell weg aus diesem verträumt-langweiligen Provinzkaff. Man bricht um 10 Uhr morgens mit dem Schiff auf. Die Reise geht weiter über Bonn, Köln, Aachen und Brüssel nach Paris.

Ach, Paris! Endlich! Am 18. November 1763 gegen Abend kam die Familie in Paris an. Nicht ganz standesgemäß, nämlich über Stand, stieg man im Hotel de Beauvais in der Rue St. Antoine (heute Rue François-Miron 68) ab. Das zergeht auf der Zunge: Hotel de Beauvais! – das aber leider gar kein Hotel war, sondern das herrschaftliche Palais des bayerischen Gesandten, des Comte Maximilian Emanuel Freiherr van Eyck. Glück muß man haben. Die Gattin des Gesandten, Maria Anna Felicitas Gräfin van Eyck geb. Comtesse Arco, war eine alte Bekannte der Mozarts aus Salzburg.

Am 8. Dezember schreibt Leopold an Hagenauer: »... Wir kamen also den 10ten Novb: in dem Hotel des Comte Van-Eyck an, und trafen zu gutem Glück den Herrn Grafen und die Comtesse zu Hauße an, die uns freundlichst empfiengen, und uns ein Zimmer anwiesen, wo wir gelegen und gut wohnen. Wir haben den Flügel der Frau Gräfin in unserm Zimmer, weil sie solchen nicht nöthig hat, der gut ist, und, wie der unsrige, 2. manual hat ...«

Was war das für ein Haus, das der bayerische Botschafter bewohnte, das Hotel de Beauvais? Die heutige Rue François-Miron (früher ein Bestandteil der Rue St. Antoine) verläuft vom Hotel de Ville zur Rue de Rivoli, wo diese in die Rue St. Antoine übergeht und die Kirche Saint-Paul-Saint-Louis steht. Diese war die erste große nach italienischem Vorbild gebaute Kirche von Paris. Ludwig XIII. stellte dem Jesuitenorden das Terrain zur Verfügung und legte 1627 persönlich den Grundstein. Kardinal Richelieu feierte hier 1641 die erste Messe. Die Kirche ist das steingewordene Sinnbild für die wiedergewonnene Machtstellung des Ordens in Frankreich. Davon später mehr. Zurück zum Hotel Beauvais. Das Hotel Beauvais, das den Mozarts Quartier bot, wurde 1658–60 anstelle des Hauses gebaut, in dem der italienische Schriftsteller Torquato Tasso 1575 sein »Befreites Jerusalem« schrieb. Hätte das Goethe gewußt, als er heimlich in Paris weilte, vielleicht wäre sein Urteil über die Seine-Metropole etwas anders ausgefallen.

Die Bauherrin war Cathérine Bellier. Sie war Kammerfrau und Vertraute der Königin Anna von Österreich, der Mutter Ludwigs XIV. Anna unterhielt eine Zeitlang ein Verhältnis zum Regenten, dem Kardinal Mazarin. Schuld daran war der Vorgänger Mazarins, Kardinal Richelieu. Er stellte der Königin Mazarin mit den Worten vor: »Er wird Euch gefallen, Madame, er sieht aus wie Lord Buckingham.« Ja, und was das bedeutet für Anna, weiß jeder, der Richard Lesters Film »Die drei Musketiere«

gesehen hat. Wie dem auch sei, Cathérine deckte dieses Liebesverhältnis. Dies war der Königin 30.000 Livres wert. Später unterrichtet Cathérine den jungen Ludwig im Fach ars amandi. Diese Einführung in die »Kunst der Venus« sollte noch Folgen für den sechzehnjährigen Thronfolger haben. Er wurde mit der »königlichen Krankheit«, der Lues, infiziert. Schon fürchtete der Kardinal um den Fortbestand der Bourbonen-Dynastie. Aber der Dauphin erholte sich und dankte dies, kaum daß er die Herrschaft übernommen hatte, Mademoiselle Cathérine mit einer beträchtlichen Summe. Wie hoch, wissen wir nicht. Aber diese Summe und die 30.000 der Königin erlaubten es ihr, nicht nur zu heiraten, nämlich Pierre Beauvais, sondern auch, sich das Haus in der heutigen Rue François-Miron standesgemäß herzurichten.

Am 9. Juni 1660 heiratete Ludwig XIV. in Saint-Jean-de-Luz am Golf von Biskaya die spanische Infantin Marie-Thérèse. Einige Wochen später, am 26. August hielt, er seinen berühmten Einzug in Paris, mit seiner Gemahlin natürlich. Auch für Cathérine Beauvais war dies ein besonderer Tag. Erstens war es der Tag, an dem ihr Haus eingeweiht wurde, und zweitens hatte sie ganz hohen Besuch, der aber leider nicht zur Einweihung gekommen war, sondern nur, um besser den Einzug Ludwigs verfolgen zu können. Auf dem Balkon des Hauses hatten sich der Kardinal Mazarin mit Gefolge sowie die Königinmutter eingefunden, um dem frischvermählten Herrscher zuzujubeln. Trotzdem. Für Cathérine ein richtiger Einstand in der besseren Gesellschaft. Eigentlich der beste, den man sich vorstellen konnte.

Heute sieht die Fassade des Hotels ziemlich schmucklos aus. Alles was an das bourbonische Königtum erinnerte, wurde während der Revolution abgeschlagen. Was sich allerdings noch immer lohnt, ist ein Blick in den Innenhof. Der Architekt des Hauses, Antoine Lepautre, hat mit sehr bescheidenen Mitteln hier ein wahres Kleinod geschaffen. Zurück zur Kammerfrau. Viel ist über die nachmalige Madame Beauvais nicht bekannt. Voltaire und Saint-Simon schildern sie als eine wegen ihrer Lüsternheit und Häßlichkeit weithin bekannte Liebesdienerin. Ihr späterer Mann Pierre Beauvais handelte vor der Ehe mit ihr, mit Bändern, danach wurde er königlicher Rat und Baron. Hat sich also gelohnt für die Familie Beauvais, daß eine der ihren in Sachen Liebeskunst Bescheid wußte.

Als die Familie Mozart 1763 in Paris weilte, war das für die Stadt ein ereignisreiches Jahr. Es war das Jahr, in dem zum erstenmal Öllampen mit Reflektoren als Straßenlampen aufgestellt wurden und in dem der Jesuitenorden mal wieder verboten und aus der Stadt vertrieben wurde.

Durch die Verbindungen der van Eycks lernten die Mozarts viele Künstler, Intellektuelle und Adelige kennen. Unter ihnen war auch der Baron Grimm. Über die Bekanntschaft mit dem Secrétaire des Duc d'Orléans schreibt Vater Mozart nach Salzburg an Hagenauer:

»Nun müssen sie aber auch wissen wer dieser Mann ist, dieser mein grosser Freund, von dem ich hier alles habe, dieser Mr: Grimm. Er ist Secretaire vom Duc d'Orleans; ein gelehrter Mann und ein grosser Menschenfreund ... Der einzige Mr: grimm, an den ich von einer Kaufmanns-Frau in Frankfurt einen Brief hatte, hat alles gethann. Er hat die Sache nach Hofe gebracht; er hat das erste Concert besorget, und er allein hat mir 80. Louis d'or bezahlt, folglich 320. Billets versorget, und noch die illumination in Wachs bezahlt, da über 60. Stück tafel Kerzen gebrennt haben; Nun dieser Grimm hat die Erlaubnis des Concerts ausgewürcket, und wird nun auch das zweyte besorgen, wozu schon über 100 Billets ausgetheilt sind. Sehen sie was ein Mensch kann der vernunft und ein gutes herz hat. Er ist ein Regenspurger: Allein er ist schon über 15. Jahr in Paris, und weis alles auf die rechte Strasse so einzuleithen, daß es; so wie er will, ausfallen muß. Ich habe ihnen schon letztlich geschrieben, daß sie meinem Brief unter seine Adresse nach Paris schicken sollen; nämlich: Chez Mr: Grimm Secretaire de S:A: Monseigneur le Duc d'Orleans: Rue neuve de Luxembourg. à Paris.«

Über Grimm und sein Leben später ausführlicher. Nachdem er Wolfgang und Nannerl spielen gehört hatte, veröffentlichte er am 1. Dezember 1763 in seiner »Correspondance littéraire, philosophique et critique adressé à un Souverain d'Allemagne« einen überschwenglichen Artikel über die beiden Wunderkinder:

»Wahre Wunder sind so selten, daß man davon spricht, wenn man einmal eines erlebt. Ein Kapellmeister aus Salzburg mit Namen Mozart ist hier kürzlich mit zwei Kindern von allerliebstem Anblick eingetroffen. Seine elfjährige Tochter spielt hinreißend Klavier; sie bewältigt die längsten und schwierigsten Stücke mit staunenswerter Sicherheit. Ihr Bruder, der im nächsten Februar sieben Jahre alt wird, ist ein so ungewöhnliches

Wunderkind, daß man kaum glauben kann, was man mit seinen Augen sieht und mit seinen Ohren hört. Es fällt diesem Kind nicht schwer, mit größter Sicherheit die schwierigsten Stücke zu spielen, mit Händen, die kaum die Sexte greifen können; geradezu unglaublich ist es, ihn eine Stunde lang aus dem Kopfe spielen und sich der Eingebung seines Genies und einer Menge überlassen zu sehen, die er zudem geschmackvoll und geordnet aufeinander folgen zu lassen weiß ... Dieses Kind wird mich bestimmt noch närrisch machen, wenn ich es öfters höre; es zeigt mir, wie schwer es ist, sich vor Tollheit zu hüten, wenn man Wunder erlebt.«

Was in heutigen Zeiten der Video-Clip ist, war damals das Journal. Mit diesem Artikel löste Friedrich Melchior Grimm eine wahre Mozart-Hysterie in Paris und am Hofe in Versailles aus. Wer war nun jener »närrisch« gewordene Sekretär des Herzogs von Orléans, der 1777 von Joseph II. geadelt wurde und der den Mozarts in Paris den Weg ebnete und sie bis nach Versailles brachte? Und dem Goethe nicht nur ein Exemplar seines »Werthers« widmete, sondern an den er sich auch noch nach Jahren überschwenglich erinnerte. 1820 notierte er in seinem Essay »Urteilsworte französischer Kritiker«:

»Als vor vierzig Jahren Herr von Grimm sich in der damals ausgezeichneten geist- und talentvollen Pariser Gesellschaft einen ehrenvollen Zutritt gewonnen und für ein Mitglied eines so außerordentlichen Vereins wirklich anerkannt wurde, beschloß er ein Tagesblatt, ein Bulletin literarischen und weltgefälligen Inhaltes, schriftlich zu versenden an fürstliche und reiche Personen in Deutschland, um sie, gegen bedeutende Vergeltung, von dem eigensten Leben der Pariser Zirkel zu unterhalten, nach deren Zustände man äußerst neugierig war, weil man Paris als den Mittelpunkt der gebildeten Welt wirklich ansehen konnte ... Auch mir war, durch die Gunst hoher Gönner, eine regelmäßige Mitteilung dieser Blätter beschieden, die ich mit großem Bedacht eifrig zu studieren nicht unterließ.«

In eben jenen handschriftlichen Mitteilungen notierte Grimm im Februar 1757 unter dem Eindruck des atheistischen Materialismus seines Freundes Diderot: »Ich glaube nicht an die Existenz und das Dasein Gottes. Ich weiß nichts von den Prinzipien und den ersten Ursachen des Weltalls, ich weiß nicht, was Materie, Raum, Bewegung und Dauer sind. Alles das ist für mich unbegreiflich. Ich weiß, daß die Idee meiner Exi-

Melchior Freiherr von Grimm (1723–1807).

stenz und der Wunsch mich wohlzufühlen voneinander untrennbar sind und daß die Natur mich mit unlösbaren Banden an diese beiden Dinge gefesselt hat. Ich weiß, ... daß die Natur in mein Herz Liebe zur Ordnung und Gerechtigkeit gelegt hat, die mich Ruhe des Gewissens dem nutzbringendsten Verbrechen vorziehen läßt. Und ich weiß, daß dieses Gesetz allgemein gültig ist, trotz aller Verbrechen und Ungerechtigkeiten, mit denen der Mensch die Welt angefüllt hat.«

Was hätte zu diesen Sätzen wohl sein Vater, Johann Melchior Grimm, seines Zeichens Pfarrer in Regensburg, gesagt? Wir können es nicht mit Bestimmtheit sagen, er starb 1749, ohne je erfahren zu haben, in was für Kreisen sich sein Sohn bewegte und welche Gedanken durch seinen Kopf gingen. Aber gutgeheißen hätte er sie sicher nicht. Bevor Grimm nach Frankreich kam und Umgang mit den Enzyklopädisten hatte, durchlief er erst einmal die Bahnen, die auch andere begabte Söhne aus protestantischen Pfarrhäusern durchliefen. Am 25. oder 26. Dezember 1723 wurde er in Regensburg geboren oder getauft. Wer weiß das schon so genau. Getauft, höre ich da mein christliches Rudiment in mir murmeln, denn für einen Christenmenschen beginnt das eigentliche Leben erst mit der Taufe. Also das Ganze noch einmal von vorne. Am 26.12.1723 wurde Friedrich Melchior Grimm als zweiter Sohn des Pfarrers Johann Melchior Grimm und seiner Ehefrau Sibylle Grimm geb. Koch getauft. Friedrich Melchior war ein äußerst aufgewecktes Kerlchen. Bereits als Gymnasiast nahm er Kontakt zu Gottsched auf, oder anders gesagt, er suchte Kontakt zu dessen Frau, fand diesen und wurde darüber dann in den Kreis um Gottsched eingeführt. Tja! Gewußt wie, kann man da nur sagen. Ja und für diesen Kreis schrieb er ein Theaterstück. Nein, dramatisierte er den Roman »Asiatische Banise oder das blutig- doch mutige Pegu« von Heinrich Anselm von Zigler und Kliphausen, einen heroisch-historischen Großroman, quasi ein barocker Simmel. Und wie das unter Freunden so ist, man hilft sich. Also Gottsched veröffentlichte diesen ersten Grimmschen literarischen Gehversuch in seiner »Deutschen Schaubühne«. Geholfen hat das aber nichts. Als das Stück zur Aufführung kam, fiel es durch. Eine öffentliche Aufführung und eine für Freunde und Bekannte waren alles. Das überzeugte Grimm, daß das Schreiben dramatischer Werke doch nicht so sein Metier sei, und er verlegte sich fortan aufs Kritisieren. Und darin brachte er es zur Meisterschaft. Mit der Hybris des Begabten suchte er sich keinen anderen als Voltaire zu seinem Start in sein neues Dasein aus. Er wollte ihn in Deutschland bekannt machen und durchsetzen. Ihm war dies noch nicht vergönnt, aber seine Vorarbeit war nicht ohne. Nun gut, leben muß man ja auch, und mit Voltaire-Übersetzungen war das nicht so ohne weiteres damals möglich, und so wurde er der Reihe nach Hofmeister (denkt an Lenz und sein Stück, dann wißt Ihr Bescheid) und »Reisemarschall« diverser gräflicher Familien. Auf diese Weise gelangte er 1748 nach Paris. Und hier sollte er doch eine ziemlich lange Zeit bleiben als französisch schreibender Deutscher. Am Endpunkt seiner französischen Karriere stand die Aufnahme in das private Kabinett des Herzogs von Orléans als dessen Privatsekretär. Und in dieser Eigenschaft lernten ihn die Mozarts kennen, schätzen und lieben. Jahre später, als Mozart schon kein Wunderkind mehr war und mit seiner Mutter in Paris weilte, trübte sich das Verhältnis zu Grimm etwas ein. Von Mozarts Seite. Doch davon unten mehr. Musische Begabung zahlt sich aus, scheinbar, denn über sie lernte Grimm Rousseau kennen und über diesen vermittelt kam es zum Kontakt mit den Enzyklopädisten um d'Alembert, Diderot und Holbach, also die ersten Zirkel von Paris. Dieser Kontakt zu den führenden Geistern der Aufklärung hat sein weiteres Leben, seine schriftstellerische Tätigkeit entscheidend geprägt. Ohne den tätigen Gedankenaustausch mit diesen wäre sein Hauptwerk »Literarische, philosophische und kritische Korrespondenz, an einen regierenden Fürsten Deutschlands gerichtet, von 1753 bis 1790« nie entstanden. Was heißt hier Hauptwerk, Lebenswerk muß man es schon nennen, denn sein ganzes Herzblut hing daran. Zu seinen Lebenszeiten wurde die »Correspondance« nie veröffentlicht, erst 1812 erschien die erste Ausgabe in 5 Bänden. Die Ausgabe von 1877–1882, die die vollständigste sein dürfte, umfaßt 16 Bände. Was ist nun das Besondere an diesem Werk, diesem einzigartigen Dokument der Geistes-, Kultur- und Sozialgeschichte des vorrevolutionären Frankreichs? 36 Jahre, bis ihn die Revolution aus Paris vertrieb, berichtete Grimm über Alltägliches, Absonderliches, über die neueste Mode, literarische Strömungen, musikalische Ereignisse, über naturwissenschaftliche, ökonomische und politische Probleme, erzählt er Anekdoten, porträtiert er Künstler, bekannte und solche, die es noch werden wollen. Die erste Ballonfahrt der Brüder Montgolfier von 1783 findet ebenso Berücksichtigung wie der Triumph Glucks an der Pariser Oper, auch die große Pockenschutzimpfung bleibt nicht unerwähnt. Handgeschrieben war die Korrespondenz, muß man noch erwähnen, und daß zeitweise sechzehn europäische Herrscher sie im Abonnement bezogen, u.a. Friedrich der Große und Katharina II. Alle 14 Tage wurde sie versandt. War Grimm einmal unpäßlich oder auf Reisen, dann übernahmen Diderot oder ein anderer aus dem Kreis der Enzyklopädisten die Autorenschaft. Ja, das war der Baron Grimm. Seit 1775 versah er am französischen Hof die Funktion eines bevollmächtigten Ministers des Herzogs von Gotha. Und dann kam die Revolution. Und die vertrieb unseren frankophilen Deutschen aus seiner Stadt, aus Paris, nach Gotha. Ach Paris! Er hing mit ganzem Herzen an ihr, der Stadt seiner Träume. Sein Herz zerbrach an der Revolution. 1795 ernannte Katharina II. ihn zwar noch zum russischen Staatsrat und Ministerresidenten in Hamburg, aber eine Krankheit zwang ihn schon bald zum Amtsverzicht. Er zog nach Gotha, wo er am 19. Dezember 1807 starb.

Also ein ganz großes Kaliber, was sich die Mozarts da an Land gezogen hatten. Bereits einen Monat nach ihrer Ankunft durften die Mozarts nach Versailles an den Hof, um vor der Königsfamilie zu spielen. Geduldig hatte Baron Grimm im Hintergrund daran gearbeitet. Es sollte der Höhepunkt der Reise werden. Die Mozarts hielten sich vom 24. Dezember 1763 bis zum 8. Januar1764 in Versailles auf. Einen Brief an den Fürsterzbischof von Salzburg, Leopolds Arbeitgeber, der sehr detailliert von der Audienz bei Ludwig XV. berichtet, ist leider verlorengegangen, so daß wir auf sein sehr spärliches Tagebuch und auf den Brief, den er seinem Geldgeber, Hagenauer, nach Salzburg geschrieben hat, angewiesen sind: »... die Madame Pompadour ist eine noch schöne Person ... Auch etwas von der Bildung der Röm: Kayserin, sonderheit: in den Augen. Sie ist von einem grossen Hochmuth, und regiert noch zur Stunde alles. ... gestern hat mein Bueb von der Madame la Comtesse de Tessé eine goldene Tabattier, mein Mädl heut v der Princesse Carignon eine kleine durchsichtige mit Gold eingelegte tabattier und der Wolfg: einen Sackschreibzeig von silber mit silbernen federn zum componiren bekommen, er ist so klein und artig gemacht, daß es nicht zu beschreiben möglich ist. Meine kinder machen hier fast alles zum Narrn ...«

Interessant an diesem Brief ist die Erwähnung der Geschenke, die die Kinder erhalten hatten, und eins ist dabei von besonderem Interesse:

»ein Sackschreibzeig von silber mit silbernen federn zum componiren«, für den kleinen Mozart. Denn noch hatte das klavier- und geigespielende Wunderkind nichts komponiert, sondern nur improvisiert. Nun ja, in Nannerls Notenbüchlein hat der Vater einige kleine Klavierstücke des Sohnes eingetragen, aber die waren mehr fürs Lernen, nichts für die Nachwelt. Doch mit dem Geschenk des »silbernen Schreibzeigs« sollte sich das plötzlich ändern. In einem Brief vom 1. Februar 1764 an Maria Therese Hagenauer, der Gattin seines Geldgebers, lesen wir:

»Nun sind 4 Sonaten von Mr: Wolfgang Mozart beym stechen. Stellen sie sich den Lermen für, den diese Sonaten in der Welt machen werden, wann am Titelblat stehet daß es ein Werk eines Kindes von 7 Jahren ist, und wann man die unglaubigen herausfordert eine Probe diessfals zu unternehmen, wie es bereits geschehen ist, wo er jemand einen Menuet, oder sonst etwas niederschreiben lässt, und dann gleich /: ohne das Clavier zu berühren /:den Bass, und wenn man will auch das 2te Violin darunter setzet. Sie werden seiner Zeit hören wie gut diese Sonaten sind; ein Andante ist dabey von einem ganz sonderbaren gout.«

Bei den vier erwähnten Sonaten handelt es sich um die Sonaten KV 6–9. Auf dem Titelblatt der im März 1764 erschienenen Sonaten (KV 6 und 7) steht: »Sonatas / Pour Le Clavecin / Qui peuvent se jouer avec l'Accompagnement de Violon / Dediées / A Madame de Victoire / De France / Par J. G. Wolfgang Mozart de Salzbourg / Agé de Sept ans / Œuvre Première.« (Sonaten für Klavier, die auch mit Begleitung einer Violine gespielt werden können. Gewidmet der Madame Victoire de France von Wolfgang Mozart aus Salzburg, sieben Jahre alt. Werk I). Bei der Madame de Victoire handelte es sich um die zweitälteste Tochter Ludwigs XV., Louise-Marie-Thérèse de Bourbon, die 1799 in ihrem Triester Exil verstarb. Die einige Monate später erschienenen Sonaten KV 8 und 9 sind der Hofdame der Prinzessin Maria Josepha von Sachsen (Gemahlin des Dauphin), Adrienne-Cathérine Comtesse de Tessé gewidmet. Die Comtesse war die Geliebte des Prinzen von Conti, und davon versprach sich Leopold doch einiges, war der Prinz doch einer der mächtigsten Männer in Frankreich.

Ob die Sonaten tatsächlich in Gänze vom siebenjährigen Wolfgang sind, ist immer noch ein Desiderat der Forschung, denn überliefert sind die Autographen nur in der Handschrift des Vaters. Wir wollen die Fragen, ob Leopold das Gekritzel seines Sohnes in eine für jedermann lesbare Reinschrift gebracht und dabei das eine oder andere dazukomponierte oder ob er die Klavierimprovisationen des Sohnes nach Gehör aufgeschrieben und dabei verbessert hat, im Raume stehen lassen. Zu beantworten sind sie eh nicht mehr, es sei denn: »Vetorecht der Quelle«, man findet einen Autographen aus jener Zeit in der Handschrift Wolfgangs. Wie dem auch sei, vergessen wir für einen Augenblick die Sonaten, die recht eigentlich nicht mehr sind als Fingerübungen, Klavierstücke mit begleitender Violine, die auch durch eine Flöte ersetzt werden kann, und wenden wir uns wieder dem Jahr 1763 und der Stadt Paris zu. Dazu verlassen wir die Familie Mozart für eine Weile, die mit der Stadt auch schon fast fertig ist. Man hatte erreicht, was Vater Leopold sich vorgenommen hatte. Die Kinder wurden bewundert. Die Konzerte, die gegeben wurden, brachten viel Geld ein (was Leopold wohlweislich in seinen Briefen an Hagenauer verschwieg); der Sohn hatte seine ersten Stücke veröffentlicht; von der königlichen Familie wurde man in Versailles empfangen; die mächtigste Dame des Reiches, Madame Pompadour, war überaus angetan vom süßen kleinen Wolfgang. Man hatte alles abgegrast. Also weiter. Am 10. April 1764 bricht man auf nach London. Bei London denken wir an Heine und steigen aus der Reise der Mozarts aus.

Wir bleiben in Paris und machen uns von dort aus auf den Weg nach Bordeaux, das liegt zwar nicht auf dem Weg nach Berlin, bringt uns aber der preußischen Metropole ein Stück näher. Aber vorher hören wir noch einmal den Baron Grimm. Im Oktober 1781 notierte er in seiner »Correspondance«:

»Das letzte Werk von Herrn Mercier, das ›Tableau de Paris‹, hat, wie wir voraussahen, so großen Erfolg oder wenigstens so großen Absatz erzielt, daß wir, auch wenn es weniger verdienstvoll wäre, als es wirklich ist, auf eine den Umfang einer einfachen Anzeige überschreitende Beurteilung verzichten zu können glauben ...

Der gute Bürger wird dem Autor dankbar sein für seinen Eifer, mit dem er für die Sache der Armut und die der menschlichen Natur eintritt, die allein durch den Irrtum unserer Gesetze oder durch die Ungerechtigkeit der Macht, die sie nach Belieben anwendet, so vielen Leiden ausgesetzt ist ... In Herrn Merciers Buch ... finden sich ... eine Menge Behauptungen über die Religion, den Kultus, die Priester, die Verwaltung, die Minister und den Staatskredit, die nicht nur ebenso offen, ebenso heftig, sondern eher noch gewagter und wesentlich sträflicher sind als all die, um derentwillen Abbé Raynal und sein Buch (›Philosophische und politische Geschichte der Niederlassungen und des Handels der Europäer in beiden Indien‹) so streng verfolgt wurde. Herr Mercier dagegen hat keinerlei Verfolgung erfahren, sein Buch ist sozusagen in aller Öffentlichkeit verkauft worden, man ist bei der zweiten oder dritten Auflage angelangt, und er ist von niemand gerügt worden ...«

Aber, aber, Herr Baron, wer wird denn da so kleinlich sein – fürchtet der Herr die Konkurrenz oder hört er schon die Trommeln der Revolution beim Lesen der Mercierschen Alltäglichkeiten. Wie dem auch sei, überspringen wir diese ungerecht-überhebliche Kritik und wenden uns dem Autor des »Tableau de Paris« und, wie angekündigt, Bordeaux zu. Doch um dorthin zu gelangen, müssen wir etwa zwanzig Jahre zurückgehen. 1745 starb die dritte Mätresse Ludwigs XV., die Herzogin von Châteauroux, und an ihre Stelle trat die Madame de Pompadour. Jaja, die Liebe, sie kennt keinen Aufschub. Sei's drum, was nun begann, war ein etwa zwanzig Jahre währender Kampf zwischen der Pompadour und dem Jesuitenorden. Denn anders als ihre Vorgängerin war die Pompadour politisch sehr aktiv. Wo sie nur konnte, mischte sie sich in die tagespolitischen Geschäfte ein. So trat sie u. a. für die Besteuerung des Kirchenbesitzes ein, um so den drohenden Staatsbankrott abzuwenden. Das behagte der Gesellschaft Jesu aber gar nicht. Über den Beichtvater des Königs versuchten diese, die für sie gefährlich werdende Mätresse auszuschalten. So sollte der Beichtvater dem König das Abendmahl verweigern, solange er nicht seine Mätresse vom Hof entfernt habe. Die Pompadour, die um die Religiosität des Königs wußte und um seine fast panische Angst, zu sterben, ohne die Sakramente der Kirche empfangen zu haben, erinnerte sich plötzlich ihres Glaubens und ging täglich zur Messe. Ihrem Beichtvater erzählte sie, daß ihre Beziehung zum König rein platonisch sei. Aber es half alles nichts. Als der alte Beichtvater starb, schöpfte man Hoffnung, doch der neue verweigerte ebenfalls dem König die Sakramente. Nun begann die Pompadour nach Verbündeten für ihren Kampf gegen die Jesuiten zu suchen. Sie fand Unterstützung bei Etienne-François de Choiseul, dem leitenden Minister seiner Majestät, und dem Pariser Parlament. Der Kampf dieses ungleichen Trios sollte Erfolg haben. Am 6. August

1762 erklärte das Parlament: Die Gesellschaft Jesu ist unvereinbar mit den französischen Gesetzen, da der Eid der Mitglieder sie von der Treue gegenüber dem König entbinde, und außerdem mache ihre Unterwerfung unter eine ausländische Oberhoheit (den Vatikan) sie zu einem Fremdkörper in einem souveränen Staat. Aus diesen Gründen erklärt das Parlament die Gesellschaft Jesu in Frankreich für aufgelöst. Es folgte der Befehl an die Gesellschaft, innerhalb von acht Tagen ihre Besitzungen zu räumen. Aber bevor der König jenes Dekret unterschrieb, das so oder ähnlich auch von den Parlamenten anderer Städte beschlossen worden war (u. a. Bordeaux), sollte noch einige Zeit vergehen. Aber die ersten Folgen wurden schon bald sichtbar: Man vertrieb die Mitglieder des Ordens aus den Schulen, wo sie das Gros der Lehrer stellten, unabhängig davon, daß das Verbot des Ordens in ganz Frankreich und die Konfiszierung seiner Güter und seines Vermögens (immerhin 58 Millionen Franken) erst 1764 vom König unterzeichnet wurde. Etwas zögerlich, abwägend, nicht so recht wissend, was dem Verbot noch alles folgen könnte, schreibt der Enzyklopädist d'Alembert in seiner »Histoire de la destruction des Jésuites«: »Eines steht fest: all die vielen unter ihnen, die sich in keinerlei fremde Angelegenheiten einmischten, hätten nicht für die Fehler ihrer Vorgesetzten leiden sollen, wenn solch eine Unterscheidung möglich wäre. Tausende von Unschuldigen haben wir zu unserem Schaden mit zwanzig Schuldigen verwechselt ... Die Vernichtung der Gesellschaft wird der Vernunft zu großem Vorteil gereichen, vorausgesetzt, daß die jesuitische nicht durch die jansenistische Unduldsamkeit ersetzt wird ... Wenn wir zwischen diesen beiden Sekten zu wählen hätten, würden wir die Gesellschaft Jesu als weniger tyrannisch vorziehen. Die Jesuiten – die mit sich reden ließen, solange man nicht ihr erklärter Feind war – erlauben jedem zu denken, was er wollte. Die Jansenisten wollen, daß jeder so denkt wie sie. Wenn sie die Gewalt dazu hätten, würden sie die ärgste Gewaltherrschaft über Geist, Rede und Moral ausüben.«

So spricht der von Zensurbestimmungen leidgeprüfte Enzyklopädist, aber das waren nicht die Probleme, die Madame Pompadour hatte. Nun denn: Die Kampagne »Jesuits go home« (und das heißt: nach Rom!) hatte zur Folge, daß an den meisten Schulen der Unterricht hätte eingestellt werden müssen, wenn man nicht zu Hilfskonstrukten gegriffen und Studenten wie Mercier an Stelle der Ordensleute eingestellt hätte, aber auch so konnte die Lücke, die die Vertreibung der Jesuiten hinterlassen hatte, kaum gefüllt werden. Mit zweiundzwanzig Jahren und ohne den Titel eines »maître des arts« wurde Mercier nach Bordeaux beordert, um Lehrer am Collège de la Madeleine zu werden. Am 8. Februar bricht er von Paris aus auf. Bordeaux sollte für die nächsten zwei Jahre seine Heimstatt werden. Hier in der Provinz liest er zum ersten Male Rousseaus »Nouvelle Héloise«. Diese Lektüre sollte sein Damaskus werden. Jahre später schreibt er über die »Nouvelle Héloise«: »Je te relirai, roman divin …« Das Immer-wieder-Lesen hatte nachhaltig auf ihn gewirkt, so wenn er etwa über Paris dort lesen konnte: »Mit innerem Erschauern trete ich in diese weite Welt. Dies Chaos bietet mir nur eine entsetzliche Einsamkeit, in der ein düsteres Schweigen herrscht.«

Dieses Chaos – Paris – erfahrbar zu machen, sollte ihm später Lebensaufgabe werden.

Louis-Sébastien Mercier

Am 6. Juni 1740 wird Mercier in Paris am Quai de l'Ecole als Sohn eines »maître fourbisseur« (Waffenhändler) im alten Handwerkerviertel geboren. Der Quai de l'Ecole wird schon um 1222 als Treidelpfad, der am Ufer der Seine entlangführt, erwähnt. Ehe die Uferbefestigung 1810 erneuert wurde, gab es hier für das Tränken der Pferde zwei Schwemmen. Im »Tableau de Paris« schreibt Mercier, offenbar Jugendeindrücke verarbeitend: »Die Quais, die die Seine säumen, sind an einigen Stellen offen, wo sich Tränken für Pferde und Ochsen befinden; es kommt manchmal besonders bei Hochwasser zu Unfällen. Ein Pferd, das mit mehreren anderen zusammengekoppelt ist, wagte sich zu weit vor, und die Strömung reißt es mit sich. Die so ungeschickt aneinandergebundenen Pferde schlagen um sich, und etliche ersaufen.«

Oberhalb einer dieser Tränken stand das Geburtshaus Merciers in unmittelbarer Nachbarschaft eines »türkischen Caffés«, das von einem Armenier namens Pascal errichtet wurde. Es gehörte mit zu den ersten Cafés in Paris. Die Nachbarschaft zu diesem »Caffé« sollte für sein weiteres Leben, seinem Leben als freier Schriftsteller, prägend sein. Er wurde zu einem Kaffeehausliteraten.

Sein Geburtshaus war winzig. Zwei Zimmer und eine Kochstelle, das war alles. Aber trotzdem, die Familie war nicht arm. Sein Vater gehörte zu der Bourgeoisie »d'artisans«, die Mercier im Tableau als relativ wohlhabend schildert. Für den, der einmal im heutigen Paris auf den Spuren Merciers wandern will: Der Quai de l'Ecole (seit 1868 Quai du Louvre) verläuft von Pont Neuf zum Pont du Carrousel.

Der relative Wohlstand der Familie ermöglicht es den Eltern, ihren Kindern eine gute Schulbildung zukommen zu lassen. Zunächst meldet man den kleinen Louis-Sébastien in einer Pension auf der Montagne de Saint-Geneviève am linken Seine-Ufer an. Mit neun Jahren wechselt er auf das »Collège des Quatre Nations«. Im »Tableau de Paris« schreibt er darüber: »[Es ist] das schönste, reichste und am häufigsten besuchte Gymnasium der Universität von Paris und gleichzeitig das ärmste an fähigen Lehrern und gebildeten Schülern. Es heißt so, weil es ursprünglich dazu bestimmt war, jeweils sechzig Kindern armer Adliger aus den vier von Ludwig XIV. mit Waffengewalt eroberten protestantischen Provinzen eine kostenlose Erziehung zu geben.«

Bis zur Universitätsreife bleibt Mercier auf dem Collège. Mit siebzehn Jahren entdeckt er für sich das Theater. Fast täglich kann man ihn im »Théâtre Français« sehen. Nach den Vorstellungen geht's ab ins Café Procope. Dies ist das älteste Café von Paris. Es befindet sich seit 1684 in der Rue des Fossés-Saint-Germain 13 (heute Rue de l'Ancienne Comédie 13). Das Procope wurde von einem sizilianischen Edelmann Namens Francesco Procopio dei Coltelli, der das Speiseeis erfunden hat, eröffnet. In Hermann Kestens »Dichter im Café« lesen wir über das Procope: »Von dem galanten Badhaus, das zuvor in jenen Räumen war, behielt Coltelli die großen Wandspiegel, die Marmorplatten, Kronleuchter, Marmortische und gedrechselten Möbel. Aus den Theaterproben kamen die Dramatiker Crébillon und Jean Baptiste Rousseau und Piron und tranken Kaffee. Bald folgten die Schauspieler und Fontenelle und Voisenon, Voltaire und Jean Jacques Rousseau, Rétif de la Bretonne und Marmontel und die drei Freunde Grimm, Diderot und d'Alembert. Sie sprachen von sich und den Komödiantinnen, kritisierten die Regierung und die Literatur, debattierten über Liebe und Religion, schmähten Gott und kleinere Könige, deren Joch so real war wie das Joch der Priester ... Im Café Procope brachten Kinder, petits garçons, den Kaffee auf Tabletts, seitdem heißen auch alte Kellner Garçons.« Und damit beantwortet sich auch Walter Benjamins Frage, »wann der Brauch auf kam, die Cafés und Bistros in Paris mit Spiegeln auszustatten«. Was mit dem Procope eher zufällig begonnen hatte (Spiegel an den Wänden und Marmorplatten auf den Tischen als Überbleibsel einer ehemaligen Badehauseinrichtung), wurde später von den nachfolgenden Etablissements als Luxusausstattung nachgeahmt.

In unmittelbarer Nachbarschaft zum Procope, in der Nummer 16 wohnte Jahre vor der Französischen Revolution Marat, der von hier, aus dem Untergrund, seine Zeitschrift »L'Ami du Peuple« herausgab.

»Um einen kleinen Ofen in der Mitte des Cafés saßen Mirabeau, Danton und Marat, Hébert und Robespierre. Das Procope wurde zu einem Quartier der Revolution.« (Hermann Kesten)

Am Abend des 27. April 1784, wir wollen den Faden zum Anfang nicht verlieren, saß hier an seinem Stammtisch Pierre-Augustin Caron de Beaumarchais und fieberte der Premiere seines Stückes »Figaros Hochzeit oder der tolle Tag« entgegen, das zur selben Zeit im nahen Odéon-Theater aufgeführt wurde. Das Theater, das auf der Place de l'Odéon steht, wurde 1782 fertiggestellt. Es war mit seinen 2000 Plätzen das zu seiner Zeit größte Theater der Stadt und die Stammbühne des Ensembles der Comédie Française. Was sich an diesem Tag am Place de l'Odéon und seiner Umgebung abspielte, hatten die Pariser seit dem Einzug Ludwig XIV. nach seiner Hochzeit nicht mehr erlebt. Nach dem Scheitern einer Privataufführung im Hause des späteren Karl X. und dem Verbot durch Ludwig XVI. – der, nach einer internen Vorlesung des Stückes, welche seine Gemahlin, Marie-Antoinette organisiert hatte, bemerkte: »Das geht zu weit! Das ist unanständig. Das ist abscheulich! Das wird niemals gespielt werden! Die Aufführung des Stückes wäre eine gefährliche Inkonsequenz, wenn man nicht zuvor die Bastille niederreißen wollte« – waren die Erwartungen des Publikums so hochgeschraubt, daß dessen Seele überkochte. Jeder wollte eine Karte ergattern. Den ganzen Tag waren die Kassen umlagert, es gab Tumulte. Drei Personen erstickten bei dem Versuch, in dem Gedränge bis zur Kasse vorzudringen. In den Seitenstraßen kam es zu Ausschreitungen, die einen aufrührerischen Charakter annahmen. Polizei und Militär mußten einschreiten. Der Boulevard Saint-Germain und die Rue de l'Odeon wurden gesperrt. Aber am überragenden

Erfolg des Stückes und an der geglückten Aufführung konnte das ganze tumultuarische Vorgeplänkel nichts ändern. Adel, Klerus und Dritter Stand verbündeten sich im Applaus, als Figaro seinen berühmten Satz (5. Akt, 3. Szene) sprach: »Herr Graf ..., was haben Sie denn getan, um so viel Vorzüge zu verdienen? Sie machten sich die Mühe, auf die Welt zu kommen, weiter nichts.« Vielleicht war es diese Szene und die Reaktion des Publikums, die Napoleon später erklären ließen, daß im »Figaro« bereits die Revolution ihr Getrommel hören ließ.

»Figaros Hochzeit oder Der tolle Tag« wurde zu einem außerordentlichen Erfolg, der auch die Revolution noch überdauern sollte, was nicht an der sozialen Sprengkraft des Stückes lag, die es eigentlich nicht gab, sondern eher am Zynismus des Autors, dem nichts heilig schien. So kommentierte Beaumarchais, der selbst vom Erfolg überrumpelt wurde: »Es gibt etwas Närrischeres als mein Stück, das ist sein Erfolg.«

Ja und damit sind wir wieder bei unseren Ausgangspunkt: Mozart! 1786 kommt in Wien seine Oper »Le Nozze di Figaro« zur Uraufführung. Lorenzo da Ponte hat die Vorlage so bearbeitet, daß Kaiser Joseph II., der das Theaterstück verboten hatte, nichts Anstößiges an der Oper finden konnte. Und dabei ist ihm entgangen, daß er der ersten bürgerlichen Oper sein Placet gegeben hat. Denn bei welchem Komponisten in jenen Tagen fing eine Oper schon einmal damit an, daß das Schlafzimmer eines Dienerpaares vermessen wurde. Und in dieser Form ist uns Beaumarchais' Stück um den Kampf für und gegen das »jus primae noctis« überliefert und wohlgelitten. Das Original wird kaum noch aufgeführt. In Berlin gab's Beaumarchais zum letzten Mal in der Regie von Götz Friedrich am Deutschen Theater in Berlin (O) 1971 zu sehen. Doch zurück zu Mercier, dem jugendlichen Besucher des Café Procope. Im »Tableau de Paris« beschreibt er seine Besuche und das Procope wie folgt:

»[In jenem berühmten Café versammeln sich jeden Abend die geistreichen Müßiggänger], die nichts anderes zu tun hatten, als sich über Künstler und Künste zu unterhalten. Dort behandelt man Fragen der Literatur mit demselben Interesse und derselben Leidenschaft, welche Bankiers auf der Börse in ihre Verhandlungen zu legen pflegten ... Dort verteidigt jeder seine Sache in voller Freiheit und mit allen Rechten seiner Beredsamkeit ... Man sprach über alles ohne Hast, wohl aber mit großer Zungenfertigkeit; jeder liefert ein Muster seines Witzes ... Doch die kühle

Vernunft blieb ausgeschlossen von diesem Ort, wo die Gefühle herrschten. Die Zeit war zu kostbar, als daß sie mit wirklicher Auseinandersetzung hätte vertan werden können. Man sprang von einem Thema zum anderen, man berührte die Oberfläche der Dinge, und manchmal genügte das, sie zu erfassen.«

Im Procope verkehrten nicht nur Diderot und die Enzyklopädisten, sondern auch Voltaire, der immer, wenn sein neuestes Stück aufgeführt wurde, verkleidet im Café erschien, um sich die Meinung darüber anzuhören. Und Mercier?

Ohne rechtes Ziel vor Augen, halt eben müßiggängerisch, studierte er so vor sich hin, als ihn der Ruf ereilte, nach Bordeaux als Lehrer zu gehen. Diese für ihn auch in finanzieller Hinsicht erfreuliche Aufgabe, viel hatte er nicht zu tun, sollte zwei Jahre anhalten. 1765 kehrte er nach Paris zurück und begann das Leben eines freien Schriftstellers. Einen ersten Erfolg feierte er 1766 mit der Erzählung »Geschichte von Izerben, dem arabischen Poeten«, die, ganz den ironisch-distanzierenden Stil Voltaires kopierend, den zeitgenössischen Literaturbetrieb aufs Korn nimmt. Das war sein Durchbruch. Und nun ging's Schlag auf Schlag weiter. Es erschienen nach und nach kleinere Essays, wie »Vom Unglück des Krieges und den Vorteilen des Friedens, Romane, wie »Das Jahr 2440, der kühnste aller Träume« und vor allem Theaterstücke. Für das Stück »Der Deserteur« erhielt er von Marie-Antoinette eine Pension von 800 Livres. In Deutschland wurde sein Stück »Der Karren des Essighändlers« zum Renner der Saison und zu einem Repertoirestück. Niemand anders als Goethe hatte seine Übersetzung angeregt. Auch war er es höchstselbst, der die deutsche Erstaufführung an seinem Weimarer Hoftheater herausbrachte und in Szene setzte. Aber all das ist heute Schnee von gestern. Niemand würde sich seiner noch erinnern, gäbe es nicht das »Tableau de Paris«. Seit Ende der siebziger Jahre arbeitet er an diesem Werk, durch das sein Name berühmt werden und durch das er in der Literaturgeschichte und der Stadtgeschichtsschreibung überdauern sollte. Das Buch wurde zum Bestseller seiner Zeit. In insgesamt 100.000 Exemplaren war das Werk in ganz Europa verbreitet. Ein Buch, das nach seinen eigenen Worten »mit den Beinen geschrieben wurde«. Im Vorwort schreibt Mercier, worum es ihm geht:

»Paris werde ich schildern, aber nicht seine Bauten, Tempel, Denkmäler und Sehenswürdigkeiten – darüber haben schon genügend andere geschrieben. Von den öffentlichen und privaten Sitten und Gewohnheiten, den verbreiteten Ansichten und dem Geist der Zeit werde ich berichten, von all dem, was mich fesselt an diesem allzeit wechselnden, absonderlichen Drunter und Drüber von Verrücktheiten und Vernünftigen.«

Mit seinem »Tableau de Paris« wurde Mercier zum Ahnherrn der Großstadtbeschreibung. Während die erste Ausgabe von 1781 nur zwei Bände umfaßte, wuchs das Werk im Laufe der Jahre auf schließlich zwölf Bände an.

Walter Benjamin fand für die Art und Weise des gehenden Schreibens von Mercier den Begriff »panoramatische Literatur«: Merciers »Tableau de Paris« beansprucht zum erstenmal in der Geschichte der Stadtbeschreibung, Einblick in die alltägliche Lebenswelt der Stadt gegeben zu haben. Er liest die Stadtlandschaft als verborgenen literarischen Text, als Äußerung der Sozialgeschichte, und so entsteht ein neuer Text als ein quasi großflächiges Gemälde der Stadt. Mercier kennt bei seiner Schilderung keine Tabus: »Ich habe Untersuchungen angestellt in allen Schichten der Bevölkerung und bin dabei auch den abseitigsten Bereichen des auftrumpfenden Wohllebens nicht ausgewichen, um durch diese Gegensätze das moralische Profil dieser riesenhaften Hauptstadt besser zu ermitteln.«

So wird ihm alles zum literarischen Gegenstand: Markthallen, Paläste, Straßensänger, Friseure, Freudenmädchen, Gärten, Fabriken, Cafés, Theater, Schauspieler, Dichter, Meeresfische, Straßenbeleuchtung, Hüte, Wörterbücher, Straßenszenen, Brücken, Kirchen, Tragesel etc.

Mercier wurde mit seinem »Tableau de Paris« nicht nur Gründungsvater einer »chronikalischen Stadt-Schilderung«, sondern auch zum Erfinder der Reportage. Einer, der ihm ausdrücklich nachfolgte, war Ludwig Börne – in seinen »Schilderungen von Paris«: »Ein aufgeschlagenes Buch ist Paris zu nennen, durch seine Straßen wandern heißt lesen.«

Aber bleiben wir noch bei Mercier. Seit 1781 lebte er in der Schweiz, in Neuchâtel. Vier Jahre sollte er in seinem selbstgewählten Exil verbringen, so daß sein literarisches Gemälde von Paris eigentlich ein Erinnerungsbild ist. Als Mercier 1786 nach Paris zurückkehrte, war er eine europäische Berühmtheit. An der französischen Revolution beteiligte er sich aktiv. Als Freund Robespierres und Desmoulins, dessen Trauzeuge er war, schloß er sich den Jakobinern an. 1792, als er als Abgeordneter von Seine-et-Oise in den Konvent gewählt wurde, hatte er bereits die Fronten gewechselt und sich den Girondisten angeschlossen. Bei der Abstimmung über das Schicksal des Königs am 20. Januar 1793 gehörte Mercier zu den wenigen Abgeordneten, die sich gegen die Hinrichtung aussprachen: »Ludwig hat Verdienste; aber das ist eine Geisel: er fördert unsere junge Republik und gibt ihr Zeit, sich zu bilden. Ein Phantom des Königs nützt uns vortrefflich: wir müssen mit diesem Phantom, mit der Zeit, die auch ein Gesetzgeber ist, marschieren: ich votiere für die lebenslange Haft Ludwigs.«

Das brachte ihn noch nicht ins Gefängnis, aber als er nach dem 13. Mai mit anderen Girondisten eine Protestresolution gegen politische Gängelei und erzwungene Beschlüsse unterzeichnete, war das Faß übergelaufen. Am 3. Oktober 1793 wurde er mit 72 anderen Mitgliedern des Konvents verhaftet und ins Gefängnis verbracht. Hier lernte er einen »Dissidenten des Bürgertums«, den Dichter André Chénier, kennen, der heute leider nur noch durch die gleichnamige Oper des Italieners Umberto Giordano bekannt ist. Auf der von seinem Ankläger Antoine Quentin Fouquier-Tinville vor dem Revolutionstribunal eingereichten Anklageschrift stand Chéniers Namen an zweiter Stelle. Chénier wurde des Hochverrats für schuldig befunden und noch am gleichen Tag, zwei Tage vor dem 9. Thermidor (Sturz Robespierres), hingerichtet. Wer war nun dieser André-Marie Chénier, der »französische Hölderlin«?

Chénier kam am 30. Oktober 1762 in Galata bei Konstantinopel zur Welt. Galata war bis zum Ende des 19. Jahrhunderts eine selbständige Gemeinde gewesen. Hier in der Eski Banka sokāgı residierte Chéniers Vater, der Historiker Louis de Chénier, als französischer Generalkonsul. Am Nachfolgerbau erinnert eine Gedenktafel an unseren Dichter. Es ist, und das ist ein Novum, die einzige Gedenktafel in Istanbul, die an eine ausländische Persönlichkeit erinnert. 1765 kehrte die Familie nach Frankreich zurück. 1767 wurde der Vater Gesandter beim Kaiser von Marokko. Die Mutter blieb mit ihren vier Kindern in Paris zurück. André besuchte das Collège de Navarre. 1782 trat er als Cadet-Gentilhomme ins Regiment d'Angoumois ein. Aber ein Beruf wurde daraus für ihn nicht. Die Poesie hatte es ihm angetan. Er schied nach nur sechs Monaten aus dem Militär aus. 1784 plante er mit Freunden eine große Reise, die sie über Italien nach Griechenland, dem Land der Mutter führen, sollte. Aber in Italien war für unseren angehenden Dichter die Reise bereits zu Ende. Ein

Nierenleiden zwang ihn zur Rückkehr nach Paris. Auch sein Vater kehrte nach Paris zurück. Aufgrund einer Intrige verlor er seinen Posten als französischer Geschäftsträger in Marokko und trat in den Ruhestand. Das bedeutete, daß sich die Familie finanziell einschränken mußte. Aus diesem Grunde versuchte sich 1787 André noch einmal in profanem Broterwerb, indem er nach London als Gesandtschaftssekretär ging. Die Macht der Poesie war aber stärker als alles andere, und so kehrte er 1790 nach Paris zurück. Er wurde Mitglied der »Gesellschaft der Freunde von 1789« und verfaßte die berühmte Schrift »Ankündigung an die Franzosen, welches ihre wirklichen Feinde seien«. In ihr kommt seine Liebe zur Revolution und ihrem Fortschritt zum Ausdruck, aber auch seine Warnung vor den sich abzeichnenden jakobinischen Exzessen. »O über das scheußliche, für den französischen Namen, für die Menschheit schmachvolle Schauspiel, daß ungeheure Menschenmassen sich im gleichen Augenblick zu Anklägern, Richtern und Henkern aufwerfen. Man entschuldige, man rechtfertige sogar mit der ersten Aufwallung des Moments, mit dem Gefühl eines lange erduldeten Drucks, mit der unwiderstehlichen Wirkung, die eine vollständige Umwälzung auf ein großes Volk ausüben mußte, jene blutigen Katastrophen, deren die Nation nur mit Schauder gedenkt. Gut, wir wollen dies alles gelten lassen. Doch will man auch jene langen und langsamen Martern, jene berechneten, ausgesuchten Foltern entschuldigen, mit welchen ein herzloser Pöbel seine meist unschuldigen Opfer gepeinigt hat?«

Vier Monate lang kämpfte er, der bis dato nur Eklogen und Elegien geschrieben hatte, leidenschaftlich im »Journal de Paris« für die ursprünglichen Institutionen der Revolution und gegen die Vorherrschaft einer Gruppe. Nicht weniger als 19 politische Aufsätze veröffentlichte er damals mit voller Namensnennung, Aufsätze, in denen er gegen das drohend anwachsende Jakobinertum kämpfte. Das brachte ihm nicht nur auf jakobinischer Seite viele Feinde ein, es kam auch zu einem öffentlichen Streit mit seinem jüngeren Bruder, der zum opportunistischen Troubadour der Jakobiner geworden war. Zum Fest, das zu Ehren meuterischer Soldaten veranstaltet wurde, die ihre Offiziere erschlagen und die Kasse des Regiments geplündert hatten, schrieb André die »Hymne sur l'entrée triomphale des Suisses«, wo er sich sehr kritisch mit dieser Meuterei auseinandersetzte. Dies sollte ihm u.a. später zum Verhängnis werden, denn eine der Anklagen, die vor dem Revolutionstribunal gegen ihn erhoben wurde, war, daß er gegen den Triumphzug der Schweizer geschrieben habe.

Am 10. August, dem Tage, als die Monarchie fiel, wurde die Druckerei des »Journal de Paris« geplündert und zerstört. Chénier war nun seiner publizistischen Waffe beraubt.

Im September 1792 erkundigt sich Christoph Martin Wieland über eine in Göttingen lebende französische Immigrantin, ob André Chénier noch lebe und was aus ihm in der Welt und in der Revolution geworden sei. Chéniers Antwort datiert vom 28. Oktober 1792: »Was ich in der Revolution tue? Nichts; dem Himmel sei Dank, absolut nichts. Dies hatte ich mir von Anfang an vorgenommen, da ich wohl wußte, daß die Zeit der Revolution niemals eine Zeit für offene und prinzipientreue Menschen ist, die weder Parteien führen noch ihnen folgen wollen und die jede Intrige verabscheuen. Betrübt über die Übel, die ich vor Augen hatte, wie über diejenigen, die voraussichtlich kommen mußten, habe ich während der fortschreitenden Revolution von Zeit zu Zeit einige Gedanken veröffentlicht, die ich für nützlich hielt. Meine Freimütigkeit, die sich durch nichts abschrecken ließ, hat mir nur Haß, Verfolgung und Verleumdung eingetragen. Deshalb bin ich wirklich entschlossen, mich von nun an ganz abseits zu halten ...«

Nun, ganz hielt er sich nicht daran. Als Ludwig XVI. der Prozeß gemacht wurde, gehörte er zum Beraterstab des Verteidigers Ludwigs, Chrétien Guillaume Malesherbes. Er entwarf für diesen die Appellation des Königs vor dem Konvent an das Volk. Es nutzte nichts, wie wir wissen. Nach der Hinrichtung des Königs am 21. Januar 1793 zog sich Chénier ins stille Versailles zurück, wo ihm sein Bruder, mit dem er sich in der Zwischenzeit wieder ausgesöhnt hatte, ein Quartier im Hause von Frau Pourrat besorgte. Hier verfaßte er eine Ode auf Charlotte Corday, der Mörderin Marats. Lauschen wir der ersten Strophe:

»Ich aber will das stumpfe Schweigen brechen!
Dich opfernd, kamst du, Frankreichs Schmach zu rächen,
Erhaben, groß wie eine Priesterin.
Die Furcht, sie konnte deinen Arm nicht lähmen,
Du griffst zum Dolche, die Götter zu beschämen,
Die solchem Unhold Menschenform gelieh'n.«

Das kam nicht gut an im nahen Paris. Trotzdem wagte er 1794 die Rückkehr zu seiner Familie. Das sollte tödlich für ihn enden. Am Abend des 17. Ventôse des Jahres II der Republik (7. März 1794) besuchte Chénier die Familie de Pastoret in Passy, als zwei Kommissäre des revolutionären Comité von Passy mit einem Haftbefehl gegen die Citoyenne Pastoret erschienen. Letztere wurde nicht angetroffen, sie hatte sich vorsorglich schon abgesetzt. Um aber nicht ganz umsonst ausgezogen zu sein, verhaftete man André Chénier und verbrachte ihn ins Ortsgefängnis von Passy. Seine Anwesenheit im Hause Pastoret brachte man in Verbindung mit der Flucht der Dame des Hauses. Am nächsten Tag überstellte man ihn nach Paris ins Gefängnis St. Lazare. Hier lernte er Anne-Françoise-Aimée de Franquet, Gräfin de Coigny, kennen, die wenige Tage vor ihm wegen »monarchistischer Propaganda« eingeliefert worden war. Sie gab das Vorbild für die Madeleine de Coigny in Giordanos Oper ab. Aber anders als ihr musiktheatralisches Abbild starb sie nicht unter dem Fallbeil, sondern konnte durch Bestechung der Wärter ihr Leben retten. Man strich einfach ihren Namen von der Hinrichtungsliste.

Solch Glück sollte Chénier nicht widerfahren. Angesichts seines sicheren Todes dichtet er in der Zelle:

»So wie ein letzter Hauch, ein letzter Strahl des Gottes
Den Tag verklärt an seinem Schluß,
Rühr ich die Leier noch am Fuße des Schafottes;
Wer weiß, wann ich's besteigen muß! ...«

Am 7. Thermidor, zwei Tage vor dem Sturz Robespierres, wurde Chénier von Antoine Quentin Fouquier-Tinville vor dem Revolutionstribunal angeklagt und von diesem für schuldig befunden, ein Hochverräter, ein Anhänger der alten Ordnung zu sein. Noch am selben Abend um 18 Uhr fiel sein Haupt auf der an der Berrière de Vincennes errichteten Guillotine. Seine letzten Worte sollen – und er zeigte auf seinen Kopf – gewesen sein: »Immerhin ist da was drin.«

Am 10. Thermidor wurden Robespierre, sein Chefankläger Fouquier-Tinville sowie weitere Jakobiner ohne Gerichtsverfahren der Guillotine überantwortet, nachdem sie am 9. Thermidor verhaftet worden waren. Damit endete die Terreur – zum Glück, zum Glück auch für Mercier, er konnte das Gefängnis als freier Mann verlassen. Er zog wieder in die Rue St.-Jacques 103 zu seiner Lebensgefährtin und langjährigen Haushälterin Louise Marchand, die ihm in der ein Vierteljahrhundert dauernden Gemeinschaft drei Töchter, Héloise, Pauline und Sébastienne, geboren hat. Im Februar 1814, kurz vor seinem Tode, am 25. April, heiratete Mercier seine Lebensgefährtin. Der Gefängnisaufenthalt hatte aber nicht dazu beigetragen, daß Mercier von da ab sich politisch abstinent verhalten hätte. Im September 1795 gehörte er der Gründungsversammlung des Direktoriums, dem »Rat der Fünfhundert« an. Am 20. Mai 1797 verließ er den Conseil und wurde nacheinander Aufseher über die staatliche Lotterie und Professor für Geschichte an der Ecole Centrale. Und das Schreiben? Gab er zwar nicht ganz auf, aber die Brillanz der frühen Jahre war dahin. Rückblickend auf die Revolutionsjahre schreibt er 1798: »Ich war dabei und habe nie gewußt, wo ich war, das heißt, die Gefahr zu begreifen, in der ich mich befand, noch alle Merkwürdigkeiten, die mich umgaben ... Die Geschichte der Revolution zu schreiben, wird vor Ablauf eines Halbjahrhunderts eine fast unmögliche Aufgabe sein.«

Einer, der die Gefahr, in der er sich befand, immer kommen sah und entsprechend handeln konnte, der die Revolution und die sie betreibenden Kräfte verabscheute wie der Teufel das Weihwasser, Arthur Schopenhauer, lernte in ganz jungen Jahren Mercier persönlich kennen und war sehr angetan von diesem.

1804 besuchte die Hamburger Kaufmannsfamilie Schopenhauer Paris, und Mercier führte sie eine Woche lang durch seine über alles geliebte Stadt als kompetenter Cicerone. Die Schopenhauers, das waren der Großkaufmann Heinrich Floris und seine Ehefrau Johanna sowie der fünfzehnjährige Arthur. Die Reise quer durch Europa (Holland, England, Frankreich, Schweiz, Österreich) war Köder und Preis zugleich für den Sohn. Mit seinem großzügigen Angebot an diesen wollte Floris Schopenhauer dessen Widerstand gegen eine Kaufmannslehre brechen. Denn Arthur fühlte sich mehr zur Wissenschaft hingezogen und wollte eigentlich weiter zur Schule gehen und das Abitur machen. Abitur hin und Kaufmannslehre her. Eineinhalb Jahre auf Achse sein und sich die Welt ansehen, damit läßt man sich, wenn man noch jung ist, gerne ködern. Man setzt auf später, man hat Zeit. Die Rechnung des Sohnes sollte aufgehen. Er wird uns etwas später in Berlin – als Student und Privatdozent und nicht als Kaufmann – über den Weg laufen, aber da ist der Vater längst schon gestorben.

Am 3. Mai 1803 starten die Schopenhauers ihre Bildungsreise. Wir begleiten sie erst, wenn sie in Paris ihrer Kutsche entsteigen. Über die Reise sind wir gut informiert, da sowohl die Mutter Johanna als auch der Sohn Reisetagebuch führten. Am Sonntag, dem 27. November 1803, traf die Familie um 12 Uhr mittags in Paris ein. Leider verraten uns die Tagebücher nicht, wo die Familie abgestiegen ist. Aber bereits am nächsten Tag erhält man Besuch von Herrn Mercier. Johanna hält fest: »... und da tritt mir gleich das freundliche Bild des guten, einst hochgerühmten Mercier entgegen, dieser lebendigen Chronik von Paris, der damals mein fast beständiger Führer und Begleiter zu allem Merkwürdigen und Interessanten seiner Stadt war ... [er war ein] stattlicher Mann von mittlerer Größe, den unerachtet seiner vierundsechzig Jahre eine gewisse graziöse Gewandtheit in Gang, Haltung und Bewegung noch nicht ganz verlassen hatte; in seinem altmodischen, aber sehr sauber gehaltenen braunen Rock mit großen Perlmutterknöpfen, mit der ziemlich langen mit einer gestickten bunten Blumengirlande geschmückten Weste von weißer Seide, in weißseidenen Strümpfen und Schuhen mit goldenen Schnallen. Bei alledem war Mercier weit davon entfernt, eine Karikatur zu sein, wie man nach einer solchen Beschreibung ihn sich vielleicht denken möchte; alles, was er trug, stand ihm gut und natürlich ...«

Vergleicht man die beiden Tagebuchaufzeichnungen, dann fällt auf, daß da, wo Arthur im Plural spricht, die Mutter nur im Singular zu vernehmen ist, so als wäre sie ganz alleine in Paris und Mercier nur für sie da. Mercier führt die Schopenhauers durch Paris, sein Paris. Er zeigt ihnen die Geheimnisse der Stadt auf den Spuren des Alltäglichen und der Revolution. Führt sie durch den Louvre, geht mit ihnen in das Naturalien-Cabinet des Jardin des Plantes, zeigt ihnen den gerade entstehenden Bau des Panthéons, was den jungen Arthur zu dem überschwenglichen Ausruf bewegt, daß hier das schönste Gebäude Europas entstehe. Am Sonntag, dem 5. Januar, fährt Mercier mit der Famile nach Charenton. Arthur erzählt davon: »Wir fuhren heute mit Hrn. *Mercier* nach *Charenton*, einem an sich unbedeutenden Dorf, von der Brücke aber welche über die *Marne* gebaut ist, die sich hier mit der Seine vereinigte, hat man eine sehr schöne Aussicht: auch ist diese Brücke durch mehrere blutige

Scharmützel merckwürdig.« Und Mutter Johanna notierte: »Eines Tages fuhr ich mit Mercier durch die Vorstadt St. Antoine nach Charenton, einem nahe am Strom auf einer Anhöhe liegenden Dorfe, in dessen Nähe die Marne mit der Seine sich vereint und die über den Strom führende Brücke eine ungemein reizende Aussicht gewährt.« Leider erfahren wir nicht viel mehr über diesen Flecken, der zwei Kilometer südöstlich von Paris liegt. Wenn heute, aber auch schon früher der Name Charenton fiel, so dachte jeder zugleich an die Irrenanstalt – oder umgekehrt, wie der berühmte Berliner Mediziner Johann Ludwig Caspar 1822 schrieb:

»Man sagt in der Regel blos Charenton, wenn man diese Anstalt bezeichnen will; doch eigentlich ist Charenton ein Flecken an der Marne, zwei Stunden von Paris entfernt und das Irrenhaus heißt: Hospice de St. Maurice ... Noch vor wenigen Jahren war Charenton ein verborgener Schlupfwinkel für den moralischen Auswurf der bürgerlichen Gesellschaft; man steckte hier hinein die ›mauvais sujets‹ (im schlechtesten Sinne des Wortes), Menschen, die Laster geübt hatten, deren Offenbarung sich nicht für das öffentliche Gerichtsverfahren schickte.«

Einer dieser Insassen, die »Laster geübt hatten«, war der Marquis de Sade. Dieser wurde am 27. April 1803 in die Irrenanstalt überführt, wo er ein ziemlich sorgenfreies Leben führen konnte. 1808 beklagte sich der leitende Irrenarzt beim Ministerium in Paris: »... Man ist unvorsichtig gewesen, in der Anstalt ein Theater einzurichten, um die Irren Komödien spielen zu lassen ... Herr de Sade ist der Direktor dieses Theaters. Er giebt die Stücke an, verteilt die Rollen und leitet die Proben. Er unterrichtet die Schauspieler und Schauspielerinnen in der Deklamation und bildet sie in der großen Bühnenkunst aus. Am Tage der öffentlichen Vorstellung verfügt er stets über eine gewisse Zahl von Eintrittsbillets und macht inmitten seiner Gehilfen die Honneurs im Saale.«

De Sades Aufführungen waren bald Stadtgspräch und tout Paris fuhr nach Charenton. Der Direktor der Anstalt Abbé Coulmier intervenierte gegen die Auflösung des Theaters, die der Arzt forderte, und war erfolgreich. Denn auf die Einnahmen durch den Verkauf der Billetts wollte er nicht verzichten. De Sade durfte noch bis 1813 seinem Geschäft als Theaterleiter in Charenton nachgehen. Dann erst wurde es ihm verboten und das Theater aufgelöst. Ein Jahr später, am 2. Dezember 1814, starb de Sade in Charenton. Mercier, der immer alles wußte, wird auch darüber informiert gewesen sein, was für ein prominenter Insasse sich im Hospiz zu Charenton befunden hatte, als er mit den Schopenhauers den Flecken besuchte. Ob er ihnen davon auch erzählte, darüber schweigen Sohn und Mutter sich aus, weshalb wir es hier nachgeholt haben.

Mercier nimmt die Familie mit ins Theater und in die Oper, sie sehen u. a. sein Lustspiel »La maison de Molière«, die Oper »Œdipe à Colonne« von Sacchini, das Ballett »Psiche« von Lully und eine auf französisch gespielte »Zauberflöte« unter dem Namen »Les Mystères d'Isis«. Den nachhaltigsten Eindruck hatte auf Arthur der Besuch der »Monuments français« gemacht. Unter dem 12. Januar 1804 notierte er: »Wir besahen diesen Morgen mit Hrn. Mercier die Monuments français. Diese höchst merckwürdige u. sehenswerthe Sammlung aller Grab- u. Denck-Mäler, von Menschen, die sich in der französischen Geschichte von jeher merckwürdig gemacht haben, ist in einer großen uralten gotischen Kirche, ›des petits Augustins‹, aufgestellt ... Die Grabsteine von alten französischen Königen, von den ersten Clodewigs an, sind hier.«

Mercier hat dem Museum der französischen Monumente ein kleines Feuilleton mit dem Titel »Die kleinen Augustiner« gewidmet. Die Kirche, von der Mercier berichtete, befand sich in der Straße Aux petits Augustins. Heute ist das Museum im Ostflügel des Palais de Chaillot am Place du Trocadéro untergebracht. Die Schopenhauers blieben noch bis zum 27. Januar 1804 in Paris, dann ging es weiter in die Schweiz und nach Österreich.

Im August 1804 endet die Schopenhauersche Bildungsreise durch Mitteleuropa und England, und Arthur muß seine kaufmännische Lehre antreten. Erst als der Vater 1805 stirbt, bricht er die Lehre ab, macht sein Abitur nach und beginnt zu studieren. Wir werden ihm in Berlin wiederbegegnen.

Wir aber bleiben noch in Paris und bei Mercier. Dieser hatte immer Zweifel, ob das, was er tat, das richtige sei, er auf der richtigen Seite stehen würde. Anders als er, hatte ein anderer immer sehr genau gewußt, wo er stand, und hatte alle Gefahren für sich kommen sehen und konnte ihnen so ausweichen: unser geborener Opportunist, Marie Joseph de Chénier, der Leib-und-Magen-Dramatiker der Französischen Revolution. Als die Jakobiner das Sagen hatten, war er Jakobiner, nach dem 9. Thermidor gehörte er zu den schärfsten Kritikern der Terreur, und als Napoleon sich zum Kaiser krönte, wurde er Royalist. Seine Dichtung ist reine Agitprop. Die Tragödien: hohle Phrasen statt Handlung, Rhetorik statt Poesie. Der Revolutionär ist der Gute, der Freund des Volkes. Das Volk ist edel und groß und kämpft an der Seite des Revolutionärs fürs Gute. Er war, um mit heutigen Maßstäben zu messen, kein Dichter, sondern ein schriftstellernder Politiker, der über Einfluß verfügte. Auch als dramatischer Bearbeiter von Novellen hat er sich versucht, wie wir einem Brief Wilhelm von Humboldts aus Paris, den er Anfang April 1798 an Goethe schrieb, entnehmen können: »Die schöne Literatur würde Sie wenig interessieren. Wirklich fehlt hier die Flamme des Genies. Die meisten Produktionen sind matt, und alle bleiben weit hinter dem zurück, was eine strenge Kritik mit Recht fordern kann. ... Von deutscher Literatur bildet man sich ein, hier viel zu wissen. Sie glaubt man sogar sehr zu kennen und zu lieben. Chénier hat Ihren Werther sogar in eine, aber noch nicht gedruckte Tragödie verwandelt. Aber man darf nur ein bißchen zuhören, um zu finden, wie es mit dieser Kenntnis und Liebe steht. Ich habe mir fest vorgenommen, daß durch mich nie eine deutsche Zeile (es müßte denn bloße Gelehrsamkeit sein) hier bekannt werden soll.«

Verlassen wir wir nun die ungleichen Brüder Chénier, von denen der eine zu Unrecht und der andere zu Recht vergessen ist, und marschieren wir weiter auf Berlin zu.

Paris zum Zweiten

Ach, Berlin. Noch sind wir auf unserer Odyssee dort nicht angekommen. Aber die Hälfte der Wegstrecke haben wir hinter uns. Ein nochmaliger kleiner Abstecher nach Paris wird uns Berlin näherbringen. Während dort Ludwig XVI. den Bankier Jacques Necker zu seinem Finanzminister ernennt und Mercier mit seinen Stadtstudien beginnt, bereitet in Salzburg unser Wunderkind seinen Abgang vor, d.h. er startet seinen ersten Versuch, um fortan als freier Musiker, der sich seine Stellungen selbstbestimmt auswählen kann, zu existieren.

Am 1. August 1777 schrieb Mozart an seinen Fürsten:

Ihro Hochfürstl. Gnaden / Hochwürdigster des Heil. Röm. Reichs / Fürst, / Gnädigster Landes Fürst / und / Herr Herr!

Euer Hochfürstl. Gnaden etc. darf ich mit der umständlichen Beschreibung unserer traurigen Umstände nicht beschwerlich fallen: mein Vater hat solche in der den 14. Merz dieses Jahres eingereichten unterthänigsten Bittschrift Euer Hochfürstl. Gnaden etc. bey seiner Ehre und Gewissen mit allem Grund der Wahrheit demüthigst zu erkennen gegeben ... Euer Hochfürstl. Gnaden etc. erlauben mir demnach gnädigst, daß ich Höchstdieselben unterthänigst um meine Dienstentlassung bitte, da ich noch von dem eingehenden Herbstmonat Gebrauch zu machen gezwungen bin, um nicht durch die bald nachfolgenden kalten Monate der übeln Witterung ausgesetzt zu seyn. Euer Hochfl. Gnaden etc. werden mir diese unterthänigste Bitte nicht ungnädig nehmen, da Höchstdieselben schon vor drey Jahren, da ich um die Erlaubniß nach Wien zu reisen bath, sich gnädigst gegen mich erklärten, daß ich nichts zu hoffen hätte und besser thun würde mein Glück andern Orts zu suchen ... empfehle ich mich zu fürwehrenden Höchsten Hulden und Gnaden ...«

Ob es die vielen »etc.« im Brief waren, die den Erzbischof dieses eine Mal gnädiger stimmten? Wer weiß? Jedenfalls Mozart und der fürsterzbischöfliche Hof trennten sich in beiderseitigem Einvernehmen, d.h. Mozarts »Herr Herr!« gab ihm die »Erlaubnüß sein Glück weiter woanders zu suchen«. Er gab sie nicht nur dem Sohn, sondern auch dem Vater: »Auf die Hofkammer mit deme, daß Vater und Sohn nach dem Evangelio die Erlaubniß haben ihr Glück weiter zu suchen.« Das traf Leopold Mozart aber tief und stürzte ihn in arge Verzweiflung. Der Oktober naht und keine Einkünfte mehr. Na ja, der Fürsterzbischof Colloredo besann sich noch einmal anders und machte die Entlassung des Vaters am 26. September wieder rückgängig. Aber da war der Sohn schon drei Tage unterwegs. Allerdings nicht allein, sondern mit der Mutter als Aufpasserin. Das behagte dem Einundzwanzigjährigen gar nicht. Er wehrte sich dagegen, wenn auch vorerst nur in Briefform. Im ersten Brief nach Hause heißt es: »Ich bin der andere Papa ... ich geb auf alles acht.« Die Jugend beim Abnabeln, auf dem Wege zur Mannbarkeit, das sollte noch Probleme mit sich bringen. Über München, Augsburg, Mannheim sollte es nach Paris gehen. Am 30. Oktober 1777 kamen Mutter und Sohn in Mannheim an. Ja und hier, im hoch- und vielgerühmten »Paradies der Tonkünstler«, sollte erst einmal Endstation sein, einerseits wegen der Hinhaltetaktik des Mannheimer Hofes, dessen Kurfürst Karl Theodor eigentlich nicht so ohne weiteres bereit war, Mozart anzustellen, und andererseits der Liebe und Triebe wegen, die recht mächtig bei dem jungen Mozart zu sprießen begannen. Aloysia Weber hieß sein Objekt der Begierde. Als der Vater im fernen Salzburg bemerkte, daß es da in Mannheim etwas gab, was seinen Sohn vom eigentlichen Sinn der Reise, an jedem erdenklichen Hofe musikalisch zu reüssieren, abzuhalten in der Lage war, da schrillten alle seine Alarmglocken. Vier Monate waren vergangen, da Mutter und Sohn in Mannheim ankamen, und noch keine Resultate, statt dessen hieß es in einem Brief vom 4. Februar:

»... Abends gingen wir nach hof, das war samstag (24. 1. 78); da sang die Mad:selle Weber 3 arien. Ich übergehe ihr singen – mit einem wort vortreflich! – ich habe ja im neülichen brief von ihren verdiensten geschrieben ... den andern tag Montag (26. 1. 78) war wieder Musique ... die Mad:selle Weber sang im allem 13 mahl, und spielte 2 mahl Clavier, denn sie spiellt gar nicht schlecht, was mich am meisten wundert ist daß sie so gut Noten liest. Stellen sie sich vor, sie hat meine schweren Sonaten ... Prima vista gespielt ... ich habe diese bedruckte famille so lieb, daß ich nichts mehr wünsche, als daß ich sie glücklich machen könnte; und vielleicht kann ich es auch. mein rath ist daß sie nach Italien gehen sollten ... Wenn das geschieht, so werden wir, M:r Weber, seine 2 töchter und ich die Ehre haben meinen lieben Papa und meine liebe schwester im durchreisen auf 14 täge zu besuchen. Meine schwester wird an der Mad:selle Weber eine freündin und Cameradin finden, denn sie steht hier im Ruf, wie meine schwester in Salzburg wegen ihrer guten aufführung, der vatter wie meiner, und die ganze famille wie die Mozartische. Es giebt freylich neider, wie bey uns, aber wenn es darzu kommt. so müssen sie halt doch die wahrheit sagen. Redlich wehrt am längsten.«

Was tun? Der Junge mußte weg, weg von Mannheim, weg von dieser Weberschen Familie, die scheinbar alles kaputtzumachen schien, was Leopold so mühevoll aufgebaut hatte. Der Junge soll es doch einmal besser haben als er, der Vizekapellmeister, ist doch schließlich ein Genie, er nur ein musikalischer Handwerker, ein guter immerhin. Am 12. Februar 1778 schrieb Vater Mozart aus Salzburg: »Deinen Brief vom 4ten habe ich mit Verwunderung und Schröcken durchlesen ... Du gedenkst sie als Prima Donna nach Italien zu bringen. Sag mir ob du eine prima donna, ohne vormals in Teutschland schon öfters recitiert zu haben, das theater in Italien betretten hat ... Dein Vorschlag |: ich kann kaum schreiben, wenn ich nur daran denke:| der Vorschlag mit dem H:<Weber> und NB 2 Töchter herumzureisen hätte mich beynahe um meinen Vernunft gebracht. Liebster Sohn! wie kannst du dich doch von so einem abscheulichen dir zugebracht Gedanken auch nur auf eine Stunde einnehmen lassen ... *Fort mit dir nach Paris!* und das bald, setze dich grossen Leuten an die Seite – aut Caesar aut nihil, der einzig Gedancke Paris zu sehen, hätte dich vor allen fliegenden Einfällen bewahren sollen. *Von Paris aus geht der Rhum und Name eines Mannes von grossem Talente durch die ganze Welt, da behandelt der Adl Leute von Genie mit der grössten Herablassung, Hochschätzung und Höflichkeit, – da siehet man eine schöne Lebensarth, die ganz erstaunlich absticht gegen der Grobheit unserer Teutschen Cavalliers und Damen, und da machst du dich in der französischen Sprache vest.*«

Nein, es half nichts. Sohnemann ließ sich nicht zur Ordnung, zur väterlichen, rufen. Ja, ja, wo die Liebe hinfällt und der Geschlechtstrieb sein Recht einfordert, da müssen schwerere Geschütze aufgefahren werden, Geschütze gegen diese »Weber'sche Brut«. Wir Nachgeborenen wissen, daß das nichts half. Wolfgang heiratete später zwar nicht die hübsche und begabte Aloysia Weber, sondern ihre Schwester (Constanze). Das hielt ihn aber nicht davon ab, weiterhin Arien, Bravour-Arien, für Aloysia zu schreiben, aber da greifen wir vor. Wolfgang zeigte sich jedenfalls resistent gegenüber den Briefen des Vaters, die am Anfang noch etwas an Schärfe vermissen ließen, aber im Fortgang der, wie wir jetzt schon sagen können, sehr einseitigen Liebe zu Aloysia (oder nicht, war da etwa etwas mehr?) immer bedrohlicher wurden. Aber es verging noch ein ganzer Monat, bevor die Kutsche nach Paris rollen sollte. Am 14. März war es soweit. Im Gepäck allerlei Adressen und Empfehlungsschreiben von Leopold. Fast die gesamte französische Aufklärung war vertreten. Voltaire, Diderot, d'Alembert und natürlich der alte Freund, der Baron Grimm, der hatte schon im Februar in Salzburg ungeduldig angefragt, wann endlich der Wolfgang mit der Mutter eintreffe. Am 23. März war es dann endlich soweit. Um vier Uhr nachmittags rollte die Kutsche in Paris ein. Nach 9½ Tagen anstrengender Fahrt war man endlich am Wunschziel des Vaters angekommen. Man nahm »bey herrn Mayer« in der Rue Bourg l'Abbé Quartier. Von dort siedelte man am 11. April in die Rue du Gros-Genet (heute Rue du Sentier) und schließlich am 3. Juli in die Rue de la Chaussée-d'Antin (Wohnung von Baron Grimm und der Madame d'Epinay) über.

Es gefiel Mozart nicht in Paris. Die Gründe lagen einerseits in Mannheim und andererseits darin, daß er nicht mehr so hofiert wurde wie noch als kleines Wunderkind, und das behagte ihm gar nicht. Am 1. Mai schreibt er nach Salzburg: »... M:r grimm gab mir einen brief an Mad: La Ducheße de chabot, und da fuhr ich hin. der inhalt dieses briefs war hauptsächlich, mich bey der Ducheße de Bourbon | die damals im kloster war | zu recomandiren, und mich neüerdings bey ihr wieder bekannt zu machen, und sich meiner erinnern zu machen. Da giengen 8 täg vorbey ohne mindester nachricht; sie hatte mich dort schon auf über 8 täg bestellt, und also hielt ich mein wort, und kamme. Da muste ich eine halbe stund in einem Eiskalten, ungeheizten, und ohne mit camin versehenen grossen Zimmer warten. Endlich kam die D: Chabot, mit gröster höflichkeit, und bat mich mit dem Clavier verlieb zu nehmen, indeme keins von den ihrigen zugericht seye; ich möchte es versuchen.«

Aber das war ja noch nicht alles, die Hinhaltetaktik im kalten Zimmer und ein total verstimmtes Klavier, hinzu kam, daß die anwesende Gesellschaft offen ihr Desinteresse an seinem Klavierspiel zur Schau trug und lustig drauflos schwatzte und zeichnete. Das war zuviel. Wolfgang kochte vor Wut! So kann man mit einem Genie doch nicht umspringen. Und überhaupt, wo bleiben die Aufträge oder Anstellungen, die Gründe also, für die diese Reise überhaupt unternommen wurde? Anstellung? Niemand dachte daran, weder in München, Augsburg, Mannheim und schon gar nicht in Paris. Man hatte genug Komponisten, solide Handwerker, wie z.B. den Italiener Giuseppe Maria Cambini (1746–1825), der von kaum einem Musiklexikon verzeichnet wird, aber sein Geld wert war. Insgesamt hat er 174 Quartette für die übliche Streichquartettbesetzung geschrieben, nichts Revolutionäres, sondern ganz in den Bahnen, die Haydn vorgegeben hatte, oder seine 84 Symphonies concertantes, von denen immerhin noch 28 erhalten sind. Man sieht, er hatte alles, was man als Komponist am Hofe brauchte, nur eins nicht: Genie. Genie hatte Mozart, aber das ist eine denkbar schlechte Voraussetzung, um angestellter Komponist zu werden, denn Genie läßt sich nicht in Abhängigkeit halten. Nun gut, Anstellung rien, aber wie war es um Kompositionsaufträge bestellt? Na ja, alles in allem auch nicht so besonders. Da ist das

Konzert für Flöte und Harfe (KV 299). Flöte! Ein Instrument, das auf Mozarts Beliebtheitsskala ganz, ganz unten angesiedelt war, wie er in einem Brief an seinen Vater vom 14.2.78 mitteilt: »... dann bin ich auch, wie sie wissen, gleich stuff [id est widerwillig] wenn ich immer für ein instrument |das ich nicht leiden kann:| schreiben soll.« Das Konzert für Flöte, Harfe und Orchester C-Dur, eigentlich eine Sinfonia concertante, wurde komponiert für einen Flöte spielenden Herzog am Pariser Hof, den Duc de Guines, und seine Harfe spielende Tochter, die während Mozarts Pariser Tage seine Kompositionsschülerin war.

KV 299 wurde, wenn man den Umständen (zwei ungeliebte Solo-Instrumente: Flöte und Harfe) Rechnung trägt, trotz alledem zu einem frühen Meisterwerk, auch wenn die Kadenzen, die Mozart für seinen hochherrschaftlichen Auftraggeber schrieb, leider verlorengingen.

Ja und dann war da noch ein Miserere (KV 297a) für den Leiter der renommierten Konzertgesellschaft »Concert spirituel« Joseph le Gros, aber mit diesen kleinen geistlichen Gesängen war eigentlich auch kein Blumentopf zu gewinnen. Mehr konnte man schon mit der »Pariser Sinfonie« (KV 297), die auch auf eine Anregung le Gros' zurückging, reüssieren. Am 3. Juli schreibt er seinem Vater nach Salzburg: »Ich habe eine sinfonie, um das Concert spirituel zu eröfnen, machen müssen. An frohnleichnams=Tag [18. Juni 1778] wurde sie mit allem aplauso aufgeführt; Es ist auch so viell ich höre, in Couriere de L'europe eine meldung davon geschehen. – sie hat also ausnehmend gefallen ... ich gieng also gleich für freüde nach der Sinfonie ins Palais Royale – nahm ein guts gefrornes – ...«

Auf den Brief vom 3. Juli werden wir gleich noch einmal zurückkommen müssen, aber aus anderen Gründen, aus Gründen, die nicht in der Musik liegen und die mit der Reise nur mittelbar zusammenhängen, aber doch mit ihr viel zu tun haben. Mit dem Tod. Aber noch sind wir nicht am Ende mit den musikalischen Erträgen. Weiter also. Da wäre noch eine Sinfonia concertante für Flöte, Oboe, Horn, Fagott und Orchester (KV 297b).

Eigentlich hätte er doch sehr gerne eine große Oper für das Pariser Publikum komponiert, aber niemand schien daran Interesse gehabt zu haben. Ob der Baron Grimm, der väterliche Freund, da helfen könnte? Vielleicht. Er machte Mozart mit Jean-Georges Noverre bekannt. Noverre war der zu seiner Zeit berühmteste Choreograph, Ballettmeister und -theoretiker. Von Zeitgenossen als »Shakespeare des Tanzes« betitelt, vergleicht er sich in einer Selbstanzeige mit Voltaire: »Ich bin als Ballettmeister so gut wie Voltaire als Schriftsteller ...« Wo immer er in Europa auftauchte, revolutionierte er die Tanzkunst, das Ballett. Lange vor dem britischen Choreographen John Cranko bewirkte Noverre in Stuttgart ein Ballettwunder. Während seiner siebenjährigen Amtszeit dort wurde Stuttgart zum ersten Ballettzentrum Europas. Erst die Finanzknappheit des Herzogs Karl Eugen von Württemberg, der mit seinem Mäzenatentum seinen Staat an den Rand, nein in den Bankrott trieb, beendete Noverres Arbeit in Stuttgart. Jener Noverre, dem Voltaire nach dem Lesen der »Lettres sur la danse« schrieb: »Ihr geniales Werk, mein Herr, liegt vor mir; meine Dankbarkeit kommt meiner Verehrung gleich. Der Titel Ihres Buches spricht nur vom Tanz, doch werfen Sie Licht auf alle Künste. Ihr Stil ist ebenso vollendet, wie Ihre Werke reich sind an Vorstellungskraft. Sie sind ... ein ... hervorragender Vertreter Ihrer Kunst ...« – jener Noverre also befreite das Ballett aus der künstlerischen Gefangenschaft des Divertissements, indem er dem Handlungsballett zum Durchbruch verhalf. Also, Mozart machte nicht irgendwem seine Aufwartung, und entsprechend groß war seine Hoffnung auf einen lukrativen Auftrag. Vielleicht sogar eine Oper? Nein! Nichts kam heraus. Ein kleines Nichts, Musik zur Ballett-Pantomime »Les petits riens« (KV 299b). Von den 20 Musikstükken, die das Ballett umfaßt, sind nachweislich nur die spritzige Ouvertüre und sieben kurze Sätze von Mozarts Hand. Die Hoffnung, die noch aus dem Brief an den Vater vom 14. Mai sprach, war bald dahin: »ich werde Nun bald, glaube ich, die Poesie zu meiner opera en deux acts, bekommen. dan muß ich sie erst, dem Director, M:r de huime praesentiren, ob er sie annimt. da ist aber kein zweifel nicht; dann Noverre hat sie angegeben; und dem Noverre hat de huime seine stelle zu dancken. Noverre wird auch bald ein neues Ballet machen, und da werde ich die Musique dazu setzen.«

Auf dem Programmzettel war noch nicht einmal sein Name verzeichnet. Und das Opernprojekt? Rien!

Zurück zur Pariser Sinfonie; sie wurde am 18. Juni uraufgeführt. Einen Tag später erkrankte die Mutter schwer. Am 3. Juli schrieb Wolfgang nach Salzburg: »Ich habe ihnen eine sehr unangenehme und Trauerige nachricht zu geben, die ursach ist, daß ich auf ihren lezten von 11ten Datirt, nicht eher habe antworten können. – Meine liebe Mutter ist sehr kranck – sie hat sich, wie sie es gewohnt war, adergelassen, und es war auch sehr nothwendig; es war ihr auch ganz gut darauf – doch einige täge darnach klagte sie frost, und auch gleich hitzen – bekamm den durchlauf, kopfweh – anfangs brauchten wir nur unsere hausmittel, Antispasmotische Pulver, wir hätten auch gerne das schwarze gebraucht, es mangelte uns aber, und wir konnten es hier nicht bekommen, es ist auch unter den nammen Pulvis epilepticus nicht bekandt. – weil es aber immer ärger wurde – sie hart reden konnte, das gehör verlor, so daß man schreyen muste, – so schickte der Baron grim seinen Doctor her – sie ist sehr schwach, hat noch hitzen, und Phantasirt – man giebt mir hofnung.«

Das war nicht alles, aber mehr konnte er dem Vater nicht mitteilen. Ein zweiter Brief mußte geschrieben werden und zwar an den intimen Freund der Familie, den Abbé Bullinger:

»Allerbester freünd!/ für sie ganz allein.

Trauern sie mit mir, mein freünd! – dies war der Trauerigste Tag in meinem leben – dies schreibe ich um 2 uhr nachts – ich muß es ihnen doch sagen, meine Mutter, meine liebe Mutter ist nicht mehr! gott hat sie zu sich berufen – er wollte sie haben, das sahe ich klar – mithin habe ich mich in willen gottes gegeben – Er hatte sie mir gegeben, er konnte sie mir auch nehmen. Stellen sie sich nur alle meine unruhe, ängsten und sorgen vor die ich diese 14 täge ausgestanden habe – sie starb ohne das sie etwas von sich wuste – löschte aus wie ein licht. Sie hat 3 täge vorher gebeichtet, ist Comuncirt worde, und hat die heilige öehlung bekommen – die lezten 3 täge aber phantasirte sie beständig, und heüt aber um 5 uhr 21 minuten griff sie in Zügen, verlohr alsogleich darbey alle empfindungen und alle sinne – ich druckte ihr die hand, redete sie an – sie sahe mich aber nicht, hörte mich nicht, und empfand nichts – so lag sie bis sie verschied, nemlich in 5 stunden um 10 uhr 21 minuten abends – es war niemand darbey, als ich, ein guter freünd von uns | den mein vatter kennt ...

Ich bitte sie also, bester freünd, erhalten sie mir meinen vatter, sprechen sie ihm muth zu daß er es sich nicht gar zu schwer und hart nimmt, wenn er das ärgste erst hören wird. Meine schwester empfehle ich ihnen auch von ganzen herzen – gehen sie doch gleich hinaus zu ihnen, ich bitte sie – sagen sie ihnen noch nichts daß sie Tod ist, sondern prepariren sie

sie nur so dazu – Thun sie was sie wollen, – wenden sie alles an – machen sie nur daß ich ruhig seyn kann – und daß ich nicht etwa ein anderes unglück noch zu erwarten habe. – Erhalten sie mir meinen lieben vatter, und meine liebe schwester. Geben sie mir gleich antwort ich bitte sie.«

Zwei merkwürdige und sehr befremdliche Briefe. Als Mozart den Brief an den Vater schrieb, war seine Mutter schon gestorben. Und was schreibt der Sohn, schreibt er sich quasi in Trance von der Seele? Nur um von dem einen nicht schreiben zu müssen? Alltägliches. Über Aufträge, über Aufführungen und wo man ein gutes Eis zu essen bekommt. Und: »Nun gebe ich ihnen eine nachricht die sie vielleicht schon wissen werden, daß nehmlich der gottlose und Erz=spizbub voltaire so zu sagen wie ein hund – wie ein vieh crepirt ist – das ist der lohn!«

Hier kommt ein wesentlicher Charakterzug Mozarts zum Vorschein, sein konservativer Katholizismus. Er konnte Voltaire, den Spötter, den Negierer all dessen, woran er felsenfest glaubte, die »unam sanctam cathólicam Ecclésiam« und die Gnade Gottes in »Jesum Christum«, nicht mögen. Aufklärung hin oder her. Und dieser sein Glaube an die Allmacht und die Gnade Gottes waren es auch, die ihn den ziemlich gefaßten und rationalen Brief an den Abbé Bullinger, ein Brief wie mit dem Seziermesser verfaßt, hat schreiben lassen. Es stimmt uns heute befremdlich, wie Wolfgang Amadé den Schock des Todes verarbeitet hat. Eine Woche später, am 9. Juli, schreibt er an den Vater:

»Ich hoffe sie werden bereitet seyn, eine der Traurigsten und schmerzhaftesten nachrichten mit standhaftigkeit anzuhören – sie werden durch mein leztes von 3:ten in die lage gesezt worden seyn, nichts gutes hören zu därfen – den nemlichen Tag den 3:ten ist meine Mutter abends um 10 uhr 21 Minuten in gottseelig entschlafen; – als ich ihnen aber schrieb, war sie schon im genüß der Himmlischen freüden – alles war schon vorbey – ich schrieb ihnen in der Nacht – ich hoffe sie und meine liebe schwester werden mir diesen kleinen und sehr nothwendigen betrug verzeihen ... und schreiten wir zu andern sachen, es hat alles seine Zeit – ich schreibe dieses im hause der Mad:me d'Epinai, und des M:r Grimm, wo ich nun logire, ein hüpsches Zimmerl mit einer sehr angenehmen aus=sicht habe – und, wie es nur immer mein zustand zuläst, vergnügt bin.«

»Und schreiten wir zu andren sachen ...« Sieben Seiten umfaßt der Brief, eine halbe Seite wird dem Sterben der Mutter gewidmet, bevor er zu anderen »sachen« übergeht. Trauer und Verdrängung, der Tod der Mutter wird sublimiert. In die Lage versetzt ihn sein Glaube. Alles hat seine Zeit, tröstet sich der Stoiker Wolfgang Amadé. Trauer war vor einer Woche, jetzt ist die Zeit des Komponierens.

»Ein jedes Ding hat seine Zeit.« Mozarts Zeit war wohl in Paris nicht gekommen. Die Mutter gestorben, keine Anstellung, kaum Aufträge und in Mannhein, ganz, ganz fern, ein geliebtes Wesen: Aloysia. Was tun? Am 27. Juli schreibt der Baron Grimm an Leopold Mozart einen leider verschollenen Brief, der von Leopold aber auszugsweise in einem Brief an Wolfgang zitiert wird, und darin berichtet er, daß Paris zur Zeit jedenfalls nicht auf das ehemalige Wunderkind gewartet habe. Was tun? Es ist August, der Vater eruiert in Salzburg, wie es um die Wiedereinstellung des Sohnes bestellt sein könnte. Er hat Erfolg. Der Fürsterzbischof willigt ein, daß Wolfgang Amadé in die Stelle eintreten kann, die der kürzlich erst verstorbene Kapellmeister Lolli hinterlassen hat. Aber der Sohn, im fernen Paris, stellt Bedingungen, vor allem will er nicht mehr mit dem Violinspielen im Dienst geplagt werden. Und überhaupt Dienst – er will frei sein. Paris! Auf einmal. Aber es hilft nichts, er muß zurück. Am 26. September 1778 verläßt er in einer Mietkutsche Paris. Aber eilig scheint er es nicht zu haben. Über Straßburg, Mannheim (die Liebe, die Liebe!) kommt er am 16. Januar 1779 endlich in Salzburg im Schoß der Restfamilie (Vater und Schwester) an, um für einige Jahre als verbeamteter Kapellmeister sein Leben zu fristen.

Das Dreierjahr

1778 starben Voltaire, Rousseau und Mozarts Mutter hintereinander. Springen wir kurz um 110 Jahre in die Zukunft. Am 9. März 1888 stirbt Wilhelm I., und sein Sohn wird als Friedrich III. am gleichen Tag sein Nachfolger als König von Preußen und Deutscher Kaiser, aber da war er schon tödlich an Kehlkopfkrebs erkrankt. Nach nur 99 Tagen erliegt er am 14. Juni seinem Leiden und sein Sohn wird als Wilhelm II. sein Nachfolger. Deutschland hat sein rekordverdächtiges Jahr, das als das »Dreikaiserjahr« in die Geschichte eingehen wird.

Und aus diesem Anlaß dichtete Theodor Fontane (später wird er uns kurz begleiten) folgenden Knittelvers:

»Kaiser Wilhelms altes Herz
Ruht nun aus von Lust und Schmerz.
Unser Fritz ging auch zu Ruh,
Vicky kommt nach Monbijou.
Wilhelm II. nun Kaiser ist,
Der uns unsre Juden frißt.
Stöcker luthert sich heran,
Zukunfts-Stoff für Trümpelmann.«

Man kann ja viel dichten, aber muß es antisemitisch sein, und das in diesem Zusammenhang? Fontanes Antisemitismus wird uns nicht weiter beschäftigen, aber der einiger anderer Intellektuellen, und zwar als Quelle des späteren finalen Antisemitismus. Davon in den nächsten Kapiteln mehr. Neben »Mozart« und »Reisen« ist der »Antisemitismus« ein weiterer roter Faden, der sich durch unsere Geschichte zieht.

Doch zurück zum Trianno. Acht Jahre bevor Mozart zum zweiten Male in Paris weilte – wir springen jetzt etwas durch die Zeiten –, gab es das »Dreigeniejahr«. »Dreigeniejahr«? Was ist denn das? Und was hat das mit Mozart und vor allem mit Berlin zu tun? Gemach, gemach.

Am 20. März 1770 wird in Lauffen am Neckar Johann Christian Friedrich Hölderlin als Sohn des Klosterhofmeisters Heinrich Friedrich Hölderlin und seiner Ehefrau Johanna Christiane geb. Heyn geboren.

Am 27. August 1770 wird in den frühen Morgenstunden in der Stuttgarter Eberhardstraße 53 Maria Magdalena Hegel geb. Fromm von einen gesunden Knaben entbunden. Nicht weit entfernt von den Hegels wohnte 1775 der Regimentsmedicus Friedrich Schiller bei der dreißigjährigen Hauptmannswitwe Luise Vischer in einem spärlich möblierten Parterrezimmer am »Kleinen Graben«. Luise Vischer regte die sexuelle Phantasie des angehenden Dichters überaus an. In seiner spätpubertären »Ode an Laura« hat er seine unterdrückte [?] Sehnsucht sublimiert. Hegel und Schiller? Kaum werden beide je zusammen gedacht, dabei wurde Schiller von einem Pastor Hegel getauft, ein entfernter Vorfahre unseres späteren preußischen Staatsphilosophen. Wir schweifen ab.

Am 17. Dezember 1770 wird in der Bonner Kirche St. Remigius der Sohn des Hoftenoristen Johann van Beethoven und dessen Ehefrau Maria Magdalena, verwitwete Leym, geborene Keverich, auf den Namen Ludwig getauft. Wann genau er geboren ist, verliert sich im Dunkel der Kirchenarchive und Taufregister. Wahrscheinlich war es der 15. Dezember oder der 16. Jedenfalls hat Beethoven später um sein Geburtsjahr, nicht um den Tag gekämpft. In einem Brief an seinen Jugendfreund Wegeler mit der Bitte, ihm ein Taufzeugnis zukommen zu lassen, schreibt er am 2. Mai 1810: »Etwas ist unterdessen in acht zu nehmen, nämlich: daß noch ein Bruder früherer Geburt vor mir war, der ebenfalls Ludwig hieß, nur mit dem Zusatze ›Maria‹, aber gestorben ist. Um mein gewisses Alter zu bestimmen, muß man also diesen erst finden, da ich ohnedem schon weiß, daß durch andere hierin ein Irrtum entstanden, da man mich älter angegeben, als ich war. Leider habe ich eine Zeitlang gelebt, ohne selbst zu wissen, wie alt ich bin. – Ein Familienbuch hatte ich, aber es hat sich verloren, der Himmel weiß, wie. – Also laß Dich's nicht verdrießen, wenn ich Dir diese Sache sehr warm empfehle, den Ludwig Maria und den jetzt nach ihm gekommenen Ludwig ausfindig zu machen.«

Als der Taufschein aus Bonn eintraf, auf dem der 17. Dezember 1770 verzeichnet war, notierte er Zornes erbebt: »1772. Es scheint der Taufschein nicht richtig, da noch ein Ludwig vor mir ...« Was immer ihn dazu veranlaßt hatte, in seinen Wiener Jahren zwei Jahre aus seinem Leben zu streichen, wir werden es wohl nie erfahren. Nehmen wir es als die Schrulle eines Genies.

Drei Genies des Jahrgangs 1770, deren Wege sich real und virtuell kreuzen und die bis auf Hölderlin eine Beziehung zu Mozart und Berlin haben.

Am 21. Oktober 1788 tritt Hegel als Stipendiat in das Tübinger Stift ein, um dort Philosophie und Theologie zu studieren. Am gleichen Tag hält auch Hölderlin dort seinen Einzug. Am 18. Oktober 1790 kommt Friedrich Wilhelm Joseph Schelling, das Jung-Genie, dazu. Die drei schließen bald Freundschaft und bewohnen zusammen eine Bude. Verlassen wir die drei gescheiterten Theologen, die als Hofmeister in die Welt ziehen, um später als Philosophen und Dichter berühmt zu werden, und die während ihrer Studienzeit »Freiheitsbäumchen« pflanzten und am 14. Juli gemeinsam die Marseillaise sangen, vorläufig. En passant bemerkt: Hegel wird bis zu seinem Tod an jedem 14. Juli ein Glas Rotwein auf die Revo-

Ludwig van Beethoven (1770–1827).

lution trinken und dabei als verbeamteter preußischer Staatsphilosoph kein schlechtes Gewissen haben. Hegel und Schelling werden uns später in Berlin über den Weg laufen. Der eine als Nachfolger des anderen, aber da sind sie, die Studienfreunde, schon entzweit. Hölderlin und Hegel? Noch einmal, zum letzten Male, wegen Mozart.

Am 24. Oktober 1796 schrieb Hölderlin an Hegel: »Du erinnerst Dich, daß ich zu Anfang des Sommers von einer äußerst vorteilhaften Stelle schrieb und daß es mein ganzer Wunsch um Deinet- und meinetwillen wäre, daß Du hierher kämst zu den braven Leuten, von denen die Rede war ... Vorgestern kommt Herr Gogel ganz unvermutet zu uns und sagt mir, wenn Du noch frei seist und Lust zu diesen Verhältnissen hättest, würde es ihm lieb sein ... Ein Mensch, der unter ziemlich bunten Verwandlungen seiner Lage und seines Charakters dennoch mit Herz und Gedächtnis und Geist Dir treu geblieben ist und gründlich und wärmer als je dein Freund sein wird und jede Angelegenheit des Lebens willig und freimütig mit Dir teilen, und zu seiner schönen Lage nichts fehlt als Du – dieser Mensch wohnt gar nicht weit von Dir, wenn Du hierherkömmst. Wirklich, Lieber, ich bedarf Deiner und glaube, daß Du auch mich wirst brauchen können.«

Und als in dem Brief noch von so unphilosophischen Nebensächlichkeiten wie eignes Zimmer, Reisegeld, Kost und Wein die Rede war, da antwortete Hegel ganz schnell aus Bern, wo er Hauslehrer war, aber ansonsten nicht gerne: »Ich kann Dir nicht sagen, wieviel Freude (Dein Brief) mir gemacht hat, und noch mehr die Hoffnung, Dich bald selbst zu sehen und zu umarmen ... So leid es mir tut, nicht sogleich mich auf den Weg machen zu können, so ist es mir doch unmöglich, eher als gegen Ende des Jahres das Haus, in dem ich mich befinde zu verlassen, und vor Mitte des Januar in Frankfurt einzutreffen.«

Mitte Januar 1797 tritt Hegel seine Hauslehrerstelle bei der Familie Gogel an. Nach dem verschlafenen Bern nun fast in einer Weltstadt. Und sogleich stürzt er sich in kulturelle Aktivitäten. Zweimal in der Woche besucht er die »Komödie«, darunter hat man sowohl Theater als auch Oper zu verstehen. Haftengeblieben ist bei ihm in späteren Jahren, daß er von Mozart die »Zauberflöte« und den »Don Giovanni« (in der spanischen Titelfassung als »Don Juan«) gesehen hat. Und schon sind wir wieder bei Mozart und fast schon in Berlin angekommen.

Im Frühjahr 1787 schickt der Kurfürst von Köln Maximilian Franz, jüngster Sohn Maria Theresias, den vielversprechenden jungen Bonner Pianisten Ludwig van Beethoven nach Wien. Er wollte das Konzertpublikum seiner Geburtsstadt und vor allem seinen Bruder, den Kaiser, an den pianistischen Leistungen des aufgehenden Sterns am rheinischen Musikerhimmel teilhaben lassen. Tja, aber irgendwie kam es nicht dazu. Gegenüber Haydn ließ der Kurfürst später fallen, daß die Reise insgesamt ein Reinfall gewesen sei und »nichts als Schulden« eingebracht habe. Aber sie ist gut für die Anekdote, daß Beethoven Mozart seine Aufwartung gemacht habe und daß dieser nach der Behandlung eines chromatischen Themas durch Beethoven den Ausspruch getan haben soll: »Auf den gebt acht, der wird einmal in der Welt noch von sich reden machen.« Beethoven hielt sich knapp vierzehn Tage, vom 7. bis 20. April, in Wien auf. Ob es überhaupt zu einer Begegnung zwischen den beiden kam, ist mehr als fraglich.

Ein Brief des Vaters, in dem er ihm mitteilte, daß die Mutter an Schwindsucht erkrankt sei, rief ihn schnellstens nach Bonn zurück.

Endlich in Berlin

Jetzt verlassen wir die drei Genies erst einmal und verweilen noch etwas in Wien bei Wolfgang Amadé Mozart, aber nur ganz kurz, denn dieser macht sich wieder einmal reisefertig. Der Fürst Karl Lichnowsky, Logenbruder und Klavierschüler Mozarts, wollte eine Reise tun und langweilte sich so allein in seiner Kutsche. Potsdam und Berlin waren sein Ziel. Er war Offizier im preußischen Heer, und mehrmals im Jahr mußte er sich in den beiden Residenzstädten bei seiner Einheit sehen lassen, und Mozart sollte ihn begleiten. Dieser stimmte freudig zu, rechnete er sich doch aus, daß auf dieser Reise lukrative Aufträge zu holen wären, da wieder einmal Ebbe in der Haushaltskasse herrschte. Am Morgen des 8. April 1789 brachen der Fürst und Mozart auf. Zurück blieb in Wien seine über alles geliebte Frau. Um ihr den Abschied etwas schmackhafter zu machen, schrieb er für sie das komische Quartett »Caro mio Schluck und Druck« sowie folgende Reime:

»Wenn ich werde nach Berlin ver- Reisen
Hoff' ich mir fürwahr viel Ehr und Ruhm
Doch acht' ich gering alles – Preisen
Bist du, mein Weib, bey meinem Lobe – stumm;
Wenn wir uns dann wieder sehen, küssen,
drücken, o der wonnevollen – lust!
Aber Thränen – Trauerthränen – fließen
Noch ehevor – und spalten Herz und Brust.«

Über Znaim und Iglau kam man am Karfreitag, dem 10. April, in Prag, der ersten Station der Reise, an. Im Gasthof »Zum Einhorn« nahm man Quartier. Hier weilte man etwas mehr als sieben Stunden. Gerade Zeit genug für Mozart, alte Verbindungen wieder aufzufrischen. Er nahm Kontakt mit dem neuen Prager Operndirektor Domenico Guardasoni auf und bekam den Auftrag für eine neue Oper in Aussicht gestellt. Um was für eine Oper es sich gehandelt haben könnte, kann nur vermutet werden, denn ein Textbuch existiert nicht. Außerdem, der Vertrag kam nicht zustande, weil es den Operndirektor nach Warschau zog. Von Prag ging es um 9 Uhr abends weiter nach Dresden. Im »Hotel de la Pologne«, Ecke Schloßstraße/Große Brüderstraße, stiegen der Fürst und Mozart ab. Sechs Tage verweilten die beiden in der sächsischen Metropole. Die Tage waren für Mozart alles andere als ruhevoll. Neben Einladungen, Konzerten, u. a. auch am kurfürstlichen Hof, stand ein Wettspiel mit dem Organisten und Pianisten Johann Wilhelm Häßler auf dem Programm. In einem Brief vom 16. April beschrieb er, wie er bei Improvisationen den Häßler musikalisch vernichtet hat: »Nach tisch wurde ausgemacht auf eine Orgel zu gehen. – um 4 uhr fuhren wir hin – Naumann war auch da; – Nun mußt Du wissen daß hier ein gewisser Häßler – :Organist von Erfurt:(ist; dieser war auch da; – er ist ein schüller von einem Schüller von Bach ... übrigens hat er nur Harmonien und Modulationen vom alten Sebastian Bach auswendig gelernt, und ist nicht im Stande eine fuge ordentlich auszuführen – und hat kein solides Spiel – ist folglich noch lange kein Albrechtsberger.«

Nach diesem für Mozart erfreulich-unerfreulichen Orgelduell – er haßte es inzwischen, sich mit musikalischen Dilettanten zu messen; soviel Selbstbewußtsein besaß er, daß er genau wußte, wer er war und er was konnte – ging es am 18. April weiter nach Leipzig, wo sie am 20. April eintreffen und drei Tage verweilten sollten, ehe es nach Potsdam weiterging.

Wann genau der Fürst und Mozart in Potsdam eintrafen, ist strittig. Jedenfalls war er am 26. dort, denn in einem Kabinetts-Vortrag für Friedrich Wilhelm II. vom 26. April heißt es: »Der Nahmens Motzart alhier (hatt sich beym Einpaßiren für einen Capell-Meister aus Wien angegeben) meldet, daß ihn der Fürst Lichnowsky zur Gesellschaft mit sich genommen, daß er wünschte seine Talente zu Ew. Königlichen Majestät Füßen zu legen und daß er Befehl erwartet, ob er hoffen dürffe, daß Ew. Königliche Majestät ihn vorkommen laßen würde.«

Friedrich Wilhelm II. notierte an den Rand dieser Vorlage: »Directeur du Port.« Nein, so hatte sich das Mozart nicht vorgestellt. Er hatte schon gehofft, daß der König ihn persönlich empfangen würde und daß er Aufträge, wenn nicht gar eine Anstellung bekäme, aber nur an Jean-Pierre Duport verwiesen zu werden, den er aus Paris kannte und an den er keine guten Erinnerungen hatte – nein! Aber was soll's. Er wird dafür später Rache nehmen, am König, auf seine Art, musikalisch!

Am 29. April trug er in sein »Verzeichnüss aller Meiner Werke« ein: »29:t aprill [1789] in Potsdam. *6 variazionen auf das klavier allein.* Über ein Menuett vom Duport.«

Geholfen hat dies aber Mozart nichts. Das Stück von Duport, das seinen »variazioni« zugrunde lag, soll ein Lieblingsstück des Königs gewesen sein, so will es die Überlieferung, und entstammte dem Opus 4, Nr. 6 (Six Sonates pour le Violoncelle). Das einzige, was man mit Sicherheit weiß, ist, daß der »Dicke Wilhelm«, so der Berliner Volksname für den König, ein ganz passabler Cello-Spieler gewesen sein soll.

Viel ist nicht über den Aufenthalt Mozarts in Potsdam bekannt. Man weiß noch nicht einmal, wie lange er dort verweilte. Eins weiß man aber sicher: Fürst Lichnowsky hatte alsbald von Potsdam die Nase voll und verließ stante pede die preußische Residenz, um nach Berlin zu gehen. Das kostete Mozart 100 Gulden. Da der Fürst gerade nicht liquide war, mußte Mozart aushelfen. Er hatte gerade 100 Friedrichsdor als Honorar bekommen. Das waren umgerechnet etwa 785 Gulden. Dafür sollte er für den König sechs Streichquartette und für die Prinzessin Friederike Charlotte Ulrike, die älteste Tochter Friedrich Wilhelms II., sechs leichte Klaviersonaten schreiben. Am 8. Mai traf er aus Potsdam kommend mit dem Fürsten, den er unterwegs aufgelesen hatte, wieder in Leipzig ein. Wann er aus Potsdam abgereist war, liegt im dunkeln. Auch, wo er den Fürsten auflas. In den vermischten Nachrichten der »Berlinischen Zeitung« konnte man lesen, daß der Fürst vom 30. April bis zum 2. Mai in Berlin residierte. Sei's drum. Man war wieder in Leipzig. Warum, weiß niemand. Briefe von Mozart, die darüber Auskunft geben könnten, sind verlorengegangen oder von Frau Constanze und ihrem zweiten Ehemann, dem Baron Nissen, dem ersten Biographen Mozarts, vernichtet worden.

Leipzig also. In der »Leipziger Zeitung« vom 12. Mai steht zu lesen: »Heute, als den 12ten May, wird der Herr Capellmeister Mozart, in wirklichen Diensten Sr. Kaiserl. Königl. Majestät, eine musicalische Academie in dem grossen Concertsaale zu Leipzig zu seinem Vortheil geben. Die Billets sind für 1 Gulden bey Hrn. Rost in Auerbachs Hofe, und bey dem Einlasse des Saals zu bekommen. Der Anfang ist um 6 Uhr.«

Eigentlich unvorstellbar für heutige Verhältnisse, was Mozart an diesem Abend absolvierte. Im alten Gewandhaus stand auf dem Programm:

»Concert
Des
Herrn Capellmeister Mozart
In Kaiserl. Königl. Diensten.
Im Saale des Gewandhauses.
Dienstag, den 12. May 1789

Erster Theil
Sinfonie
Scene. Mad. (Duscheck)
Concert auf dem Pianoforte
Sinfonie

Zweyter Theil
Concert auf dem Pianoforte.
Scene. Mad. (Duscheck)
Fantasie, auf dem Pianoforte
Sinfonie

Alle diese Musikstücke sind von der Composition des Herrn Capellmeisters Mozarts.«

Welche Werke genau gespielt wurden, kann heute nicht mehr mit Sicherheit gesagt werden. Die Mozart-Forschung vermutete so einiges. Belassen wir's dabei. Augen- und Ohrenzeugen gab's nur wenige. Das war dem hohen Eintrittspreis geschuldet. Am 17. Mai verließ Mozart Leipzig und begab sich nach Berlin. Dort traf er am 19. ein und bezog Quartier am Gendarmen-Markt (Charlottenstraße 36/Ecke Jägerstraße) bei dem Stabstrompeter Möser, mit dem er zusammen im Quartett die Viola spielte. Später zog hier im Parterre die Stehelysche Konditorei ein und noch etwas später wohnte Sören Kierkegaard hier. Im übernächsten Kapitel werden wir uns etwas ausführlicher mit diesem genius loci des Grundstücks Charlottenstraße 36 beschäftigen.

Am Abend des 19. Mai soll Mozart eine Aufführung der »Entführung aus dem Serail« (unter dem Titel »Belmonte und Constanze«) im Nationaltheater am Gendarmen-Markt besucht und einen falsch spielenden Violinisten während der Vorstellung angeblafft haben. So will es die anekdotische Überlieferung.

Am 23. Mai, einem schönen Frühsommertag, hielt es Mozart nicht mehr in der Stadt, er zog vor die Tore Berlins. Im nördlichen Teil des Tiergartens, in der »habermaaßischen Meyery« machte er halt. Über diesen Ort schreibt Friedrich Nicolai: »Die habermaaßische Meyery, an der Spree dicht an der Stadtmauer, dem Schiffbauerdamm gegenüber. Sie war im 16. Jahrhundert ein kurfürstl. Vorwerk, welches Kurfürst Joachim Friedrich 1604 seiner Gemahlin Eleonora verlieh. 1670 ward das Wohnhaus nebst dem Weinberge der Kurfürstin Dorothea auf Lebzeiten verliehen. König Friedrich I. ließ 1705 das jetzige Wohnhaus an der Spree zu seinem Vergnügen bauen. Durch Anlegung des Schönhauser Grabens, durch den Treckschnytendamm und den Bau des Charitehauses, verlor dieses Vorwerk den größten Theil seiner Grundstücke. Vor einigen Jahren erhielt der jetzige Besitzer die Meyery auf Erbpacht. Jetzt ist ein Kaffeegarten daselbst.«

Der »jetzige Besitzer« war Christian Gottlieb Habermaaß, seines Zeichen Charitéinspektor, der hier 1786 einen Kaffeegarten einrichtete. Hier also saß Mozart, ließ sich von der Sonne verwöhnen und schrieb seiner Frau nach Wien einen Brief, der quasi ein Resümee seiner Reise enthält:

»Berlin den 23:t May 1789

liebstes, bestes, theuerstes Weibchen! –

Mit außerordentlichem vergnügen habe ich dein liebes Schreiben vom 13:t hier erhalten; – ... wo glaubst du daß ich dies schreibe? – im gasthof auf meinem zimmer? – Nein; – im thiergarten in einem Wirthshaus |in einem garten haus mit schöner aussicht | alwo ich heute ganz *alleine* Speisste, um mich nur ganz alleine mit dir beschäftigen zu können; – die königin will mich dienstag hören; *da ist aber nicht viel zu machen.* ich liess mich nur melden, weil es hier gebräuchlich ist, und Sie es übel nemmen würde. – Mein liebstes Weibchen, du must dich bey meiner Rükkunft schon mehr auf *mich* freuen, als auf das *gelde.* – 100 friedrichs'Dor sind nicht 900 fl sondern 700 fl; – wenigstens hat man mir es hier so gesagt. – 2:ts hat Lichnowsky mich weil er eilen musste früh verlassen, und ich folglich | in dem theuren orte Potsdam | selbst zehren müssen; 3tens habe ich ihm 100 fl: lehnen müssen, weil sein beutel abnahm – ich konnte es ihm nicht gut abschlagen, du weist warum. – 4t ist die academie in Leipzig, so wie ich es immer sagte, schlecht ausgefallen, habe also mit Rückweg 32 Meilen fast umsonst gemacht; daran ist Lichnowsky ganz alleine schuld, dann er liess mir keine Ruhe, ich musste wieder nach Leipzig. – doch – davon das mehrere mündlich; – hier ist 1:t mit einer academie nicht viel zu machen, und 2:tens – sieht es der könig nicht gerne. Du must schon *mit mir* mit *diesem* zufrieden seyn, daß ich so glücklich bin beym könige in gnade zu stehen; – was ich dir da geschrieben, bleibt unter uns. – donnerstag den 28:t gehe ich nach dresden ab, alwo ich übernachten werde. Den 1:t Juny werde ich in Prag schlafen, und den 4: – den 4:t? – *bey meinem liebsten weiberl*; – richte dein liebes schönstes nest recht sauber her, denn mein bübderl verdient es in der That, er hat sich recht gut aufgeführt und wünscht sich nichts als dein schönstes [...] zu besitzen. stelle dir den Spitzbuben vor, dieweil ich so schreibe schleicht er sich auf den Tisch und [zeigt]mir mit [fragen] ich aber nicht faul [geb] ihm einen derben Nasenstüber – der [bursch] ist aber nur [...] jetzt brennt [auch] der Schlingel noch mehr und läßt sich fast nicht bändigen. Ich hoffe doch du wirst mir auf die erste Post entgegen fahren? – ich werde den 4:t dort zu Mittag eintreffen; – Hofer | den ich 1000mal umarme:| hoffe ich wird wohl auch dabey seyn; – wenn H. und fr: von Puchberg auch mitführen, dann wäre alles beysammen was ich wünschte.

Vergesse auch Carl nicht. – Nun aber das nothwendigste; – du must einen vertrauten Menschen |: Sattmann oder so Jemand:| mitnehmen, welcher dann in meinem Wagen mit meiner Bagage auf die Mauth fährt, damit *ich* nicht diese unöthige seccatura habe, sondern mit euch lieben leuten nach hause fahren kann. – aber gewis! – Nun adieu – ich küsse dich Millionenmal und bin Ewig

dein getreuster gatte«

Lassen wir einmal Mozarts onanistische Halluzinationen beiseite, so ist dieser Brief das Eingeständnis, daß diese Reise ein totales Desaster war. Finanziell, künstlerisch, menschlich.

Kommen wir nun zum künstlerischen Ertrag – für die Nachwelt natürlich: die »Preußischen Quartette« (KV 575, 589 und 590).

Am 31. Dezember 1791, d.h. drei Wochen nach Mozarts Tod, konnte man in der »Wiener Zeitung« folgende Ankündigung lesen:

»Bey Artaria & Comp. Kunsthändler am Kohlmarkt sind zu haben: Drey ganz neue konzertante Quarteten, für zwey Violinen, Viole und Violoncello vom Hrn. Kapellmeister Mozart, Op. 18. Diese Quarteten sind eines der schätzbarsten Werke, des der Welt zu früh entrissenen Tonkünstlers Mozart, welche aus der Feder dieses so grossen musikalischen Genies nicht lange vor seinem Tode geflossen sind, und all jenes musikalische Interesse von Seiten der Kunst, der Schönheit und des Geschmacks an sich haben, um nicht nur dem Liebhaber, sondern auch zugleich für äußerliche Zierde Sorge zu tragen, und die Auflage dieses Meisterwerkes in einem deutlichen, reinen und korrekten Stich auf schönen und guten Papier abgedruckt, veranstaltet. – Diese Quarteten kosten 3 fl.«

Diese drei Quartette, von denen hier die Rede ist und die wir die »Preußischen« genannt haben, sind ein Torso. Es handelt sich dabei um die sechs Auftragsquartette, die Mozart für den Cello spielenden preußischen König schreiben sollte und für die er schon 100 Friedrichsdor empfangen hatte. Viel Mühe gab er sich nicht damit. Kaum war er zurück in Wien, machte er sich an die Arbeit. Bei dem ersten Quartett (KV 575) griff er auf ältere Entwürfe zurück. Die Arbeit an den Quartetten wollte Mozart bis Sommer 1790 beendet haben, aber das Geld, das fehlende, machte ihm immer wieder einen Strich durch die Rechnung. Die Frau war krank, die Miete, das Essen ... Ach und leben will man ja auch. Da und dort mal einen Wein trinken. In dieser Not komponieren. Keine Einfälle. Irgendwann im Spätsommer 1790 mußte Mozart es aufgegeben haben, die Quartette dem preußischen König zu widmen. Am 12 Juni schrieb er an seinen Logenbruder Puchberg, daß er nun gezwungen sei, die Quartette – die Preußischen – »um ein Spottgeld herzugeben, nur um in meinen Umständen Geld in die Hände zu bekommen«. Das Spottgeld zahlte der Wiener Musikverleger Artaria, der die oben zitierte Anzeige aufgab. Dabei konnte Mozart noch froh sein, daß Friedrich Wilhelm II. nicht wie sein Onkel, der »Alte Fritz«, Flöte spielte, ein Instrument, das er gar nicht leiden konnte, sondern Cello. Im mittleren der drei »Preußischen« Quartette darf der Cellist das sangliche Thema des Es-Dur-Larghettos anstimmen. Eine exponiert hohe Lage, bis in die dreigestrichene Oktave hinein, stellt im Satzverlauf beträchtliche Intonationsanforderungen an den Cellisten. Und das ist seine Rache am König und dessen Verhalten ihm gegenüber. Mozart pfeift auf die begrenzten Cello-Möglichkeiten des preußischen Monarchen. Die Stimme im Final ist eine für Profis. Mozart hatte offenbar, wie noch im ersten Quartett, keine Lust mehr, einen kompositorischen Bückling vor seiner Majestät zu machen, und vergaß einfach den königlichen Auftraggeber, diesen musikalischen Amateur. Schade nur, daß der König nie Nachricht von den Quartetten erhalten hat. Und die Prinzessin? Für sie ist nicht einmal eine Sonate komponiert worden. »Preußisch« hat die Nachwelt die Quartette genannt, dabei ist ihnen Preußisches fremd. Man höre nur den zweiten Satz das Allegretto (C-Dur, 6/8) des dritten Quartetts. Ein so stiller, voller Melancholie sich verströmender Sonatensatz mit fast monotoner Beschränkung – und Preußen? Nein!

Fünf Jahre nach Mozarts Tod, 1796, macht sich der Fürst Lichnowsky wieder einmal auf den Weg nach Berlin. Und wieder einmal langweilt er sich. Und wieder einmal nimmt er einen Komponisten als Reisebegleiter mit: Ludwig van Beethoven. Im Vorfeld dieser Reise hatte dieser ihm die drei Klaviertrios op. 1 gewidmet. Diese Reise ist noch mysteriöser als die, die der Fürst mit Mozart nach Berlin unternahm. Man weiß noch nicht einmal genau, wann die beiden abgereist sind. Jedenfalls am 19. Februar 1796 ist Beethoven in Prag. Von dort aus schreibt er seinem Bruder Nikolaus einem Brief: »Um daß du doch wenigstens nur Weißt, wo ich bin, und was ich mache, muß ich dir doch schreiben. fürs erste geht mir's gut, recht gut. meine Kunst erwirbt mir Freunde und Achtung. Was will ich mehr. au[c]h Geld werde ich dies mal ziemlich bekommen. ich werde noch einige Wochen verweilen hier, und dann nach Dresden Leipzig und Berlin reisen. da werden wohl wenigstens 6 Wochen dran gehen bis ich zurückkomme ... li[ch]novski wird wohl bald wieder nach Wien, er ist schon von hier weggereist ...«

Nach der Abreise des Fürsten blieb Beethoven noch bis Mitte April in Prag. Am 23. April traf er dann in Dresden ein, wo er bis zum 30. April blieb. Über Leipzig ging es dann weiter nach Berlin. Der Ankunftstag ist unbekannt. Auch ist nicht bekannt, wo er wohnte. Das einzige, was man weiß, ist, daß er am 21. und 28. Juni 1796 die Berliner Singakademie besuchte, die sich damals noch in den Räumen der Akademie der Künste Unter den Linden 38 im Marstallgebäude befand (heute Staatsbibliothek). In den Aufzeichnungen des Stifters der Singakademie Karl Friedrich Fasch liest sich das so: »21. Juni 1796. Herr van Beethoven phantasierte von der Davidiana und nahm dazu das Fugenthema aus Psalm 119, Nr. 16. – Herr van Beethoven, Klavierspieler aus Wien war so gefällig, uns eine Phantasie hören zu lassen. – 28. Juni. Herr van Beethoven war auch diesemal so gefällig, uns eine Phantasie hören zu lassen.«

Neben dem Auftreten in der Singakademie stand ein Konzert am Hof. Dort spielt Beethoven vor Friedrich Wilhelm II. Ferdinand Ries berichtet: »In Berlin spielt er einigemal bei Hofe, wo er auch zwei Sonaten mit obligatem Violoncello ... für Duport und für sich componirte und spielt. Beim Abschiede erhielt er eine goldene Dose mit Louis'dors gefüllt. Beethoven erzählte mit Selbstgefühl, daß es keine gewöhnliche Dose gewesen sei, sondern eine Art, wie sie den Gesandten wohl gegeben werde.«

Beethoven bedankte sich auf ganz eigene Art, indem er dem Monarchen 1797 seine Cellosonaten op. 5 widmete, die er mit Jean-Pierre Duport gemeinsam gespielt hatte. Bei den zweisätzigen Sonaten handelte es sich um einen frühen Geniestreich. Sie sind in ihrer Anlage und ihrem Anspruch außergewöhnlich. Anders als zu seiner Zeit noch üblich, ließ er beide Instrumente den musikalischen Prozeß gestalten, d.h. Beethoven hatte nicht weniger als eine auf der vollen Partnerschaft der beiden Instrumentalisten beruhende Gattung geschaffen. Das bedeutete einen riesigen Schritt vorwärts in der Entwicklung der Kammermusik für Solostreicher und Klavier.

Als Beethoven und Fürst Lichnowsky in Wien zu ihrer Reise aufbrachen, traf in Berlin Constanze Mozart ein. Sie war, modern gesprochen, auf einer Promotionstour für die Werke ihres Mannes. Am 14. Februar 1796 gestattet ihr Friedrich Wilhelm II. das Abhalten eines Benefizkonzertes:

»Se. Königl. Majestät von Preußen etc. etc. machen sich ein wahres Vergnügen, durch die Gewährung des Wunsches der Wittwe Mozart zu beweisen, wie sehr Sie [die Majestät; d.Vf.] das Talent ihres verstorbenen Mannes geschätzt, und die ungünstigen Umstände bedauert haben, welche ihm die Früchte seiner Werke einzuerndten verhinderten. Allerhöchstdieselben bewilligen der Wittwe Mozart zur Aufführung dessen letzte Komposition, *La Clemenza di Tito*, das grosse Opernhaus, so wie Dero eigenes Orchester, haben auch dieserhalb die nöthigen Befehle an den Kammerherrn Freyherrn von der *Reck* erlassen, an welchen sich selbige nunmehr zu wenden hat, um wegen des hiezu zu bestimmenden Tages und wegen des übrigen Details mit ihm sich gehörig zu besprechen.«

Am Sonntag, dem 28. Februar »um halb Sechs Uhr«, fand dann dieses Benefizkonzert statt. Die Karten mußte man bei Constanze Mozart selbst erwerben, die während ihres Berliner Aufenthalts in der Neuen Friedrichstraße, in Schielens Haus wohnte.

Auf dem Programm standen die Ouvertüre und zwei Arien aus der »Zauberflöte« sowie Arien und Duette aus »Titus«, bei denen Constanze neben fünf anderen Sängern auch mitsang. Das, was Mozart zu Lebzeiten nur immer am Rande gelang, die massenhafte Verbreitung seiner Werke und der monetäre Lohn dafür, sollte jetzt Constanze gelingen. Schon ein Jahr nach Mozarts Tod schickte ihr Friedrich Wilhelm 3.600 Gulden nach Wien und bekam dafür acht Manuskripte von Wolfgang überlassen.

Ob er, als Frau Mozart in Berlin weilte, sie daran erinnerte, daß es da noch zwei Auftragswerke gab, die er schon bezahlt hatte, ist nicht überliefert. Auch nicht überliefert ist, ob sich Beethoven bewußt war, als er mit dem Fürsten seine Reise antrat, daß er auf Mozarts Spuren wandelte.

Wie dem auch sei, wir sind bei unsere Odyssee endlich in Berlin angelangt, wo wir gedenken für einige Zeit zu verweilen.

3 In Berlin

Friedrich II. – Krieg und Oper

Der Marc Aurel der Neuzeit wäre er gerne geworden, er, der schon zu Lebzeiten »der Große« genannt wurde, jener halbgebildete Wüterich auf dem preußischen Thron, der weder Deutsch noch Französisch richtig schreiben und sprechen konnte oder, wie es Robert Springer treffend formulierte: »Er sprach zwar noch etwas schlechter deutsch, als er französisch schrieb«, der als Flötist dilettierte und dessen gerühmte Kompositionen wahrscheinlich von einem seiner Kapellmeister oder seinem Flötenlehrer, Johann Joachim Quantz, stammen. Daß die Nachwelt ihn als den Philosophen auf dem Thron titulierte und ihn einen aufgeklärten Monarchen nannte, ist einer der großen Irrtümer der Geschichte, der sich bis heute hartnäckig gehalten hat.

1740 starb Friedrich Wilhelm I., der Soldatenkönig, der das preußische Heer zu einer der schlagkräftigsten Armeen Europas gemacht hatte, ohne je Krieg geführt zu haben. Am 31. Mai 1740 trat sein Sohn als Friedrich II. die Nachfolge an. Kaum an der Macht, zettelte er 1. mutwillig gegen Österreich, das seit dem Tode Kaiser Karls VI. von dessen Tochter regiert wurde, einen Krieg an, und 2. erteilte er dem Architekten und Maler Georg Wenzeslaus von Knobelsdorff den Auftrag, am Berliner Stadtrand, an der Stelle der ehemaligen Befestigungsanlage, ein Opernhaus zu bauen. Diese beiden: Krieg und Muse, sollten für sein weiteres Leben bestimmend sein.

Am 11. Juni 1742, einen Monat nach der Schlacht von Chotusitz, unterzeichneten Österreich und Preußen in Breslau die »Friedens-Präliminarien«, die mit dem Berliner Vertrag vom 28. Juli 1742 ratifiziert wurden. Friedrich II. verleibte Brandenburg-Preußen Schlesien mit der Grafschaft Glatz ein und kehrte nach zwei Jahren auf dem Felde wieder nach Berlin zurück. Daß das aber nicht alles gewesen sein konnte, kann man zwischen den Zeilen aus einem Brief, den er an Podewils, den preußischen Gesandten im Haag richtete, herauslesen:

»Hätte uns mehr Zeit zur Verfügung gestanden, so hätten wir vielleicht einen günstigeren Vertrag haben können; aber er hätte auch schlechter ausfallen können. Wenn wir uns treffen, will ich Ihnen alle meine Gründe sagen und Sie werden zugeben, daß ich als Staatsmann und im Interesse meines Volkes nichts anderes hätte tun können. Es ist ein großes und glückliches Ereignis, das meinem Hause nach einem ruhmreichen Kriege eine der blühendsten deutschen Provinzen zubringt. Man muß die Fähigkeit haben, im richtigen Augenblick aufzuhören. Das Glück erzwingen heißt es verlieren, und immer mehr zu verlangen heißt nie glücklich sein.«

Fürs erste war er glücklich. Etwa zwei Jahre sollte dieser Zustand anhalten, dann zettelte er wieder einen neuen Krieg um Schlesien an, die Geschichte weiß davon ein Lied und Leid zu singen. Aber 1742 war der König glücklich. Seinem Adlatus und Freund Jordan schrieb er noch aus dem Felde:

»Endlich Frieden! Ich weiß nicht, was die Leute sagen werden, aber ich erwarte satirische Bosheiten und Gemeinplätze, wie sie Narren und Nichtwisser, alle die, welche nicht nachdenken, einander nachschwatzen. Aber das dumme Geschwätz der Öffentlichkeit stört mich nicht. Ich frage alle die Doktoren der Rechtsgelehrtheit und der politischen Moral, ob ich, nachdem ich zur Erfüllung meiner Verpflichtungen das Äußerste getan habe, diese auch dann noch einhalten muß, wenn ich auf der einen Seite einen Alliierten sehe, der überhaupt nichts, auf der anderen Seite einen Alliierten, der das Falsche tut, und wenn ich außerdem dabei noch Gefahr laufe, beim ersten Fehlschlag vom mächtigsten meiner Alliierten in einem Scheinfrieden im Stich gelassen zu werden. Wenn ich den Untergang meiner Armee voraussehe, die Erschöpfung meiner Geldmittel, den Verlust meiner Eroberungen, die Entvölkerung des Staates, das Unglück meiner Völker, mit einem Wort all das Elend, das in den Zufällen des Krieges und der Doppelzüngigkeit der Staatsmänner seine Ursache hat, frage ich mich, ob in einem solchen Fall ein Herrscher nicht das Recht hat, sich durch einen klugen Rückzug vor sichrem Schiffbruch oder deutlich drohender Gefahr in Sicherheit zu bringen.«

Zurück in Berlin, spielte Friedrich etwas Frieden, denn seine Ressourcen waren geplündert, die Territorien ausgeblutet, der Staat zerrüttet und die Armee, auf die sein Vater so stolz war, erschöpft und am Ende. Zeit also, etwas anderes zu tun. Und so konnte er sich intensiver als bisher und vor allem vor Ort um den Bau seines Opernhauses persönlich kümmern, nur einen Steinwurf entfernt vom Stadtschloß.

Schon kurze Zeit nach dem Regierungsantritt Friedrichs II. konnte man in der »Vossischen Zeitung« vom 27. Oktober 1740 lesen: »Dem Vernehmen nach wird ein grosser Saal in der oberen Etage des Schlosses zurecht gemacht, um in demselben so lange Opern zu halten, bis ein eigenes Gebäude, wovon bereits der Entwurf gemacht sein soll, dazu wird erbaut sein.«

Aber es mußte noch ein Jahr vergehen, bis am 22. Juli 1741 die »Berlinische Zeitung« melden konnte: »Vorgestern ist allhier mit der Arbeit zu einem grossen und ansehnlichen Opernhause der Anfang gemacht worden.«

Wenn es nach dem König gegangen wäre, dann hätte das Opernhaus im Dezember 1741 fertiggestellt sein sollen, aber der Krieg und Engpässe bei der Holzlieferung führten immer wieder zu Verzögerungen. Der Briefwechsel und die diversen Eingaben des Baumeisters Knobelsdorff, die sich bei den Bauakten befinden, sind da sehr aufschlußreich. Am 12. August 1741 verfertigt er folgende Eingabe:

»Weil des Königs Majestät den Bau des Opernhauses sehr pressiren und Allergnädigst befohlen haben, dass selbiges binnen 2 Monaten zur Perfection gebracht werden soll, es aber bei diesem Bau hauptsächlich auf das dazu erforderliche extraordinair starke, so wohl Kiehnen- als Eichenholz ankommt, so überreiche Einem Hohen General Ober Finantz Kriegs und Domainen Directorio hierbei den Anschlag.

An Eichen zu den Hängesäulen: 110 Stück 40 Fuss lang, 160 St. von 24 F., 220 St. von 22 F. Jede Eiche muss 2 Fuss 3 Zoll stark sein. An Kiehnen: 240 Stück Balken 60 Fuss lang. 160 St. von 44 F., 220 St. von 43 F. (2 Fuss stark), 120 St. von 36 F., 160 St. von 36 F., 120 St. von 24 F., 120 St. von 36 F., 120 St. von 36 F., 50 St. von 40 F.«

Dieser Wald, der hier verbaut werden sollte, mitten im Krieg gegen Maria Theresia, war nicht so leicht aufzutreiben gewesen, so daß sich die Fertigstellung des Baus immer mehr verzögerte. Das hielt aber Friedrich II. nicht davon ab, seinen Kapellmeister, Carl Heinrich Graun, nach Italien zu schicken, um dort ein hochkarätiges Sängerensemble einzukaufen. Am 11. November 1741 unterbrach Friedrich seinen Krieg für kurze Zeit und eilte nach Berlin, wo er gegen 12 Uhr mittags eintraf, um sein Ensemble in Augenschein zu nehmen. Dieses mußte abends um 7 Uhr vor ihm auftreten, damit er sich von seinen Gesangskünsten höchstselbst überzeugen konnte, denn hier war er so etwas wie ein Prä-Leninist: »Vertrauen ist gut, Kontrolle besser.« Pech für Signora Anna Lorio di Campolungo. Sie durfte die Heimreise antreten. Alle anderen waren engagiert. Bis sie ein Jahr später im neuen Opernhaus auftreten konnten, sangen und spielten sie im Stadtschloß, in dem eigens von Knobelsdorff dafür hergerichteten Saal im Mitteltrakt des Gebäudes über der Küche. Dieser war von ihm im Stil des Versailler Schloßtheaters mit zwei Rängen errichtet worden.

Am 26. November 1742 prangte jedem Berliner von allen Straßenekken ein königlicher Befehl entgegen:

»Demnach nächstkommenden Monath December in dem neuen Opern-Hause die Opern ihren Anfang nehmen werden; als wir allen und jeden, insbesondere aber denen Bedienten der Herrschaften, hiermit alles Ernstes anbefohlen, sich wegen der noch darum stehenden hölzernen Gerüste, und daher zu besorgenden Feuer-Schadens, keinesweges mit brennenden Fackeln gedachtem Opern-Hause zu nähern, vielweniger aber mit denenselben in dasselbe zu gehen, oder mit Kohlen angefüllete Feuer-Stübgens, oder andere dergleichen Feuer fangende Sachen auf einige Art in selbiges zu bringen, widrigenfals solche, nebst Abnehmung der Fackel, sofort in Arrest gebracht zu werden, und einer nachdrücklichen Beahndung zu gewärtigen haben. Wobey jedoch denenselben unbenommen bleibet, ihre Herrschaften mit zugemachten und wohlverwahrten Laternen vor dem Opern-Hause zu erwarten, und solchergestalt nach Hause zu begleiten. Gegeben Berlin, den 26. Nov. 1742.«

Berlin hatte auf einmal ein Stadtgespräch. Kein Tag verging, an dem nicht in einer Berliner Zeitung über das Opernhaus und seine baldige Eröffnung geschrieben wurde. Am 27. November ließ man in der »Berliner Zeitung« den Baumeister Knobelsdorff selbst zu Wort kommen, der über sein Opernhaus auf königlichen Befehl Folgendes mitzuteilen wußte:

»Das hiesige Opern-Haus ist nunmehro ... in so weit fertig, dass den 1sten December die erste Opera kann vorgestellet werden. Die Vollendung der äussern Decorationen aber soll künftiges Jahr geschehen. Selbiges beträgt in der Länge 300 und in der Breite 106 Rheinl. Fuss. Es gleicht einem prächtigen Pallaste, stehet von allen Seiten frei und hat von aussen so viel Platz um sich herum, dass 1000 Kutschen gemächlich alda halten können. Das Hängewerk ist sehr flach, und von unten nicht zu sehen, auch ganz mit Kupfer bedeckt. Durch eine jede von den 7 Pforten können 5 Personen en front hinein gehen, und inwendig findet man alle Bequemlichkeiten ... Dieses Theater ist eins von den längsten und breitesten in der Welt. Die Logen sind so räumlich und bequem, dass sie rechten Zimmern gleichen, und doch allenthalben eine ungehinderte Aussicht auf das Theater haben. Die Treppen hat man so gross und so gemächlich verfertiget, dass man sich bis in den vierten Rang der Logen mit Porteurs kann tragen lassen. Hinter den Logen befinden sich solche geraume Gänge, dass sieben bis acht Personen Platz genug haben, neben einander zu gehen ... Nach beschlossener Opera kann in diesem Hause Redouten gehalten werden. Am Ende der Logen siehet man einen weitläufigen Saal, wo die Herrschaften speisen können ... Das Haus ist in drei Säle getheilet. 1) der Corinthische, 2) der von Parterre, wo an den Logen und an dem Portal die verguldeten Decorationes, so aus einem gebrochenen weisslichen Grunde und von einem besonderen Gout sind, einen sehr schönen Effect thun, und 3) der Apollonische Saal, in welchem rings herum vor die Zuschauer ein Entablement von lauter Satyren getragen wird.«

In einem irrte der Baudirektor Knobelsdorff. Das Opernhaus wurde nicht wie geplant am 1. Dezember, sondern erst eine Woche später, am 7. Dezember, eröffnet.

Dreißig Jahre später schildert der englische Musiktheoretiker Charles Burney seine Eindrücke, die er vom Berliner Opernhaus erhielt, in seinem »Tagebuch einer musikalischen Reise«. Interesse daran verdient ein Satz, der fast ganz am Ende steht: »Da der König alle Kosten der Oper trägt, so wird für den Eingang nichts bezahlt und wird jedermann, der nur anständig gekleidet ist, frei ins Parterre eingelassen.«

Tja, das waren noch Zeiten: Der König zahlte und der Bürger konnte kostenlos ins Parterre. Und heute? Der König, sprich der Staat, zahlt wenig und der Bürger, der in das Opernhaus Unter den Linden gehen will, immer mehr. Freier Eintritt?

Am 29. November 1742 wurde in allen Berliner Zeitungen folgendes angezeigt: »Von der Opera, so zu Anfange künftigen Monats im hiesigen Königl. Opernhause aufgeführt wird, sind die Bücher bei der Wittwe Simon in der Könsstraße, bei Herrn Richard am Schlosse und bei Herrn Cournon, Lehrer der italienischen Sprache, in der Kronengasse, das Stück auf Druckpapier zu 8 gr. und auf Schreibpapier zu 12 gr. zu haben.«

Die Oper, um die es sich handelte, war »Cleopatra e Cesare« von Carl Heinrich Graun. In der 1852 bei Duncker und Humblot erschienenen »Geschichte der Oper und des königlichen Opernhauses in Berlin« von L.(ouis) Schneider, Königlicher Hofrath, Ritter des Hohenzollerischen Hausordens und des Rothen Adlerordens vierter Klasse, erfahren wir über die Eröffnung:

»Am 7ten December, Abends 6 Uhr, fand nun bei heftigem Schneegestöber die erste Aufführung der Graunschen Oper ›Cäsar und Cleopatra‹ statt. Der König hatte bestimmt, dass die ganze Generalität und alle Kriegsbediente das Parterre besuchen sollen, in welchem nur vorn, dicht hinter dem Orchester, zwei Reihen Lehnsessel für den König und den Hof standen ... Um 5 Uhr wurde das Publikum eingelassen; die Militärpersonen im Paradeanzuge, die Civilbeamten und Damen im Couranzuge. Selbst bei dem Publikum des dritten Ranges wurde auf eine sorgfältige Toilette gesehen.

Der König trat durch die Parterrethür links neben dem Orchester ein, grüsste bei dem Tusch das Publikum und setzte sich sofort auf seinen Armsessel. Graf v. Gotter, als Intendant des Spectacles, stand hinter dem Stuhle des Königs und gab dem wartenden Capellmeister das Zeichen zum Beginn der Ouverture, sobald Seine Majestät sich gesetzt hatte. Die Königin und die Prinzessinnen befanden sich in der Königl. Mittelloge und zwar schon vor der Ankunft des Königs. Alles empfing Seine Majestät stehend und setzte sich erst mit dem Beginn der Ouverture. Im Orchester dirigirte Capellmeister Graun in einer weissen Allongenperücke und rothem Mantel am Flügel ...«

Was wir nicht erfahren, ist, wie es um den Bau bestellt war, denn der König drängte und drängelte so sehr, daß es sich keiner erlauben konnte, schon wieder den Termin der Eröffnung zu verschieben. Und so mußten die Premierengäste in ein Provisorium einziehen. »Die Baugerüste standen noch, die Frontseite zur Straße unter den Linden war noch nicht einmal im Rohbau fertig, die Deckenbemalung fehlte und wurde durch ausgespannte Zeltplanen kaschiert, die Hofgesellschaft mußte mit Holzbänken vorlieb nehmen.«

Das, was als festlicher Auftakt in einem halbfertigen Opernhaus (fertiggestellt wurde es erst ein Jahr später) glanzvoll begann, wurde in der Berliner Presse totgeschwiegen oder nur mit wenigen Worten bedacht.

Öffentliche Resonanz gleich Null. Es wird ewig ein Rätsel bleiben, warum dies so war, sollte doch die Eröffnung des Opernhauses das Ereignis des Jahres, neben dem Friedensschluß mit Österreich, werden. Grauns Oper wurde dann noch sechsmal gespielt und 1771 für fünf Vorstellungen neu einstudiert. Es sollte dann zweihundert Jahre dauern, bis diese Oper in Berlin wieder zu sehen war. 1981 kehrte sie für kurze Zeit ins Hebbel-Theater zurück. Der Einzug ins Berliner Repertoire gelang ihr erst mit den Feierlichkeiten der Staatsoper zu ihrem 250. Geburtstag 1992. Diese begann sie nämlich mit einer Neuinszenierung der Graunschen Oper in einer musikalischen Fassung, die für den, der historisch zu hören imstande ist, ein kleines musikalisches Schmuckstück offenbarte. Dem Dirigenten René Jacobs (und dem Concerto Köln) gelang es, Grauns Klangraffinesse farbig-lebendig umzusetzen.

Wer war nun der Komponist und welche Rolle spielt er in unserer Geschichte?

Carl Heinrich Graun kam am 7. Mai 1701 in Wahrenbrück bei Liebenwerda als dritter und jüngster Sohn des Königlich-polnischen und Kurfürstlich-sächsischen Gebühren- und Steuereinnehmers August Graun und dessen Ehefrau Anna Margarethe geb. Schneider zur Welt. Machte Beethoven, wie wir gesehen haben, selbst um sein Geburtsjahr ein Klimborium, so im Falle von Graun die Forschung. In neueren Veröffentlichungen ist einmal von 1703, 1704 oder sogar von 1705 die Rede. Wer sich nicht so recht entscheiden kann oder will, gibt 1703/04 an. Warum das so ist? Am 14. Oktober 1714 brannte es im Hause des Wahrenbrücker Oberpfarrers Benjamin Graun, einem Onkel unseres königlichen Komponisten. Dabei ging dann auch das Kirchenbuch verloren. Aber nicht nur um sein Geburtsjahr wird gestritten, sondern auch um seinen Eintritt in die Dresdner Kreuzschule. War es der 28. April 1713 oder 1714? Lassen wir das und der Forschung ihr Desiderat. In Dresden fiel Graun durch seine schöne Stimme sehr bald auf. 1725 trat er als Tenorist in den Dienst des Herzogs August Wilhelm von Braunschweig, von dem er recht bald zum Vizekapellmeister ernannt wurde. Auch dessen Nachfolger, Ludwig Rudolf, förderte nachhaltig seinen jungen Vizekapellmeister. Als Rudolf starb und sein Nachfolger Ferdinand Albrecht, der Schwiegervater Friedrichs II., 1735 die Kapelle auflösen wollte, sprang der preußische Kronprinz in die Bresche. Schon 1733 hatte er Interesse an Graun gezeigt. In einem Brief vom 23. Oktober an seine Schwester heißt es: »Ich glaube, Grauns Bruder wird in meine Dienste treten, denn er hat mich gebeten, ihn zu nehmen.« Und am 29. Dezember schreibt er: »Er geht jetzt auf Urlaub nach Braunschweig, um seinen Abschied zu [nehmen].« Aber so einfach war es dann doch nicht. Am 27. Februar 1735 konnte man im Braunschweiger »Königlichen Generalanzeiger« lesen, daß »Carll Heinrich Graue bey Ihrer Hochfürstl. Durchl. dem Herzog zu Braunschweig wohlbestallter Capelmeister« in Magdeburg die Witwe des königl. preuß. Kammerdieners Samuel Schmiel, Anna Dorothea geb. Friese, geheiratet habe. Sein Bruder, der schon seit 1731 im Dienste Friedrichs stand, war mit der Tochter Samuel Schmiels aus erster Ehe verheiratet, so daß sein Bruder sein Stiefschwiegervater wurde. Erst ab März 1735 war Graun so weit, daß er von Friedrich als Kammersänger nach Rheinsberg berufen werden konnte. Hier hatte er vor allem Konzertkantaten zu komponieren und vorzutragen. Viele davon sind der Nachwelt nicht erhalten geblieben, aber man schätzt, daß es etwa fünfzig gewesen sein müssen. Als Friedrich II. 1740 den Thron bestieg, ernannte er Graun zu seinem Kapellmeister. Über Jahre hin, bis zu seinem frühen Tod 1759, beherrschte dieser dann nicht nur die Berliner Opernbühne mit seinen Kompositionen. Sein bekanntestes Werk, das noch bis ins späte 19. Jahrhundert immer wieder in Berlin am Karfreitag zu hören war, auf allerhöchste Order natürlich, war das Passionsoratorium »Der Tod Jesu«. Diese preußische Antwort auf das Bachsche Passionswerk war nicht unumstritten, wie ein kleiner Blick in die zeitgenössische Rezeption zeigt. Entstanden war der »Tod Jesu« als Auftragswerk der jüngsten Schwester Friedrichs II., Amalie, und wurde am 26. März 1755, am Mittwoch der Karwoche, an der Berliner »Ober-Pfarr- und Domkirche« uraufgeführt. Als Mitwirkende werden u. a. als Cembalist Carl Philipp Emanuel Bach und Johann Gottlieb Graun als Konzertmeister genannt. Nach der Wiederentdeckung der Bachschen Matthäus-Passion durch Mendelssohn setzten sich jüngere Kritiker sehr kritisch mit dem Graunschen Werk auseinander. So schrieb z. B. Louis Köhler in der »Neuen Zeitschrift für Musik« anläßlich einer Aufführung in Königsberg: »Was am Abend des Charfreitags geschah, werden Sie sich leicht denken. Als Gott dem Noah nach der Sündfluth gelobte: ›solange die Erde stehe, solle nicht aufhören Sonne und Erndte, Frost und Hitze, Sommer und Winter, Tag und Nacht‹, hat er gewiß noch hinzugefügt, daß auch an jedem Charfreitag der Menschheit Graun's ›Tod Jesu‹ richtig verabreicht werden solle. Und so wurde diese Musik voll Elegie, Zopf und Perrücke auch uns Königsbergern zu Theil ... Wie Graun ... solche Affensprünge zur Verherrlichung des Erlösers machen, wie er das Lob dieses ›göttlichen Propheten‹ mit solchen Operncoleraturen-Gurgeleien, (die sich durch fast alle alle Arien und Soli schlängeln) feiern konnte, – wie Graun in seiner religiösen Extase so vor dem goldenen Kalbe ›Effekt‹ zu tanzen vermochte, ist unbegreiflich! Ja, es ist mehr als Das, – es ist ein Scandal! Da hört die Unbefangenheit, die Naivität auf, und die heilige Frivolität fängt an.«

Und anläßlich einer Aufführung durch die Berliner Sing-Akademie am Karfreitag 1879 heißt es in einer anonym erschienenen Besprechung in der Berliner Musik-Zeitung »Echo«: »So lange es Naturen giebt, die sich ihrer religiös-musikalischen Pflichten auf etwas bequemere Art entledigen wollen, ist leider wenig Aussicht vorhanden, diese mehr durch ihr Alter, als durch ihren Wert ehrwürdigen Reliquie irgendwann von der Tagesordnung verschwinden zu sehen; ich bin indess der Meinung, dass ein Institut von der enormen Bedeutung der Sing-Academie seine culturhistorische Mission durch eine Wiederholung der Bach'schen Passion zu ermäßigten Preisen oder etwa durch eine Aufführung des Händel'schen Messias oder dergl. eminenter beweisen könnte als durch die regelmäßige Vorführung eines Werkes, dessen etwas wohlfeiler Rationalismus kaum Jemanden, dem es mit dem Christentum und mit der religiösen Musik wirklich Ernst ist, noch eine Quelle der Erbauung sein kann.«

Diese Kritik sollte Wirkung zeigen. Zwei Jahre später verschwand Grauns Werk für sehr sehr lange aus den Kirchen und Musiksälen nicht nur Preußens. Das war schade, denn gegenüber diesen mäkelnden Kritiken hat der »Tod Jesu« Meriten, die die Zeitgenossen Grauns durchaus richtig sahen. 1760 schrieb Friedrich Wilhelm Marpurger:

»Was ein Rammler [Karl Wilhelm Ramler, der Librettist; d. Vf.] gedichtet, und ein Graun componirt hat, braucht keiner weitern Empfehlung. Prächtige Chöre, rührende Arien, die den nachdrücklichsten Worten angemessen sind; wohl ausgearbeitete Fugen; Duetten, wo Kunst und Geschmack um den Vorzug streiten; Affect und Feuer in der Composition; das Herz angreiffende Recitative, ein feiner und edler Gesang, eine volle majestätische Harmonie – sind die wesentlichen Stücke einer schönen Kirchencomposition, und die Kennzeichnung der graunischen Muse.«

Grauns Oratorium war, bis es durch die Matthäus-Passion verdrängt wurde, stilbildend, verstand zu bewegen und zu rühren ohne liturgische Bindung oder Ideologie.

Doch zurück zur Person. Über seine Ehe ist nicht viel bekannt, außer daß aus ihr eine Tochter (Sophie Carolina, geb. 3. April 1739 in Rheinsberg) entsprang, die von ihrem Vater als Sängerin ausgebildet wurde. Die Ehe sollte nur neun Jahre dauern. Anna Dorothea Graun starb plötzlich und unerwartet am 11. Juli 1744 am Fieber. Auf Drängen des Königs heiratete er 1748 zum zweitenmal, und wieder war es eine reiche Witwe, Charlotte Reckop, in erster Ehe verheiratet mit dem Stadtphysikus Dr. Glockengieser in Berlin. Aus dieser Ehe entsprangen vier oder fünf Söhne, auch hier ist sich die biografische Forschung nicht einig. Einer dieser Söhne, der später Justizrat wurde, heiratete am 26. Juli 1780 in Königsberg die neunzehnjährige Elisabeth Fischer, Tochter des Kaufmanns und Kommerzienrats Johann Jakob Fischer und seiner Frau Regina Fischer geb. Hartung.

Auf dem Weg zur »Schönen Müllerin« in der Jägerstraße

Elisabeth Fischer wurde am 11. April 1761 in Königsberg geboren. Das künstlerisch begabte Kind war bald Mittelpunkt eines Kreises Gleichgesinnter in Königsberg, zu dem Musiker, Literaten und Philosophen gehörten. Ihre mit knapp neunzehn Jahren geschlossene Ehe mit dem Sohn Carl Heinrich Grauns, der über zehn Jahre älter war, war von Anfang an nicht glücklich verlaufen. Im verflixten siebenten Jahr wurde ihr Gatte nach Berlin als Geheimer Justizrat berufen. Elisabeth blieb mit ihren beiden Kinder Antoinette und Ferdinand in Königsberg. Die acht Jahre, die sie ohne ihren Gatten in Königsberg verbringen sollte, waren alles andere als einsam gewesen. In ihrem Haus am Pregel im Löbenich unterhielt sie einen Salon, in dem u.a. Hippel, Fichte, Kleist und E.T.A. Hoffmann verkehren sollten. Die letzteren werden wir später in ihrem Berliner Salon wiedertreffen. Unter ihren Gästen war auch der spätere Staatsrat und damals in Königsberg noch als Dichter dilettierende Friedrich August

Staegemann. Lassen wir ihn berichten, wie er Elisabeth kennengelernt hatte: »Meine Liebe zu Elisabeth entstand in dem Augenblick, da ich Sie zum erstenmal sah, am 22. Juli 1784, Nachmittags gegen sechs Uhr, in einem am Schloßteiche zu Königsberg belegenen Garten.«

Wann er genau Zugang zu ihrem Salon fand, steht nicht fest, aber er traf auf einen Konkurrenten, auf Friedrich Gentz, der auch im Salon verkehrte. Beide wetteiferten nun um die Gunst von Elisabeth. Gentz, der Sohn des Berliner General-Münzdirektors Johann Friedrich Gentz, war 1783 mit einem Brief seines Vater an Kant und einer Empfehlung von Moses Mendelssohn zum Studium nach Königsberg gekommen. Im Kreis um Kant lernte er die junge geistreiche Elisabeth kennen, die ihn gleich in ihren Bann zog. Er war so von ihr fasziniert, daß er nicht nur ihr Seelenfreund wurde, sondern sie auch drängte, sich scheiden zu lassen, um ihn zu heiraten. Es kam anders. Hören wir weiter Staegemann zu: »[1786] wurde ihr Mann nach Berlin versetzt, ließ Sie aber mit den Kindern in Königsberg zurück, um zuvor seinen Haushalt gehörig zu ordnen. Elisabeth, die sich mit ihrer Mutter zu einer gemeinsamen Ökonomie vereinigte, fing nun ein Stillleben an, worin Sie sich, nächst der Sorge für die Erziehung der Kinder, ihrer Neigung zur Kunst, zur Musik, Malerei und Literatur mit Bequemlichkeit überließ. Dieses unfreiwillige Stillleben währte von keiner Seite in solcher Dauer geahnt, fast acht Jahre.«

1795 folgte sie ihrem Gatten nach Berlin, aber nur, um sich von ihm scheiden zu lassen. Sie kehrte nach Königsberg zurück und heiratete ein Jahr später Friedrich August Staegemann. In dessen Worten hört sich das so an: »Eine höhere Hand fügte es hier [in Berlin; d. Vf.] anders, als sie dachte. Bei der entschiedensten Abneigung gegen eine Trennung Ihrer Ehe, auf deren Glück Sie früh verzichtet hatte, sah Sie sich dennoch bald nach ihrer Ankunft zu diesem Schritt unausweichlich gezwungen. Sie hatte, wie Sie mir schrieb, nur zwischen Wahnsinn und Tod zu wählen ... Sobald Ihr Entschluß ausgeführt war, kehrte Sie nach Königsberg zurück, und im September 1796 erhielt ich ihre Hand, die Sie mir bereits in Berlin zugesagt hatte.«

Wie schrieb Elisabeth in Ihrem Brief: »Wahnsinn oder Tod«. Sie wählte den Wahnsinn, den dichterischen Wahnsinn wohlgemerkt. Seit Staegemann und Elisabeth Graun sich kannten, bombardierte er sie mit Gedichten. Sehen wir uns einmal einige an:

»Bei der Gewißheit Ihrer Abreise

Es trug der Liedesbaum, der Dich beblüte,
Dir wenig Blüten noch zu neuen Kronen.
Es war der Brust, als hätten Halcyonen
Auf stillem Meer in sicherem Nest gebrütet. ...
Du gehst hinweg. Es wird in hellen Bächen
Die Thränen aus wie vielen Augen pressen,
Ein Herz, ein treues Herz nur einem brechen.«

Dieses Gedicht scheint ein Warnschuß gewesen zu sein, aber Elisabeth ließ sich davon nicht abschrecken. Und als ihre Entscheidung zu seinen Gunsten gefallen war, hielt es ihn nicht mehr still und sein dichterisches Herz lief über. Lauschen wir noch einmal, ein letztes Mal, diesem frühen »Rastelli der Dichtung«, dem einzigartigen Metaphernschmied und Laienmetaphoriker:

»Elisabeth – ich hab' ihn ausgesprochen
Des wonnentrunkenen Liedes neuen Laut.
Es ist Dein holder Namen, keusche Braut!
Ich bin erlöst von meines Schmerzens Jochen.
...
Wir fühlten Herz am Herzen heftig pochen.
Wir haben uns mit Thränen, stillvertraut
Die Lippen uns mit Küssen süßbethaut.
Wir haben zart den Myrthenzweig gebrochen.«

Genug, genug! Kommen wir zur Person. Unser Gelegenheitsdichter, der zwei Jahre jünger war als Elisabeth, wurde in Bieraden in der Uckermark geboren. In Halle studierte er die Rechte, um nach dem Studium in den Staatsdienst einzutreten. Sein Leben war, recht eigentlich besehen, für unsere Geschichte uninteressant. Vermerken wollen wir nur, daß er kurz nach seiner Eheschließung in Königsberg ein Haus kaufte, das auf dem Hinterroßgarten am Schloßteich stand. Hier unterhielt seine Frau weiter ihren Salon. Ihre Scheidung hatte daran nichts geändert. Ganz besonders angetan von ihr – ohne den Hintergedanken einer Ehe – war der Komponist Johann Friedrich Reichardt, der für ihre, auch von Kant gelobte, Altstimme Lieder komponierte. Auf eine Bitte Reichardts hin zeichnete sie ein Portrait Kants. Dieses muß so treffend gewesen sein, daß Reichardt es, als er nach Berlin ging, dort stechen ließ. Leider ist es im Laufe der Zeit verlorengegangen.

Die politischen Irrnisse und Wirrnisse, Krieg und vor allem Napoleon Bonaparte zwangen ihren Mann immer wieder umzuziehen. Er wurde nacheinander 1806 Geheimer Oberfinanzrat und Kgl. Hauptbankkommissarius, 1807 Vortragender Rat bei dem nachmaligen Staatskanzler von Hardenberg, nach dem Tilsiter Frieden (1807) Mitglied der zur Verwaltung des Landes »niedergesetzten Immediatkommission« und unter dem Ministerium Stein Vortragender Rat und endlich 1809 Staatsrat. Hier klinken wir uns wieder ein. Er reiste mit Hardenberg nach Paris, London und zum Wiener Kongreß. Lassen wir den Staatsrat reisen und sehen wir nach seiner Frau.

Die Familie Staegemann kam 1806 nach Berlin und nahm in der Jägerstraße 34 Quartier. Die Jägerstraße wurde schrittweise oder, wie man zu Zeiten Friedrich des Großen, seinen französischen Sprachfimmel nachahmend, zu sagen pflegte, peu à peu ausgebaut. Der Teil zwischen Oberwall- und Kurstraße entstand im Jahre 1709, der andere Teil erst mit dem weiteren Ausbau der Friedrichstadt einige Jahre später. Im 16. Jahrhundert stand fast an der heutigen Oberwallstraße in einer gottverlassenen Gegend ein kleines Häuschen, das zur Kurfürstlichen Jägerei gehörte und in dem ein Jäger wohnte, und gegenüber, auf Seiten der Oberwallstraße, befand sich ein Gehege, in dem Bären gehalten wurden. An der Stelle des kleinen Häuschens errichtete J. A. Nering im Jahre 1690 das Haus des Oberjägermeisters, aus dem sich später der Königliche Jägerhof entwickelte. Dieser Bau gab der Straße nach ihrer Fertigstellung im Jahre 1735 ihren Namen. Ein Stich von Striedbeck aus dem Baujahr des Jägerhofs zeigt uns die Anlage insgesamt mit Jägertor und Jägerkolonnaden. Beide fielen den späteren Erweiterungen zum Opfer. 1764 wurde der Jägerhof erweitert und ein Jahr später dort von Friedrich II. die Königliche Bank eingerichtet.

Hier zog in die erste Etage 1806 die Familie Staegemann ein, aber ihr Bleiben war nicht von langer Dauer. Nach der Schlacht von Jena flüchtete die Familie, ebenso wie die Königsfamilie und die obersten Regierungsbehörden, vor Napoleon nach Ostpreußen. Drei Jahre sollte das unfreiwillige Exil währen. Mit dem König und der Regierung kehrten auch die Staegemanns wieder nach Berlin zurück. Eine Wohnung war ja vorhanden, und so konnte das gesellige Leben seinen Lauf nehmen. Während der Staatsrat Staegemann seinen finanz-politischen Geschäften nachging, etablierte seine Frau Elisabeth, wie bereits in Königsberg, einen literarisch-musikalischen Salon.

Apropos Salon! Bevor wir uns den Gästen und dem Treiben im Staegemannschen Salon zuwenden, müssen wir natürlich kurz von einem anderen Salon reden, wenn wir schon in der Jägerstraße sind. Vom Salon aller Salons: der Dachstube der Rahel Levin.

Rahel Levin, Wunderhornbrüder und eine Handvoll Antisemiten

Rahel Levin wurde am 19. Mai 1771, es war ein Pfingstmontag, in Berlin, Spandauer Straße 26/Ecke Königstraße, als ältestes Kind des recht wohlhabenden Kaufmanns und Juweliers Markus Levin und seiner Ehefrau Chaie geboren. Zusammen mit ihren vier Geschwistern, drei Brüdern und einer Schwester, wuchs sie in einem jüdisch-orthodoxen Elternhaus auf, das über keine wie auch immer geartete Bildung in »Deutscher Kultur« (was immer das damals war) verfügte. Und so kann es auch nicht wundern, wenn Rahels erste Briefe in Jiddisch geschrieben sind. Daß sie in einem behüteten Elternhaus aufwuchs, kann man gerade nicht sagen. So wie sie in ihrer Familie Outsiderin war, sollte sie es auch später in der Gesellschaft bleiben: als Frau, als Jüdin, als Getaufte und als Ehefrau. Das Bild, das von Rahel seit über hundert Jahren durch die Welt geistert und sie zu einer Kultfigur für jedermann und jedefrau werden ließ und in dem die reale Rahel nicht mehr präsent schien, ist der verfälschenden Darstellung des bieder-spießigen preußischen Staatsbeamten und Ehegatten von Rahel geschuldet: Karl August Varnhagen von Ense. Er hat sich ihr Leben nach seinem Gusto zurechtgeschneidert, und darin hat die Jüdin Rahel nicht den Platz, den sie hätte haben müssen. Die Tatsache, daß sie sich kurz vor der Verheiratung mit Varnhagen taufen ließ, sollte man nicht überbewerten. Christliches sollte ihr fremd bleiben. Es

Rahel Varnhagen von Ense (1771–1833).

bleibt wohl einer kritischeren Forschung vorbehalten, dort weiterzumachen, wo Hannah Arendts großartiger Versuch von 1933 »Rahel Varnhagen. Lebensgeschichte einer deutschen Jüdin aus der Romantik« aufhört. Doch zurück nach Berlin.

1790 starb Rahels Vater, die Familie zog von der Heilig-Geist-Str. 23, wohin sie 1784 gezogen war, in die Poststraße 6. Drei Jahre später zog man wieder um, und zwar in die Jägerstraße, zwei Häuser von der Markgrafenstraße entfernt, ab 1800 die Nr. 54. Hier unter dem Dach, in unmittelbarer Nähe zum Gendarmenmarkt, etablierte Rahel ihren ersten Salon, und tout Berlin kam, um beim Tee, der von einer alten Magd gereicht wurde und die sich, was ungewöhnlich für die damalige Zeit war, manchmal ins Gespräch einmischte, über Gott und die Welt zu plaudern. Was Rahels Salon von Beginn ab einzigartig machte und in manchen Augen zu einem Skandalon werden ließ, war nicht, daß er von einer Jüdin geleitet wurde, das wurde der Salon der Henriette Herz auch, sondern daß Rahel unverheiratet war. Hören wir den schwedischen Diplomaten Karl Gustav Brinckmann, ein eifriger Besucher des Salons, über Rahel und ihren königlichen Habitué, Prinz Louis Ferdinand von Preußen: »Solche Bekanntschaft soll er [Louis Ferdinand] noch nicht genossen haben. Ordentliche Dachstuben-Wahrheit wird er hören. Bis jetzt kannte er nur Marianne, aber die ist getauft und Prinzeß und Frau von Eibenberg ...«

In ihren Salon, in den Salon der Jüdin Rahel, durfte jeder. Ihr Nichtprivileg, zu keinem Stand zu gehören oder, anders gesagt, zu den Ausgestoßenen zu gehören, wurde zum Privileg. Standesunterschiede gab es bei ihr nicht. Alle waren, jedenfalls für kurze Zeit, gleich. Und jeder wollte zu ihr, wollte ihren dünnen Tee trinken. Wollte zu ihrem Kreis gehören, »in welchen aufgenommen zu werden, königliche Prinzen, fremde Gesandte, Künstler, Gelehrte oder Geschäftsmänner jeden Ranges, Gräfinnen und Schauspieler ... sich gleich eifrig bemühten«. Und über ihre Gabe, ein Gespräch zwischen verschiedenen Besuchern anzuleiten und zu führen, vermerkt Brinckmann weiter:

»... alles versteht sie, alles empfindet sie, und was sie sagt, ist ... oft so treffend wahr und tief, daß man es sich noch nach Jahren wiederholt, und darüber nachdenken und erstaunen muß.«

Unter ihren Gästen befanden sich neben dem erwähnten Prinzen Louis Ferdinand der Diplomat von Brinckmann, die Brüder Alexander und Wilhelm von Humboldt, Friedrich Schlegel, Friedrich Gentz, Friedrich Schleiermacher, Jean Paul, Clemens Brentano, Achim von Arnim, Adalbert von Chamisso und Karl Friedrich Alexander Graf Finck von Finckenstein. Mit ihm war sie von 1795 bis 1800 verlobt. Er wollte, aber er durfte nicht zu dieser Verbindung stehen. Eine Bürgerliche, und dann auch noch Jüdin, da stand der ganze Dünkel der Familie dagegen. Aber auch er konnte nicht über seinen beschränkt-adligen Schatten springen und diese (für ihn und nur für ihn) Affäre beenden. Weshalb er sie einschlafen ließ durch Hinhaltung. Und mit Hurra in die Arme seiner Familie zurückkehrte. Ein letzter Brief von Rahel an ihn; am 19. Januar 1800 schrieb sie:

»Die letzten Ereignisse waren erschöpfend. Ich glaubte, ich sei unerschöpflich: ich bin es nicht. Erinnere Dich der letzten Vorfälle und Tage; was Du mir sagtest: was Du meiner Mutter sagtest – wie Dus mir erzähltest. Wie es wirkte, möchte ich gerne sagen; aber das hast Du nicht gesehen. An einem Zweig hielt sich doch mein ganzes Wesen. Deine zwei vorletzten Briefe haben es zerrissen. *So bittet man keinen zu einem zu kommen – so bittest Du mich nicht – so tröstet man nicht, in solcher Not als ich war – Du mich nicht.* Dein letzter kleiner Brief [er war mit Datum Wien, 1. Februar 1800 versehen, so daß es in Rahels Brief eigentlich Februar und nicht Januar heißen müßte, da sie auf ihn antwortet; d. Vf.] durch Vet., wo Du um meine Gesundheit bange bist, bestimmt mich, diesen zu schreiben. Ich wollte gar nicht mehr schreiben. Es ist mir aber zu atroce [grausam; d. Vf.] und zu sehr im Schein des Feindseligen, nicht zu antworten. Wisse also: ich überlasse mich nun ganz der Welt, den Umständen (nichts ergreife ich mehr von Dir – was Du mir nicht zu Händen gibst); und sollte ich in dieser Welt wahnwitzig werden. Das werd ich aber nicht. Die Jahre, die Du weg bist, will ich dazu anwenden, unbekannt mit Dir zu werden. Überreden kannst Du mich nicht mehr. *Sei* etwas, und ich werde Dich erkennen ... Erschrecke Dich nicht über diesen Brief; es ist mir eben so, auch wenn ich nicht schreibe; und überdem hast Du ihn selbst komponiert; und bist auch nicht zum Schreck gemacht, weils beim Schreck bleibt. Ich konnte Dir diesen nicht ersparen, das bedenke. Es war der letzte Akkord eines üblen Konzerts. Wenn ich etwas Gutes zu melden habe, werde ich Dir schreiben.«

Sie hatte lange Zeit nichts Gutes für ihren adligen Ex-Liebhaber übrig, also schrieb sie auch nicht mehr an ihn.

Dafür schrieb sie an Karl August Varnhagen von Ense, den sie 1808 kennenlernte und den sie, nachdem sie sich am 27. September 1814 hatte taufen lassen, heiratete, am 8. November aus Berlin: »Ich sagte ihr, Finck käme mir vor wie ein Kind; ich hätte keine Erbitterung, fühlte keine Amertüme [Gram; d. Vf.]; sie wunderte sich sehr; ich habe ihn auch nicht zuletzt geliebt, sagte ich ihr – obgleich dies nicht der merzende [tilgende; d. Vf.] Grund war.«

Und am 25. November heißt es nach Wien: »Robert [ihr Bruder; d. Vf.] kann und soll dich in sehr nützliche und angenehme Häuser führen. Von mir bekömmst Du Briefe an unseren Minister Grafen Finckenstein, wenn Du dies willst.«

Varnhagen wollte. Er war neugierig, den preußischen Gesandten in Wien, ja, das war aus dem »willensschwachen Kind« geworden, kennenzulernen. Durch den Kontakt mit Varnhagen, der, wenn auch zögerlich, so doch stetig verlief, wagte Finckenstein, wieder einen Brief an Rahel zu schreiben (Wien, 20. April 1811): »Sie können sich nicht vorstellen, meine teuerste Freundin, wie herzlich es mich gefreut hat, einmal nach so ewig langer Zeit einige Zeilen von Ihrer Hand zu sehen, wie glücklich es mich gemacht hat, einen so schönen Beweis ihres freundlichen Zutrauens zu erhalten, als der ist, welchen Sie mir in Ihrem Briefe gegeben haben.«

Und so weiter und so fort: Schmus, Schmus, Schmus ... Ein Brief, so richtig zum Herzerweichen; fehlt nur noch, daß er bei Rahel in persona auftauchen würde. Es fehlt nicht. In ihrem Tagebuch können wir, unter der Überschrift: »Als ich Finckenstein das letzte Mal gesehen hatte«, lesen:

»Gestern Vormittag, den 20. Mai 1811, war Finckenstein bei mir. Er frug nach niemand. Auch nicht wie es mir geht. Er schien mir wie sonst, nur daß alle Anlagen und Meinungen in ihm ganz kompakt geworden sind; er ist auch darüber so gelassen und sanft und befriedigt, als wäre er wirklich in den Tempel der Weisheit und des Glücks eingegangen. So fand ich auch sein Gesicht wie sonst; nur selten in Bewegung; und unter den Augen etwas Falten, die das Leben hinter sich läßt, aber wie durch vielen Zwang und Ermüdung, das Ganze gut, in dieser Art. Er sagte mir mit einemmale: ›Ich wünschte sehr, daß Sie meine Frau sähen, wie sie Ihnen gefällt.‹ Ich blieb sitzen, er blieb sitzen, die Sonne schien sanft. Ich darf mir also nichts Entsetzliches denken, was nicht eintrifft. Sonst, in meinem Unglück dachte ich mir solche Szenen aus und Taten von mir, die sie endigten! Gestern saß er auf Deinem Sofa still neben mir, ich neben ihm, als hätte er recht. Meine ganze Seele war so empört, so in Aufruhr, mein Herz so affiziert als vor zwölf Jahren; als wäre in der ganzen Zwischenzeit nichts anderes vorgefallen. ›Dein Mörder!‹ dachte ich und blieb sitzen. Tränen kamen mir in den Hals und zu den Augen, daß ich ihn ganz ruhig, ganz beruhigt über mich, sitzen sah. Wie eine ihm zugestandene Kreatur fühlte ich mich, er hat mich verzehren dürfen. *Er mich!* Gott soll es ihm verzeihen, er soll es sich verzeihen – dies Gelübde halt ich gewiß; rächen will ich mich auch nie! Ich kann es ihm nicht verzeihen! ...«

Die einmal erhaltene Verletzung, Kränkung und Demütigung, denn eine solche war es am Ende doch, ist dem Brief in jeder Zeile anzumerken. Das Gräflein (Signore contino, nicht wahr, Herr Mozart?), das versuchte, über seinen Schatten zu springen, und dabei auf Vaters Schoß landete, hatte aus Standesdünkel, wenn nicht aus anderem, die Verlobung mit der bürgerlichen Frau und der Jüdin, die ihm auf allen Gebieten überlegen war, profan gesagt, platzen lassen. Des guten Namens wegen! Wir verstehen! Und verlassen den Grafen. Das letzte, was Rahel von ihm/über ihn zu hören bekam, war einige Monate später seine Todesanzeige:

»Den 29. Aug. 1811 starb in Madlitz der Königl. Preuß. Gesandte, Karl Friedrich Albrecht Reichsgraf von Finckenstein, des Grafen Finckenstein auf Madlitz ältester Sohn, in einem Alter von 38 Jahren, 8 Monaten und zwölf Tagen am Nervenfieber und ward den 31. Aug. daselbst begraben.«

Als Graf Finckenstein verstarb, gab's ihren Salon schon lange nicht mehr. Ihre Dachstube in der Jägerstraße 54 hatte sie vor drei Jahren aufgeben müssen. Sie nahm für kurze Zeit eine Wohnung um die Ecke, in der Charlottenstraße 22, im Trenkschen Haus. Des Sommers wohnte sie im ruhigeren Charlottenburg, bevor sie 1811 für drei Jahre in der Behrenstraße 48 (heute zum Komplex des Grand Westin Hotels gehörig) heimisch werden sollte. Als sie in die Behrenstraße einzog, nahm sie den Familiennamen Robert, wie schon vor ihr ihre Brüder, an.

1806 sollten zwei Ereignisse in ihr Leben einbrechen, die eng zusammenhingen und die sie sehr verletzen und ihr weiteres Leben bestimmen sollten: Napoleon und in seinem Gefolge – als Reaktion auf die Niederlage Preußens in der Schlacht von Jena und Auerstedt – der gemeine deutsche Antisemitismus.

Rahel, die von sich selber schrieb: »Ich liebe unendlich Gesellschaft und von je, und bin ganz überzeugt, daß ich dazu gebohren, von der Natur bestimmt und ausgerüstet bin. Ich habe unendliche Gegenwart und Schnelligkeit des Geistes um aufzufassen, zu antworten, zu behandeln. Großen Sinn für Naturen und alle Verhältnisse, verstehe Scherz und Ernst und kein Gegenstand ist mir bis zur Ungeschicklichkeit fremd ...« Rahel mußte ihr Leben erst einmal in Einsamkeit und Einschränkung fristen. Einsamkeit meint: Die meisten ihrer Besucher mieden nun die Jüdin und ihren Salon, denn Deutschsein hieß nun die Parole. Und Einschränkung: Durch die Kriegsereignisse verlor ihre Familie den größten Teil ihres Vermögens, so daß ihr Bruder Markus Theodor ihren monatlichen Wechsel kürzen mußte. An den schwedischen Diplomaten Brinckmann schreibt sie im Januar 1808:

»Bei meinem Theetisch sitze nur ich mit Wörterbüchern; Thee wird gar nicht bei mir gemacht, außer alle acht oder zehn Tage, wenn sich Schack, der mich nicht verlassen hat, welchen fordert. So ist alles anders! Nie war ich so allein. Absolut. Nie so durchaus und bestimmt ennuyirt. Denken Sie sich, ennuyirt! Denn nur Geistreiches, Gütiges, Hoffnunggebendes, kann eine so gekränkte, eine so Getödtete noch hinhalten. Alles ist aber vorbei. Im Winter, und im Sommer auch noch kannt' ich einige Franzosen: mit denen sprach ich hin und her, und wir sprachen das ab, was fremde gesittete, litteraturliebende und übende Menschen, die nicht Eines Landes sind, absprechen und abstreiten können. Die sind Alle weg. Meine deutschen Freunde, wie lange schon; wie gestorben, wie zerstreut! In diesem Augenblick sehe ich nur meinen zweiten Bruder, der mit mir bei meiner Mutter wohnt, und den Mann, der bei uns einquartirt ist ... Ich bin wie ich war, Brinckmann; die Schläge haben das Alte in mir gestählt, und bewährt, und mich wahrlich neu, und weiter urbar gemacht. Ich bin noch des Scherzes, der Freude und des höchsten Leides fähig, nur ganz umwerfen kann mich nichts, denn ich liege.«

Nein, trotz Einsamkeit wollte sie sich nicht einfügen in den allgemeinen Trend, der da hieß: Franzosenfeindschaft und Antisemitismus. Gegen den Zeitgeist studierte sie jetzt erst recht Französisch. Um so mehr mußte es sie schmerzen, daß ein von ihr sehr geschätzter Philosoph, Johann Gottlieb Fichte, in dessen Seminaren und Vorlesungen sie saß, gegen den jüdisch-welschen Geist und Charakter hetzte, in einer Sprache, die uns heute fatal an die des »Stürmers« erinnert. In seinem »Beitrag zur Berichtigung der Urteile des Publikums über die französische Revolution« schrieb Fichte:

»Fast durch alle Länder von Europa verbreitet sich ein mächtiger, feindselig gesinnter Staat, der mit allen übrigen im beständigen Kriege steht, und der in manchen fürchterlich schwer auf die Bürger drückt; es ist das Judentum. Ich glaube nicht, und ich hoffe es in der Folge darzutun, ... daß dieser Staat auf den Haß des ganzen menschlichen Geschlechts aufgebaut ist, so fürchterlich werde. Von einem Volke, dessen geringster seine Ahnen höher hinaufführt, als wir Anderen alle unsere Geschichte, und in einem Emir, der älter ist, als sie, seinen Stammvater sieht – eine Sage, die wir selbst unter unsre Glaubensartikel aufgenommen haben; das in allen Völkern die Nachkommen derer erblickt, welche sie aus ihrem schwärmerisch geliebten Vaterlande vertrieben haben; das sich zu dem den Körper erschaffenden, und den Geist für jedes edle Gefühl tötenden Kleinhandel verdammt hat, und verdammt wird; das durch das bindendste, was die Menschheit hat, durch seine Religion, von unsern Mahlen, von unsrem Freudenbecher, und von dem süßen Tausche des Frohsinns mit uns Herz zu Herzen ausgeschlossen ist; das bis in seine Pflichten und Rechten, und bis in der Seele des Allvaters uns Andere alle von sich absondert, – von so einem Volke sollte sich etwas anderes erwarten lassen, als was wir sehen, daß in einem Staate, wo der unumschränkte König mir meine väterliche Hütte nicht nehmen darf, und wo ich gegen den allmächtigen Minister mein Recht erhalte, der erste Jude, dem es gefällt, mich ungestraft ausplündert. Dies alles seht ihr mit an, und könnt es nicht leugnen, und redet zuckersüße Worte von Toleranz, und den Menschenrechte, und Bürgerrechte, indes ihr in uns die ersten Menschenrechte kränkt; könnt eurer liebevollen Duldung gegen diejenigen, die nicht an Jesum Christum glauben, durch alle Titel, Würden und Ehrenstellen, die ihr ihnen gebt, keine Genüge tun, indes ihr diejenigen, die nur nicht eben so, wie ihr, an ihn glauben, öffentlich schimpft, und ihnen bürgerliche Ehre und mit Würde verdientes Brot nehmt. Erinnert ihr euch denn hier nicht des Staats im Staate? Fällt euch denn hier nicht der begriffliche Gedanke ein, daß die Juden, welche ohne euch Bürger eines Staates sind, der fester und gewaltiger ist, als die eurigen alle, wenn ihr ihnen auch noch das Bürgerrecht in euren Staaten gebt, eure übrigen Bürger völlig unter die Füße treten werden ... Aber ihnen Bürgerrechte zu geben, dazu sehe ich wenigsten kein Mittel, als das, in einer Nacht ihnen alle die Köpfe abzuschneiden ...«

Von da über die »Hep, hep! Jud' verreck«-Bewegung zu Auschwitz ist es ein gerader Weg gewesen, keinesfalls ein Umweg. Jedenfalls fiel Fichtes finaler Antisemitismus auf fruchtbaren Boden. Zuerst bei den Wunderhornknaben Achim von Arnim und Clemens Brentano.

Anfangs mag sich Brentano noch etwas gespreizt haben, Rahel mit in den Fichteschen und Arnimschen Antisemitismus einzubeziehen, ein Brief von 1804 an seine Frau Sophie scheint dies nahezulegen: »Ich war gestern bei der berühmten Mademoiselle Levi, die einen nicht unangenehmen Ton in ihrer Gesellschaft hat, es könnte etwas sehr angenehmes sein, wenn es nicht eine wahre Sudelküche des Gesprächs wäre; sie ist über dreißig Jahre alt, ich hielt sie für fünfundzwanzig, ordentlich klein, aber graziös; sie ist ohne Anspruch, erlaubt dem Gespräch jede Wendung bis zur Unart, bei welcher sie jedoch lächelt, sie selbst ist äußerst gutmüthig und doch schlagend witzig. Daß Prinz Louis Ferdinand und Fürst Radziwill zu ihr kommen erregt vielen Neid, aber sie macht nicht mehr daraus als ob es Lieutenants oder Studenten wären, mit so viel Geist und Talent wie jene würden ihr diese eben so willkommen sein.«

Doch unter dem Einfluß Achim von Arnims und angestachelt durch Fichtes nationalistische »Reden an die Deutsche Nation« kam sein latenter Antisemitismus langsam zum Vorschein. Dabei befand er sich in guter Gesellschaft. Fast der gesamte Freundes- und Bekanntenkreis von Rahel versuchte sich gegenseitig in antisemitischen Ausfällen zu übertreffen.

Aus Teplitz, wo Rahel im Sommer 1811 zur Kur weilte, schreibt sie an Varnhagen, nachdem sie gehört hatte, daß fast die gesamte Mischpoke der »Christlich-Teutschen Tischgesellschaft« nach Teplitz unterwegs sei: »Treffe also keine Veranstaltung, um hier her zu kommen. Die ganze Welt von Bekannten geht nach Teplitz; es wird eine rechte Hetze dort werden. Wie die aufgespannten Segel werden sie dort aneinanderfahren; Adel, Bürger, Gelehrte, Philister; Hoffährtige und weniger Eitle ... «

Varnhagen ließ sich aber nicht abhalten, Rahel bei ihrem Kuraufenthalt in Teplitz Gesellschaft zu leisten. Mitte Juni traf er dort ein. Anfang August machte Brentano, der auf dem Weg nach Bukowan war, in Teplitz Station. Er war ganz begierig, Varnhagen persönlich kennenzulernen. Wie die Begegnung verlief, schildert Rahel in einem Brief: »... daß das erste Wort, was Clemens in Töplitz zu Varnhagen sagt, das ist, daß seine Schwester [Bettine] sich über die garstige, zudringliche Jüdin [gemeint ist Rahel; d. Vf.] beklagte.«

Das war kein guter Anfang für die Bekanntschaft zwischen Brentano und Varnhagen. Zurück zur Vorgeschichte und zu »Wunderhornbruder« Achim von Arnim. Dieser traf Anfang Dezember 1808 von Heidelberg kommend wieder in Berlin ein. An Bettine Brentano, seine spätere Frau, schrieb er am 1. April 1809: »Mir werden ein paar hübsche Zimmer angeboten zu billiger Bedingung in Pistors Hause (Mauerstraße 34), ein Garten ist dabei; aber wenn ich so auf ein Jahr voraus denke, daß ich hier bleiben muß, und von Euch allen nur ein paar geschriebene Blätter haben soll!«

Er wußte nicht so recht, ob er überhaupt bleiben wollte, und zierte sich einige Zeit, seßhaft zu werden, aber das Angebot seines Jugendfreundes, des jetzigen Geheimen Postrats Pistor, war einfach nicht auszuschlagen, und so konnte er einige Tage später, am 6. April, der geliebten Bettine berichten: »Ich hatte eine Wohnung in Pistors Hause gemiethet, um des Gartens froh zu werden, und jetzt werde ich nicht einmal der ausgekälteten Zimmer froh. Ich wohne in den Zimmer, die Tiecks Frau bewohnt hatte, Du aber bist täglich bei ihm; über mir schwebt an der Decke ein Amor, der ungeheur in die Ferne zielt, und ich muß diese Liebespfeile zwischen Tieck und seiner Frau durch dich überschicken, weil sie nicht so weit tragen wollen ... Die Nähe von Pistors ist mir sehr werth, auch schon wegen mancher Besorgung, da ich mein Frohreich abgeschafft habe und also ganz allein bin. Ein altes Weib eröffnet mir Morgens den Sonnenschein, giebt mir Wärme und Erquickung, Zeitung und Thee. Auch über mir wohnen Bekannte. Zwei Zimmer habe ich bis jetzt zuviel, denn ich brauche nur eins; es war aber so wohlfeil, als würde nur das eine bezahlt. Ich freue mich der Maimorgen im Garten, der recht artig verwildert ist, seit Pistor seine Leidenschaft für Blumenzucht auf messingene Instrumente gewendet, die er jetzt in großer Vollkommenheit macht.«

Er sollte nicht lange alleine bleiben. Anfang 1809 zog Clemens Brentano zu ihm. Am 2. März 1810 besuchte der einundzwanzigjährige Eichendorff die beiden. Seinem Tagebuch vertraut er seine Eindrücke von der Arnim-Brentanoschen Wohngemeinschaft an: »Gieng ich früh in die weit entlegene Mauerstraße alleine zu Arnim und Brentano. Achim in der dunklen Vorstube mich empfangend und bald zu Brentano ins Nebenzimmer führend, der bei Versen tabakschmauchend hinter dem Tisch an der spanischen Wand (mitten durch die Stube) saß. Chaos von Gitarren, Büchern etc: Durchaus treuherzig. Gespräch über Görres (Vergleichung mit den indian: Fetichen in Kupfer) über Schlesien. Arnim dabei auf dem Ofen sitzend.«

Nicht auf dem Ofen sitzend, sondern an seinem im Chaos versinkenden Schreibtisch, schrieb er zu Weihnachten 1810 an die Brüder Grimm nach Kassel: »Lieber Wilhelm und Jacob – der Aelteste wird diesmal einen Platz unter den Jüngsten gesetzt, weil er zu wenig geschrieben. Viel Glück zum neuen Jahr ... Es ist eben heller Morgen, und doch habe ich schon Rehbraten und Jauersche Bratwürste bei Pistor gegessen, der jetzt das von Dir bewohnte gelbe Zimmer mit dem Liebeswagen am Himmel bewohnt, nachdem er sich einen warmmachenden Ofen vom à la mode Töpfer statt des kaltmachenden hat setzen lassen, der in Deinen Tagen das Zimmer kühlte ... Es geschieht aber jetzt sehr viel. Ich bin damit beschäftigt, eine deutsche Freßgesellschaft zum 18. Januar, welches der Krönungstag unsrer Monarchie ist, zu errichten. Ihr sollt Ehrenmitglied werden, insofern sich Dein Appetit, Wilhelm noch erhält; sie hat große Zwecke, Adam Müller ist Mitunternehmer, ich bin Gesetzgeber. Das weiseste der Gesetze bestimmt, daß jeder lederne Philister ausgeschlossen; wer von Zehnen mit ihrer Namensunterschrift dafür erkannt ist, wird ausgeschlossen.«

Was gut und echt, das ist auch deutsch, so oder ähnlich später der sächsische Antisemit Richard Wagner. Gut und echt ist ein deutscher Verein nur, wenn er eine Satzung hat. Lesen wir uns kurz einmal in die Satzung, die Arnim der »Tischgesellschaft« gegeben hat, ein: »Es wird mit dem Anfange des Jahres 1811 eine, so Gott will, fröhliche deutsche Tischgesellschaft alle vierzehn Tage Dienstag zum Mittagessen zusammenkommen; der Ort (beim Wirthe des Casino) soll der Zahl dieser Gesellschaft angemessen ausgewählt werden, der Preis des Mittagessens ist auf einen Thaler festgesetzt.

Den 18. Januar am Krönungstage ist die erste Versammlung dieser Gesellschaft angeordnet, dieser Stiftungstag soll alljährlich wiedergefeiert werden ... Bei künftig aufzunehmenden Mitgliedern findet kein Ballotieren statt, weil es die Ehre des einzelnen bei einem Vergnügen aufs Spiel setzt; wer von zehn Mitgliedern als der Gesellschaft wohlanständig und angemessen eingeführt wird, ist dadurch ordentliches Mitglied.

Die Gesellschaft versteht unter dieser Wohlanständigkeit, daß es ein Mann von Ehre und guten Sitten und in christlicher Religion geboren sei, unter dieser Angemessenheit, daß es kein lederner Philister sei, als welche auf ewige Zeiten daraus verbannt sind ... Die Erklärung von zehn Mitgliedern mit ihres Namens Unterschrift, daß jemand ein Philister geworden, bestimmt dessen Trennung von der Gesellschaft, was nimmermehr hoffentlich der Fall sein wird.

Gesang ist willkommen, Frauen können nicht zugelassen werden.«

Selbst getaufte Juden waren ausgeschlossen – und nichts anderes meint »in christlicher Religion geboren« –, denn die sind die schlimmsten. Sie hätten sich nur taufen lassen, um ein »Entrébillet« in die gute (sprich: deutsche) Gesellschaft zu bekommen, um diese dann um so leichter zu unterwandern.

Wie selbstverständlich dies war, dokumentiert ein Brief des Staatsrates von Staegemann an Scheffner vom 19. März 1811: »Mit der nächsten Gelegenheit werde ich Ihnen einige Arbeiten unserer deutschen christlichen Tischgesellschaft zusenden, namentlich eine Abhandlung Brentano's über die Philister. Diese Gesellschaft ist vor einigen Monaten von Arnim gestiftet und schließt alle Juden (selbst die getauften) und Philister aus ...«

Dieser »romantische Arierparagraph« sollte noch seine Spuren in der deutschen Geschichte hinterlassen! Kaum war sie gegründet, versuchten sich ihre Mitglieder mit antisemitischen Tiraden gegenseitig zu übertreffen. Im März 1811 trug Clemens Brentano auf einer Zusammenkunft nach dem Essen seine Abhandlung »Der Philister vor, in und nach der Geschichte« vor. Wir hören gespannt hin:

»Sätze, die verteidigt werden können.

1) Was hier philistrisch genannt wird, ist nur, was jeder Philister von Herzen gern ist.

2) Was hier als jüdisch aufgeführt wird, ist nur, was jeder Jude um alles in der Welt gern loswürde, außer ums Geld, und was ein edler Jude selbst an unedlen Christen verachtet.

3) Bei den Juden assoniert Edel auf Ekel, bei den Philistern auf Esel.«

Philister bei Brentano meint ja nicht nur den Spießbürger, oder anders gesagt, den gerade nicht. Philister, das sind die Aufklärer, die Franzosen und natürlich, wenn auch als Antipoden, die Juden, »diese von den ägyptischen Plagen übriggebliebenen Fliegen«.

Und weiter: »Gleich den Flüssen nun hat diese edle Tischgesellschaft sich gesammelt, aus reinen, ursprünglichen und fröhlichen Herzen, und hat ausgewiesen auf ewig von sich, nicht aus eigenem Dünkel, sondern aus frommer Achtung gegen die Geschichte, die Juden und die Philister, über welche die Flüche der Schrift längst wahr geworden, welche nur noch als Wahrzeichen ihres Untergangs, als unauslöschliche Blutflecken einer bösen Schuld, als Gespenster ihres nicht seligen historischen Todes, als eine alte Essigmutter der Sünde auf Erden verweilen, und sind sie über die ganze Erde verbreitet, so heißt das doch nur soviel als: ihre Asche ist in den Wind gestreut; oder die vier Viertel ihres historischen Leibes sind an die vier Tore der Weltgegenden genagelt ...«

Auf Brentano folgte Arnim mit seiner Rede: »Ueber die Kennzeichnung des Judentums«, es ist einer der schlimmsten antisemitischen Texte der deutschen Romantik. Arnim wiederholt darin, was 1711 der Heidelberger Theologe Johann Andreas Eisenmenger in seinem Buch »Entdecktes Judentum« zusammengestellt hat – von der Hostienschändung bis zum Ritualmord. Arnim schlug vor, den Juden zu experimentellen Zwekken die Haut abzuziehen und sie zu pulverisieren, um die chemische Zusammensetzung des Juden festzustellen. Später sollte man aus ihrer Haut, nachdem man sie vergast hatte, Lampenschirme machen. Weiter: Adam Müller forderte in seiner Rede vom 18. Juni 1811, »einen gründlichen, ernsthaften und aufrichtigen Krieg« gegen die Juden zu führen. Und die Brüder Grimm? Hören wir erst Wilhelm: »Diesem fatalen Volke kann man gar nicht ausweichen, und es will ordentlich für gleich geachtet sein, sie würden sich längst alle in Berlin haben taufen lassen, wenn sie nicht hofften, es solle in Zukunft wohlfeiler geschehn; wer dann ein braver Christ ist, muß ein Jude werden, um nicht unter sie zu geraten.«

Und nun Jacob, das Sprachgenie der Familie: »Die ehre, wo nicht den grund zu der sprache der spitzbuben gelegt zu haben, doch einen hauptbestandteil derselben auszumachen, bleibt der jüdischen unbestritten, wie auch keine räuberbande ohne juden zu bestehen vermag.«

Da haben wir's: Räuber, Gesindel, das sind sie, die Juden. Und wo bleibt der Humanismus, »ja verdammt nochmal, wo bleibt er denn« (nicht wahr, Herr Studienrat Kästner?). Lesen wir, was, zum Beispiel, Wilhelm von Humboldt an seine Frau Caroline schrieb: »Die kleine Levi hat mich agaciert, allein was soll man mit der Judenmamsell? Gentz versichert zwar noch immer, sie sei die geistreichste Frau auf Erden. Man muß auch des Geistes entbehren können. Ich bleibe also unerbittlich.«

Jawoll! Unerbittlich, das blieben Humboldt und in seinem Gefolge viele, die sich, wenn auch sonst recht ungern, in diesem Falle aber sehr gerne auf ihn beriefen. Und Adam Müller darf natürlich nicht fehlen, das Gründungsmitglied der Tischgesellschaft: »Diese Juden, wenn sie ihrem Glauben treu sind, die notwendigsten Feinde eines bestehenden Staates, wenn sie ihrem Glauben nicht treu sind – Heuchler – haben die Masse des Geldes in ihren Händen, sobald aber das Grundeigentum so in seinem Werte gesunken sein wird, daß es für sie mit Vorteil zu acquirieren ist, wird es sogleich in ihre Hände übergehen, sie werden, als Grundbesitzer, die Hauptrepräsentanten des Staates, und so unser altes, ehrliches brandenburg'sches Preußen ein neumodischer Judenstaat werden.«

Halt! Genug! Verlassen wir erst einmal die romantischen Antisemiten und kehren wir zu Rahel Levin, inzwischen verheiratete Varnhagen, zurück.

Ironie des Schicksals wollte es, daß sie ihren letzten Salon in der Mauerstraße 36 in direkter Nachbarschaft zum Gründungsort der »Christlich-Teutschen Tischgesellschaft« geben sollte. Hier sollte sie am 7. März 1833 sterben. Ihr zweiter Salon, den sie ab Oktober 1819 zunächst in der Französischen Straße 20 etablierte, erreichte aber nie mehr die Bedeutung ihrer Dachstube in der Jägerstraße, denn zu sehr hatten sich die Verhältnisse nach den Befreiungskriegen geändert. Unter ihren Gästen, die auch ihren Umzug 1827 in die Mauerstraße 36 mitmachten, waren Heine, Hegel, Eduard Gans, Leopold Ranke. Andere, die sie noch in ihrer Dachstube besucht hatten, blieben fern. Bettine von Arnim entzog ihr kurzfristig das Du, kehrte aber später zu ihr zurück und pflegte die sterbenskranke Rahel aufopferungsvoll, aber da war ihr Mann und romantischer Antisemit Achim von Arnim bereits tot. Nur die Humboldts und Staegemanns blieben hart und schlossen sich von ihrer Geselligkeit aus. Rahels Ruhm deckt sich mit jenem kurzen Augenblick in der deutschen Geschichte, als sich die Aufklärung mit den Idealen der Französischen Revolution verband und dadurch die faszinierende Gegenöffentlichkeit der »Jüdischen Salons« ermöglichte. 1818, noch mit ihrem Manne Varnhagen von Ense auf Reisen durch Europa, schreibt sie: »Wo ist unsre Zeit! Wo wir alle zusammen waren. Sie ist Anno 6 [1806; d. Vf.] untergegangen. Untergegangen wie ein Schiff: mit den schönsten Lebensgütern, den schönsten Genuß enthaltend.«

Sie lösten sich auf, die jüdischen Salons in Berlin. An ihre Stelle traten andere, die sich um Personen von Rang gruppierten, wie um die Frau des Geheimen Staatsrates von Staegemann, Elisabeth. Hier verkehrten jetzt die meisten der 46 Unterzeichner des Gründungspapiers der Christlich-Teutschen Tischgesellschaft wie Adam Müller, Clemens Brentano, Achim von Arnim, Ferdinand von Schill.

In Deborah Hertz' faszinierender Studie »Die jüdischen Salons im alten Berlin« heißt es: »In dem Vierteljahrhundert zwischen 1780 und 1806 erfuhren die Berliner Salons im In- und Ausland große Beachtung. Berlin-Besucher aus ganz Europa waren insbesondere von der raschen Assimilation der jüdischen Salonières angetan, welche ihr gesellschaftliches Ansehen zu einer Zeit erlangten, als die meisten Juden Mittel- und Osteuropas noch arme Händler und Hausierer waren, auf dem Lande und in Dörfern wohnten, Jiddisch sprachen und ihrer traditionellen Lebensweise anhingen. Hier jedoch, in den Gesellschaftsräumen reicher und kultivierter Berliner Jüdinnen, schien der durch aufgeklärte Intellektuelle soeben antizipierte Traum von der jüdischen Emanzipation seiner Verwirklichung nahe zu sein.«

Ein Traum? Ein Traum, was sonst! Mit der Rückkehr der Königsfamilie aus dem ostpreußischen Exil in die Hauptstadt etablierten sich bürgerlich-höfische Geselligkeitskreise, die mit den gesetzten Standards der Salons der Dorothea Mendelssohn-Veit-Schlegel, der Henriette Herz, der Rebecca Friedländer und der Rahel Varnhagen so viel zu tun hatten wie ein Tennisball mit einem Apfel. Bevor wir uns einem dieser Geselligkeitskreise, dem Staegemannschen, wieder zuwenden und somit in die Jägerstraße zurückkehren, wo unser kleiner Abstecher in die Dachstube der Rahel begann, hören wir den – im 20. Jahrhundert – in Paris lebenden rumänischen Skeptiker E. M. Cioran: »Denkt man an die Berliner Salons der romantischen Epoche, an die Rolle, die dort eine ... Rahel Levin spielte, und sagt man sich dann, daß diese Frau in unserem Jahrhundert in einer Gaskammer geendet hätte, so kann man es sich nicht versagen, den Glauben an den Fortschritt als den falschesten und läppischsten Wahn anzusehen.«

Der Weg von der Jägerstraße zur Jägerstraße führt aber nicht direkt in den Salon der Staatsrätin Staegemann, sondern erst über einen kleinen Abstecher ins Anhaltinische nach Dessau. Hier wurde am 7. Oktober 1794 Johann Ludwig Wilhelm Müller geboren. Über seine Jugend ist nicht viel zu berichten, belassen wir sie deshalb auch im Dunkel der Geschichte. Im Frühjahr 1812 machte er sein Abitur und begab sich nach Berlin zum Studium, denn das kleine Anhalt-Dessau verfügte über keine eigene Landesuniversität. Am 3. Juli 1812 immatrikuliert er sich an der Berliner Universität, die Eintragung im Matrikelbuch verzeichnet Philologie als Studienfach. Er wohnte zuerst als Untermieter bei der Witwe Bensch in der Neuen Grünstraße 2. Am 9. Februar 1813 erschien in den Berliner Zeitungen ein Aufruf Friedrich Wilhelms III. an die Berliner Studentenschaft, sich freiwillig zum Kampfe gegen die französische Besatzung zu melden. Am 10. stand der Aufruf am schwarzen Brett und noch am gleichen Tag kam es zu einem Sturm der Studenten aufs Rektorat.

»Wir vertauschen die Feder mit dem Degen, denn uns ruft der König und der Staat.«

Innerhalb einer Woche hatten sich 258 Studenten gemeldet. Am 13. Februar schrieb Barthold Georg Niebuhr an Dorothea Henseler: »Das Gedränge von Freiwilligen, die sich eintragen lassen, ist heute so groß wie vor einem Bäckerladen bei einer Teuerung.«

Wilhelm Müller war nicht unter den Ersten. Erst nach vierzehn Tagen, am 24. Februar, so das Matrikelbuch, meldete er sich ab und trat als freiwilliger Garde-Jäger in das preußische Heer ein. Im Krieg brachte er es dann bis zum Leutnant. Er, der, bevor er freiwillig in den Krieg zog, kaum durch nationalistisches Getöse aufgefallen war, wandelte sich zu Beginn des Krieges zu einem glühenden antinapoleonischen, patriotischen Kämpfer, der sich in kriegsverherrlichender Lyrik versuchte. Vielleicht war dies seinem Professor für Mittelaltergeschichte und nachmaligen Freund, bei dem er ein Kolleg belegt hatte, Christian Friedrich Rühs, geschuldet, der kurz vor Beginn der Befreiungskriege dichtete:

»Hervor die alten Klingen
Die auf die Knochen dringen ...

Und jagt aus deutschem Lande
Undeutsches Volk hinaus ...
Macht ohne Gnade nieder.
Wer tot ist kommt nicht wieder –«

Bei Müller klingt es nicht weniger martialisch in seiner Ode »Morgenlied am Tag der ersten Schlacht«. Eine Strophe mag genügen:

»Aus Franzosenschädeln trinken wir
Dort unsern deutschen Trank
Und feiern Wilhelms Siegeszier
Mit altem Bardensang.«

Von Mai bis August nahm er an vier Schlachten teil, die seine Sicht auf die Dinge, den Krieg, den Feind verändern sollten. Im Herbst 1813 wurde er von der Front weg nach Prag versetzt und von dort nach Brüssel ins Kommandanturbüro. Dort scheint er eine Liebesaffäre gehabt zu haben. Denn unter dem 15. Oktober 1815 notierte er in seinem Tagebuch: »Gegen Abend ... ging ich nach meinem Büro und besah die Andenken die mir von meiner Liebe in Brüssel ... übrig geblieben sind. Ich wurde wunderbar ergriffen. Die alte Liebe schien wieder wach zu werden, besonders als aus Theresens Haarlocke mir ihr Atem anzuhauchen schien. Ich konnte mich nicht enthalten, die Locke zu küssen und nun war es mir recht eigen, als hätte ich Theresen selbst geküßt. Wunderbar!«

Am 18. November 1814 verließ er Brüssel und reiste nach Dessau ab. Im Frühjahr 1815 tauchte er wieder in Berlin auf, um sein Studium fortzusetzen. Gleichzeitig begann er sich intensiv für die Veröffentlichung seiner Gedichte und die seiner Freunde (Wilhelm Hensel, Graf von Blankensee, Graf von Kalckreuth und Wilhelm von Studnitz) einzusetzen. Er hatte Erfolg. Anfang 1816 erschien die Gedichtsammlung unter dem Titel »Bundesblüten« in der Maurerschen Buchhandlung in Berlin. Die Literaturkritik konnte mit diesem Sammelband nicht viel anfangen. Einzig der Rezensent der »Jenaischen Allgemeinen Literatur-Zeitung«, Friedrich Gottlob Wetzel, lobte Müllers »Morgenlied«. Doch zurück zu seinem Berliner Alltagsleben, über das wir nun etwas besser informiert sind, er begann nämlich Tagebuch zu schreiben. Auf dem Deckblatt notierte er als

Motto, man könnte sagen schon in Vorwegnahme seines späteren Spitznamens »Griechen-Müller«: »Gnothi seauton« (Erkenne dich selbst), die Inschrift am Apollontempel zu Delphi, und darunter die eigenen Verse: »Was ich liebte, was ich lebte, / Was ich litt u was ich strebte« / Den 7ten Oktober – Ich feire heute meinen einundzwanzigsten Geburtstag, vielleicht den wichtigsten Tag meines ganzen Lebens, den Tag des Mannwerdens, des Mündigwerdens vor den Menschen. An diesem Tage schlugen unsre Väter den Knappen zum Ritter, der Ritter schwur den großen Eid. Auch ich habe mir manches gelobt und geschworen, Gott gebe ihm Gedeihen, so habe ich mich selbst zum Ritter geschlagen.

Drei Menschen haben mir Glück gewünscht, ich meine, hier und mündlich, Hensels Mutter und Schwester und Lottchen Mappes ...

Den Abend hab ich bei Hensels zugebracht und Luise gab mir ihre Lieder, die ich noch vor Schlafengehen durchlas. Ich träumte wunderliche Geschichten die ganze Nacht durch und muß auch dabei geweint haben.«

Geschrieben wurde diese erste Tagebuchnotiz in der Wallstraße 12, wo er den Oktober über wohnte. Im November finden wir ihn als Untermieter bei der Familie des Maurermeisters Mappes in der Wallstraße 30, dessen musisch begabte Tochter Lotte, wie wir eben lesen konnten, unter den ersten Gratulanten an seinem Geburtstag war. Müller führte ein unstetes Wanderleben in Berlin. Als die Tochter des Hauses, Lottchen, am 25. November heiratete, hieß es für ihn wieder Koffer packen. In seinem Tagebuch vom 26. November lesen wir: »Ich frühstückte gegen 11 Uhr mit dem jungen Ehepaar u der Familie. Die Frau schien in ihrem Häubchen ganz verändert von der gestrigen Jungfrau mit dem grünen Kranze. Ich konnte mich nicht enthalten, sie oftmals anzusehen.«

Es sollte sein letztes Frühstück in der Wallstraße 30 sein, denn die vergrößerte Familie brauchte jetzt jedes Zimmer. Müller zog um und zwar zunächst in die neue Kommandantenstraße und von dort in die Markgrafenstraße, seine letzte Berliner Adresse. Der Grund für seinen letzten Wohnungswechsel war schon genannt. Er trug den Namen Hensel, Luise. Diese wohnte mit ihrem Bruder, dem Portraitmaler Wilhelm, 1815 in der Markgrafenstraße 88/Ecke Lindenstraße. Wilhelm Müller war, und sein Tagebuch legt davon ein beredtes Zeugnis ab, bis über beide Ohren in Luise Hensel verliebt. Oder anders gesagt: sein Tagebuch ist ein einziger Liebesschwur an Luise. Ihretwegen wurde es geschrieben, wurde es aufgehoben und so uns Nachgeborenen überliefert. Ob er sich an seine Jugendliebe oder sonst eine Liebe erinnert, immer steht Luise am Ende, fliehen seine Gedanken zu ihr. Wir erinnern uns an die Episode vom 15. Oktober mit der Haarlocke. Füllen wir die Auslassung: Unser Zitat endete mit »Wunderbar!«, es geht weiter mit »und doch blieb das Herz ebenso warm und treu, wie vorher, für dich, Luise! Das deutet auf eine himmlische Liebesvereinigung ...«

Müller lernte Hensel kurz nach seiner Übersiedelung nach Berlin durch August Zeune, der seit dem 4. Oktober 1807 die königliche Blindenanstalt leitet, kennen und wenig später dessen hübsche Schwester Luise, in die er sich sofort verliebte. Und über die Hensels wurde Müller in den Staegemannschen Haushalt in der Jägerstraße 34 eingeführt. Aber nicht nur Frau von Staegemann unterhielt hier einen Salon, sondern auch ihre junge Tochter Hedwig. Diese sammelte um sich einen Kreis von Gleichaltrigen, die sich geselligen Spielchen hingaben. Die wöchentlichen Zusammenkünfte bei Hedwig fanden immer donnerstags am frühen Nachmittag statt, und zwar aus einem ganz einfachen Grund. Jeden Donnerstag von 18.15 Uhr bis 20.15 Uhr tagte die »Berlinische Gesellschaft für Deutsche Sprache« im Börsenhaus am Lustgarten. Und da sowohl Müller, Hensel als auch Förster dort Mitglied waren, mußte Hedwig ihren »Jour fixe« auf den Nachmittag legen. Bei diesem Treffpunkt der bürgerlichen »Jeunesse dorée« Berlins ging es im Prinzip gesittet zu, aber nur im Prinzip. Man spielt unverfängliche Gesellschaftsspiele. Unverfänglich? Schauen wir mal zu! Aber dazu müssen wir etwas ausholen.

Goethe hatte auf seiner zweiten Schweizreise 1779 einige Gedichte geschrieben, die sich um das Thema »Schöne Müllerin« drehten, und zwar: »Der Edelknabe und die Müllerin«, »Der Junggeselle und der Mühlenbach«, »Der Müllerin Verrat« und »Der Müllerin Reue«. Prosaisch verarbeitet hat er das Ganze dann noch in dem Abschnitt, besser der eigenständigen Erzählung »Die pilgernde Törin« aus »Wilhelm Meisters Wanderjahre«. Aber nicht nur Goethe brannte die »Schöne Müllerin« unter den Nägeln, sondern auch Giovanni Paisiello, einem Großen der Oper, der leider zu Unrecht in Vergessenheit geraten ist.

Paisiello wurde 1784 in Neapel Hofkapellmeister und Hofkomponist. Im gleichen Jahr fiel ihm das Libretto »L'amore contrastato« (Die umstrit-

Franz Schubert (1797–1828).

tene Liebe) von Giuseppe Palomba in die Hände. Dieser sehr obstruse Text, bei dem man nicht so genau um das Warum, Wieso, Weshalb weiß, animierte ihn zu seiner schönsten und musikalisch reichsten Oper. 1788 hatte sie dreiaktig als Commedia per musica in Neapel im Teatro die Fiorentini Premiere. Aber erst die zweiaktige Fassung für Venedig, wo sie zum Karneval 1789 unter dem Titel »L'amore contrastato ossia La molinara« aufgeführt wurde, brachte den gewünschten Erfolg. Sie wurde zu einem europäischen Ereignis. Von Paris aus, wo sie im gleichen Jahr ihre Premiere erlebte, trat sie ihren Siegeszug als »La molinara« durch Europa an. Als »Die Müllerin« kam sie 1793 ans Hoftheater nach Berlin und löste ein wahres Müllerinnen-Fieber von unvorstellbarem Ausmaß aus. Vor allem die Arie »Nel cor più non mi sento« (Mich fliehen alle Freuden) aus dem 2. Akt sollte zu einem Superhit werden. Über diese Arie und eine weitere (»Quant' è più bello«) schrieb der junge Beethoven Variationen (WoO 69 und WoO 70). Paisiellos Oper erzählt, wie die Müllerin Racchelina gleich von drei Männern bedrängt und von einer eifersüchtigen Gräfin verfolgt wird, sich der drei Freier entledigt, der Gräfin den heißersehnten Mann zuführt und sich selbst den Notar Pistolfo angelt.

Gleich Paisiello, versuchte sich auch der junge Friedrich Rückert an ihr. In seinen Jugendliedern von 1810 besingt er sie nicht weniger emphatisch als Goethe vor ihm und Wilhelm Müller nach ihm. Hören wir ihm zu:

»Dort droben blinket ihr Kämmerlein,
Das stille Lämpchen zittert,
Die Fledermaus umkreiset den Schein,
Mir ist der Laden vergittert.
Erschwinge dich, mein stiller Gedank'
Und schau dich gesund, und schau dich krank,
Schau, wie sie lächelnd entschlummert.
O küß ihr sanft das Lächeln vom Munde
Mit deinen heißen Küssen,
Und flüster' ihr tief in den Herzensgrund,
Was sie denn doch muß wissen,
Daß mir's im Herzen ist voll und warm,
Und wenn ich nicht ruh' in der Müllerin Arm,
So ruh ich in ihren Wassern ...«

Ja, so dichtete man damals. Rückert war aber nicht irgendwer. Er war, um mit dem jungen Friedrich Engels zu sprechen, einer der bedeutendsten Lyriker im ersten Drittel des 19. Jahrhunderts. An seinen Barmer Schul- und Jugendfreund Friedrich Graeber schreibt Engels am 20. Januar 1839: »Es ist merkwürdig, daß, wenn wir unsre größten Dichter zusammennehmen, immer zwei und zwei sich ergänzen, so Klopstock und Lessing, so Goethe und Schiller, so Tieck und Uhland. Jetzt aber steht Rückert ganz allein da, soll mich einmal verlangen, ob der noch einen bekommt oder ob er eher abstirbt; es hat fast den Anschein. Als Liebesdichter könnte man ihn mit Heine zusammenstellen, aber leider Gottes sind die zwei sonst so heterogen, daß man sie gar nicht vereinen kann.«

Wo er recht hatte, der Engels, da hatte er recht. Später werden wir noch einmal auf Engels und Rückert zurückkommen, denn als Engels seinen einjährigen Militärdienst in Berlin absolvierte besuchte er bei Rückert Vorlesungen, so im Wintersemester 1841/42 »Kālidāsas Meghadūta erklärt«.

Rückert ist heute weitgehend unbekannt, er ist für die Nachwelt mit seiner Lyrik »abgestorben«. Die Musikliebhaber mal ausgenommen, die sich noch immer an seinen »Kindertodtenliedern« in der kongenialen Vertonung Gustav Mahlers erfreuen. Man würde aber Rückert unrecht tun, mäße man ihn nur an seinen frühen, in der Tradition der Anakreontik stehenden spätpubertären Versuche. Und, jetzt kommen wir wieder zu unserem Ausgangspunkt zurück. Rückert würdigte, wie Wilhelm Müller, den Freiheitskampf der Griechen gegen das Osmanische Reich. 1821 erschien sein Griechenlied. Es war das gleiche Jahr, in dem Wilhelm Müllers Gedichtsammlung »Sieben und siebenzig Gedichte aus den hinterlassenen Papieren eines reisenden Waldhornisten« erschienen. Und was beide darüber hinaus verbindet, ist, daß ihre Namen nur über andere, die jeweils Musiker waren, bekannt blieben. Bei Rückert Mahler, bei Müller Schubert.

In seiner Hommage an Friedrich Rückert schreibt Golo Mann: »Wirklich sind Rückerts Gedichte wohl häufiger in Musik gesetzt worden, als die aller anderen deutschen Poeten: einige Gedichte für sich allein fünfzig oder sechzig Mal. Die glanzvolle Reihe der Komponisten zieht sich von Beethoven über Schubert, Schumann, Brahms, Loewe, Kreutzer, Marschner, Reger, G. Mahler, R. Strauss bis zu Stockhausen.«

Aber auch Müllers Gedichte können sich in der musikalischen Ahnengalerie sehen lassen. 123 seiner Gedichte sind von nicht weniger als 241 Komponisten 530mal vertont worden, darunter unter anderem von Johannes Brahms, Hugo Wolf, Carl Loewe, Konradin Kreutzer sowie Giacomo Meyerbeer, fand Richard Paul Koepke, ein amerikanischer Forscher, heraus.

Doch jetzt zurück in die Jägerstraße 34. Wir schreiben Donnerstag, den 10. Oktober 1816. Im Staegemannschen Haus bei der Tochter Hedwig haben sich eingefunden ihr Bruder August Staegemann, Luise Hensel, ihr Bruder Wilhelm, der spätere Gatte von Fanny Mendelssohn, Friedrich Förster, die Brüder Gerlach, Ferdinand von Bülow, Wilhelm Müller, Ludwig Berger sowie Clemens Brentano.

Einer Mode der Zeit folgend, mußten die Anwesenden eigene lyrische Gedichte vortragen, deren Thema eine Woche vorher festgelegt worden war. An jenem 10. Oktober beschloß man als Programm für die nächste Woche, in Anlehnung an Paisiellos Oper und Goethes Gedichte, ein Spiel mit verteilten Rollen um »Rose, die schöne Müllerin«. Jeder mußte dazu einen Beitrag liefern. Wer was vortrug und welche Rollen gespielt wurden, ist durch Ludwig Bergers Vertonung von zehn Liedern, die 1818 in Berlin als sein op. 11 unter dem Titel »Gesänge aus einem gesellschaftlichen Liederspiel ›Die schöne Müllerin‹ mit Begleitung des Pianoforte« erschienen ist, überliefert. Nachdem der Gang der Handlung bekanntgemacht worden war, wurden die Rollen verteilt: Rose die Müllerin: Hedwig von Staegemann (16 Jahre); Müllersbursche – wie sinnig! – Wilhelm Müller (23 Jahre); Jäger: Wilhelm Hensel (22 Jahre); Gärtnersbursche: Luise Hensel (18 Jahre); Junker: Friedrich Förster (25 Jahre). Von den übrigen drei Verehrern der Rose, darunter ein Fischer, ist die Rollenverteilung nicht bekannt.

Zum Inhalt: »Rose, die schöne Müllerin, wird von einem Müllersknecht, einem Jäger, einem Gärtner, einem Junker und Fischer umworben. Nach längerem Zögern gibt sie dem Jäger vor allen anderen den Vorzug, jedoch nicht, ohne dem Müller vorher Avancen gemacht zu haben. Dieser, darob tief betrübt, stürzt sich in den Bach, was der so kommentierte:

»Gute, gute Ruh.
Tu die Augen zu,
Wandrer, du müder, du bist zu Haus,
Die Treu ist hier
Sollst liegen bei mir
Bis das Meer will trinken die Bächlein aus.«

So endet die Geschichte in der Vertonung Bergers. Das Gesellschaftsspiel ging weiter. Die Müllerin, von der Reue gepackt, sucht ebenfalls in den Wellen ihr Grab.

Was Berger vertonte, waren fünf Müllerlieder, zwei Lieder des Gärtnerknaben aus der Feder Luise Hensels, zwei Lieder der Müllerin (Hedwig Staegemann) und ein Lied des Jägers (Wilhelm Hensel). Auf alles hätte er verzichtet, nur nicht auf die Gärtnerlieder, denn auch er war bis über beide Ohren in Luise Hensel verliebt und damit Konkurrent von Wilhelm Müller. Allerdings nahm dieser Berger als Gegner nicht so wichtig, da es noch einen schwergewichtigeren Gegner gab: Clemens Brentano.

Bevor wir uns dieser Liebe und dem Objekt des Begehrens etwas näher zuwenden wollen, verweilen wir noch etwas bei dem Singspiel. Ein Jahr nachdem die »Schöne Müllerin« in der Jägerstraße in den Bach gesprungen war, löste Wilhelm Müller die Verkettung seiner Gedichte mit denen der anderen Mitglieder des Staegemannschen Kreises und gab noch vor seiner Abreise nach Italien im August 1817 die erste Fassung des späteren Zyklus der »Schönen Müllerin«, bestehend aus 15 Gedichten, heraus. Die endgültige Form (25 Gedichte), die Franz Schubert auch als Vorlage seines Liederzyklus diente, erschien 1821 unter dem Titel: »›Sieben und siebzig Gedichte aus den hinterlassenen Papieren eines reisenden Waldhornisten‹. Herausgegeben von Wilhelm Müller. Deßau 1821. Bei Christian Georg Ackermann. Die schöne Müllerin. (Im Winter zu lesen)«. So steht's auf dem Titelblatt. Und so ist es falsch. Erschienen ist der erste Band aus den Liedern eines reisenden Waldhornisten 1820. Warum Müller seinen Gedichtband ein Jahr vordatierte, ist noch ein Desiderat der Forschung, aber ansonsten nicht von großer Bedeutung. Man nimmt's nur mit Verwunderung zur Kenntnis.

In der poetischen Vorrede zum Gedichtzyklus schrieb Müller:

»Ich lad euch, schöne Damen, kluge Herren,
Und die Ihr hört und schaut was Gutes gern,
Zu einem funkelnagelneuen Spiel
Im allerfunkelnagelneuen Stil
...
Doch wenn ihr nach des Spiels Personen fragt,
So kann ich euch, den Musen sei's geklagt,
Nur eine präsentieren recht und echt,
Das ist ein junger, blonder Müllersknecht;
Denn ob der Bach zuletzt ein Wort auch spricht,
So wird ein Bach deshalb Person noch nicht.
Drum nehmt nur heut' das Monodram vorlieb:
Wer mehr gibt als er hat, der heißt ein Dieb.«

Mit diesem »jungen, blonden Müllersknecht« hatte Müller sich selbst gemeint, warum er die anderen nicht auch benannte, hatte persönliche Gründe. Einen dieser Gründe haben wir schon kennengelernt: Brentano, Clemens. In seinem Tagebuch lesen wir den Eintrag: »Den Heiligen Abend [1816] war ich bei Hensels. Luise gab mir ein Gesangbuch. Brentano war auch da.«

Ganz wie in dem Monodram »Die schöne Müllerin« muß sich Wilhelm Müller auch im wirklichen Leben gefühlt haben. Seine Müllerin, Luise, das Urbild der »Schönen Müllerin«, auch wenn die Haustochter (Hedwig Staegemann) sie spielt, wird wie diese von mehreren Männern umschwärmt, und da hat ganz wie im Spiel der Müller die schlechteren Karten.

Wer war nun diese umschwärmte Luise Hensel, die den Verfasser, und wahrscheinlich nicht nur ihn, in seiner Kindheit jeden Abend vor dem Zubettgehen mit »Müde bin ich, geh zur Ruh' / Schließe beide Äuglein zu: / Vater, laß die Augen dein / Über meinem Bette sein!« in den Schlaf begleitete?

Am 20. Februar 1815 schreibt Elisabeth von Staegemannan an ihren Mann nach Wien, der dort am »Wiener Kongreß« zur Neuordnung Europas teilnahm: »Du frägst mich in deinem letzten Brief, ob Hedwig Madlle. Trost [Ida Trost, eine Cousine Luise Hensels; d. Vf.] nicht zu ihren Freundinnen zählt? Jawohl tut sie das und so sehr, daß sie ihr vielleicht lieber als alle übrigen ist. Ich habe meine Not, diesen Attachements nur immer einen Zügel anzulegen. Diese ganze Familie ist sehr poetisch und künstlerisch, wie schon der junge Maler, Herr Hensel beweißt ... Eine Schwester dieses Hensels, die ich aber nicht persönlich kenne, ist auch Dichterin, und unter mehreren sehr hübschen, kleinen Gedichten, die ich schon von ihr gelesen habe, ist eines, das Hedwig mir gestern brachte und das ich Dir beizulegen denke, woraus ich auf ein sehr zartes, etwas krankhaftes Wesen schließe. Da Hedwig nun schon dahin sich neigt, das Irdische vielleicht zu wenig zu beachten, mag ich solchen Liaisons nicht besonders förderlich sein.«

Nein, das ist ungerecht. Krankhaft war ihr Wesen nicht. Vielleicht etwas pietistisch überspannt, schwärmerisch. Wie man aus einem Gedicht an ihre Mutter entnehmen kann:

»Die Mutter tat in Bildern
Mir, süßer Jesus! Dich
Und deine Liebe schildern
Und lehrte glauben mich.«

Luise Hensel wurde am 30. März 1798 zu Linum in Brandenburg nahe Berlin geboren. Ihr Vater Johann Jakob Ludwig Hensel war ein lutherischer Landprediger. Mit seinem Tod verschlechterte sich die schon nicht sehr rosige Situation der Familie erheblich. Über Jahre konnte die Witwenpension infolge der politischen Wirren in Preußen, die durch Napoleon ausgelöst worden waren, nicht ausgezahlt werden. Im Oktober 1809 – oder war es im Spätsommer 1810 oder gar erst im Sommer 1811, wie der Sohn Wilhelm in seinem Lebenslauf schreibt? – zog die Mutter mit ihren Kindern, Karoline, Wilhelm, Luise und Wilhelmine nach Berlin in die Markgrafenstraße 1/Ecke Lindenstraße. Die beiden jüngsten Töchter, Luise und Wilhelmine, wurden auf die Real- und höhere Töchterschule schickt, die sich, nicht weit von der Wohnung entfernt, in der Kochstraße 66, befand. 1812 verließ Luise mit sehr guten Zeugnissen die Schule, um fortan der Mutter im Haushalt und mit Näharbeiten zur Hand zu gehen und so zum Unterhalt der Familie beizutragen. An eine weitere schulische Erziehung, die ins Geld gehen würde, war nicht zu denken gewesen. Sie bildete sich deshalb autodidaktisch weiter. Über ihren Bruder, Wilhelm, der an der Kunstakademie zusammen mit Viktor August von Staegemann studierte, wurde sie mit dessen Schwester Hedwig bekannt. Nach Luisens Tod erinnerte sich diese an ihre erste Begegnung in einem Gedicht.

»Luise
Vor einer Kirche, wo ich eingesegnet,
Bin ich zum ersten Male ihr begegnet;
Es war ein schönes Pfarrertöchterlein,
Rotwangig, frisch, trotz ihrem Heiligenschein ...«

An einem 5. oder 12. September 1816, oder war's gar der 10. Oktober, passierte etwas Entscheidendes in Luises und damit auch in Wilhelm Müllers Leben. Der Wunderhornist Clemens Brentano erschien bei den Staegemanns im Salon. Drei Beteiligte und drei verschiedene Versionen. Hören wir zuerst Luise Hensel. Luise erinnerte sich, daß sie beim Eintritt Brentanos in den Salon, den sie nicht bemerkte, über ihn sagte: »Wenn er weiter nichts ist als geistreich, kann er dabei doch ein erbärmlicher und unglücklicher Mensch sein.« Beim letzten Wort habe er plötzlich neben ihr gestanden. Erschrecken bei den anderen, aber sie hätten ihn nur gebeten, neben ihr auf dem Sofa Platz zu nehmen und etwas aus seinem Festspiel »Viktoria und ihre Geschwister« vorzulesen. Und das ganze soll sich am Donnerstag, dem 5. September ereignet haben.

Für Hedwig Staegemann geschah der Eintritt Brentanos in ihren Kreis am 12. September, und nicht Luise habe über ihn gesprochen, sondern ihr Bruder habe gesagt, daß man Brentano mit Tieck nicht vergleichen könne, als dieser auch schon auf der Bildfläche erschienen sei. Er habe sich aufs Sofa gesetzt und mit Viktor August eine Partie Bataille gespielt. Später habe er einige seiner »slavischen Gedichte« vorgelesen sowie eine allegorische Komödie.

Nach Wilhelm Müller platzte sein Nebenbuhler in spe am 10. Oktober und mitten in ein Gespräch über ihn ins Staegemannsche Haus mit einem Sack voller »slavischer Gedichte«, aus denen die Tochter des Hauses einige für Försters Taschenbuch auswählen sollte. Er trug dann auf ihre Bitte einige der ausgewählten Gedichte vor, und als Elisabeth von Staegemann nach Hause kommt, liest er aus seinem Festspiel »Viktoria und ihre Geschwister«. Was für den 10. Oktober spricht, ist die Tatsache, daß Brentano einige Tage später mit der Niederschrift seiner Bekennerbriefe an Luise Hensel begann.

Ja, und dann kam der 24. Dezember 1816. Luises Mutter weilte in Stettin bei ihrer ältesten Tochter Karoline, die kurz vor ihrer Niederkunft stand. Luise war mit Bruder Wilhelm alleine. Zum Heiligabend lud sie sich ihre beiden Verehrer Wilhelm Müller und Clemens Brentano ein. Man feierte gemeinsam die Geburt des Erlösers. Wilhelm Müller, wahrlich kein abgeklärter Atheist, schlug die religiöse Schwärmerei von Luise und Clemens aufs Gemüt. Auch sein Geschenk, die Gedichte »Klosterlied« und »Das seltene Blümchen«, beide verlorengegangen, vermochten Luise nicht mehr wie früher zu begeistern. Dagegen geriet sie schier aus dem Häuschen über Brentanos Geschenk. Er widmete ihr seine »Trutz-Nachtigall« von Friedrich Spee und schenkte ihr das Schreibkästchen seiner verstorbenen Frau Sophie. Sie revanchierte sich mit Abschriften eigener Gedichte, die ihn sehr rührten.

An seinen Bruder schreibt er: »Diese Lieder haben zu erst die Rinde über meinem Herzen gebrochen, durch sie bin ich in Thränen zerflossen, und so sind sie mir in ihrer Wahrheit und Einfalt das Heiligste geworden, was mir im Leben aus menschlichen Quellen zugeströmt.«

Tja, da war nicht mehr viel Platz für Wilhelm Müller. Er mußte das instinktiv gespürt haben. Sehr schnell nach diesem Weihnachtsabend verbannte er Luise aus seinem Leben. Seine letzte Tagebucheintragung lautet: »Den 3t Feiertag kam die Nachricht vom Tode ihrer verheirateten Schwester. Luise, Minna, Wilhelm, Brentano u ich waren zusammen. Brentano las etwas vor. Es war in meiner Stube.«

Und damit endete die Liebe des Müllerburschen zu seiner »Schönen Müllerin«, die das aber nicht sein durfte und nur Gärtnerbursche war. Brentano, sein Nachfolger, hatte etwas, was ihm fehlte: die römisch-katholische Taufe. Wilhelm Müller blieb noch bis August 1817 in Berlin. Sein Matrikelbuch verzeichnet den 8. August als den Tag seiner Exmatrikulation an der Friedrich-Wilhelm-Universität. Er erhielt einen Auftrag der Königlich Preußischen Akademie für Philosophie und Wissenschaften, Baron Albert von Sack auf einer Reise nach Griechenland und Kleinasien zu begleiten. Der 20. August war der Tag der Abreise. Es war auch, sieht man einmal von vier kurzen Aufenthalten ab, ein Abschied für immer, von Berlin und von Luise.

Diese störte das aber nicht weiter, denn sie hatte ja jetzt Clemens, und der dichtete:

»Frühes Lied
Fahre fort mit Dornenschlägen,
Weise Rose, meinem Herzen,
Dem verbrannten, quillt ein Segen
Aus den Tränen aus dem Schmerz
...
Alles muß von dir ich nehmen
Kann dir nichts, ach gar nichts geben
Denn du mußt den Drachen zähmen
Um dem Herrn den Schatz zu heben
...
Dieses Lied ist eine schöne Entdeckung
Für mich geworden, nachdem andre
Leut von ihr erfahren, ich habe mich
Ganze Tage vor ihr in die Stube
Niedergelegt, und sie gebeten mich mit
Füßen zu treten, und sie haben es dann
aus Eckel gethan und ich hätte dann
über meine Schlechtigkeit geheult und
geklagt.«

Und wie geht sie, die achtzehnjährige »Magd des Herrn« mit diesen erotisch-religiösen Schwärmereien des zwanzig Jahre Älteren um?

»Du hast mir ja Dein Herz nicht gegeben, Gott hat es mir gegeben zum Christgeschenk. Ich möchte in Demut vergehen, daß er mich so hoch erhebt, und wie verdien ich armes unartiges Kind doch solche Weihnachtsgabe! Ach Herr hilf mir selbst Dein Geschenk verdienen und verstehen! Ich will alles tun, was Du willst Gott! Gib mir Dein Kreuz und Deine Dornenkrone, mein Heiland! Daß ich dir ähnlich werde. In der Kirche habe ich es erfahren, daß Du mein lieber Bruder in Christo bist, daß Du mir von Gott geschenkt bist. Mit tiefster Demut hab ich gelesen, ich fühlt es ja und werde es ewig fühlen, wie unwert ich der göttlichen Gnade, wie unwert ich auch Deiner Liebe bin.«

Dieser Briefanfang ist ein erster Versuch, sich des stürmischen Werbens des Älteren zu erwehren. Aber gleichzeitig kann dieses religiös verschwiemelte Schreiben an Gott statt an Clemens nur mühsam ein Unterdrücktes verheimlichen, das einige Zeilen später sich Bahn brechen sollte.

»Der Herr hat mein sterbendes Herz neu belebt und erfrischt, ich fühlte tief im Herzen, der ist mir von Gott geschenkt zu einer hochteueren Weihnachtsgabe ... Brentano, Dein Herz ist mir von Gott geschenkt, ist mir Geschenk für all meine Entsagungen, Kämpfe und Tränen... Wenn mein Lieber, mir geschenkter Bruder nun an der Türe stünde und mir die Hand reichte, ich wollte ja mit ihm gehen, wohin Gott will, wär's auch in den Tod. Du gehörst mir nun, Herz, Gott hat Dich mir gegeben und ich lasse Dich nicht. Als Du meine Hand an Dein Herz rissest, fühlte ich wie kalt sie ward, ich wußte nun erst, was in dem Briefe stehen konnte und als ich in mein Stübchen trat, war ich einer Ohnmacht nahe. Was ich in dieser Nacht gelitten und gestritten und gebetet habe, hat Gott gesehen und gnädig angenommen ... Ich habe Du geschrieben, ich kann nicht anders, bist Du mir doch von Gott geschenkt und ich muß dich herzlich lieben.«

Und in einem etwas später geschriebenen Brief heißt es, jetzt nicht mehr religiös verbrämt, sondern offen erotisch, mit subtilem Zungenschlag: »Wenn Du meine Hand in Deinen Händen wärmst, geht es mir warm und menschlich und vertraulich an die Seele ... und dann zucken ein paar Flügel in mir und möchten davonfliegen mit Deiner Seele, und Du weißt nicht wohin: und wenn Du Deinen Kopf in meinen Schoß legst, möchte ich ihn Dir manchmal abreißen und damit fortfliegen, ich weiß nicht wohin. Verstehst Du das? Ich nicht. Daß Deine Liebe sich mir äußert, stör' ich nicht, das ist vielleicht schon Unrecht. Ich weiß es wohl, ich müßte sie streng erziehen, dann würde sie uns eine fromme Tochter werden.«

Na also, es wird doch! Und Gottes Wille war es, daß sie sich oft, sehr oft sahen und Berlins bekannteste Klatschmäuler und Neider zu mehr oder minder eindeutigen Stellungnahmen verleiteten, wie z.B. Bettine von Arnim, die auf jeder ihrer Soireen erzählte, daß die kleine Hensel die Mätresse ihres Bruders sei. Das kam nicht gut an, nicht bei Luise, nicht bei Clemens und auch nicht bei Mutter Hensel. Verbieten konnte sie die Beziehung nicht ganz, aber gegensteuern. Luises Schwester Karoline war kurz nach der Geburt ihres zweiten Sohnes gestorben. Den Erstgeborenen, Rudolf, brachte Mutter Hensel mit nach Berlin und gab ihn zur Erziehung in die Hände Luises. Kurz darauf wurde Luise vom Baron von Werther, dem Ministerresidenten bei der Hohen Pforte und Kammerherrn, als Erzieherin seiner vierzehnjährigen Tochter Josephine angestellt. Hier im Hause des Barons kam sie, die protestantische Pfarrerstochter, über die Hausherrin, eine aus Bayern stammende katholische Gräfin, in Kontakt mit dem Probst der katholischen Berliner Gemeinde, Ambrosius Taube. Das sollte entscheidend für ihr weiteres Leben werden. Brentano, der sich auch langsam wieder seiner Kirche, der katholischen, näherte, er legte im Februar 1817 in St. Hedwig die Generalbeichte ab, war das gar nicht recht gewesen, daß jetzt statt seiner die »unam sanctam cathólicam« mit Luises Liebe überschüttet wurde. Das ist zuviel für ihn, er schreit ihr seinen Frust ins Gesicht: »Fahr hin in Deiner Heiligkeit, Du Törin, Du Wahnsinnige, aber ich sage Dir hier in die Seele, wenn Du vor den Herrn kommst, wird er Dich fragen: ‚Wo hast Du das Herz dessen, den ich Dir übergeben habe?' und ich werde Dir nachschreien mein Vergeblich bis jenseit der Ewigkeit.«

Dieser Brief wiederum war zuviel für Luise. Sie schwieg erst einmal und übte sich im Katholizismus, was gar nicht so leicht war im protestantischen Berlin. Nicht einmal einen katholischen Katechismus gab es zu kaufen. Aber sie war zäh und jung.

Am 14. September 1818, wir machen einen Sprung, weil sich nichts, aber auch gar nichts Aufregendes zwischen unserem Pärchen ereignete, verließ Clemens Brentano Berlin. Er reiste nach Dülmen zur stigmatisierten Nonne Anna Katharina Emmerick. Von ihr wird er sich in der folgenden Zeit das Leben des jungen Jesu sowie Bruchstücke aus dessen letzten Tagen berichten lassen. Belassen wir es dabei und gehen wieder nach Berlin, wo Luise Hensel am 7. Dezember 1818 das katholische Glaubensbekenntnis bei Probst Ambrosius Taube ablegte. Brentano war, als er davon erfuhr, nicht begeistert, weil dies ohne sein Zutun vonstatten gegangen war und er erst hinterher informiert wurde. Er brach seine Besuche bei der ständig stigmatisierenden oder von Visionen heimgesuchten Nonne erst einmal ab und fuhr nach Berlin, um noch einmal, jetzt, wo sie beide die gleiche Konfession hatten, mit Luise ins reine zukommen. Es war zu spät. Man beschloß, Freunde zu bleiben, mehr nicht. Luise verließ am 9. März 1819 Berlin, damit endete eine subtil erotische, nur mühsam religiös kaschierte Liebesbeziehung, die im Umkreis der »Schönen Müllerin« in der Jägerstraße 34 begann.

Verweilen wir noch etwas in der Jägerstraße und begeben uns nach Wien! Wien? Ja, aber es ist nur ein ganz kleiner Umweg.

Am 30. November 1823 schrieb Franz Schubert an seinen Freund Franz von Schober: »Ich habe seit der Oper [Fierabras, D 796] nichts componirt, als ein paar Müllerlieder. Die Müllerlieder werden in 4 Heften erscheinen, mit Vignetten von Schwind. –

Übrigens hoffe ich meine Gesundheit wieder zu erringen, und dieses wiedergefundene Gut wird mich so manches Leiden vergessen machen, nur Dich, lieber Schober, Dich werd ich nie vergessen, denn was Du mir warst, kann leider niemand anderer seyn.«

Ein paar Müllerlieder habe er komponiert, schrieb er Freund Schober, sehr doppeldeutig, aber dieser wußte um die Doppeldeutigkeit Bescheid, befanden sich doch in seiner Bibliothek Gedichtbände Wilhelm Müllers. Wie kam nun Schubert dazu, gerade Müllers Monodram um Liebe und Eifersucht, Tod und Verklärung zu vertonen. Sein Biograph Heinrich Kreißle von Hellbron notiert dazu: »Eines Tages besuchte Schubert den Privatsekretär des Grafen Seczenyi, Herrn Benedikt Randhartinger, mit welchem er in freundschaftlichem Verkehr stand. Kaum hatte er das Zimmer betreten, als der Sekretär zum Grafen beschieden wurde. Er entfernte sich sofort, dem Tondichter bedeutend, daß er binnen kurzem zurück sein werde. Franz trat an den Schreibtisch, fand da einen Band Gedichte liegen, steckte das Buch zu sich und ging fort, ohne Randhartingers Rückkehr abzuwarten. Dieser vermißte alsbald nach seiner Zurückkunft die Gedichtsammlung und begab sich des anderen Tages zu Schubert, um das Buch abzuholen. Franz entschuldigte seine eigenmächtige Handlung mit dem Interesse, welches ihm die Gedichte eingeflößt hätten, und zum Beweis, daß er das Buch nicht fruchtlos mit sich genommen habe, präsentierte er dem erstaunten Sekretär die Komposition der ersten ›Müllerlieder‹, die er zum Teil in der Nachtzeit vollendet hatte.«

»Im Winter zu lesen« lautet Müllers Zusatz zu seiner »Schönen Müllerin«, aber Schubert konnte und wollte nicht warten, er mußte gleich komponieren, so als kenne er Müllers Tagebuch, wo dieser, nach einer sehr anregenden Lektüre von E.T.A. Hoffmanns »Fantasiestücken in Callots Manier« notierte: »Du wunderlicher Kapellmeister Kreisler! Die Leute haben mir gesagt, du wärst ein Bösewicht gewesen. Aber ich weiß es besser als die, so dich zu kennen vorgeben. Wenn ich so gut wäre, als ich wohl sein möchte, mit dir wollte ich einen Tauschakkord machen um die ewige Seligkeit!

Mit deinem Musikfeind habe ich manche Ähnlichkeit. Ich kann weder spielen noch singen und wenn ich dichte, so sing ich doch und spiele auch. Wenn ich die Weisen von mir geben könnte; so würden meine Lieder besser gefallen, als jetzt. Aber, getrost, es kann sich ja eine gleichgesinnte Seele finden, die die Weise aus den Worten heraushorcht und sie mir zurückgibt.«

In Schubert sollte er seinen Sänger, sein musikalisches Alter ego finden, der seine Worte kongenial in Noten zu kleiden wußte. Daraus speiste sich vielleicht auch das Vorurteil, denn um ein solches handelt es sich ohne Zweifel, daß ohne Schuberts Musik Müllers Lyrik schal sei. Nichts ist falscher. Schubert hat nur den poetologischen Gehalt musikalisch ausgelotet, sich der Vergeblichkeit, die aus jeder Zeile Müllers spricht, ausgesetzt, die auch seine Vergeblichkeit war. Seine Musik ist Zwiesprache mit Müller.

Einer, der sehr früh den Rang Müllers als Lyriker erkannt hatte, war Heinrich Heine. Am 7. Juni 1826 schreibt er an Müller: »Ich ergreife die Gelegenheit, Ihnen bei Übersendung meiner ›Reisebilder‹ einige Worte des Herzens zukommen zu lassen ... Wie rein, wie klar sind Ihre Lieder, und sämtlich sind es Volkslieder ... Ja, ich bin groß genug, es sogar bestimmt zu wiederholen, und Sie werden es mal öffentlich ausgesprochen finden, daß mir durch die Lektüre Ihrer ›Siebenundsiebzig Gedichte‹ zuerst klar geworden, wie man aus den alten, vorhandenen Volksliederformen neue Formen bilden kann, die ebenfalls volkstümlich sind, ohne daß man nötig hat, die alten Sprachholperigkeiten und Unbeholfenheiten nachzuahmen ... es drängt mich sehr, Ihnen zu sagen, daß ich keinen Liederdichter außer Goethe so sehr liebe wie Sie ... Ich bin eitel genug, zu glauben, daß mein Name einst, wenn wir beide nicht mehr sind, mit dem Ihrigen zusammen genannt wird – darum laßt uns auch im Leben liebevoll verbunden sein ...« Nun ja, der letzte Satz sollte jedenfalls so nicht in Erfüllung gehen. Heines Name strahlt einsam als Solitär, der Müllers nur in Verbindung mit einem Musiker.

Feierte der junge Engels Rückert als den Dichter seiner Generation, so Heine Müller. Und recht hatten beide. Auch wenn Heine später in der »Romantischen Schule« anders über Müller und seine Lieder-Zyklen schreiben wird und Engels vor lauter kapitalistischer Betriebsführung und Klassenkampf zu Rückert keine Meinung mehr hatte, so waren beide, nein sind beide auch heute noch fulminante Dichter, die eigentlich keine Vergleiche zu scheuen brauchen, auch nicht mit Heine. Bevor wir Schuberts Weg weiter in der Jägerstraße verfolgen, er, der nachweislich nie in Berlin war, der aber ohne Berlin nicht der geworden wäre, der er wurde, nämlich der »Liederfürst«, ein kleiner musikalischer Exkurs zu Rückert/Schubert/Mahler und Müller/Schubert.

»Nach des Knaben Wunderhorn konnte ich nur mehr Rückert machen – das ist Lyrik aus erster Hand, alles andere ist Lyrik aus zweiter Hand.« So Gustav Mahler zu Anton von Webern am 3. Februar 1905. 1901 begann er mit der Vertonung der ersten Rückert-Gedichte. Nehmen wir zum Beispiel das Gedicht »Dank für den Linden Zweig«, dessen Titel Mahler mit »Ich atmet' einen linden Duft« ersetzte:

»Im Zimmer stand ein Zweig der Linde
ein Angebinde von lieber Hand.
Wie lieblich war der Lindenduft!
Wie lieblich ist der Lindenduft!
Das Lindenreis brachst du gelinde!
Ich atme leis im Duft der Linde
der Liebe linden Duft.«

Bei Rückert, im Original, lautet das Gedicht:

»Ich athmet' einen linden Duft
Im Zimmer stand
Ein Angebinde
Von lieber Hand,
Ein Zweig der Linde;
Wie lieblich war der Lindenduft!

Wie lieblich ist der Lindenduft!
Das Lindenreis
Brachst du gelinde;

Ich athme leis
Im Duft der Linde
Der Herzensfreundschaft linden Duft.«

Rückerts Sprachduktus, sein Klangsinn, das Ineinander-verwoben-Sein von Wort und Ton, das war's, was Mahler so an dessen Lyrik reizte. Hinzu kam bei ihm noch ein persönlicher Aspekt: die keimende Liebe zu seiner späteren Frau Alma. Die Änderungen, die er anbrachte, sind nur marginal, geben aber Einblick in seinen Gemütshaushalt. Rückerts Urerlebnis ist die Liebe, und die hat er hundertfach besungen, sie ist seine Grundmelodie. Und Mahler? Schauen wir uns einmal seine Änderung der letzten Zeile an. Hier geht Mahler, der sonst nur wenig in die Textgestalt seiner Vorlagen eingriff, über Rückert hinaus. Dessen »Herzensfreundschaft« dünkt ihn schwach und er ersetzt sie durch »Liebe«, wissend, daß er hier näher bei Rückert als dieser selbst bei sich ist. Rückerts sprachliche Musikalität, die sich durch Alliteration ausdrückt, wird von Mahler durch eine im Ungewissen gelassene Harmonik illustriert.

Kommen wir noch einmal zurück zu jener Nacht, in der Schubert mit Müllers »Schöner Müllerin« verschwand. Diese alte Dreiecksgeschichte vom Jüngling, der ein Mädchen liebt, das einen anderen erwählt hat, trägt bei Müller, wie wir oben beschrieben haben, autobiographische Züge und trägt, wie wir jetzt sehen werden, auch in Schuberts Vertonung autobiographische Züge. Die Rivalität, Müllerbursche (Wilhelm Müller) und Jäger (Clemens Brentano) und ihr Buhlen um die »schöne Müllerin« (Luise Hensel), wird im Notensystem Schuberts zu einem Problem der Geschlechtsidentität. Wenn zu Beginn der Müllerbursche Abschied nimmt von seinem Meister und der Meisterin und sich auf Wanderschaft begibt, tut er das mit einem Loblied auf den Bach, der sein ständiger Begleiter sein wird, den er immer und immer ansingt.

»Die schöne Müllerin« beginnt in B-Dur, aber – und jetzt kommt's: Der Schluß des viertaktigen Vorspiels endet weiblich, d.h. er fällt nicht auf die Eins des vierten Taktes, sondern auf die Taktmitte. Diese »weibliche Endung« kann man biografisch begründen. Schubert befand sich in einer existentiellen Krise, als er begann Müller zu vertonen. 1822 hat er sich mit der Syphilis infiziert, zusammen mit seinem Freund Schober, bei dem er damals im Göttschweigerhof in der Spiegelgasse 9 wohnte.

Wo und bei wem die beiden sich infiziert haben, bleibt unklar, wäre auch nicht so wichtig, wenn dieser Vorfall nicht dazu herhalten müßte, bei Schubert eine heterosexuelle Präferenz zu behaupten oder, anders gesagt, Homosexualität auszuschließen. Wir wollen hier nichts ausschließen, sondern anhand der Musik wenigstens ein wenig den Schleier lüften, den autobiografischen. Vom Frühjahr 1823 bis weit in den Herbst hinein arbeitete Schubert an der »Schönen Müllerin«. Mit äußerster Kraftanstrengung. Die Krankheit, deren Schwere ihm jetzt erst bewußt wurde, zehrte an ihm. Der größte Teil der Lieder entstand nicht in der Spiegelgasse, bei der Familie Schober, sondern in der Alser Straße 4 im 9. Bezirk, im Allgemeinen Krankenhaus. Mitten in der Komposition der Müllerlieder suchte er Trost in der Poesie und dichtete:

»Sieh, vernichtet liegt im Staube,
Unerhörtem Gram zum Raube,
Meines Lebens Martergang
Nahend ew'gem Untergang.
Tödt' es und mich selber tödte,
Stürz nun Alles in die Lethe,
Und ein reines, kräft'ges Sein
Lass', o Großer, dann gedeih'n.«

Ein Hilferuf an die Freunde, die ihn während seiner Krankheit mieden, aber auch ein Hinweis darauf, was er aus Müllers Todessehnsucht (Ironie?) gelernt hatte. Bei dem stürzte sich der Müllerbursche am Ende mit den Worten:

»Ach, Bächlein, liebes Bächlein,
Du meinst es so gut:
Ach, Bächlein, aber weißt du
Wie Liebe tut?

Ach, unten, da unten,
Die kühle Ruh!
Ach, Bächlein, liebes Bächlein,
So singe nur zu.«

in den Bach. Dies korrespondiert auf anderer Ebene mit Schuberts

»Tödt' es und mich selber Tödte,
Stürz nun alles in die Lethe ...«

Andere Ebene deshalb, weil Schubert statt Selbstmord zu begehen nur Vergessenheit trinken will. Deshalb die Anspielung (und nicht als bildungsbürgerliche Reminiszenz) auf den griechischen Unterweltfluß Lethe. Warum möchte er vergessen, und vor allem: was?

Von Pfauen, kalter Rinde und der Liebe zum Mann

Schubert lebte fast nur, seit er sein Elternhaus verlassen hatte, mit jungen Männern zusammen, denen ihre Umwelt homosexuelle Neigungen nachsagte. Was wahrscheinlich den Neffen Beethovens, Karl, veranlaßte, in seines Onkels Konversationsheft zu vermerken:

»Man lobt den Schubert sehr, er [Beethoven; d. Vf.] sagt aber, der soll sich verstecken.«

Verstecken? Warum soll sich Schubert verstecken? Ist seine Musik so schlecht? Das kann unser »musikalischer Titan« wohl nicht gemeint haben. Verstecken im Sinne von verbergen kommt der Sache schon näher. Schubert soll seine sexuelle Präferenz verbergen, die scheinbar schon Stadtgespräch war. Alles andere wäre kryptisch! Gehen wir also einigen Stationen von Schuberts »Männerfreundschaften« und deren Widerspiegelung in seinem musikalischen Schaffen nach.

Da wäre zum einen Joseph von Spaun. Mit elf verliebt sich Schubert in ihn, seinen acht Jahre älteren Kameraden im Konvikt. Oder nehmen wir Moritz von Schwind, der vom vierundzwanzigjährigen Schubert umschwärmt wird – und vice versa. Eduard von Bauernfeld erinnerte sich: »Moritz von Schwind wandte sich mit der ganzen Süße und Innigkeit der Jugend dem Meister zu. Er war sehr verliebt in ihn, Schubert trug diesen jungen Künstler im innersten Herzen und nannte ihn scherzend seine Mätresse.«

Durch Spaun wurde Schubert im Jahre 1814 mit Johann Baptist Mayrhofer bekannt. In späteren Jahren erinnerte sich Mayrhofer an das erste

Zusammentreffen: »Mein Verhältnis mit Schubert wurde dadurch eingeleitet, daß ihm ein Jugendfreund mein Gedicht ›Am See‹ zur Composition übergab. An des Freundes Hand betrat Schubert das Zimmer, welches wir fünf Jahre später gemeinsam bewohnen sollten. Es befindet sich in der Wipplinger Straße. Haus und Zimmer haben die Macht der Zeit gefühlt, die Decke ziemlich gesenkt, das Licht von einem großen, gegenüberstehenden Gebäude beschränkt, ein überspieltes Klavier, eine schmale Bücherstelle; so war der Raum beschaffen, welcher mit den darin zugebrachten Stunden meiner Erinnerung nicht entschwinden wird. Gleich wie der Frühling die Erde erschüttert, um ihr Grün, Blüten und milde Lüfte zu spenden, so erschüttert und beschenkt den Menschen das Gewahrwerden seiner produktiven Kraft; denn nun gilt Goethes ›Weit, hoch, herrlich der Blick / Rings ins Leben hinein, / Vom Gebirg zum Gebirg / Schwebet der ewige Geist, / Ewigen Lebensahndevoll.‹ Dieses Grundgefühl und die Liebe für Dichtung und Tonkunst machten unser Verhältnis inniger; ich dichtete, er komponierte, was ich gedichtet ...«

1818 ziehen Schubert und Mayrhofer zusammen. Zwei Jahre sollte diese Lebens- und Liebesgemeinschaft dauern. Sie zerbrach an der Vereinnahmung durch Mayrhofer, der sich Schubert so nicht fügen wollte und konnte, denn das hätte ja bedeutet, andere Beziehungen aufzugeben. Schubert war zeit seines Lebens promiskuös-gesellig, während Mayrhofer eher introvertiert war. Zum Jahresende 1820 zog Schubert aus der gemeinsamen Wohnung in der Wipplinger Straße aus. In Mayrhofers Erinnerung liest sich das so: »Während unseres Zusammenseins konnte es nicht fehlen, daß Eigenheiten sich kundgaben; nun waren wir jeder in dieser Beziehung reichlich bedacht, und die Folgen blieben nicht aus. Wir neckten einander auf mancherlei Art und wendeten unsere Kanten zur Erheiterung und zum Behagen einander zu. Seine frohe, gemütliche Sinnlichkeit und mein in sich geschlossenes Wesen traten schärfer hervor und gaben Anlaß, uns mit entsprechenden Namen zu bezeichnen, als spielten wir bestimmte Rollen. Es war leider meine eigene, die ich spielte.«

Joseph von Spaun schreibt zu Mayrhofer und seinem Verhältnis zu Schubert: »Mayrhofer besaß ein ausgezeichnet feines Gehör und große Liebe für Musik. Als er einige Lieder von Schubert gehört hatte, machte er mir Vorwürfe darüber, daß ich ihm Schuberts Talent viel zu mäßig gerühmt habe. Mayrhofer pfiff und sang den ganzen Tag Schubertsche Lieder, und der Dichter und [der] Tonsetzer waren bald die besten Freunde. Später zog Schubert auch in die bescheidene Wohnung Mayrhofers und lebte ein paar Jahre mit ihm auf einem Zimmer unter der Obsorge der trefflichen Witwe Sanssouci, welche die beiden etwas unpraktischen Herren in Ordnung zu erhalten suchte. Mayrhofers Gedichte begeisterten Schubert zu herrlichen Liedern, die wohl zu seinen schönsten Werken gehören. Mayrhofer versicherte oft, seine Gedichte seien ihm erst lieb und klar, wenn Schubert sie in Musik gesetzt habe.«

In den Jahren des Zusammenlebens mit Schubert gab Mayrhofer eine krypto-päderastische Zeitschrift »Beyträge zur Bildung für Jünglinge« heraus. In diesen Umkreis gehört auch Mayrhofers Gedicht »Lied eines Schiffers an die Dioskuren«, das Schubert 1816 vertonte. Dieses Lied ist eine deutliche Anspielung auf sich selbst und Schubert als das Dioskurenpaar Kastor und Polydeukes. Ebenso eindeutig wie dieses Lied ist die Vertonung von Goethes »Ganymed«. Ganymed steht seit dem 4. vorchristlichen Jahrhundert für die Knabenliebe und wurde wie andere Begriffe (z.B. Pfau) als eine Art Geheimsprache in der schwulen Wiener Subkultur, deren Mitglied Schubert ohne Zweifel war, verwandt, um eine sexuelle Präferenz anzuzeigen. Eduard von Bauernfeld notierte im August 1826 in sein Tagebuch: »Ich soll Shakespeares Gedichte und Sonetten für Sollinger übersetzen. Sei's! Schubert halbkrank (er bedarf ›junger Pfauen‹ wie Benv. Cellini). Schwind moros, Schober untätig, wie gewöhnlich. In mir steckt noch Reisemut und Blut!«

Was es mit den »jungen Pfauen« auf sich hat, derer er so sehr bedarf wie Benvenuto Cellini, kann man in dessen Lebensbeschreibung nachlesen: »An dem Ort, wo wir unser Quartier hatten, war die Luft ungesund, und als der Sommer nahte, wurden wir alle ein wenig krank. Während der Zeit, als wir uns unwohl fühlten, machten wir uns daran, das Gelände, wo wir wohnten, zu besichtigen. Es war sehr groß, und man hatte fast eine Meile Land in wildem Zustand gelassen. So viele einheimische Pfauen lebten hier, daß sie wie wilde Vögel nisteten. Als ich dies feststellte, lud ich meine Flinte mit einem ganz bestimmten Pulver, das keinen Lärm machte. Dann lauerte ich den jungen Pfauen auf und erlegte jeden zweiten Tag einen, der uns jeweils solch reichliche Nahrung bot, daß diese alle unsere Krankheiten zum Verschwinden brachte.«

Eine sehr merkwürdige Begebenheit, die hier Cellini berichtet und die nicht nur seit Goethes erster Übersetzung immer wieder verfälschend wiedergegeben wurde. Nimmt man sich den Autographen vor, wie das Kristina Muxfeld getan hat, dann liest man dort »e ogni dua giorni io ne amauo uno« und nicht »ammazzavo«. Also Cellini erlegte nicht jeden zweiten Tag einen der Pfauen, sondern er »liebte jeden zweiten Tag einen«. Hat man das erst einmal geklärt, dann läßt sich die obige Stellen aus Cellinis »Mein Leben« so lesen, daß vor Cellinis Wohnstätte sich ein Park befand, in dem die jungen Stricher von Ferrara ihr Revier hatten und Cellini und seine Spießgesellen sich ihre Langeweile mit ihnen vertrieben. Und das weiße Pulver, das lautlos daher kommt, na, wer dabei nicht an Sperma denkt, sollte besser an gar nichts denken. Jedenfalls hatten sie so einen Spaß mit den jungen Knaben, daß ihre Melancholie schnell vergangen war. Mit dem Verzehr der zähen und nicht sehr wohlschmeckenden Pfauen wäre ihnen das sicherlich nicht gelungen.

Und jetzt entschlüsseln sich auch andere Codes wie zum Beispiel aus einem Brief von Franz von Bruchman an Leopold Kuppelwieser in Rom vom 2. Dezember 1823: »... Am 11ten Nov. hatten wir zu Hause eine Schubertiade, bey welcher Vogel den Gesang übernahm. Gegenwärtig waren: Mone, Dobblhof, Kraisl, Mayrhofer, Schwind, Rieder, Dietrich, Eichholzer, Hönig, Schubert, Vogel und ich; Mädchen: die Liedern, Julie und meine Schwester. V – hatte sich sehr gefallen und herrlich gesungen, wir Andere waren bey Tisch fröhlich und heiter und unsere erste Mosler Gesundheit war Dir zu Ehren gebracht. An diesem Abend war Huber noch des Haselhuhns wegen gewaltig geplagt und als Schwind beym Wasserburger seine nackte Gestalt auf einen Tisch aufzeichnete, ward er so aufgebracht, daß er seit der Zeit unsere Gesellschaft verlassen hat ...«

»Fasanen«, »Pfauen«, »Haselhühner« – Codenamen für Knaben-/Männerliebe tauchen immer wieder auf. Schuberts Freund Josef Huber, die beiden wohnten 1823 in der Stubentor-Bastei zusammen, hat sich wahrscheinlich mit einem »Strichjungen« (Haselhuhn) so verausgabt, daß ihn die Anspielung durch Schwinds Zeichnung sehr verärgerte.

Am 6. Februar 1827 (?) erhalten Schubert und Freund Schober folgendes Billett:

»Frau Nina ... An Schober und Schubert

Wir, von Gottes Gnaden Beherrscherin aller Hatschiere und Janitscharen, legen hiemit mittels dieses Edikts, im Namen einer wohlbekannten, mathematisch aufgenommenen, uns verbündeten Macht [die Baronin Drostig; d. Vf.] für den 15. D.M. Beschlag auf die beiden Wohlgenärten Gestalten eines sicheren P. T. Schober und detto Schubert. Diese Benannten haben nach Geistes- und Leibeskräften zur Verherrlichung einer musikalisch-deklamatorisch-tanzalischen Abendunterhaltung mitzuwirken.

Die verschneiten Nachtigallen aus der Alleegasse werden unerachtet aller kalten Rinden auch gehörig flöten.

Wir erwarten von unseren Vasallen unbedingten Gehorsam.

Gegeben aus unserer windigen Residenz am Tag der heiligen Dorothea.«

Hier ist es einmal angebracht, die Erklärung des Herausgebers der Dokumente zu Schuberts Leben, in denen diese Einladung abgedruckt ist, Otto Ernst Deutsch, zu zitieren: »Dieses humoristische Billett fand sich in Schobers brieflichem Nachlaß ... Es sind nur Vermutungen über die Schreiberin möglich, die aber nicht überzeugend sind. Ihre Freundin, Baronin Droßdick, mag die Frau des Wilhelm Freiherrn v. Droßdick, Hofrates bei der Vereinigten Hofkanzlei, gewesen sein, der nach Schuberts Tod seinen Zyklus ›Schwanengesang‹ subskribiert hat. (Bekanntlich hatte Beethovens Freundin Therese Malfatti 1817 einen anderen Baron Droßdick geheiratet.) Es ist jedenfalls bemerkenswert, daß Vogl 1827/28 in der Alleegasse, hinter der Karlskirche in der Vorstadt Wieden, wohnte; seine Frau aber hieß Kunigunde, nicht Nina. – P.T. ist eine Abkürzung für plento titulo. – Die ›Kalte Rinde‹ ist nicht leicht zu erklären, aber Schwind schrieb am 6. Mai 1824 an Schober: ›Wie leicht legt' ich jede kalte Rinde ab‹ und Schuberts Lied ›Am Bach im Frühling‹ (1816, Text von Schober) beginnt: ›Du brauchst sie nun die kalte Rinde‹. – Der Brief ist undatiert, der Tag ergibt sich aus dem Fest der hl. Dorothea, das Jahr kann aber auch 1828 gewesen sein.«

Kaum etwas wird in dieser Erklärung erklärt. Alles bleibt, bis auf Nebensächliches, im unklaren. Oder anders gesagt: Die Erläuterungen von Deutsch dienen recht eigentlich nur zur Verschleierung. Was soll aber verschleiert werden? Um ein humoristisches Billett handelt es sich nicht, sondern um die Einladung zu einer Orgie, würden wir heute sagen. Einer Orgie unter Männern. Da ist z.B. Frau Nina, die einlädt. Eine etwas sorgfältigere Recherche hätte ergeben, daß es sich bei Nina um Johann Carl Smirch, einen stadtbekannten Transvestiten, und bei der »kalten Rinde«

um die Umschreibung für Kondome handelte. Und unter diesem Aspekt versteht man auch besser, was Schwind mit der »kalten Rinde« meinte, die er leicht ablegen kann, und auch Schobers Text »Am Bach im Frühling« enträtselt sich auf einmal auf wundersame Weise. Muß »flöten« noch extra erklärt werden? Nein, wenn man die subkulturellen Codes zu deuten weiß!

Am 14. August 1825 schrieb Schwind einen Brief an Schubert, der wiederum einige Aufschlüsse gibt:

»Lieber Schubert

Ich weiß zwar nicht, wo Du bist, aber der Brief wird Dir schon nachgeschickt werden. Daß Schober schon da ist, wirst Du aus meinem letzten Brief schon wissen, wenn Du ihn erhalten hast. Nun ist Kuppelwieser seit acht Tagen auch schon da. Nach den letzten Briefen konnten wir ihn erst in drei Wochen erwarten. Er sieht prächtig aus, und hat einen vollkommenen Haarputz, den er Nervenfiebers halber lang hat entbehren müssen. Sie grüßen Dich alle tausendmal. Es fehlt nichts, als daß Du endlich einmal zurückkömmst. Schober und Kuppel wohnen beisammen.

Dein Hausherr möchte gerne *bestimmt* wissen, ob Du Dein Quartier *bestimmt* diesen Winter wieder wirst beziehen wollen. Schreibe mir das *bestimmt*, so werde ich Ihm's sagen. Wenn gewisse Unterhandlungen nach meinem Wunsche ausschlagen, so bin ich entschlossen, für mich zu wohnen, aber wahrscheinlich auf der Wieden. *Rieder* ist an der Ingenieur-Akademie als Professor mit 600 fl. angestellt, dafür aber in dem Verdacht, daß er heiraten will. Wenn Du Dich ernstlich um die Hoforganisten Stelle bewirbst, so kannst Du's auch so weit bringen. Es wird Dir nichts übrig bleiben, als ordentlich zu leben, Deine fleischlichen und geistigen Bedürfnisse, oder besser gesagt, Dein Bedürfnis von Fasanen und Punsch in einer Einsamkeit wirst befriedigen müssen, die einem wüsten Inselleben oder Robinsonade nichts nachgeben wird. Vom Theater scheint gar keine Rede mehr zu sein, wenigstens von Opern, und da im Winter keine Harmonie bei Wasserburger ist, so können wir uns was pfeifen. Wie freu ich mich wieder auf die erste Schubertiade. Wegen Deiner Sinfonie können wir als solcher eine Akademie geben. Dies kann wohl Gelegenheit geben, vielmehr es wird darauf gerechnet, daß sie aufgeführt wird.«

Da haben wir sie wieder, die Fasanen. Und der Satzbau läßt keinen Zweifel aufkommen, auf was Schubert Verzicht leisten soll, auf »fleischliche

Gelüste«, auf Knaben und nicht auf einen gebratenen Fasan. Das ergäbe auch überhaupt keinen Sinn. Daneben ist noch besonders die Bemerkung von Schwind verräterisch, daß Freund Rieder sich zur Heirat durchgerungen habe. Wer dies in Schuberts Kreis tut, der macht sich verdächtig.

Zum Schluß soll noch der jüngere Sohn Helminas von Chézy, der Textdichterin von Webers »Euryanthe« und Schuberts »Rosamunde«, zu Wort kommen:

»Franz Schubert, der Erfinder süßer Weisen, war der Mittelpunkt eines kleinen Kreises, welchem Schwind, Bauernfeld und der um vieles ältere Johann Mayrhofer angehörte ... [der] zwischen 5 und 7 Uhr abends in einem Kaffee zusammentraf, das die Ecke der Singerstraße und des Blutgassels bildete. Mayrhofer war mürrisch, scheu und für neue Gesichter unzugänglich. Sein Leben hat er durch Selbstmord geendet. Das vollkommenste Widerspiel zu ihm gab der kleine breite Musikus, von außen zwar ein Talgklumpen, aber mit dergestalt glitzernden Augen, daß sich das innere Feuer dem ersten Blicke verriet. *Leider hatte sich Schubert mit seinen lebenslustigen Neigungen zu jenen Abwegen verirrt, die gewöhnlich keine Rückkehr mehr gestatten, wenigstens keine gesunde; die Bekehrung ist nicht allemal gleichbedeutend mit Umkehr, besonders wenn einer nach dem Beispiele des bekannten alten Teufels sich zum Einsiedler macht. Doch auch zu solcher Bekehrung konnte Schubert nicht gelangen, da er schon in seinem dreiunddreißigsten Jahre starb.* [Hervorhebung v. Vf.] Er setzte einen gewissen ... soll ich sagen: Stolz? In die Unfälle, welche ihm auf wilden Wegen zugestoßen waren. Jedenfalls tat er sich etwas darauf zugute. Die reizenden Müllerlieder hatte er unter ganz anderen Schmerzen gesetzt, als jene waren, die er im Munde des armen Mühlknappen mit der verschmähten Liebe durch seine Noten unsterblich machte.«

Und als letztes Beispiel sei Freund Schober genannt, mit dem sich oder bei dem sich Schubert syphilitisch infizierte. Jahre lebten sie zusammen und zwar so innig, daß sie ihre Namen zu »Schobert« amalgamisierten. Das soll reichen. Schuberts musikalisches Schaffen ist voll versteckt-offener Anspielungen auf sein Schwulsein. Und vor allem sein Liedwerk ist musikalisch-biographische Bekenntnismusik.

Zurück zur »Schönen Müllerin«. Sie ist das Psychogramm eines unglücklich Verliebten, eines zutiefst verwundeten, das in einem »Männlichkeitstrauma« gründet.

Ein Brief an den Freund Leopold Kuppelwieser, den er am 31. März 1824 schrieb, gibt über seinen Gemütszustand Auskunft:

»Lieber Kupelwieser! / Schon längst drängt' es mich Dir zu schreiben, doch niemals wußte ich wo aus wo ein. Doch nun beut sich mir die Gelegenheit durch Smirsch, u. ich kann endlich wieder einmahl jemandem meine Seele ganz auschütten. Du bist ja so gut u. bieder, Du wirst mir gewiß manches verzeihen, was mir andere übel nehmen würden.

– Mit einem Wort, ich fühle mich als den unglücklichsten, elendsten Menschen, dessen Gesundheit nie mehr richtig werden will, u. der aus Verzweiflung darüber die Sache immer schlechter statt besser macht, denke Dir einen Menschen, sage ich, dessen glänzendste Hoffnung zu Nichte geworden sind, dem das Glück der Liebe u. Freundschaft nichts biethen als höchsten Schmerz, dem Begeisterung (wenigstens anregende) für das Schöne zu schwinden droht, und frage Dich, ob das nicht ein elender, unglücklicher Mensch ist? – ›Meine Ruh ist hin, mein Herz ist schwer, ich finde sie nimmer und nimmer mehr' so kann ich wohl jetzt alle Tage singen, denn jede Nacht, wenn ich schlafen geh, hoff ich nicht mehr zu erwachen, u. jeder Morgen kündet mir nur den gestrigen Gram. So Freude- u. Freundlos verbringe ich meine Tage ...«

In dieser psychischen Verfaßtheit arbeitet er an der »Schönen Müllerin«, und jetzt wird auch klar, wo seine Sympathien lagen und warum. Schubert ist der todestrunken wandernde Geselle, der der Stärke des Jägers [die heterosexuelle Männerwelt; d.Vf.] kein Äquivalent entgegensetzen kann. Sein unkonventionelles Umherschweifen in verschiedenen Tonarten, das Nicht-festlegen-Wollen, die bewußte Uneindeutigkeit ist bei Schubert musikalische Auseinandersetzung mit einer kulturell tradierten Konstruktion von Männlichkeit. Bei unserer Suche nach der Stimme hinter der Stimme, d.h. der Entzifferung der Tonsprache, wollen wir noch kurz auf die »Wanderer-Fantasie« und »Die Winterreise« hinweisen. Die Textmelodie, die Schubert als Thema der Fantasie herausgelöst hat, lautet: »Die Sonne dünkt mich hier so kalt, die Blüte welk, das Leben alt, und was sie reden, leerer Schall; ich bin ein Fremdling überall.«

Sie ist ebenso wie der Beginn der »Winterreise« – »Fremd bin ich eingezogen, fremd zieh ich wieder aus.« – das Eingeständnis, daß die Liebe zum eigenen Geschlecht ihn »heimatlos«, zum Fremden gemacht hat.

Nach diesem kleinen Ausflug in die musikalisch-biografische Schubert-Exegese zurück auf den Boden der Tatsachen, der hier das harte Pflaster Berliner Straßen ist.

Die Friedrich-Wilhelm-Stadt, ein Orientalist und ein Großkritiker

In seinen Erinnerungen »Alte Zeiten. Alte Freunde« notiert der Sohn Wilhelm Müllers, Max, folgende Begebenheit aus seiner Berliner Studentenzeit:

»Ich hatte viel von ihm [Rückert; d.Vf.] gehört, ehe ich, als Student, ihn in Berlin kennen lernte. Die Herzogin von Anhalt-Dessau, meine eigene Landesherrin ... [sagte] ... mir: ›Wenn Sie nach Berlin kommen ... müssen sie ja nicht versäumen, Rückert aufzusuchen: Aber Sie dürfen nicht erschrecken. Ich selbst brannte auf seine Bekanntschaft. Der König befahl ihn zur Tafel mit anderen Größen aus seiner Menagerie. Bei Tisch bat ich den königlichen Gastgeber, mir den Dichter von ›Frauen Lieb' und Leben‹ und dem ›Liebesfrühling‹ zu zeigen. ›Da!‹ sagte der König, ›Der breitschuldige Bauer, der da ein großes Stück Brot mit dem Ellbogen auf dem Tisch verzehrt, das ist unser Dichter!‹ Es war allerdings kein geringes *désillusionnement* ... und doch bin ich stolz darauf, ihn gesehen und mit ihm gesprochen gesprochen zu haben. So vorbereitet trat ich ihm gegenüber.«

Müller wohnte damals im dritten Stock des Eckhauses Oberwallstraße 20/Rosenstraße, als Untermieter bei dem Schuhmacher Schulz. Eine wunderbare Gegend mit Blick auf die königlichen Gebäude und Parkgärten, die sich um die Palais an der Straße Unter den Linden hinzogen. Von hier machte er sich zu Rückert auf, um diesen in der Friedrich-Wilhelm-Stadt zu besuchen. Rückert wohnte in der Luisenstraße 16 (später Nr. 30)/Ecke Schiffbauerdamm.

Über seine Begegnung mit Rückert schreibt Müller: »Als ich ihm meine Aufwartung machte, um mich einzuschreiben für sein Kolleg über das persische Gedicht ›Gulistan‹, empfing er mich sehr kühl. Ich fand den breitschultrigen Riesen ganz, wie die Herzogin ihn mir geschildert hatte. Er trug einen langen Schlafrock, und sein in der Mitte gescheiteltes Haar hing wild um seine Schläfen. ›Wozu wollen Sie denn Persisch lernen?‹ fragte er, nicht gerade ermutigend. Ich setzte bescheiden meine Gründe aus einander. ›Es hat gar kein Sinn für Sie, Persisch zu lernen, ehe Sie Arabisch können‹, fuhr er fort. Darauf konnte ich antworten, daß ich schon ein Jahr Arabisch unter Professor Fleischer in Leipzig getrieben habe. Aber der Herr Professor war nicht herumzukriegen. Er wollte nämlich nach Neuses abfahren und dem Minister gegenüber seine Abwesenheit damit motivieren, daß er sein Kolleg zwar angezeigt, aber kein Auditorium habe. Darum fuhr er im Gespräch mit mir fort: ›Sie wissen doch auch *tres faciunt collegium.* Ich kann unmöglich für Sie alleine lesen.‹ Nach deutschem Universitätsherkommen ließ sich dagegen nichts einwenden. Ich machte daher meine Verbeugung und ging an die Landstraße und Zäune, um zwei Kommilitonen aufzulesen und heranzuschleppen. Von ihnen begleitet, wagte ich, den Herrn Professor abermals in seiner Höhle zu belagern. Wir versicherten ihm alle drei, daß uns sehr viel daran liege, Persisch zu lernen ... Er war ein herzgewinnender Lehrer ... Als er nun gar erfuhr, daß ich der Sohn seines alten Freundes Wilhelm Müller sei, kannte seine Freundlichkeit gegen mich keine Grenzen ... Es war ganz erstaunlich, was für ein Wissen sich dieser Riese ohne Anleitung erarbeitet hatte ... So ein ehrlich Arbeitender wie Rückert kann seinen Schülern in einer Stunde mehr bieten als andere in einem ganzen Semester fertig bringen.«

Und Paul de Lagarde, der ebenfalls an diesem Kolleg teilnahm, erinnerte sich: »Welche Freude daher, als Rückert im Cataloge für den Winter 1844 auf 1845 Persisch zu lehren versprach. Es war keine Frage, ich hätte gelogen und betrogen, wenn man mich hätte hindern wollen bei ihm zu lernen. In der That habe ich das Colleg unangemeldet besucht. Rückert galt für unnahbar: man wußte, er lese nicht gerne. So bereitete ich mir eine persische Anrede an ihn vor, um mich – blöder Thor der ich war – durch sie bei ihm zu empfehlen. Der Dichter wohnte damals am Schiffbauerdamm, gleich links von der Marschallsbrücke zwei Treppen hoch. Die Frau hatte er in Neuseß gelassen: eine Witwe Sonntag, die ihm manchmal Unannehmlichkeiten genug gemacht, führte ihm die Wirthschaft. Klopfenden Herzens betrat ich die Wohnung, deren Einrichtung selbst nach damaligen Begriffen fast ärmlich heißen mußte. Er empfieng mich in der nach der Spree zu gelegenen Eckstube. Der verklärende Glanz eines schönen Herbsttages lag über dem Zimmer mit seiner weiten Aussicht – sein einziger Schmuck ein Kinderbild – und auf dem Flusse, der ja freilich kläglich genug einherschlich, aber doch ein Fluß war. Rückert, ein Riese, sehr vernachlässigt in seiner äußeren Erscheinung, hörte meinen Spruch. Das finstere Gesicht hellte sich auf: ich sah zum ersten Male in die schalkhaft leuchtenden, braunen Augen. ›Das soll wohl Persisch sein? Das ist sehr naturwüchsig. Schreiben Sie Ihren Namen daher.‹ Ich that es. Vor mir hatte sich Max Müller eingezeichnet: später betheiligten sich noch Richard Gosche und Fritz Dieterici an der Vorlesung, in der Sadis Rosengarten erklärt wurde ...«

Wer war nun jener Rückert und welche Freundschaft verband ihn mit Wilhelm Müller?

Rückert wurde am 16. Mai 1788 in Schweinfurt als erstes Kind des Rentbeamten Johann Adam Rückert und seiner Frau Barbara geboren. Wer sich für seine Jugendjahre interessiert, sollte sich Rückerts poetisch-humoristische Genrebild »Erinnerungen aus den Kinderjahren eines Dorfamtmannssohns« zu Gemüte führen. Ab 1805 studierte er an der Universität Würzburg, allerdings hatte er keine große Lust zu dem vom Vater verlangten Studium der Rechswissenschaften. Sprachen faszinierten ihn von Anbeginn. 1811 promovierte er in Jena mit »Dissertatio philologico-philosophica de idea philologiae« zum Doktor. In seiner Dissertation behauptete er, daß die altgriechische Sprache, obgleich nicht mehr gesprochen, eine lebendigere Sprache sei als das Französische, das für ihn schlichtweg eine tote Sprache war. Das Ideal aber von Sprache und Leben war für ihn nur im Orientalischen erreicht. Mit dieser Arbeit erhielt er nicht nur den Doktortitel, sondern auch die Venia legendi. 1812 las er über Mythologie, über griechische und römische Historiker und über die Kunst der Metrik. Aber bald war er der Lehre überdrüssig und er ließ die Lehre Lehre sein. Auch die Bemühnungen seines Vater, ihm in Hanau eine Gymnasialprofessur zu vermitteln, wußte er zu hintertreiben. Statt dessen wollte er unbedingt am Freiheitskrieg gegen Napoleon teilnehmen. Daraus wurde nichts. Er kam wieder zu spät, wie schon fünf Jahre zuvor, als er in den Reihen der Österreicher gegen den Korsen ins Feld ziehen wollte. Also, wenn schon nicht mit der Waffe, dann wenigsten mit der Feder gegen Napoleon kämpfen. Und so entstanden seine »Geharnischten Sonetten«. Allerdings kam er auch damit wieder zu spät. Als sie im Sommer 1814 im Druck erschienen, waren die entscheidenden Schlachten längst geschlagen.

Mit diesen Gedichten bildete sich aber etwas anderes heraus: der Poet Rückert. Und fortan sollten die Philologie und die Poesie sein weiteres Leben bestimmen. Überspringen wir einmal einige Jahre und kommen wir zu einem, wie sich später herausstellen wird, Zäsur-Jahr. Im Herbst 1817 reiste der neunundzwanzigjährige Rückert, mit Unterstützung seines Verlegers Cotta, nach Italien. Unterwegs, auf einer Wanderung, die ihn über Mailand, Bologna, Florenz, Avena, Arezzo, Perugia und Foligno führte, lernte er Wilhelm Müller kennen, der mit ihm einige Zeit gemeinsam südwärts durch Oberitalien wanderte.

In Max Müllers Lebensrückblick erfahren wir etwas mehr über diese Wanderung: »Unter vielem anderen hat Rückert mir erzählt, wie ihm mein Vater einmal das Leben gerettet hat. Die beiden jungen Leute machten einst eine gemeinsame Fußreise durch Italien. Italien war damals, nämlich zu Anfang des 19. Jahrhunderts, das Land der Sehnsucht für jeden deutschen Studenten und erst recht für jeden deutschen Dichter. Goethe hat es durch seine Schilderungen den Deutschen vertraut gemacht, und jeder ersehnte sich's, in Goethes Fußstapfen zu treten und seine ›Wanderjahre‹ in dem ›Land, wo die Zitronen blühen‹ zubringen zu dürfen! Wie sie es mit ein paar Thalern in der Tasche möglich machten, können wir kaum noch begreifen; aber sie machten es möglich.

Rückert und mein Vater wanderten miteinander und mußten oft in den allerarmseligsten Osterias übernachten. In diesen verkommenen Spelunken kriegten sie manches mit auf die Reise, wofür sie gar nicht bezahlt hatten. Darum erfreute sie eines schönen Morgens, als sie ins Freie traten, der Anblick eines nahen Sees über die Maßen, und mein Vater sprang hinein um ein Bad zu nehmen. Rückert konnte der Versuchung nicht widerstehen und folgte ihm. Aber er konnte nicht schwimmen, der See war tiefer, als er gedacht hatte, und er war drauf und dran zu ertrinken, als mein Vater auf ihn zu schwamm und ihn herauszog. ›Ich schrieb danach mein erstes episches Gedicht in dem Stile Camoes‹, sagte Rückert mit schallendem Gelächter ›und nannte es ›Die Luisiade‹, es ist aber nie veröffentlicht worden.‹«

Bald nach diesem Vorfall trennten sich die Wege der beiden Dichter. Müller trat im August 1818 die Rückreise nach Dessau an. Rückert reiste/

wanderte noch eine Zeit mit wechselnden Begleitern durch Italien, bevor er im November 1818 über Wien nach Franken zurückkehrte. Wien wurde zu einem Wendepunkt in seinem Leben. Hier lernte er einen der führenden europäischen Orientalisten seiner Zeit, Joseph von Hammer-Purgstall, kennen. Dieser führte Rückert in die persiche und arabische Sprache ein. Rückert fing Feuer, das merkte auch Hammer-Purgstall, und er überließ ihm leihweise ein kostbares Manuskript: das 60.000 Doppelverse umfassende Heldengedicht »Schahnáme« (Königsbuch) des größten epischen Dichters Persiens, Abdulkasim Firdusi (933–1020/30). Heinrich Heine, der die französische Übersetzung des Schahnáme gelesen hatte, schwärmte von diesem Werk in seiner sechzigstrophigen Ballade.

Rückert, kaum in der Heimat, in Franken, angekommen, setzte sich hin und schrieb das Werk ab. Später übersetzte er auch Teile daraus. Rückert war von einer Leidenschaft ergriffen, die ihn zeit seines Lebens nicht mehr losließ, dem Erlernen fremder Sprachen und dem Übersetzen ins Deutsche. Lehren, das war nicht so seine Sache. Doch davon später mehr. 1819 schrieb er an Hammer-Purgstall: »Wenn es ihnen seltsam vorkommt, wie ich kaum an die Schwelle der persischen Sprache trat, gleich zu den Dichtern u zwar zu Hafiz stürmte, der schwer seyn soll: so wissen Sie, daß ich nur auf diese Art, des höchsten gespanntesten Interesse, der verfluchten mechan. Schwierigkeiten eine in alten Tagen zu erlernenden neuen Sprache mir erträgl. machen kann. Mit den prosais. Stücken in der engl. Grammatik kann ich nichts anfangen.«

Rückert beherrschte nicht nur das Persische und Arabische, das Türkische, das Hebräische und Aramäische, das Amharische und Koptische, das Sanskrit und die Sprache der Veden, das Lateinische, das Griechische, das Italienische sowie das Alt- und Mittelhochdeutsche, sondern darüber hinaus noch zahllose ihrer Dialekte. Er beherrschte die meisten Sprachen so perfekt, war so mit ihnen vertraut, daß er in der Lage war, Dichtungen aus diesen Sprache ins Deutsche zu übertragen. – Wir springen wieder etwas in seinem Leben hin und her.

1826 wurde er als Professor für orientalische Sprachen an die Universität Erlangen berufen. Es waren schriftstellerisch-dichterisch fruchtbare Jahre. Nur finanziell kam er nicht auf seine Kosten. In bayerischen Landen wurden damals die Professoren schlecht bezahlt. Und so kann es nicht verwundern, daß er im Sommer 1841 einen Ruf als ordentlicher

Professor für orientalische Sprachen an die Universität Berlin annahm. Verdenken kann man es ihm nicht. Er bekam den Titel »Geheimer Regierungsrat« verliehen und ein Jahresgehalt von 3.000 fl. zugesprochen, das war mehr als doppelt soviel wie in Erlangen. Hinzu kam, daß er sich ausbedungen hatte, nur im Wintersemester lesen zu müssen. Den Sommer wollte er auf seinem Landgut in Neuses zum Studieren verbringen. Heute würde man so etwas Forschungsfreisemester nennen. Nur daß diese heuer nicht jedes Semester in Anspruch genommen werden dürfen. Rückert war 53 Jahre alt, als er die Reise nach Berlin antrat, und eine Berühmtheit. Er kam ohne Familie nach Berlin und zog erst einmal in die Schützenstraße 1/Ecke Mauerstraße, zu Untermiete. Von hier aus machte er sich auf Wohnungssuche. Die Wohnung sollte geräumig und nicht allzuweit von der Universität entfernt sein und ruhig natürlich. Er hatte Glück. Elisabeth Tornauer geb. Gorgaß war ihrer großen Wohnung in der Schulgartenstraße 1 überdrüssig. Sie suchte etwas Kleineres, aber nicht weit entfernt von ihrem alten Quartier. Im September gab sie ihre große Wohnung in der Schulgartenstraße 1 auf und zog einige Häuser weiter in die Nr. 6, in eine Zweizimmerwohnung. Anfang Oktober zog in ihre frei gewordene Wohnung der Geheime Regierungsrat Friedrich Rückert. Die Wohnung war noch gut in Schuß. Frau Tornauer war erst vor einem Jahr hier eingezogen. Sie hatte ihr altes Haus am Leipziger Platz 2 verkauft, wo sie mit ihrem Mann, Joseph, der dort eine Schnapsbrennerei (Destillation) betrieb und der 1830 verstorben war, über Jahrzehnte wohnte. Rückert jedenfalls freute sich, das ungeliebte Quartier in der Schützenstraße verlassen zu können. An seine Frau, die noch mit der Wohnungsauflösung in Erlangen beschäftigt war, schrieb er am 5. Oktober: »Geliebte Frau! Glücklich bin ich vor gestern Abends hier am Orte der Bestimmung angekommen, und morgen früh werd' ich unser Quartier beziehen. Meubliert hab' ich nur mein Zimmer, und das übrige bis zu Deiner Ankunft verspart. Doch wirst Du aufgeschlagene Betten, Stühle u Tisch finden ... Nun wünsche ich nichts, als daß Du schon hier wärst; nun! es sind nur noch 12 Tage der unerfreulichen Junggesellenwirthschaft; denn ich rechne bestimmt darauf, daß Du am 18ten eintriffst ... Unser Quartier ist geräumig genug, nur fordert das Ineinanderlaufen der Zimmer, ohne scheidenden u verbindenden Vorplatz oder Corridor, einige Calcül der Eintheilung.«

Rückerts Biograph, Conrad Beyer, beschreibt die Gegend, in die Rückert mit seiner Familie zog, wie folgt: »Seine Wohnung befand sich in der Schulgartenstraße, gegenüber der Stadtmauer, über welche hinweg die Aussicht auf die weiten Gärten und die Parks der Paläste der Wilhelmstraße ging. Sie war trotz der Entfernung der inneren Stadt nicht unbelebt und abgelegen. Die Schulgartenstraße bildete eine Seite des sog. Geheimrathsviertels und die Grimms, Cornelius, der Maler Hermann und andere Freunde Rückert's wohnten in der Nähe.«

Die Schulgartenstraße hatte 1831 ihren Namen nach dem hier gelegenen Schulgarten erhalten. Bei dem Garten handelte es sich um den der Königlichen Realschule, der 1750 vom Oberkonsistorialrat Hecker auf einem Platz angelegt worden war, den ihm Friedrich II. geschenkt hatte. Die Straße verlief vom Potsdamer Platz bis zur Lennéstraße. 1867 ging sie in der Königgrätzerstraße auf, die wiederum 1915 in Budapester Straße umbenannt wurde. Den Namen behielt sie bis 1925, dann wurde sie in Friedrich-Ebert-Straße umbenannt, um ab 1933 Hermann-Göring-Straße zu heißen. Nach 1945 gaben ihr dann die realsozialistischen Machthaber wieder ihren alten Namen, vergaßen dabei aber den Friedrich.

Nach nur einem Jahr in Berlin zog Rückerts Frau 1842 mit den kleinen Kindern nach Neuses auf das Landgut. Sie war der Großstadt überdrüssig geworden. Ihr Mann, dem die Wohnung zu groß geworden war, so alleine, suchte sich zum Übergang 1843/44 etwas Neues. Er fand es in der Behrenstraße 64–65. Das Haus gehörte seinem Freund, dem Medizinalrat und Professor der Anatomie Robert Froriep, der dort auch selber wohnte. Rückert bezog mit dem Maler Karl Barth eine Wohnung im zweiten Stock. Seiner Frau schilderte er die Wohnung: »Eine möbilirte Wohnung von drei Zimmer, ein Arbeits- u Wohnzimmer für mich, eine Schlafkammer für mich, u ein zugleich Wohn- u Schlafzimmer für Freund Barth.«

Am 13. Februar 1844 löste sich die Männerwohngemeinschaft in der Behrenstraße auf. Karl Barth ging zurück aufs Land. Rückert blieb noch bis zum Sommer dort wohnen. Im Herbst 1844, nach seiner Rückkehr vom Sommeraufenthalt in Neuses, bezog er in der Luisenstraße 16 (ab 1848 Nr. 30) seine letzte Berliner Wohnung. Hier hielt er seine wenigen Kollegs ab. Die sieben Jahre, die er in Berlin verbracht hatte, gehörten nicht zu seinen glücklichsten. Hier mit Blick auf die Spree dichtete er

»Ein Winter in Berlin«. Zugegeben, nicht ganz auf der Höhe seiner Möglichkeit, aber dafür witzig:

»Der Spree
Ist's weh,
Sie kann sich nicht entschließen,
In Berlin hineinzufließen,
Wo die Gossen sich ergießen.
Wer mag es ihr verdenken?
...
Sie kommt beim Oberbaum herein
Rein wie ein Schwan, um wie ein Schwein
Beim Unterbaum herauszukommen ...«

Am 17. März gab Rückert sein Berliner Domizil auf und zog sich, ausgestattet mit einer Pension des preußischen Königs, die sich auf die Hälfte seines Gehaltes, 1.500 fl., belief, in die Einsamkeit seines Landgutes in Neuses zurück. Max Müller besuchte ihn und berichtet:

»Da fand ich den alten Mann wie ein Bauer in seinem Gemüsegarten arbeitend, Dünger aufladend und auf die Felder karrend mit eigener Hand. Er äußerte herzliche Freude über mein Kommen und erschien, nachdem er sich die Hände gewaschen hatte, in seinem Studierzimmer, um in eifriger Unterredung die Arbeit, mit der ich eben beschäftigt war, eingehend zu besprechen. Rückert war ein Gelehrter, mit dem sich jede Frage freimütig besprechen ließ. War man anderer Meinung wie er, so wurde er doch nie feindseelig, wenn man ihm widersprach. Und konnten wir einmal gar nicht zu einer Einigung kommen, so pflegte er zu sagen: ›Wir wollen das jetzt lassen und es ein anderes Mal wieder vornehmen.‹ ... Nach diesem Besuch in Neuses verlor ich Rückert ganz aus den Augen, wie so viele liebe deutsche Freunde. Aber ich besitze noch das Manuskript einer metrischen und gereimten Übertragung des in Sanskrit geschriebenen Gedichtes ›Megahadūta, der Wolkenbote‹, die ich gemacht und später (1847) herausgegeben habe, welche Rückert mit Verbesserungen und Bemerkungen in Blei versehen hat. ›Ich habe das Gedicht auch übersetzt‹, sagte er zu mir; ›aber jetzt werde ich meine Übersetzung gewiß nicht mehr veröffentlichen.‹«

Und wenn wir schon einmal in der Luisenstraße sind, verweilen wir noch kurz etwas bei einigen ihrer Bewohner. In unmittelbarer Nachbarschaft zu Rückert wohnte seit 1844 bis zu seinem Tode (1886) der »erste Historiker« des Preußischen Hofes, Leopold Ranke, und zwar im Hause Nr. 24. Auf seine alten Tage mußte er erleben, wie auf dem Hofgrundstück hinter seinem Haus die Berliner »Tattersall-Aktiengesellschaft« einen Tattersall errichten ließ. Schon 1874 war auf dem angrenzenden Grundstück Schiffbauerdamm 28 eine derartige Anlage entstanden. Vier Jahre nach Rankes Tod wurde eine erweiterte Anlage für Reitunterricht und zur Unterbringung und Pflege von 100 Pferden, mit dazugehöriger Reitbahn sowie einer Remise für 33 Kutschen, eröffnet. Ein Zeichen dafür, daß diese Gegend keine »Arme-Leute-Gegend« war. Der Name Tattersall geht auf den Bereiter des Herzogs von Kingston, Richard Tattersall, zurück, der 1766 an der südwestlichen Ecke des Hydeparks ein Etablissement zur Ausstellung und Pflege von Pferden begründete. Etwas weiter in Richtung Charité wohnte in der Luisenstraße 45 von 1838 bis 1839 Karl Marx zusammen mit seinem Freund und nachmaligen Schwager Edgar von Westphalen. Das Haus war gerade fertiggestellt worden und Marx und Edgar waren die Erstmieter, zum »Trockenwohnen«. Es ist das einzige seiner »Wohnhäuser«, das noch im alten Zustand erhalten ist. An diesem Haus war eine Gedenktafel angebracht, die nach der Wende 1989/90 entfernt wurde. Eine andere Tafel, die am Hause Mohrenstraße 17–18/Ecke Friedrichstraße angebracht war, hier hatte Karl Marx 1837/38 gelebt, wurde 1933 entfernt. Ein Schelm, wer sich bei dieser Duplizität etwas denkt. Im Hause Luisenstraße 53 starb am 21. Januar 1851, gerade 50 Jahre alt geworden, Albert Lortzing. Eine Gedenktafel, die die Stadt Berlin anbringen ließ, erinnert daran:

> »Hier starb am 21. Januar 1851
> der Tonkünstler Albert Lortzing
> Seinem Andenken
> die Stadt Berlin 1889«

Lortzing war Mitte Juni 1850 in das Wohnhaus gezogen. An seine Frau, die noch in Leipzig weilte, schrieb er am 15. Juni: »*Gestern* habe ich den entscheidenen Schritt gewagt und eine Wohnung gemiethet. Sie besteht aus *fünf* Piecen im zweiten Stock. *Zwei* Stuben vorne heraus, *drei* (mehr oder weniger kleinere) nach hinten, Küche mit guter Einrichtung, Keller und Bodenraum etc.: kosten aber ›*hundert und vierzig*‹ Thlr. Du wirst Ach und Wehe schreien! Aber es ging nicht anders. Die kleineren Wohnungen zu 100 etc. waren alle für uns *zu klein.* Ja – wenn die wenigen Piecen groß genug gewesen wären oder einen Vorsaal gehabt hätten; aber – nach allem hin u. her Ueberlegen waren unsre Effekten, wie unsre Personen bei genauester Eintheilung nicht unterzubringen; dann müßten wir doch auch auf *Bertha* rechnen, wenn sie auch für den Augenblick nicht mitkommt. Ich habe die Wohnung bis nächsten Ostern miethen müßen [?]. Die Lage ist eine angenehme; in einer der Hauptstraßen (Louisen:Straße) *nahe* beim Theater und dem Thore; man ist in fünf Minuten im Thiergarten (Berlins Stolz.) Was nun deine Bemerkung betrifft, ich könnte mit der Miethe nicht höher gehen als hundert Thlr., so erwiedere ich darauf, daß die *Einnahmen* selbst kaum *einen* Thaler für die Miethe abwerfen kann, geschweige denn *hundert*; ich tröste mich eben damit, daß wo die hundert Thlr. Her kommen werden, auch die vierzig Thlr. *mehr* aufzutreiben sein müssen. *Es muß geschafft werden.*«

Über Karl Marx und Albert Lortzing später mehr.

Wenden wir uns nun wieder der Jägerstraße zu – und das nicht zum letzten Mal, aber zum letzten Mal mit Schubert. Beginnen wir unseren Gang zur Jägerstraße im Hause Luisenstraße 30/Ecke Schiffbauerdamm 24. Wir gehen über die Marschallbrücke, die seit 1820 den Schiffbauerdamm mit der Friedrich-Wilhelm-Stadt verbindet, und schlendern die Neue Wilhelmstraße entlang in Richtung Linden. Wir unterqueren die Durchfahrt Unter den Linden 76 und werfen einen ehrfurchtsvollen Blick nach oben zu dem Saal, der seit 1839 die Universitätsbibliothek beherbergte. Wer saß hier nicht schon alles und hat seine Nase in alte Schriften gesteckt? Genug, wir müssen weiter. Die Zeit drängt. Wir überqueren schnell die »Linden« und gehen in die Wilhelmstraße, um sofort aber in die Behrenstraße einzubiegen. Links natürlich, denn nach rechts ging es 1848 noch nicht. Das geht erst seit 1950, als die Behrenstraße über das Grundstück Wilhelmstraße 71 verlängert, d.h. die Trümmer des hier stehenden ehemaligen Palais abgetragen wurden. Wir laufen nun die Behrenstraße entlang. Vorbei an der Nr. 71, wo Heinrich Heine vom 20. März 1821 bis Ende Mai 1822 wohnte. Wir gehen bis zur Mauerstraße, biegen in diese ein, gehen am Haus Nr. 34 vorbei, wo Achim von Arnim die Deutsche Tischgesellschaft gegründet hatte, grüßen das Haus Nr. 36, wo Rahel Varnhagen-Levin von 1827 bis zu ihrem Tod 1833 wohnte und ihren Salon unterhielt. Wir gehen zügig weiter und biegen in die Jägerstraße ein. Wir passieren das Haus Nr. 10. Hier wohnte im Jahre 1840 Leopold Ranke. Schräg gegenüber auf der linken Seite, kurz vor der Friedrichstraße, wurde im Haus Nr. 63 am 26. Juli 1893 Georg Ehrenfried Groß, besser bekannt unter seinem Künstlernamen George Grosz, geboren. Sein Vater betrieb hier bis 1898 die Gaststätte Bauern-Schänke. Vom ehemaligen Zustand ist nichts mehr erhalten. Statt dessen steht hier eine realsozialistische architektonische Scheußlichkeit im Stil der aserbaidschanischen Post-Moderne. Wir überqueren nun die Friedrichstraße und erreichen kurz vor dem Gendarmenmarkt das Haus Jägerstraße 18.

Hier verweilen wir etwas. Denn hier wurde Ludwig Rellstab geboren. Und mit ihm sind wir wieder bei Schubert. In seiner zweibändigen Autobiographie »Aus meinem Leben« schrieb er: »Ich bin zu Berlin am 13. April des Jahres 1799 geboren in dem nämlichen Hause, welches meine Mutter als Erzieherin in der Familie Rothvoß bewohnt hatte, und das mein Vater späterhin kaufte; Jägerstraße 18. – Zwanzig Jahre habe ich in demselben verlebt, bis es bei dem leider mit Gewißheit lange vorauszusehenden Tode meiner Mutter verkauft wurde.«

Rellstabs Vater unterhielt in dem Hause einen Musikverlag (Buch- und Notendruckerei). Später kamen ein Instrumentenlager sowie ein »Klavierleih-Institut« und eine »Instrumenten-Reparaturwerkstatt« hinzu. Seit 1783 betrieb er eine »Musikalien-Leihbibliothek« und ab 1800 ergänzte er sein Angebot durch den Verleih von Büchern. Bekannt und geschätzt wurde er nicht nur in Berlin, sondern in der musikalischen Welt überhaupt durch die Konzertreihe »Concerte für Kenner und Liebhaber«, die er 1787 eröffnete. In diesem musikalischen Haushalt wuchs Ludwig Rellstab auf, und es konnte nicht ausbleiben, daß er sehr früh mit berühmten Musikern seiner Zeit bekannt wurde, wie Fasch, Righini, Reichardt und Zelter. Das prägte sein weiteres Leben. Nur dem Wunsche des Vaters, ausübender Musiker zu werden, wollte er sich nicht beugen. Er rebellierte gegen den Drill des Musikunterrichts. Er wollte in vaterländischer Begeisterung Offizier werden. Seine Stunde schlug, als Napoleon von der Insel Elba noch einmal, zum letzten Mal, halb Europa in Schrecken versetzte.

Am 1. April 1815, noch nicht ganz 16 Jahre alt, meldete sich Ludwig Rellstab als Freiwilliger. Er wurde genommen. Aber sein Verweilen bei der Truppe war nur von kurzer Dauer. Der Schwager Blüchers, Major von Colomb, war beauftragt, ein Husarenregiment neu zusammenzustellen. Rellstab, der sich in seinem Tätigkeitsbereich als Ordonnanz unwohl fühlte, bewarb sich um Aufnahme. Seinem Gesuch wurde zuerst einmal entsprochen, zur Probe. Aber seine Kurzsichtigkeit und, was noch schwerer wog, daß er nicht reiten konnte ließen ihn die Probezeit nicht bestehen. Auch die Bemühungen seines Cousins Wilhelm Häring, besser bekannt unter dem Namen Willibald Alexis, der seit 1806 mit seiner Mutter im Haushalt der Rellstabs wohnte, ihm das Reiten beizubringen, fruchteten nichts, und so kam es, wie es kommen mußte. Bevor seine militärische Karriere so recht begonnen hatte, war sie für's erste schon beendete. Er ging zurück zur Schule und trat nach Vollendung seines 16. Lebensjahres wieder ins Heer ein, diesmal aber bei der Artillerie. Sein erster Rauswurf aus dem Heer, und als solcher empfand er die Empfehlung Major Colombs, doch erst einmal die Schule weiter zu besuchen, saß so tief, daß er diesen Umstand in seiner Autobiographie eigens noch beleuchten mußte:

»Ich war wie vernichtet! Ich sah ein, daß man in vollem Recht gegen mich war, allein ich empfand die Ausübung desselben als die höchste Grausamkeit, als die Zerstörung meines ganzen Lebens ... Wer den Sturm jener großen Zeit empfunden hat, wen ihre mächtigen Strömungen getragen haben, wem je ein begeistertes Herz in jugendlicher Brust schlug, der wird mir nachfühlen! Ich hatte den Verlust meiner lieben Schwester (sie starb im selben Jahr wie der Vater, 1813) tief beweint, der Tod des Vaters hatte mich schwer erschüttert, doch das waren leichte Stichwunden gegen diesen Dolchstoß mitten in's Herz!«

Der Text spricht für sich, er muß nicht noch eigens kommentiert werden. Also Artillerist wurde er, später dann Lehrer für Mathematik, Deutsch und Geschichte an der Brigadeschule in Berlin. 1818 beförderte man ihn zum Offizier. Es war die Zeit, als er den Komponisten Ludwig Berger kennenlernte, der als erster Teile aus dem Liederzyklus »Die Schöne Müllerin« vertonte. Für diesen schrieb eine ganze Reihe Liedtexte. Krönung ihrer Zusammenarbeit sollte die Oper »Orestes« werden. Aber Berger kam mit Rellstabs Libretto nicht zurecht.

1820 starb Rellstabs Mutter, und das unter ihm und seinen Geschwistern aufzuteilende Familienvermögen erlaubte ihm, sich aus dem Militärdienst zurückzuziehen. Er ging auf Reisen.

1825 traf er in Wien ein, und über ein Empfehlungsschreiben Zelters machte er die Bekanntschaft Beethovens. In seinem Gepäck hatte er auch das Libretto zu »Orestes«, aber auch viele Liedtexte, die er dem Meister zur Vertonung überließ. Doch dieser, schon leicht kränkelnd, war zu sehr mit seinen Sonaten und Quartetten, die wir heute die späten nennen, beschäftigt, als daß er sich Vokalstücken hätte zuwenden wollen. Und eine Oper, der »Fidelio«, reichte ihm. Musiktheater war auch nicht so nach seinem Geschmack. Aber, man kann ja nie wissen, dachte sich wahrscheinlich Rellstab und schickte Beethoven zehn lyrische Gedichte zur Komposition, als er wieder in Berlin war. Wie es mit diesen Gedichten weiterging, das schilderte Anton Schindler, Beethovens Vertrauter in jenen Tagen:

»So vieles unsern Schubert betreffend, lebt noch frisch in meiner Erinnerung, das der Mitteilung nicht unwert wäre. Aber wie leicht könnte ich in den Fehler verfallen, den man verschiedenen Schubertschen Kompositionen mit Recht vorwirft! Es möge darum nur eines noch angereiht werden, bevor wir uns dem Monument nähern, das unser Freund sich selber gesetzt hat. Sicherlich wird es den Beschauer in nicht geringes Erstaunen versetzen, wären ihm auch dessen Umrisse schon zum Teil bekannt.

Der gute Erfolg meines Bemühens, Beethoven noch auf seinem Sterbebette Gelegenheit gegeben zu haben, Schuberts Talent von der rechten Seite kennen und würdigen zu lernen, was durch gemeine Naturen früher immer verhindert worden, hat mir Schuberts Dank und besondere Annährung erworben. Ich hatte somit das Vergnügen, ihn im Sommer von 1827 öfters bei mir à la Beethoven ›aufgeknöpft‹ zu sehen. Bei diesen Besuchen hatten ihn gewisse Abteilungen in dem literarischen Nachlasse Beethovens ganz besonders beschäftigt, darunter wieder die mancherlei dem großen Meister eingesandten lyrischen Dichtungen. Eine Sammlung von vielleicht zwanzig Nummern fesselte seine Aufmerksamkeit, weil ich ihm sagen konnte, daß Beethoven mehrere davon zu eigener Komposition bezeichnet hatte. Die Frage nach dem Dichter dieser Sammlung – die noch vollständig vorhanden – wußte ich nicht mit Gewißheit zu beantworten; es schien mir Herr L. Rellstab oder Varnhagen von Ense zu sein.

Schubert steckte diese Gedichte zu sich. Schon nach zwei Tagen brachte er mir in Musik gesetzt: ›Liebesbotschaft‹, ›Kriegers Ahnung‹ und ›Aufenthalt‹. Diese wie noch vier andere aus jener Sammlung, bilden den größten Teil des Inhalts im ›Schwanengesang‹, mit Beisetzung des Namens ›Rellstab‹. – 1843 in Berlin fragte ich Herrn Rellstab, ob er wirklich der Verfasser jener Gedichte sei. Seine Antwort war weder ein entschiedenes Ja, noch Nein. Anfragen bei anderen blieben gleichfalls erfolglos. Da jedoch andere Gründe als bloße Neugierde vorliegen, den Namen des Dichters sicher zu kennen, so erlaube ich mir das laute Ansuchen zu stellen, wer den Namen der Verfasser jener sieben Texte in Schuberts ›Schwanengesang‹ kennt, ihn gefälligst bekannt machen zu wollen. Der patriotische Inhalt einiger weiset auf einen Preußen hin. Varnhagen ist der Verfasser nicht.«

Das ist ja etwas mysteriös. Rellstab soll seine eigenen Gedichte nicht erkannt, sollte sie verleugnet haben? Ob da Schindler nicht etwas durcheinandergebracht hatte? Rellstab erinnert sich ganz anders:

»Diese Blättchen [gemeint sind die Gedichte; d. Vf.] sind nicht verloren gegangen; Herr Professor Schindler hat sie mir vor Jahren aus Beethovens Nachlaß zurückgestellt: Einige waren mit Bleistiftzeichen versehen von Beethovens eigner Hand; es waren diejenigen, welche ihm am besten gefielen, und die er damals an Schubert zur Komposition gegeben, weil er sich selbst zu unwohl fühlte. In dessen Gesangskompositionen finden sie sich auch, und einige davon sind ganz allgemeinbekannt geworden. Mit Rührung empfing ich die Blättchen zurück, die einen so eigentümlichen, aber der Kunst fruchtbar gewordenen Weg gemacht, bis sie wieder zu mir zurückkehrten.«

Der Herausgeber Deutsch notiert dazu in seiner Anmerkung:

»Die Geschichte der von Beethoven an Schubert gegangenen Liedertexte scheint wahr zu sein. Ob sie erst nach Beethovens Tod durch Schindler an Schubert kamen, ist ungewiß. Schubert komponierte 1828 zehn Rellstab-Gedichte, darunter das ›Ständchen‹ (Leise flehen meine Lieder). Die Gedichte waren aber schon 1827 in Buchform erschienen. Und Beethoven lernte Lieder von Schubert erst auf dem Totenbett kennen. Die beiden letzten Argumente lassen Zweifel aufkommen, obwohl Schindler ... Ähnliches wie Rellstab berichtet.«

Immer wenn Otto Ernst Deutsch kommentiert, wird es verworrener als es vorher schon war.

Sagen wir einmal so: Der Musikkritiker Rellstab, der er später wurde, schätzte Schubert nicht sehr. Beethoven oder keiner sollte seine Werke vertonen. Als daraus nichts wurde, gab er sich notgedrungen auch mit Schubert zufrieden. Aber dieser blieb immer zweite Wahl für ihn.

1826 wurde Rellstab fester Musikreferent der »Vossischen Zeitung«. Als Einstand lieferte er eine Besprechung von Carl Maria von Webers »Euryanthe«, die im Königlichen Theater ihre Berliner Erstaufführung erlebte.

Rellstab sollte zum alles beherrschenden Musikkritiker Berlins werden. Wann immer ein Berliner ins Theater ging, glaubte er erst dann seinen Eindrücken, wenn sie von Rellstab bestätigt wurden. Rellstab war eine Institution, eine Ikone. Und das verdankt er auch seiner Unverfrorenheit beim Schreiben. Zweimal wurde er in die Feste Spandau verbracht. Das erstemal bekam er drei Monate Festungshaft aufgebrummt, weil er sich über den Kult um die Sängerin Henriette Sonntag lustig machte, das war 1826, und ein Jahr später legte er sich mit dem damals noch allmächtigen Generalmusikdirektor der Königlichen Oper, Caspare Spontini, an. Resultat: sechs Wochen Festungshaft. Varnhagen von Ense notierte in seinem »Blättern aus der preußischen Geschichte«: »Herr Rellstab hat seinen Festungsarrest in Spandau drei Monate lang glücklich abgesessen und ist jetzt wieder hier wie sonst tätig und munter; die Strafe gilt als Unbequemlichkeit, durchaus nicht als Schande, man spricht ganz angenehm davon.«

Rellstab war ein Tausendsassa des Journalismus. Genausogut wie er über ein Konzert von Paganini schreiben konnte, konnte er über die Entwicklung der Dampfschiffahrt berichten oder über den Fortschritt beim Eisenbahnbau. Reiseberichte waren ihm ebensowenig fremd wie die kleine politische Glosse oder das politische Portrait.

Ihn zu seinem Feinde zu zählen, konnte für einen Künstler tödlich sein. Das mußte auch Giacomo Meyerbeer erfahren. Seine Oper »Robert der Teufel« wurde von Rellstab in Grund und Boden kritisiert. Aber Meyerbeer, Pariskenner, überlegte sich eine Gegenstrategie. Rellstab war nicht nur ein »Reich-Ranicki« des 19. Jahrhunderts, sondern auch ein in damaliger Zeit geschätzter Schriftsteller. Warum ihn nicht als Mitarbeiter gewinnen, denn man wollte ja noch andere Werke von sich in Berlin aufgeführt sehen. Und so würde man zwei Fliegen mit einer Klappe schlagen.

Man hätte einen neuen, nicht unbekannten Schriftsteller als Librettisten gewonnen und einen Kritiker weniger. Meyerbeers Taktik ging auf. Für seine Oper »Ein Feldlager in Schlesien« gewann er Rellstab als Übersetzer des Scribeschen Librettos. Und von da ab waren die beiden ein Herz und eine Seele.

Im Jahre 1830 erschien von Rellstab in der »Zeitung für die elegante Welt« die Novelle »Donna Anna«, die er später mit fünf anderen Novellen im 6. Band seiner »Gesammelten Schriften« abdrucken ließ.

Seine Interpretation ist weitgehend von E. T. A. Hoffmanns Erzählung »Don Juan« inspiriert, geht aber in entscheidenden Momenten über Hoffmanns Interpretation, vor allem in der Zeichnung Don Octavios, hinaus. Das soll im Moment genügen. Später werden wir dieses Thema wieder aufnehmen, wenn wir weiter auf den Spuren, die Mozart in der Jägerstraße gelegt hat, wandeln. Dabei werden wir wieder jenen genius loci konsultieren müssen, der in der Jägerstraße/Ecke Charlottenstraße herrscht.

Wie weitreichend Rellstabs Stellungnahmen als Musikkritiker und -schriftsteller damals waren, mag man daran sehen, daß der Name »Mondschein-Sonate« auf ihn zurückgeht. Als er zum ersten Mal die cis-Moll Sonate op. 27,2 (quasi una fantasia) von Beethoven hörte, verglich er den Klangeindruck der Sonate mit dem optischen Eindruck des mondbeschienenen Vierwaldstätter Sees. Das rief Kritiker auf den Plan, die vermerkten, daß Beethoven den Vierwaldstätter See nicht einmal gekannt, geschweige denn je gesehen habe, sich also folglich nicht bei der Komposition des ersten Satzes davon hätte leiten lassen können. Wie dem auch sei, jedenfalls hatte die Sonate »quasi una fantasia« seit jenen Tagen ihren Namen weg.

Mit dem dichtenden Nomaden Heinrich von Kleist auf Wanderschaft

Am 20. November 1811 verließ am frühen Vormittag der Dichter und Seconde-Leutnant a. D. Heinrich von Kleist seine Wohnung in der Mauerstraße 53 und machte sich auf den Weg zur Staatsrätin Elisabeth Staegemann in der Jägerstraße. Er überquerte die Mauerstraße, bog in die

Taubenstraße ein, schritt rasch am Predigerhaus der Dreifaltigkeitsgemeinde vorbei, wo Daniel Friedrich Schleiermacher wohnte. Nein, dem wollte er heute nicht begegnen. Im Schnellschritt steuerte er die Friedrichstraße an, überquerte sie und überlegte kurz, ob er noch Theodor Körner seine Aufwartung machen sollte, der in der Nr. 33 auf der linken Seite wohnte. Er verwarf den Gedanken und ging zielstrebig weiter. Ob er wußte, daß, als er kurz vor dem Gendarmenmarkt an der Nr. 17 vorbeikam, hier von Dezember 1752 bis 27. März 1753 der von ihm verehrte Voltaire, im Hause des Hofrats Francheville, wohnte?

Voltaire hatte Ende Dezember 1752, fast fluchtartig, kann man sagen, Potsdam verlassen, verlassen müssen. Warum, schildert in einem Brief an den preußischen Gesandten in Paris Friedrich II.: »Voltaire hatte Lust bekommen, Präsident unserer Akademie zu werden. Das beste Mittel, um dies zu erreichen, schien ihm, Maupertius [das war der amtierende, von Friedrich selbst eingesetzte Präsident der Akademie; d. Vf.] lächerlich zu machen. In einem literarischen Streit griff er Maupertius heftig an. Um seine Streitschrift hier drucken zu lassen, erbat er sich von mir die Erlaubnis, seine Verteidigung Lord Bolingbrokes zu veröffentlichen. Diese Erlaubnis benutzte er dazu, seinen Verleger zu betrügen und den ›Akakia‹ zu drucken, die schändlichste Satire gegen Maupertius. Ich erfuhr die Sache und ließ ihn kommen. Er mußte seine Gaunerei zugeben. Ich drohte, ihn herauswerfen zu lassen, wenn er nicht erstens die gesamte Auflage der ›Akakia‹ herausgebe und zweitens ein Schriftstück unterzeichne, in dem er versprach, in Zukunft weder Fürsten noch Privatleute anzugreifen. Das mußte er hinnehmen. Kaum komme ich nach Berlin an, so erfahre ich, daß ›Akakia‹ verkauft wird. Darauf ließ ich das Buch durch Henkershand verbrennen und Voltaire seinen Kammerherrenschlüssel und Orden abfordern. Auf seine inständigen Bitten hin ließ ich mich erweichen und verlangte von ihm nur, in der Zeitung seine nichtswürdigen Schmähschriften zu widerrufen, was er dann auch tun mußte.«

Soweit der König. Bei der von ihm erwähnten Schrift handelt es sich um die »Diatribe du docteur Akakia, médecin du pape«. Sie handelt von einem gewissen Doktor Akakia, der angeblich Arzt des Papstes sein soll und mit einem jungen Mann in Streit gerät über ... Schwamm drüber. Verlassen wir den Inhalt, über den halb Europa lachte, auch der König, aber nur privat und hinter vorgehaltener Hand, und kommen wir zum

Heinrich von Kleist (1777–1811).

Wesentlichen, der Bemerkung Friedrichs, »... darauf ließ ich das Buch durch Henkershand verbrennen ...«

Am Heiligabend 1752 um 10 Uhr in der Früh konnten die Bewohner des Gendarmenmarktes und der angrenzenden Straßen einem denkwürdigen Schauspiel beiwohnen, das auch später in Berlin und Deutschland Schule machen sollte, der oben angekündigten Bücherverbrennung. Voltaire schaute von seinem Fenster in der Taubenstraße zu, wie der Henker von Berlin sein Amt verrichtete. Der alte, streitbare Theologe David Friedrich Strauss schrieb dazu in seiner Voltaire-Biographie: »Nein, diese Art, gegen ein Buch vorzugehen, mußte der Fürst der Aufklärung der spanischen Inquisition oder dem Pariser Parlament überlassen, und Voltaire hat ihm in der Tat etwas geschenkt, daß er diesen Akt nicht zum Gegenstand einer satirischen Darstellung gemacht hat.«

Es wurde für Voltaire brenzlig in Berlin, im wahrsten Sinne des Wortes. Schon in einem Brief vom 18. Dezember, den er aus Berlin an seine Nichte, Madame Denis, schrieb, kann man das zwischen den Zeilen herauslesen: »... Ich sehe wohl, da man die Orange ausgepreßt hat, muß man darauf bedacht sein, die Schale zu retten ... Nun will ich mir ein kleines Wörterbuch für Könige anlegen. ›Mein Freund‹ bedeutet ›mein Sklave‹. ›Mein lieber Freund‹ heißt: ›Sie sind mir mehr als gleichgültig‹. Unter der Phrase: ›Ich werde Sie glücklich machen‹ ist zu verstehen: ›Ich werde Sie bei mir dulden, solange ich Sie brauchen kann‹. ›Soupieren Sie heute abend mit mir‹ bedeutet nur: ›Ich will Sie heute abend verhöhnen.‹«

Aber erst am 27. März 1753 sollte Voltaire Berlin für immer verlassen.

Wir verlassen jetzt auch Voltaire und gehen mit Kleist weiter über den Gendarmenmarkt, vorbei an Ifflands Theater (von beidem, von Iffland und seinem Theater, später mehr) und dem Deutschen Dom, überqueren die Markgrafenstraße und streben der Oberwallstraße zu, biegen links in sie ein und gehen bis zur Ecke Jägerstraße, wechseln die Straßenseite und läuten mit Kleist am Haus Nr. 34, der Königlichen Hauptbank, bei der Dienstwohnung des Staatsrats Staegemann im ersten Stock. Kleist war mit den Staegemanns seit 1805, seiner Königsberger Zeit, bekannt. Er war dort, wie in Berlin, ein gerngesehener Gast im Salon der Staatsrätin. Ihre Tochter Hedwig, unsere »Schöne Müllerin«, erinnerte sich noch im hohen Alter an Lesungen Kleists in ihrem Elternhaus.

»[Er las aus] Penthesilea und dem Prinzen von Homburg. Er begann meist zaghaft, fast stotternd, und erst allmählich ward sein Vortrag freier und feuriger.«

Auch an den 20. November kann sich Hedwig erinnern oder das wiedergeben, was ihr ihre Mutter erzählte, denn sie war gerade elf Jahre alt: »Aus der allerletzten Zeit Kleists erzählt Frau von Olfers [d. i. Hedwig Staegemann, die 1823 den nachmaligen Generaldirektor der Königlichen Musen, Ignaz von Olfers, geheiratet hatte; d. Vf.], daß er, am Tage vor seinem Tode, bei ihrer Mutter ... eingetreten sei, und daß die leidende Frau ihm entgegengerufen habe: ›Verzeihung, lieber Kleist, aber ich kann Sie jetzt nicht empfangen‹, – worauf er, ohne etwas zu sagen, das Zimmer verlassen habe; als dann am nächsten Tage die Katastrophe eintrat, hat die Freundin sich selbst bittere Vorwürfe gemacht, weil ein Aussprechen mit ihr vielleicht doch das Äußerste verhindert hätte.«

Und in seinem Nachruf auf Hedwig von Olfers, die 1891 hochbetagt starb, schrieb Ernst von Wildenbruch: »Im Hause ihrer Eltern, in dem er (Kleist) verkehrte, hat sie ihn gesehen und gesprochen, und bis in ihre spätesten Jahre war ihr der merkwürdige, im Umgange schüchterne und scheue Mann lebendig und gegenwärtig geblieben. Es scheint, daß der Dichter eine Zuneigung zu der Mutter des früh entwickelten geistvollen Mädchens gefaßt hatte, denn noch am Tage, bevor er mit Henriette Vogel die verhängnisvolle Reise antrat, war er bei Staegemanns erschienen und hatte die Mutter zu sehen verlangt. Er war aber abgewiesen worden und gegangen, um nicht zurückzukehren, und so oft die alte Frau später von jenem Tage erzählte, wurde ihre Stimme leiser, und sie neigte das Haupt – ›wenn ich ihn angenommen hätte damals – wenn –‹«

Kleist kehrte stante pede um und lief zur Markgrafenstraße 60. Hier wohnte Henriette Vogel mit ihrer Familie. Was Kleist bei oder von Elisabeth von Staegemann wollte, wird wohl nie entschlüsselt werden, wie so vieles im Leben des Dichters. Was in der Vogelschen Wohnung geschah, läßt sich mit einiger Sicherheit sagen. Die Familie war außer Haus. Henriette Vogel und Kleist sind allein, werden also nicht gestört. In der »grünen Stube« hinterlegen sie in einem schwarzen Koffer einige Briefe. Dann bestellen sie eine Lohnkutsche, die sie zu Johann Friedrich Stimmings Gasthof »Zum neuen Krug« nahe am Kleinen Wannsee brachte. Hier trafen sie zwischen zwei und drei Uhr Nachmittags ein.

Was dann passierte am Kleinen Wannsee, ist hinreichend dokumentiert und aufs genaueste protokolliert, so gut wie sonst nichts in Kleists Leben, weshalb wir uns das hier jetzt schenken können. Nur soviel: Das Liebespaar Kleist und Henriette Vogel, jawohl, Liebespaar, mietete im zweiten Stock des Gasthofs zwei Zimmer und verbrachte den Tag und die Nacht mit Briefeschreiben und übermütigem Herumtollen. Am Nachmittag des nächsten Tages, so gegen fünzehn Uhr, Heinrich und Henriette befanden sich am jenseitigen Ufer, bestellte Heinrich für 8 Groschen Rum, trank ihn und erschoß etwa eine Stunde später zuerst Henriette Vogel und dann sich selber.

Schauen wir doch einmal in einen dieser Briefe, die des Nachts geschrieben wurden, rein. An seine Schwester Ulrike schrieb Kleist:

»Ich kann nicht sterben, ohne mich, zufrieden und heiter, wie ich bin, mit der ganzen Welt, und somit auch, vor allen Anderen, meine theuerste Ulrike, mit dir versöhnt zu haben. Laß sie mich, die strenge Aüßerung, die in dem Briefe an die Kleisten enthalten ist, laß sie mich zurücknehmen; wirklich, du hast an mir gethan, ich sage nicht, was in Kräften einer Schwester, sondern in Kräften eines Menschen stand, um mich zu retten: die Wahrheit ist, daß mir auf Erden nicht zu helfen war. Und nun lebe wohl; möge dir der Himmel einen Tod schenken, nur halb an Freude und unaussprechlicher Heiterkeit, dem meinigen gleich: das ist der herzlichste und innigste Wunsch, den ich für dich aufzubringen weiß.

Stimmings bei Potsdam
d. – am Morgen meines Todes

Dein
Heinrich«

Und an Ernst Friedrich Peguilhen schrieb Henriette Vogel mit hintersinniger Ironie, die man ihr in solch einem Moment gar nicht zugetraut hätte: »Mein sehr werther Freund! Ihrer Freundschaft die Sie für mich, bis dahin immer so treu bewiesen, ist es vorbehalten, eine wunderbare Probe zu bestehen, denn wir beide, nehmlich der bekannte Kleist und ich befinden uns hier bei Stimmings auf dem Wege nach Potsdamm, in einem sehr unbeholfenen Zustand, indem wir erschossen da liegen, und nun der Güte eines wohlwollenden Freundes entgegen sehn, um unsre gebrechliche Hülle, der sichern Burg der Erde zu übergeben ... Ein kleines versiegeltes schwarzes ledernes Felleisen, und einen versiegelten Kasten worinn noch Nachrichten für Vogel, Briefe, Geld und Kleidungsstücke auch Bücher vorhanden, werden Sie bei Stimmings finden ... Einen kleinen Schlüßel werden Sie noch eingesiegelt im Kasten finden, er gehört zum Vorhängeschloß des einen Koffer *zu Hause bei Vogel*, worin noch mehrere Briefe und andre Sachen zum besorgen liegen.«

Und Heinrich von Kleist fügte an: »Ich kann wohl Ihre Freundschaft auch mein liebster Peguilhin für einige kleine Gefälligkeiten in Anspruch nehmen. Ich habe nämlich vergessen meinem Barbier für den laufenden Monat zu bezahlen, und bitte, ihm 1 Rth, à ⅓ C zu geben, die Sie eingewickelt in dem Kasten der Mad: Vogel finden werden. Die Vogeln sagt mir eben, daß Sie den Kasten aufbrechen und alle Commissionen die sich darin finden besorgen mogten: damit Vogel nicht gleich damit behelligt würde – Endlich bitte ich noch, das ganze, kleine schwarzlederne Felleisen, das mir gehört, mit Ausnahme der Sachen die etwa zu meiner Bestattung gebraucht werden mogten, meinem Wirth, dem Quartiermeister Müller, Mauerstraße N 53, als einen kleinen Dank für seine gute Aufnahme und Bewirthung, zu schenken. – Leben Sie recht wohl, mein liebster Peguilhin; meinen Abschiedsgruß und Empfehlung an Ihre vortreffliche Frau und Tochter.

H. von Kleist

man sagt hier d. 21^{t} Nov; wir wissen aber nicht ob es wahr ist.«

Er ist etwas verwirrt, der gute Heinrich von Kleist, was den genauen Tag angeht. Aber das sind Kleinigkeiten hinsichtlich dessen, was noch zu tun ist. Da will man sich erschießen und gleichzeitig die Freundin umbringen, und was teilte man seinem Freund und der Nachwelt mit: Bezahl meinen Barbier. Man könnte doch wirklich glauben, daß das in der Stunde des Todes eine quantité négligeable darstellen würde. Nein, nicht so bei einem preußischen Junker und Offizier a. D.

Wie alles anfing: Am 7. Februar 1810 konnte man im »Berliner Intelligenzblatt« unter der Rubrik der »einpassirten Fremden« folgende Notiz lesen: »Den 4. Februar angekommen Hr. v. Kleist, Lieutnant a. D. von Potsdam, Hotel de Prusse.«

Das Hôtel de Prusse befand sich in der Leipziger Straße 31 (zwischen Friedrichstraße und Charlottenstraße). Es war ein Hotel der ersten Kategorie. Man war ja schließlich wer. Dieses Hotel und auch die anderen, die Kleist bewohnte, widerlegen die Mär vom armen Heinrich, der immer am Existenzminimum herum gelebt habe. Geld hatte er immer zur Verfügung, und wenn es einmal eng wurde, dann half Schwester Ulrike aus. Vom Hotel aus machte sich Kleist auf die Suche nach einer Wohnung. Er sollte sie in der Mauerstraße 53 finden. Hier im Hause des Quartiermeisters Müller verbrachte Kleist die letzten 22 Monate seines Lebens.

Es war nicht Kleists erster Aufenthalt in Berlin. Als Zehnjähriger wurde Kleist im Januar 1788 das erste Mal nach Berlin geschickt. Zusammen mit seinen Vettern Heinrich Ernst von Schönfeldt und Wilhelm Ludwig Theodor von Pannwitz wohnte er bei dem Prediger der französisch-reformierten Gemeinde, Samuel Henri Catel, in der Kronenstraße (ab 1800 Nr. 54, Haus der Witwe Causse, Kronen-/Ecke Charlottenstraße). Catel war Lehrer an zwei französischen Schulen, der Privatschule seines Schwagers Frédéric Guillaume Hauchecorne, in der Mohrenstraße (ab 1800 Nr. 47) und am Collège Français, in der Niederlag-Wall-Straße 2 (erst ab 1836 Niederlagstraße, nachdem die Niederlagstraße, die parallel verlief, in Schinkelplatz umbenannt wurde). Nach einer anderen Lesart soll Kleist in der Privatschule Hauchecornes, die eine Art Internat war, gewohnt haben und nur dort unterrichtet worden sein und nicht, wie vielfach vermutet, auch am Collège Français. Wie dem auch sei, für den weiteren Fortgang seines kurzen Lebens ist es nicht so sehr von Bedeutung, wo der kleine Kleist Französisch und Latein lernte. Im Juni 1788 starb sein Vater an Wassersucht, und Kleist mußte zurück nach Frankfurt/Oder, zurück zur Mutter. Oder kam er erst nach dem Tode seines Vaters nach Berlin, wie es uns ein Biograf glauben machen will? Was soll's. Es ist nicht wichtig. Es gibt Wichtigeres in seinem Leben, dem wir nachgehen wollen.

Das zweite Mal kommt er im August 1800 nach Berlin, nachdem er Frankfurt an der Oder für alle überraschend nach einem dreisemestrigen Studium verlassen hat. An seine Schwester Ulrike schrieb er:

»Berlin, d. 14^{t} August 1800

Noch am Abend meiner Ankunft an diesem Orte melde ich Euch, daß ich gesund und vergnügt bin, und bin darum so eilig, weil ich fürchte, daß ihr, besonders an dem letzteren, zweifelt.

Denn eine Reise, ohne angegebnen Zweck, eine so schnelle Anleihe, ein ununterbrochenes Schreiben und am Ende noch obendrein Thränen – das sind freilich Kennzeichen eines Zustandes, die dem Anscheine nach, Betrübniß bei theilnehmenden Freunden, erwecken müssen.

Indessen erinnere Dich, daß ich bloß die Wahrheit verschweige, ohne indessen zu lügen, und daß meine Erklärung, das Glück, die Ehre, und vielleicht das Leben eines Menschen durch diese Reise zu retten, vollkommen gegründet ist.

Gewiß würde ich nicht so geheimnißreich sein, wenn nicht meine beßte Erkenntniß mir sagte, daß Verheimlichung meines Zweckes nothwendig, *nothwendig* sei.

Indessen Du, und noch ein Mensch, ihr sollt beide mehr erfahren, als alle übrigen auf der Welt, und überhaupt Alles was zu verschweigen nicht nothwendig ist.

Dabei baue ich aber nicht nur auf Deine unverbrüchliche Verschwiegenheit (indem ich will, daß das Scheinbar-Abendtheuerliche meiner Reise durchaus versteckt bleibe, und die Welt weiter nichts erfahre, als daß ich in Berlin bin und Geschäfte beim Minister Struensee habe, welches zum Theil wahr ist) sondern auch auf Deine feste Zuversicht auf meine Redlichkeit, so daß selbst bei dem widersprechendsten Anschein Dein Glaube an dieselbe nicht wankt.

Unter diesen Bedingungen sollst Du Alles erfahren, was ich sagen kann, welches Du aber ganz allein nur für Dich behalten und der Welt nichts anderes mittheilen sollst, als daß ich in Berlin bin. Ich glaube, daß das Vortreffliche meiner Absicht, die Ausbreitung dieses Satzes, selbst wenn er zuweilen eine Lüge sein sollte, entschuldigt und rechtfertigt.

Ich suche jetzt zunächst einen edlen, weisen Freund auf mit dem ich mich über die Mittel zu meinem Zweck berathen könne, indem ich mich dazu zu schwach fühle, ob ich gleich stark genug war, den Zweck selbst unwiderruflich festzustellen.

Wärst Du ein Mann gewesen – o Gott wie innig habe ich dies gewünscht! – Wärst Du ein Mann gewesen – denn eine Frau konnte meine Vertraute nicht werden, – so hätte ich diesen Freund nicht so weit zu suchen gebraucht, als jetzt.

Ergründe nicht den Zweck meiner Reise, selbst wenn Du es könntest. Denke, daß die Erreichung desselben zum Theil an die Verheimlichung vor allen, allen Menschen beruth. Für jetzt wenigstens. Denn einst wird es mein Stolz und meine Freude sein, ihn mitzutheilen.

Grüße W(ilhelmine) v. Z(enge). Sie weiß soviel, wie Du, aber nicht viel mehr. – Schicke mir doch durch die Post meine Schrift, über die Kantische Philosophie, welche Du besitzest und auch die Kulturgeschichte, welche Auguste hat; aber sogleich.

Ich kehre nicht so bald wieder. Doch das Alles behältst Du für Dich. Du sollst jedesmal den Ort erfahren, wo ich bin; Du wirst von diesem Vertrauen keinen Gebrauch machen, der der Erreichung meines Zweckes hinderlich wäre.

Sei ruhig. Sei ganz ruhig. – Wenn auch die Hülle des Menschen mit jedem Monde wechselt, so bleibt doch Eines in ihm unwandelbar und ewig: das Gefühl seiner Pflicht.

Dein treuer Bruder Heinrich«

Ein etwas absonderlicher Brief. Ein Brief, der ein Geheimnis verbirgt und der vom Geheimnis handelt, ein Geheimbrief im wahrsten Sinne des Wortes. Weshalb wir ihn auch in Gänze zitiert haben. Es lohnt, sich auf ihn ein wenig einzulassen, denn es werden noch weitere folgen, an die Schwester und vor allem an seine Verlobte Wilhelmine von Zenge. Seine Berlin-Reise wird nicht die einzige sein, für die es kein schlüssig zu ergründendes Motiv gibt. Nein, noch geheimnisvoller ist die Reise, die er von Berlin aus im August nach Würzburg zusammen mit seinem »edlen, weisen Freund« Ludwig von Brockes unternimmt. Bevor wir uns in die geheimnisvolle Reise einklinken, wollen wir die bisherigen Hypothesen, die darüber existieren, einmal zusammenfassen: Da gibt es die medizinischen Gründe, die ihn bewogen hätten, die Reise nach Würzburg anzutreten. Die ältere Forschung geht davon aus, daß Kleist an einer Phimose litt. Aber fährt man dafür extra nach Würzburg? Es gab bestimmt auch in Frankfurt/Oder oder in Berlin Ärzte, die diesen harmlosen Eingriff hätten vornehmen und so Kleist von seiner Vorhautverengung heilen können. Die neuere Forschung schließt nicht aus, daß Kleist sich einer magnetischen Behandlung unterzogen habe. Oder aber, daß er sich an der dortigen Universität hatte habilitieren wollen, um so ein Auskommen zu haben, das es ihm ermöglichte, seine Braut zu heiraten! Anderere wiederum wollen nicht ausschließen, daß Kleist für den preußischen Minister für Zoll-, Handel- und Fabrikwesen, Karl Gustav von Struensee, als Industriespion unterwegs war, um die Herstellung von Pickelgrün zu erkunden. Industriespion, warum nicht gleich Staatsagent, ein früher James Bond, der im Auftrag der preußischen Mäjestät zwischen den Fronten (Österreich und Frankreich kämpften um Würzburg) was auch immer ausspionieren sollte. Oder, das ist die neueste These, er war mit Freund Brockes auf Zockertour, um mit diesem leicht »verdienten« Geld seine Hochzeit zu finanzieren!

Richtig. Er hat gezockt, gewürfelt. Aber nicht, um die Braut finanziell befriedigen zu können. Er hat gezockt und gewürfelt mit und um Freund Brockes, den »weißen, edlen Freund«. Ihn wollte er. Es ging also um Befriedigung, aber nicht um finanzielle. Und damit wären wir bei einer anderen Hypothese über die Würzburg-Reise angelangt. Kleist ging es um die Klärung seiner sexuellen Präferenz. Und dafür war ihm jede Stadt recht, die weit weg vom Schuß, sprich Frankfurt/Oder resp. Berlin, lag.

Tja, und dann gibt's da noch die These, daß Kleist in Würzburg Freimaurer aus Jena und Paris hatte treffen wollen. Freimaurerei! Das hat was. Da muß man sich nicht mit so vulgären Sachen wie der Sexualität, sei sie homo-, heterosexuell oder beides beschäftigen. Nein Freimaurerei, da kommt man in Berührung mit der Aufklärung und mit bedeutenden Persönlichkeiten. Da steht man plötzlich in einer Reihe mit – wir verlieren unseren roten Faden nicht – Mozart. Nein, lassen wir diese Spekulationen und stochern wir lieber in menschlicheren Gefilden herum. Folgen wir seinem Vexierspiel.

Kleist kam am 14. August in Berlin an und fuhr am 17. mit der »Stettiner bedeckten Post« gegen 8 Uhr morgens weiter nach Pasewalk. An die Braut schrieb er: »Also höre! Mein erster Plan ist ganz vollständig geglückt. Ich habe einen ältern, weisern Freund gefunden, grade den, den ich am innigsten wünsche. Er stand nicht einen Augenblick an, mich in meinen Unternehmungen zu unterstützen. Er wird mich bis zu seiner Ausführung begleiten ... Ach, mein beßtes Minchen, wie unbeschreiblich beglückend ist es, einen weißen zärtlichen Freund zu finden, da wo wir seiner grade recht innig bedürfen ... Bei meinem Freunde Brokes habe ich Alles gefunden, was ich bedurfte, und dieser Mensch müßte auch Dir jetzt vor allem Anderen, nach mir vor allem Anderen theuer sein.«

Und Schwester Ulrike bekommt das gleiche mitgeteilt, da immer die eine genausoviel wie die andere wissen soll, abgesehen davon, daß Ulrike nur wissen darf, wo Heinrich ist, und Wilhelmine, wo er sein wird. Alles klar? Nein? Dann weiter in der Reise durch Kleists Geheimbriefe.

Am 22. August reisen Kleist und sein Freund Brockes nach Berlin ab. Hier trifft sich Kleist mit dem Minister Struensee. Der Schwester teilt er mit, was er »nicht verschweigen will«, daß er mit Brockes gedenkt nach Wien zu reisen. Am 28. August geht die Reise los. Über Potsdam, Treuenbrietzen, Wittenberg, Düben geht's zur ersten Station, Leipzig.

Hier angekommen, machten die beiden sich auf den Weg zur Universität, um sich zu immatrikulieren, um so an neue Pässe zu gelangen. Denn unter eigenem Namen wollten sie nicht reisen.

Als Wohnort gaben sie Rügen an. Brockes wurde zum Student der Ökonomie und nannte sich Moritz Ludwig Bernhoff und Kleist zum Student der Mathematik und hieß nun Heinrich Bernd Wilhelm Klingstedt.

Und um letzteren Namen, Klingstedt, ist auch ziemlich viel Geschrei gemacht worden, das wir uns kurz einmal anhören wollen. Frank Haase schreibt in seiner Dissertation »Kleists Nachrichtentechnik. Eine Diskursanalytische Untersuchung«: »›Klingstedt‹ ist das Pseudonym des Agenten und *zugleich* der Name seiner auditiven Halluzinationen. Das hat bei allem Scharfsinn die Kleist-Forschung schlichtweg überlesen. ›Klingstedt‹ heißt dem Wortsinne nach ›klingende Stätte‹, der Ort, wo die auditiven Phänomene erklingen. Es ist der Name für ein innerpsychisches Phänomen, dessen Verhältnis zum Ich wie das des Spions zur Öffentlichkeit ist.

Will man dem Geheimnis der Würzburger Reise und ihres Autors auf die Spur kommen, muß man diesem Sachverhalt nachgehen. Schon aus der Selbstbenennung wird deutlich, wie sehr sich Kleist mit der Eigentümlichkeit auditiver Halluzination auseinandersetzte, deren Schilderung die Kleist-Forschung vorausetzungslos als Ausweis seiner poetischen Begabung akzeptierte.«

Auditive Halluzination? Da lesen wir doch schnell einmal, bevor wir weiterreisen, in einem Brief an die Verlobte vom 19. September 1800: »... Zuweilen – Ich weiß nicht ob Dir je etwas Ähnliches glückte, und ob Du es folglich für wahr halten kannst. Aber ich höre zuweilen, wenn ich in der Dämmerung, einsam, dem wehenden Athem des Westwinds entgegen gehe, und besonders, wenn ich dann die Augen schließe, ganze Concerte, vollständig, mit allen Instrumenten von der zärtlichen Flöte bis zum rauschenden Contra-Violon. So entsinne ich mich besonders einmal als Knabe vor 9 Jahren, als ich gegen den Rhein und gegen den Abendwind zugleich hinaufgieng, und so die Wellen der Luft und des Wassers zugleich mich umtönten, ein schmelzendes Adagio gehört habe, mit allem Zauber der Musik, mit allen melodischen Wendungen und der ganzen begleitenden Harmonien. Es war wie die Wirkung eines Orchesters, wie ein vollständiges Vaux-hall ... Und dieses Concert kann ich mir, ohne Capelle, wiederholen so oft ich will – aber so bald ein Gedanke daran sich regt, gleich ist alles fort, wie weggezaubert durch das magische: disparois!, Melodie, Harmonie, Klang, kurz die ganze Spärenmusik.«

Das war die Vorlage für Haase, aber seine Flanke landete im Irgendwo; denn genauso wie die Kleist-Forschung diesen Umstand übersehen hatte, den Frank Haase aufspürte, hat er folgendes nicht beachtet. Kleist und Brockes gaben bei ihrer Immatrikulation in Leipzig an, daß sie von Rügen seien, und Rügen gehörte damals zu Schweden. Da lag es doch wohl nahe, damit der Schwindel mit der falschen Identität nicht gleich auffiel, daß man sich Namen von schwedischen Familien aussuchte. Auf Rügen gab es sowohl eine Familie Klingstedt wie eine Familie Bernhoff.

Hier blenden wir uns aus, denn Klingstedt hin und auditive Halluzination her, es geht weiter nach Dresden. In Dresden geschieht etwas, was zu einer Änderung des Reiseplans führt. Nicht mehr Wien soll jetzt das Ziel der Reise sein, sondern Straßburg oder Würzburg. Was letztendlich die Entscheidung für Würzburg gab, liegt im dunkeln, oder anders gesagt, Kleist läßt die Katze nicht aus dem Sack. Er ist gesprächig, aber so gesprächig wiederum nicht. Wenn er konkret werden soll, wird seine Rede äußerst dunkel.

Also Würzburg. Kleist und Brockes sind endlich da angekommen, wo sie eigentlich nicht hin wollten. Im »Würzburger Intelligenzblatt« vom 12. September 1800 kann man unter der Rubrik »Angekommene Fremde vom 4. bis 11. September« lesen: »Im Gasthof zum fränkischen Hof: ... Hr. Bernhoff, Hr. Klingstedt, Studenten v. Leipzig.« Da sind die Herren Studenten aber fein abgestiegen. Der Fränkische Hof (heute Theaterstraße 1–3, gleich gegenüber dem Julius-Spital) war das erste Haus am Platze gewesen. Armer Heinrich? Denkste! Aber auf die Dauer war ihnen der Fränkische Hof dann doch zu teuer. Man suchte eine neue Unterkunft und fand sie bei dem Stadtchirurgen Joseph Wirth, in einem Eckhaus am damaligen neuen Markt, heute Schmalzmarkt 3, das Heinrich der Verlobten wie folgt schildert: »Wir sind also aus unserm prächtigen Gasthofe ausgezogen, in ein kleines, verstecktes Häuschen, das Du gewiß nicht finden solltest, wenn ich es Dir nicht bezeichnete. Es ist ein Eckhaus, auf drei Seiten, ganz nahe mit Häusern umgeben, die finster aussehen, wie die Köpfe, die sie bewohnen ... Unser Zimmer ist indessen ziemlich hell. Wir haben das Eckzimmer mit 4 Fenstern von zwei Seiten. In Rom war ein Mann, der in Wänden von Glas wohnte, um die ganze Stadt zum Zeugen aller seiner Handlungen zu machen. Hier würde ganz Wirzburg ein Zeuge der unsrigen sein, wenn es hier nicht jene jesuitischen Jalousien gäbe, aus welchen man füglich hinaus sehen kann, ohne daß von außen hinein gesehen werden könnte ... Unser Wirth heißt übrigens Wirth, und wir befinden uns in diesem doppelten Wirthshause recht wohl. Uns bedient ein Mädchen, mit einer holden Freundlichkeit, und sorgt für uns, wie für Brüder, bringt uns Obst, ohne in allem Ernste Geld zu nehmen, u.s.f.«

Dem Vermieter Wirth sollten die beiden Studiosi nach Ärger machen – oder anders gesagt, durch sie sollte er Ärger mit dem Stadtrat bekommen, da er sie ohne Quartierzettel aufgenommen hatte. Das hatte aber keine weiteren Folgen für die beiden, sie konnten wohnen bleiben, da der Konflikt gütig beigelegt wurde.

So, jetzt, wo die beiden Freunde in Würzburg sind, sie werden bis Mitte Oktober in der Main-Metropole bleiben, flanieren wir etwas durch Kleists Briefe, um ihn bei seinem Versuch zu beobachten, Klarheit über sich und seine Gefühle zu gewinnen. Er erlangt zwar keine Klarheit, um schon einmal das Resultat vorwegzunehmen, dafür aber gebiert dieser Findungsversuch etwas anderes: den Dichter Heinrich von Kleist.

Im Brief an Ulrike vom 14. August heißt es: »Wärest Du ein Mann gewesen – o Gott wie innig habe ich dies gewünscht! Wärest Du ein Mann gewesen – denn eine Frau konnte meine Vertraute nicht werden, – so hätte ich diesen Freund nicht so weit zu suchen gebraucht, als jetzt.«

Hier tritt zum ersten und nicht zum letzten Mal sein Schwanken zwischen den Geschlechtern auf, das sich bis zu seinem Tod durch Leben und Werk ziehen wird, wie z.B. in einem dilettantischen Gedicht für die Schwester von Neujahr 1800:

»*Amphibion* Du, das in zwei Elementen stets lebet,
Schwanke nicht länger und wähle Dir endlich ein sichres Geschlecht.
Schwimmen und fliegen geht nicht zugleich, drum verlasse das Wasser,
Versuch es einmal in der Luft, schüttle die Schwingen und fleuch!«

Ein Gedicht für die Schwester? Oder nicht vielleicht doch ein Gedicht pro domo? Ein Geheimgedicht, das über die Schwester und für sie, eigentlich von ihm spricht! So wie er all seine Pläne immer in einen Kokon von verdunkelnden Hinweisen eingesponnen hat. Nun gut, die Schwester liebt Männerkleidung, gibt sich auch sonst burschikos und ist für Heinrich immer Geldgeberin. Der »arme« Heinrich ist nicht arm, aber er lebt immer über seine Verhältnisse. Wäre da nicht die Schwester, die einspringen muß. Noch über den Tod hinaus. In seinen Abschiedsbrief an Kriegsrat Peguilhen heißt es: »Die Kosten, was mich betrifft, werden Ihnen von Frankfurt aus, von meiner Schwester Ulrike erstattet werden.« Ulrike ermöglichte ihm nicht nur ein halbwegs finanziell unbeschwertes Leben, sondern finanzierte auch sein Sterben und die damit verbundenen Kosten.

Ulrike, die aus eigenen Stücken unverheiratet blieb, lebte in einer streng protestantisch-patriarchalischen Umwelt, die ihr eines nicht verziehen hätte: die Liebe zu Frauen. Und sie liebte Frauen, weil der Bruder sie nur hätte lieben können, lieben wollen, wenn sie ein Mann gewesen wäre. Und weil sie es nicht war, suchte er sich einen anderen zum Liebhaber: Ludwig Brockes.

Den ganzen homoerotischen Unterton seiner Liebesbriefe, die fast ausnahmslos an Männerfreunde gerichtet sind und die selbst dann, wenn sie einmal der Verlobten gelten, an entscheidender Stelle doch wieder – verräterisch – vom Mann sprechen, zu unterschlagen oder sie zu verniedlichen heißt, Kleist Gewalt anzutun, ihn nicht ernst zu nehmen.

Brockes also. Kennengelernt haben soll er ihn 1796 auf Rügen. Belege oder gar Beweise gibt es dafür nicht. Auch wird es, wie auch die Reise nach Würzburg, ein ewiges Geheimnis bleiben, wie sie ihre Freundschaft über die Distanz der Jahre aufrechterhalten haben.

Werfen wir einmal einen Blick in seine Briefe vom 20. und 21. August an seine Verlobte Wilhelmine: »Also höre! Mein erster Plan ist ganz vollständig geglückt. Ich habe einen älteren weisern Freund gefunden, gerade den, den ich am innigsten wünsche ... Ach, mein beßtes Minchen, wie unbeschreiblich beglückend ist es, einen weisen, zärtlichen Freund zu finden, da wo wir seiner grade recht innig bedürfen ... bei meinem Freund Brokes [Kleist läßt konstant das c im Namen weg; d. Vf.] habe ich Alles gefunden, was ich bedurfte ...«

Und dann verräterisch, wenn nicht entlarvend: »... sehr viel kann ein Freund thun, wenn der Geliebte fehlt.«

Wer fehlt hier wem? Der Geliebte der Geliebten, denn der Brief ist ja an Wilhelmine gerichtet. Oder ist es ein Verschreiben, eine frühe, sehr frühe Freudsche Fehlleistung? Fragen über Fragen! Und alle ohne Antwort? Ohne?! Lesen wir noch etwas in Heinrichs Briefen. Am 1. September schreibt er an die Braut (?), Verlobte (?), Freundin (?): »Vorgestern auf der Reise, als die Nacht einbrach, lag ich mit dem Rücken auf dem Stroh unsers Korbwagens, und blickte grade hinauf in das unermeßliche Weltall. Der Himmel war malerisch schön. Zerrissene Wolken, bald ganz dunkel, bald hell vom Mond erleuchtet, zogen über mich weg. Brokes und ich, wir suchten beide und fanden Ähnlichkeiten in den Formen des Gewölks, er die seinigen, ich die meinigen. Wir empfanden den feinen Regen nicht, der von oben herab uns die Gesichter sanft benetzte.«

Ja und dann kommt eine Passage, die, wenn sie genau gelesen wird, von etwas ganz anderem erzählt, als es auf den ersten Blick scheinen mag. Kleist fährt fort: »Endlich ward es mir doch zu arg und ich deckte mir den Mantel über den Kopf ... und dann drückte ich dich an meine Brust und schlief in Deinen Armen ein.«

Wie denn nun! Er lag doch neben Brockes, er imaginierte Wilhelmine doch nur. Er schlief an Brockes Brust ein, nicht an ihrer, und ihn, nicht Wilhelmine, drückte er, bevor er die Augen schloß. Es gab nur Brockes für ihn, der einzige Mensch, der ihn verstand, wie er Wilhelmine am 5. September mitteilte: »Wie froh bin ich, daß doch wenigstens ein Mensch in der Welt ist, der mich ganz versteht. Ohne Brokes würde mir vielleicht Heiterkeit, vielleicht selbst Kraft zu meinen Unternehmen fehlen.«

Und dann, am 20. September, aus Würzburg ein Brief an die Braut, der sehr, sehr verräterisch ist, der bei der Empfängerin eigentlich alle Alarmglocken hätte schrillen lassen müssen, da er von der Liebe zu ihr handelt, aber eigentlich von der Eifersucht von Brockes auf diese Liebe spricht, einer Liebe, die recht eigentlich nur auf dem Papier existierte, die nicht mehr war als das Experimentierfeld eines werdenden Schriftstellers, der versuchte, Rousseau zu imitieren. Lesen wir diese kurze Passage: »Aber wenn ich denke, daß dieses Papier, auf das ich jetzt schreibe, das unter meinen Händen, vor meinen Augen liegt, einst in Deinen Händen, vor Deinen Augen sein wird, dann – küsse ich es, heimlich, damit es Brokes nicht sieht, – und küsse es wieder das liebe Papier, das du vielleicht auch an Deine Lippen drücken wirst – und bilde mir ein, es wären wirklich schon deine Lippen. – Denn wenn ich die Augen zu mache, so kann ich mir einbilden, was ich will.«

Da ist es raus. Die Liebe zu Wilhelmine ist eine eingebildete, die zu Brockes ist real, weshalb er die eingebildete vor ihm verbergen muß.

Ende Oktober traten die beiden ihre Rückreise an. Kleist nach Berlin und Brockes nach Dresden. Allein in Berlin, schrieb er am 27. Oktober an die Schwester: »Nach Frankfurt möge ich jetzt nicht gerne kommen, um das unausstehliche Fragen zu vermeiden, da ich durchaus nicht antworten kann. Denn ob ich gleich das halbe Deutschland durchreiset bin, so habe ich doch im eigentlichsten Sinne nichts gesehen. Von Würzburg über Meiningen, Schmalkalden, Gotha, Erfurt, Naumburg, Merseburg, Halle, Dessau, Potsdam nach Berlin bin ich (47 Meilen) in 5 Tagen gereist, Tag und Nacht, um noch vor dem 1^{t} Novmbr hier zu sein.«

Der erste Brief nach Beendigung seiner mysteriösen Reise nach Würzburg ging an die Schwester, nicht an die Geliebte, an die Braut, nach der er sich doch so gesehnt hatte, in all seinen Briefen, und nach Frankfurt zu ihr will er vorerst auch nicht. Erst drei Wochen nach seiner Ankunft in der preußischen Hauptstadt schreibt er ihr, am 13. November: »Aber das Entscheidenste ist dies, daß selbst ein Amt, und wäre es eine Ministerstelle, mich nicht glücklich machen kann. Mich nicht, Wilhelmine – denn Eines ist gewiß, ich bin einmal in meinem Hause glücklich, oder niemals, nicht auf Bällen, nicht im Opernhause, nicht in Gesellschaften, und wären es die Gesellschaften der Fürsten, ja wäre es auch die Gesellschaft unsres eignen Königs – und wollte ich darum Minister werden, um häußliches Glück zu genießen? Wollte ich darum mich in eine Hauptstadt vergraben und mich in ein Chaos von verwickelten Verhältnissen stürzen, um still und ruhig bei meiner Frau zu leben? Wollte ich mir darum Ehrenstellen erwerben und mich darum mit Ordensbändern behängen, um Staat zu machen damit vor meinem Weibe und meinen Kindern? Ich will von der Freiheit nicht reden, weil Du mir schon einmal Einwürfe dagegen gemacht hast, ob Du zwar wohl gleich, wie alle Weiber, das nicht recht verstehen magst; aber Liebe und Bildung sind zwei unerlaßliche Bedingungen meines künftigen Glückes – und was könnte mir in einem Amte davon zu Theil werden, als höchstens ein karger, sparsamer Theil von beiden?

... O ich darf nur an Brokes denken –! Wie vieles Gute, Vortreffliche, thut täglich dieser herrliche Mensch.«

Dieser Brief ist eigentlich schon ein Abschiedsbrief an Wilhelmine, obwohl in ihm noch viel von der Liebe zu ihr die Rede ist. Am 22. November teilte er ihr in einem Nachsatz folgendes mit: »Weißt Du wohl, daß Brokes ganz unvermuthet angekommen ist, und den Winter bei uns wohnen wird? – O hättest Du auch bei Dir eine Freundinn, die Dir das wäre, was dieser Mensch mir! Ich bin sehr vergnügt ...«

Brockes ist in Berlin und wohnt bei ihm, was will Heinrichs Herz mehr! Als Kleist von Würzburg kommend in Berlin eintraf, nahm er im Gasthof »Zu den drei Kronen« in der Landsbergerstraße 51 Quartier. Als Brockes zu ihm kam, wohnte er mit Wilhelmines älterem Bruder Carl zusammen in einem neu erbauten Haus Contreescarpe 65, der späteren Alexanderstraße (heute sich zu denken mitten auf der Kreuzung Memhardtstraße/Karl-Liebknecht-Straße). Sie waren die ersten Mieter und hatten Rabatt, da sie die Wohnung trocken wohnten. Aber lange sollte das Glück mit Brockes nicht währen. Im großen Brief vom 31. Januar 1801 an Wilhelmine, der fast zu einem Roman wird, lesen wir:

»Laß mich jetzt einmal ein Wort von meinem Freund Brokes reden, von dem mein Herz ganz voll ist – Er hat mich verlassen, er ist nach Mecklenburg gegangen, dort ein Amt anzutreten ... und mit ihm habe ich den einzigen Menschen in dieser volkreichen Königsstadt verloren, der mein Freund war, den einzigen, den ich recht wahrhaft ehrte und liebte, den einzigen, für den ich in Berlin Herz und Gefühl haben konnte, den einzigen, dem ich es ganz geöffnet hatte und der jede, auch selbst seine geheimsten Falten kannte. Von keinem Anderen kann ich dies letzte sagen, Niemand versteht mich ganz, Niemand kann mich ganz verstehen, als er und Du – ja selbst Du vielleicht, liebe Wilhelmine, wirst mich und meine künftigen Handlungen nie ganz verstehen, wenn Du nicht für das was ich höher achte, als die Liebe, einen so hohen Sinn fassen kannst, als er ...

Ja wenn Du unter den Mädchen wärest, was dieser unter den Männern – Zwar dann müßte ich freilich auch erschrecken. Denn müßte ich dann nicht auch sein, wie er, um von Dir geliebt zu werden?

... Dabei war er von einer ganz reinen, ganz unbefleckten Sittlichkeit und ein Mädchen könnte nicht reiner nicht unbefleckter sein als er.

... Er – ich brauche ihn doch nicht mehr zu nennen? Er vergaß sein ganzes eignes Interesse, und folgte mir ... Er selbst hat nur ein kleines Capital, von mir wollte er sich die Kosten der Reise nicht vergüten lassen, er opferte 600 Rth. von seinem eigenen Vermögen, ... uns beide glücklich zu machen ... Wenn ich in der Nacht zuweilen schlafend an seine Brust sank, so hielt er mich, ohne selbst zu schlafen ... Wenn wir zusammen Früchte aßen, blieben immer die schönsten, saftvollsten für mich übrig.«

Was für ein Brief. Daß Wilhelmine ihn nicht gleich in die Ecke geschmissen und die Beziehung stande pede gelöst hat, verstehe wer will. Dieser Brief ist ein einziges Bekenntnis der Liebe zu einem Mann. Vielleicht war das doch auch für Brockes etwas zuviel und er verließ Kleist aus diesem Grund. Wie dem auch sei. Beiden bekam die Trennung nicht gut. Kleist wird sich später in eine ältere verheiratete Frau verlieben. Wir wissen, wie dies Verhältnis endete. Und Brockes? Dieser will am 23. September 1815 seine langjährige Verlobte Cäcilie von Werther (!) heiraten. Aber auf dem Weg zur Trauung starb er in ihren Armen in Bamberg (!). Belassen wir's erst einmal dabei und kehren noch einmal kurz zu unserem verlassenen Jüngling zurück. Dieser ist todunglücklich so allein in Berlin, er will fort, weit weg. Nicht zur Braut nach Frankfurt, nein, nach Paris zieht es ihn. Am 23. März 1801 schrieb er Wilhelmine einen überschwenglichen Brief vor lauter Freude über einen von ihr erhaltenen Brief, und was steht da am Ende?

»Du wirst mich doch nicht falsch verstehen, Wilhelmine? ... In dieser Angst fiel mir ein Gedanke ein.

Liebe Wilhelmine, laß mich reisen. Arbeiten kann ich nicht, das ist nicht möglich, ich weiß nicht zu welchem Zwecke. Ich müßte, wenn ich zu Hause bliebe, die Hände in den Schoß legen, und denken. So will ich lieber spatzieren gehen, und denken. Die Bewegung auf der Reise wird mir zuträglicher sein, als das Brüten auf einem Fleck ... Mein Bild schicke ich Dir, und Deines nehme ich mit mir.«

Nein, da gab's nichts falsch zu verstehen. Er will weg, weg von der Braut. Am 15. April 1801 ist es endlich soweit. Aber nicht so, wie er es sich gedacht hat. Schwester Ulrike, die das Geld für die Reise geben muß, reiste mit nach Paris. Sie ist zwischenzeitlich in Berlin angekommen und in der Verlorenen Straße Nr. 22 abgestiegen. Einen Tag vor der Abreise schrieb er noch einmal an Wilhelmine aus Berlin:

»Aber nun ist es unabänderlich geschehen und ich muß reisen ... Ach, ich sehne mich unausprechlich nach Ruhe! Alles ist dunkel in meiner Zukunft, ich weiß nicht, was ich wünschen und hoffen und fürchten soll, ich fühle daß mich weder die Ehre, noch der Reichtum, noch selbst die Wissenschaft alleine ganz befriedigen können ...«

Das waren keine guten Voraussetzungen für die ersehnte Reise, und so darf man sich auch nicht wundern, wenn diese Reise eine einzige Enttäuschung für ihn werden sollte. Und der Stachel Rousseau ließ ihn auch nicht ungetrübten Blickes auf Paris schauen. Bevor wir uns aus dieser ersten Paris-Reise ausklinken, hören wir ihn noch einmal selbst. Am 18. Juli schreibt er an Karoline von Schlieben: »Seit 8 Tagen sind wir nun hier in Paris und wenn ich Ihnen Alles schreiben wollte, was ich in diesen Tagen sah und hörte und dachte und empfand, so würde das Papier nicht hinreichen, das auf meinem Tische liegt. Ich habe dem 14^{t} Juli, dem Jahrestage der Zerstörung der Bastille beigewohnt, an welchem zugleich das Fest der wiedererrungenen Freiheit und das Friedensfest gefeiert ward. Wie solche Tage würdig begangen werden könnten, weiß ich nicht bestimmt; doch dies weiß ich, daß sie fast nicht unwürdiger begangen werden können, als dieser. Nicht als ob es an Obelisken und Triumphbogen und Dekorationen, und Illuminationen, und Feuerwerken und Luftbällen und Canonaden gefehlt hätte, o behüte. Aber keine von allen Anstalten erinnerte an die Hauptgedanken, die Absicht, den Geist des Volkes durch eine bis zum Ekel gehäufte Menge von Vergnügen zu zerstreuen, war überall herrschend, und wenn die Regierung einem Manne von Ehre hätte zumuthen wollen, durch die mâts de cocagne, und die jeux de caroussels, und die théâtres forains und die escamoteurs, und die danseurs de corde mit Heiligkeit an die Göttergaben Freiheit und Frieden erinnert zu werden, so wäre dies beleidigender, als ein Faustschlag in sein Antlitz. – Rousseau ist immer das 4^{t} Wort der Franzosen; und wie würde er sich schämen, wenn man ihm sagte, daß dies sein Werk sei?«

Sein Blick auf die Stadt des ersten Konsuls, Napoleon, kam nicht aus der Wahrnehmung, dafür war er zu hämisch, er kam einzig aus verinnerlichter Rousseau-Lektüre. Aber ihm, dem einsamen Spaziergänger, erschien sein Negativbild von Paris, das seinen Ursprung in der »Nouvelle Héloïse« und dem »Emile« hatte, als authentisch. Schauen wir darum kurz einmal in die Originale und ihr Umfeld.

1751 schrieb Rousseau folgende kleine Satire: »Paris, unglücklich ist, wer dich bewohnt! Aber tausendmal unglücklicher, wer dich aus eigenem Willen bewohnt und es nicht versteht, sich in einer ruhigeren Gegend einen für die schwarzen Sorgen unerreichbaren Zufluchtsort zu schaffen, so wie es in unseren Augen Marcoussis ist.« Und in den »Bekenntnissen« heißt es: »Als ich durch den Faubourg Saint-Marceau hereinkam, sah ich nur kleine schmutzige und stinkende Straßen, häßliche schwarze Häuser, Unsauberkeit und Armut, Bettler, Fuhrknechte, Flickschneiderinnen, Verkäuferinnen von Tees und alten Hüten. Alles das schockierte mich zuerst so sehr, daß, was ich seither in Paris an wirklicher Prächtigkeit gesehen habe, diesen ersten Eindruck nicht hat zerstören können und mir immer ein verborgener Abscheu vor der Bevölkerung dieser Kapitale geblieben ist.« Da kann Emile nur sagen: »Adieu also, Paris, berühmte Stadt, Stadt aus Lärm, Rauch und Schmutz, wo die Frauen nicht mehr an die Ehre und die Männer nicht mehr an die Tugend glauben.«

Wie Emile oder Saint-Preux schrieb Kleist am 16. August an die Schwester seiner Verlobten: »Zwei Antipoden können einander nicht fremder und unbekannter sein, als zwei Nachbarn von Paris, und ein armer Fremdling kann sich gar an niemanden knüpfen, niemand knüpft sich an ihn – zuweilen gehe ich durch die langen, krummen, engen, schmutzigen, stinkenden Straßen, ich winde mich durch einen Haufen von Menschen, welche schreien, laufen, keuchen, einander schieben, stoßen, umdrehen, ohne es übel zu nehmen, ich sehe Einen fragend an, er sieht mich wieder an, ich frage ihn ein Paar Worte, er antwortet mir höflich, ich werde warm, er ennuyirt sich, wir sind einander herzlich satt, er empfiehlt sich, ich verbeuge mich, und wir haben einander vergessen, so bald wir um die Ecke sind ...«

Paris! Weg von hier, aber wohin? Da bekommt unser Projektemacher eine Idee, die er der noch Verlobten am 10. Oktober mitteilt:

»Was meinst Du Wilhelmine, ich habe noch etwas von meinem Vermögen, wenig zwar, doch es wird hinreichen mir etwa in der Schweiz einen Bauernhof zu kaufen, der mich ernähren kann, wenn ich selbst arbeite.«

Power to the Bauer. Ach Heinrich. Aber den Weg gehen wir nicht mit, er endet eh in einer Sackgasse. Der Traum vom glücklichen Landleben war schnell ausgeträumt. Zurück also zu Heinrich, dem Ruhelosen, dem dichtenden Nomaden, der sich an den verschiedensten Orten, die er streifte, ausprobierte. In Berlin ein Amt, in Paris die Wissenschaft, in Thun (Schweiz) die Landwirtschaft, in Koblenz (!) wollte er gar Zimmermann werden und begann eine Lehre. Seine Lebensentwürfe sind genauso sprunghaft und ruhelos wie sein Leben in der Reisekutsche, allein, mit der Schwester oder männlichen Freunden. Seine letzte Wohnstätte, Ruhestätte sollte dann auch folgerichtig an einer Landstraße liegen. Stefan Zweig hat diesem Umherziehenden ein Denkmal unter dem Titel »Der Gejagte« gesetzt:

»Es gibt keine Windrichtung Deutschlands, in die er, der Ruhelose, nicht gefahren ist, es gibt keine Stadt, in der er, der ewig Heimatlose, nicht gehaust hat. Fast immer ist er unterwegs. Von Berlin saust er mit der rollenden Postkutsche nach Dresden, ins Erzgebirge, nach Bayreuth, nach Chemnitz, plötzlich jagt es ihn nach Würzburg, dann fährt er quer durch den napoleonischen Krieg nach Paris. Ein Jahr will er dort bleiben, aber schon nach wenigen Wochen flüchtet er in die Schweiz, wechselt Bern mit Thun, und Basel wieder mit Bern, fällt jählings wie ein geschleuderter Stein in Wielands stilles Haus zu Oßmannstedt. Und über Nacht treibt es ihn wieder fort, nochmals rennt er auf heißen Speichen über Mailand und die italienischen Seen nach Paris, stürzt sich sinnlos nach Boulogne mitten in eine fremde Armee und wacht dann plötzlich todkrank in Mainz auf. Und wieder wirft es ihn hinüber nach Berlin, nach Potsdam: ein Jahr lang nagelt ihn, den Unbeständigen, ersehntes Amt in Königsberg an, dann bricht er wieder los, will quer durch die marschierenden Franzosen nach Dresden, wird aber als vermeintlicher Spion nach Châlons geschleppt. Kaum befreit, flirrt er im Zickzack durch die Städte, stürmt von Dresden, mitten im österreichischen Krieg, nach Wien, wird bei Aspern während der Schlacht verhaftet und rettet sich nach Prag. Manchmal verschwindet er monatlang wie ein unterirdischer Fluß, taucht tausend Meilen weit wieder auf: schließlich schleudert die Schwerkraft den Gejagten zurück nach Berlin.«

Die Schwerkraft sollte Kleist 1810, wie wir gesehen haben, in die Mauerstraße 53 zu Quartiermeister Müller schleudern.

Hier entfaltet Kleist seit dem 4. Februar 1810 seine wohlbekannten ziellosen Aktivitäten und täuscht damit die Familie, die glaubt, daß er endlich ein Amt angenommen habe. Aber nein, kein Amt, das wäre ja noch schöner. Er hat ein Kind, um das er sich kümmern muß. Das Kind heißt Käthchen und kommt aus Heilbronn. Am 4. März 1810 schreibt er an seinen Verleger, Johann Friedrich Cotta: »Ew. Wohlgeboren bitte ich ganz ergebenst, mir zu melden, ob Sie aus Frankfurt am Main, durch die Buchhandlung, in der Mainzer Gasse daselbst, die Ihre Commission besorgt (ich habe den Namen vergessen) das Schauspiel: das Käthchen von Heilbronn erhalten haben, das ich Ihnen, einer früheren Verabredung gemäß, von dort zuschickte. Da bereits nah an sieben Wochen, seit meiner Durchreise daselbst, verflossen sind, so befremdet mich der Umstand, deshalb von Ew. Wohlgeb. keine Nachricht erhalten zu haben, und ich fürchte fast, daß durch irgend ein Misverständnis, die Ablieferung in Frankfurt versäumt worden ist ... [bitte ich ganz ergebenst] mir über das Schicksal dieses Manuscripts, das mir sehr am Herzen liegt, einige Zeilen zu schreiben ...«

»Das Käthchen von Heilbronn«, um das sich Kleist in seinen ersten Monaten in Berlin so sehr bemühte, ist sein rätselhaftestes Stück. Eigentlich ist alles schon passiert, was in einem Theaterstück so passieren kann, wenn der Vorhang sich öffnet. Die Protagonisten haben sich schon gefunden. Jedenfalls im Traum. Käthchen hat ihre Vereinigung mit dem Ritter Wetter von Strahl geträumt und vice versa der Ritter. Was kann da noch kommen? Ein Vater! Und wie er kommt, als Ankläger. Aber nicht vor ordentlichem Gericht, sondern an einem geheimen Ort, vor einem Femegericht. Kann so ein Stück anfangen? Es muß! Und warum? Da müssen wir uns wieder etwas von Berlin entfernen und uns nach Dresden auf den Weg machen. Kleist, unstet wie er war, entstieg der Postkutsche für kurze Zeit und wurde für zwei Jahre in der sächsischen Metropole seßhaft. In der Fremdenliste des Dresdner Anzeigers konnte man am 4. September 1807 lesen:

»Angekommen: Am 31. August Hr. v. Kleist aus Berlin, von Ruhland, im Hotel de Russie.«

Das Hotel de Russie war zwar nicht das erste Haus am Platze, aber ganz billig war es auch nicht. Kleist lebte wieder einmal über seine Verhältnisse. Und wie immer, wenn er mehr ausgab als er besaß, mußte Ulrike, die Schwester, einspringen. Ein Brief vom 17. September weiß davon ein Lied zu singen.

»Ich habe versucht, meine theuerste Ulrike, dir zu schreiben; doch meine Lage ist so reich, und mein Herz so voll des Wunsches, sich dir ganz mitzutheilen, daß ich nicht weiß, wo ich anfangen und enden soll ... Ich will dich zu bewegen suchen, zu einer Buch- Karten- und Kunst-Handlung, wozu das Privilegium erkauft werden muß, 500 Rth. zu 5 p.C. auf 1 Jahr herzugeben. Adam Müller (ein junger Gelehrter, der hier im Winter mit ausgezeichnetem Beifall öffentliche Vorlesungen hält) Rühle und Pfuel ... sind die Interessenten ... (Pfuel) sowohl als ich, haben jeder ein Werk drucken lassen, das unsern Buchhändler 6 mal so viel eingebracht hat, als uns. Vier neue Werke liegen fast zum Druck bereit; sollen wir auch hiervon den Gewinn Anderen überlassen, wenn es nichts als die Hand danach auszustrecken kostet, um ihn zu ergreifen? Die 1200 Rth., die das Privilegium kostet, können nie verloren gehen; denn misglückt die Unternehmung, so wird es wieder verkauft; und die Zeiten müßten völlig eisern sein, wenn es nicht, auch im schlimmsten Fall, einen größeren Werth haben sollte, als jetzt.«

Als Kleist diesen Bettel-Brand-Brief an die Schwester schrieb, residierte er nicht mehr fürstlich im Hotel, sondern wohnte in der Pirnaischen Vorstadt, Rammsche Gasse 123, eigentlich Rampische Gasse, die nachmalige Pillnitzer Straße 29, mit den Freunden Pfuel und Rühle zusammen, in einem billigeren Quartier, Stube an Stube.

Aber die »theuerste Ulrike« antwortete diesmal nicht. Vielleicht, weil sie nicht genau wußte, wer hier der/die »Theuerste« sei, sie oder Heinrich? Und Heinrich wurde unruhig und deckte die Schwester mit einem wahren Bombardement von Briefen ein. Anfänlich mutmaßte er noch, daß in »der Lausitz die Briefe sehr langsam gehen«. Aber so langsam doch nicht. Da mußte wohl etwas anderes vorliegen. Aber was? »Unlust am Schreiben«, wie wir seinem Brief vom 25. Oktober entnehmen können. Wirklich nur Unlust, oder gingen ihr die ewigen Betteleien des Bruders nicht doch langsam auf die Nerven, denn etwas anderes als Geld wollte er meistens nicht von ihr. Jedenfalls Ulrike zierte sich, ging auf Tauchstation, verweigerte sich seinen Bitten. Heinrich aber gab nicht auf, blieb am Ball, und seine Hartnäckigkeit wurde belohnt. Ulrike gab nach und schickte das gewünschte Geld. Aber zu spät. Das »Project« Phönix-Buchhandlung war gestorben, aber aus seiner Asche erhob sich der »Phöbus«, ein monatliches »Journal für die Kunst, herausgegeben von Heinrich von Kleist und Adam Müller«. Am 17. Dezember schreibt er an Ulrike: »Ich habe gewagt, meine theuerste Ulrike, auf die 500 Rth., die du mir versprachst, zu rechnen, und in der Hoffnung, daß sie mit Weihnachten eingehen werden, den Verlag eines Kunstjournals, Phöbus, mit Adam Müller, anzufangen. Die Verlagskosten, für den ganzen Jahrgang, betragen 2500 Rth., wozu Rühle 700 und Pfuel 900 Rth. hergeben, macht mit meinen 500 Rth. in Allem 2100 Rth., der Rest kann von dem, was monatlich eingeht, schon bestritten werden.«

Hier an dieser Stelle ist es jetzt notwendig, Adam Müller, Kleists Mitherausgeber, etwas näher kennenzulernen. Adam Müller, der uns schon als Mitbegründer und »Chefideologe« der »Tischgesellschaft« über den Weg lief, erfreute sich in bestimmten Kreisen einer großen Beliebtheit. Wie beliebt er war, zeigt z.B. ein Gedicht Fouqués, das dieser am 27. Oktober 1823 an Müller sandte. Hier die erste Strophe:

»Du lieber Adam Müller! –
Der fromme Mond, – verhüll' er
Auch unter Wolken dicht
einnmal sein Botenlicht,
das er von ew'ger Sonne
uns bringt als Mahnungswonne –:
er leuchtet doch, ob dunkelfern,
viel schöner als manch kecker Stern«

Wir wollen uns jetzt nicht über den poetischen Gehalt von Fouqués Gedicht auslassen, sondern über den Widmungsträger. Deshalb kehren wir Dresden für einen kurzen Moment den Rücken, um in Königsberg Station zu machen. Hier lebte seit dem 6. Mai 1805 Heinrich von Kleist. Er wurde vom Minister Karl Freiherr vom und zum Stein zu Altenstein, für den er arbeitet, zur weiteren Ausbildung in die ostpreußische Metropole geschickt. Anfänglich scheint ihm die Arbeit und das Studium noch Spaß gemacht zu haben, aber nach knapp einem halben Jahr setzte wieder seine Unruhe ein, schien ihm alles zu eintönig, war die anfängliche Euphorie, mit der er seine Ausbildung aufnahm, verflogen. Er reagierte mit Krankheit, für die er sich beurlauben ließ. Und diesem Urlaub verdankt die Weltliteratur einiges. Ob tatsächlich krank oder nur eingebildet, Kleist begann zu schreiben, schrieb sich gesund und aus dem Staatsdienst. Hinzu kam, daß der preußische Staat nach der Niederlage bei Jena und Auerstedt, am 14. Oktober 1806, zusammenbrach. Der gesamte Hof flüchtete nach Königsberg. Altenstein und Hardenberg quittierten vorläufig ihren Dienst, und in dieser Situation schrieb Kleist an seinem »Amphitryon« nach Molière. Am 31. August ließ er Freund Rühle wissen:

»Du weißt, daß ich meine Carriere wieder verlassen habe. Altenstein, der nicht weiß wie das zusammenhängt, hat mir zwar Urlaub angeboten, und ich habe ihn angenommen; doch bloß um mich sanfter aus der Affaire zu ziehen. Ich will mich jetzt durch meine dramatischen Arbeiten ernähren; und nur, wenn du meinst, daß sie auch dazu nicht taugen, würde mich dein Urtheil schmerzen, und auch das bloß weil ich verhungern müßte. Sonst magst du aber über ihren Werth urtheilen, wie du willst. In drei bis vier Monaten kann ich immer ein solches Stück schreiben; und bringe ich es nur à 40 Frid. d'or, so kann ich davon leben: Auch muß ich mich im Mechanischen verbessern, an Übungen zunehmen, und in kürzern Zeiten, besseres liefern lernen. Jetzt habe ich ein Trauerspiel unter der Feder.«

Bei dem Stück, das er immer in »drei bis vier Monaten« schreiben kann, handelt es sich um besagten »Amphitryon« nach Molière, das er dem Brief beigelegt hatte. Und das Drama, das er sich anschickte zu schreiben, war wahrscheinlich die »Penthesilea«. Wahrscheinlich deshalb, weil man nie genau wissen konnte, woran er gerade arbeitete. Es war immer mehr als ein Thema, das ihn interessierte und das er dann in Angriff nahm. Den »Amphitryon« und sein weiteres Schicksal, das für uns noch bedeutend sein wird, stellen wir kurz zurück, um uns den Königsberger Bekannten von Kleist zu nähern. Zwei kennen wir schon, es sind Herr und Frau von Staegemann, die mit dem Hof nach Königsberg kamen. Und nach langer Zeit traf er auch seine ehemalige Verlobte Wilhelmine wieder, die in der Zwischenzeit mit Professor Traugott Krug, dem Nachfolger Kants auf dem Philosophielehrstuhl, verheiratet war. Aber auch die freundlich-freundschaftliche Aufnahme im Krugschen Haushalt konnte Kleist nicht in Königsberg halten. Sein Nomadentum brach wieder durch. Mitte Januar 1807 reiste er, zu Fuß, mit Freund Pfuehl und anderen nach Berlin ab. Das hätte er besser bleiben lassen, denn kaum in Berlin angekommen, wurde er als Spion von der französischen Besatzungsmacht verhaftet und nach Fort Joux und dann nach Châlonssur-Marne verbracht. Es dauerte, bis er durch Initiative Ulrikes wieder freikam.

Wir schenken uns die Nacherzählung seiner Festungshaft und folgen lieber dem Manuskript des »Amphitryon«, um ganz schnell zu Adam Müller zu gelangen und nach Dresden, weil wir doch eigentlich übers Käthchen schreiben wollten, weshalb wir ja extra nach Dresden aufbrachen.

Um seinen Freund Kleist, der ja, wie wir gerade erfuhren, sich in französischer Haft befand, finanziell zu unterstützen, versuchte Rühle für das Manuskript des »Amphitryon« einen Verleger zu finden. Im Hause Christian Gottfried Körners in Dresden las er vor erlesener Gesellschaft Teile aus der Komödie vor. Das ergötzte einen der Zuhörer so sehr, daß er sich des Manuskriptes annahm. Adam Müller, der bei der Familie Haza Hofmeister war und ansonsten ökonomische Privatvorlesungen abhielt, war der vom poetischen Gehalt des Stückes Ergriffene. Es gelang ihm, seinen Verleger Christoph Arnold zu überzeugen, das antike Verwechslungsspiel, nein, das Spiel um göttlichen Beischlafdiebstahl, herauszubringen. Im Mai 1807 war es endlich soweit, der »Amphitryon« lag gedruckt vor, herausgegeben und mit einem Vorwort versehen von Adam Müller. Im Vorwort schrieb er: »Eine leichte Betrachtung des vorliegenden Lustspiels wird zeigen, daß die gegenwärtige Abwesenheit des Verfassers von Deutschland und keine andre Veranlassung den Beystand einer fremden Hand bey der Bekanntmachung des Werks nöthig machte. Es bedarf nemlich so wenig einer Empfehlung, daß diesmal, ganz der gewöhnlichen Ordnung entgegen, der Herausgeber viel mehr durch den Amphitryon, als die eigenthümliche, auf ihre eigne Hand lebende Dichtung durch den Herausgeber empfohlen werden kann.«

Als Kleist davon erfuhr, im fernen Frankreich, war er alles andere als begeistert. An Ulrike schrieb er deshalb am 8. Juni 1807: »Rühle hat ein Manuscript, das mir unter andern Verhältnisse das Dreifache werth gewesen wäre, für 24 Louisd'or verkaufen müssen. Ich habe deren noch in diesem Augenblick zwei fertig; doch sie sind die Arbeit eines Jahres, von deren Einkommen ich zwei hätte leben sollen, und nun kaum ein halbes bestreiten kann. Inzwischen bleibt es immer das Vortheilhafteste für mich, zurückzukehren, und mich irgendwo in der Nähe des Buchhandels aufzuhalten, wo er am Wenigstens daniederliegt.« Anstatt dem Freund zu danken, daß der sich um sein Manuskript bemüht hat, nörgelt er nur rum. Kommen wir nun zu dem Herausgeber des »Amphitryon«, Adam Müller, der nicht nur ein Bewunderer Kleists war, sondern auch sein theoretisches Sprachrohr und der im weiteren eine nicht folgenlose Rolle in seinem Leben spielen sollte.

Adam Heinrich Müller wurde am 30. Juni 1779, abends um 10 Uhr, im Hause Leipziger Straße/Ecke Markgrafenstraße (heute Markgrafenstraße 52) geboren. Sein Vater war der Consistorialrat Wilhelm Heinrich Müller. Seine Mutter, die Tochter des Bürgermeisters von Charlottenburg, Anna Sophie Henriette Pahl. Als Adam Müller fünf Jahre alt war, starb seine Mutter mit 32 Jahren ganz überraschend. Bereits ein Jahr später heiratete sein Vater wieder. Adams Stiefmutter wurde die Pfarrerstochter Caroline Cube. Ihr Vater war Prediger an der Jerusalemkirche in Berlin. In seinen Händen lag weitestgehend die Erziehung des jungen Adam. Gern hätte der (Stief-)Großvater gesehen, wenn sein Enkel, wie er, Theologe geworden wäre. Doch Müller sollte sich anders entscheiden. Rückblikkend schrieb er über seinen Großvater am 16. September 1817: »Ich habe eine Empfindung wie bei dem Andenken an meinen seligen Großvater, einem frommen evangelischen Geistlichen, Johann David Cube, der den Hiob und Isaias übersetzte, und dem ich so manche gottselige Erinnerung der Jugend verdanke. Da die Erziehung seines eigenen Sohns missrathen war, so wendeten sich alle seine Wünsche dahin, mich für die Kanzelei und das Wort Gottes nach seinen besten Kräften heranzuziehen.«

Aber da hatte er kein Glück bei dem jungen Adam, nicht nur, daß dieser nicht Theologe wurde, nein, später tat er etwas, was in den Augen eines protestantisch-preußischen Pfarrers etwas wahrlich Verrufenes darstellte: Er trat zum Katholizismus über. Aber wir greifen vor.

Zurück zum kleinen Adam. Mit sechzehn Jahren ging er aufs Gymnasium Zum Grauen Kloster. Ein Klassenkamerad von ihm war Louis Vogel, der spätere Gatte von Kleists Geliebter Henriette Vogel. Mit dem Attest »Vorzüglich in deutschen Stil, der Geschichte und Literatur und Verstandesübungen« entließ man ihn zum Studium, aber nicht ohne die einschränkenden Bemerkungen: »Die Natur hat viel für ihn gethan; doch hat seine lebhafte Einbildungskraft ihm bei seinem Studiren viel geschadet. Der Sieg über Launen und Einfälle ward ihm schwer. Er mogte aus überspanntem Selbstvertrauen lieber seinen eignen Weg gehen, als den Winken seiner Lehrer folgen.«

Ein Urteil dieses Attestes sollte bis an sein Lebensende Bestand haben: daß er lieber immer seine eigenen Wege gehen werde. Er war, bei allem, was man sonst noch über ihn sagen kann, zeit seines Lebens ein konservativer, zuweilen ein reaktionär-antisemitischer Anarchist. So fürs Leben vorbereitet, ging er zum Studium der Rechts- und Staatswissenschaften 1798 nach Göttingen. Sein Großvater hatte diesen Verrat an seinen Erziehungsidealen und -wünschen nicht mehr erlebt. Er war bereits 1791 gestorben. Nach Abschluß seines Studiums 1801 kehrte er ins väterliche Haus in die Leipziger Straße zurück. Noch ohne Anstellung, finanziell vom Vater abhänig, privatisierte er. In der »Berliner Monatsschrift« erschien im gleichen Jahr das erste Ergebnis seiner schriftstellerischen Tätigkeit, eine wilde Polemik gegen Fichtes Staatslehre, wie sie sich in dessen Schrift »Der geschlossene Handelsstaat« niederschlug. Am 30. Mai 1802 bewarb er sich beim König Friedrich Wilhelm III. höchstpersönlich um Anstellung bei der Kurmärkischen Kriegs- und Domänenkammer.

Nach vierzehn Tagen erhielt Müller die Aufforderung, sich einer juristischen Prüfung zu unterziehen, und bereits am 16. November 1802 wurde Müller, nachdem er eine Probe seines juristischen Scharfsinns abgelegt hatte, auf allerhöchste Anweisung bei der Kurmärkischen Kriegs- und Domänenkammer angestellt. Doch bereits nach zwei Jahren schmiß er alles wieder hin.

An den König schrieb er: »In der besten Überzeugung auch ausser dem Civildienst Ew. Königl. Majestät für das Beste meines Vaterlandes leben und wirken zu können, habe ich mich entschlossen anderweitigen Aussichten, die sich mir eröffnet haben zu folgen, und dem Cameraldienste Ew. Königl. Majestät zu entsagen. Deshalb überreiche ich Allerhöchst denenselben meine unterthänigste Bitte mich meiner desfalsigen Verpflichtungen zu entbinden und mir meinen Abschied als Referendarius bey der Kurmärkischen Kammer allergnädigst zu ertheilen.«

Als Müller diesen Brief schrieb, lebte er schon gar nicht mehr in Berlin, sondern in der weiteren Umgebung von Posen. Im Sommer 1804 ging er mit seinem Studienfreund Sigismund Kurnatowski auf Reise nach Polen. Auf dessen Familiengut Pozarowo entstand Müllers Fundamentalwerk »Die Lehre vom Gegensatz«. An seinen Freund und Mentor, Friedrich von Gentz, schrieb er darüber: »Bei einem so einfachen Leben als das meinige, liebster Gentz, darf es Sie nicht wundern, wenn ich ein lässiger Briefsteller bin. Meine ganze Existenz dreht sich, wie Sie wissen, um den Gegensatz, und für meine Geschwätzigkeit in diesem Punkt sind die Grenzen eines Briefes zu eng, ist auch der reisende Freund zu zerstreut, zu beschäftigt. Indeß reift diese herrliche Frucht, die herrlichste, womit vielleicht je das Schicksal eine so armselige Creatur wie mich gesegnet hat, mit jedem Tage mehr, und die Freude, sie Ihnen bei Ihrer Rückkunft in ihrer jetzigen Gestalt reichen zu können, gehört zu den angenehmsten Erwartungen meines Lebens.«

Schön, wenn man so schwärmen kann!

Im Jahr der Drucklegung, 1804, nahm Müller auf dem Nachbargut, Kurnatowice, bei der Familie Haza-Radlitz, die Stelle eines Hauslehrers an, denn irgendwie mußte er ja seinen Lebensunterhalt finanzieren. Diese Stelle als Lehrer sollte nicht ohne Folgen für sein weiteres Leben bleiben. Hier auf diesem landwirtschaftlichen Musterbetrieb reifte Müllers Entschluß, zum Katholizismus zu konvertieren, und hier fing er ein Verhältnis mit Sophie, der Ehefrau des Hausherren, an. Traugott Krug, der später mit Müller im Clinch liegen sollte, faßte das sehr hintersinnig zusammen: »[Müller] ... hielt sich einige Jahre in preußisch-Polen auf dem Lande im Hause eines Herren v. Haza auf, ich weiß nicht, ob als Hauslehrer oder Hausfreund.«

Jedenfalls gab seine Anwesenheit dort Anlaß zu Spekulationen. Um diesen zu entgehen, reiste Müller im Frühjahr 1805 nach Wien zu seinem Jugendfreund Friedrich von Gentz. Hier trat er in aller Stille zum Katholizismus über und kehrte so gestärkt nach Polen zurück. Im Oktober übersiedelte er mit der Familie Haza nach Dresden und begann nun mit seinem öffentlichen Wirken, das weit über Dresden hinaus Resonanz finden sollte.

Am 4. Januar 1808 erschien in Cottas »Morgenblatt für gebildete Stände« folgende Notiz:

»Hr. Heinrich v. Kleist und Hr. Adam G. [!] Müller werden ein neues Journal für die Kunst unter dem Titel: *Phöbus*, nach dem etwas modifizierten und erweiterten Plane der Horen in diesem Jahre beginnen. Kunstwerke von den entgegengesetztesten Formen, welchen nichts gemeinschaftlich zu sein braucht, als Kraft, Klarheit und Tiefe, die alten anerkannten Vorzüge der Deutschen, und Kunstansichten, wie verschiedenartig sie sein mögen, wenn sie nur eigentümlich sind, und sich zu verteidigen wissen, sollen in dieser Zeitschrift wohltätig wirkend [wechselnd] aufgeführt werden.«

Die erste Nummer des »Phöbus«, diesem ersten gemeinsamen Zeitschriften-Projekt von Kleist und Müller, erschien am 23. Januar 1808. Das Heft enthielt von Kleist den Prolog und Epilog sowie ein Fragment aus der »Penthesilea« und »Engel am Grabe des Herren«.

Über die Aufgabenverteilung in der Redaktion des »Phöbus« schrieb Müller an Gentz am 25. Dezember 1807:

»Ich sende Ihnen, mein verehrtester Freund, einige Prospektus des Kunstjournals, welches wir herausgeben, mit der Bitte, für selbiges so viel Interesse zu erwecken als möglich. Zwei Tragödien von Kleist, die Penthesilea und Robert Guiskard, eine vortreffliche Novelle von demselbigen: Die Marquise von O**, und ein Lustspiel bilden nebst meinen vielen neueren Vorlesungen ... den Fond. Ich dirigiere die Philosophie und Kritik, Kleist die Poesie und Hartmann die bildende Kunst.«

Anfänglich lief alles gut mit dem »Phöbus«. Selbst Kaiser Franz I. im fernen Wien hatte seinen Blick wohlwollend auf das Journal gelenkt. Jean Paul wollte Beiträge liefern, sogar Goethe war fast euphorisch gestimmt. Am 4. Februar um die Mittagszeit war er bei Wieland. Man las den »Zerbrochenen Krug«, den Goethe später verhunzt an seinem Theater in Weimar aufführen wird. Aber das ist eine ganz andere Geschichte. Hier geht's eigentlich nur ums »Käthchen«, weshalb wir Goethe und Kleist und ihre Beziehung, oder besser gesagt ihre Nichtbeziehung oder noch anders gesagt, Goethes Miß- und Unverständnis den Kleistschen Dramen gegenüber, ausklammern müssen. Am 1. Februar 1808 schrieb Goethe an Kleist:

»Ew. Hochwohlgeboren bin ich sehr dankbar für das übersendete Stück des Phöbus. Die prosaischen Aufsätze, wovon mir einige bekannt waren, haben mir viel Vergnügen gemacht. Mit der Penthesilea kann ich mich noch nicht befreunden. Sie ist aus einem so wunderbaren Geschlecht und bewegt sich in einer so fremden Region daß ich mir Zeit nehmen muß, mich in beiden zu finden. Auch erlauben Sie mir zu sagen (denn wenn man nicht aufrichtig sein sollte, so wäre es besser man schwiege gar) daß es mich immer betrübt und bekümmert, wenn ich junge Männer von Geist und Talent sehe, die auf ein Theater warten, welches da kommen soll. Ein Jude der auf den Messias, ein Christ der aufs neue Jerusalem, und ein Portugiese der auf Don Sebastian wartet, machen mir kein größeres Mißbehagen. Vor jedem Brettergerüst möchte ich dem wahrhaft theatralischen Genie sagen: hic Rhodus, hic salta! Auf jedem Jahrmarkt getraue ich mir, auf Bohlen über Fässer geschichtet, mit Calderons Stücken, mutatis mutandis, der gebildeten und ungebildeten Masse das höchste Vergnügen zu machen. Verzeihen Sie mir mein Geradezu: es zeugt von meinem aufrichtigen Wohlwollen. Dergleichen Dinge lassen sich freilich mit freundlichern Tournüren und gefälliger sagen. Ich bin jetzt schon zu frieden, wenn ich nur etwas vom Herzen habe. Nächstens mehr. Goethe.«

Nun gut, mag Goethe in alten, uralten Stücken sein Vergnügen finden, ohne Kleist, ohne die »Jungen Wilden« wäre das Theater schon vor zweihundert Jahren gestorben. Und Kleist wurde, anders als Goethe, seit den achtziger Jahren des 20. Jahrhunderts ein Medienereignis.

Zwei Fragmente des »Käthchen« druckte Kleist im »Phöbus« Nr. 4 und 5 (April/Mai 1808) sowie Nr. 9 und 10 (September/Oktober 1808) ab.

Kommen wir zu Adam Müller zurück. In dessen Auftrag reist Kleist am 2. November 1808 nach Polen. Ulrike erfährt den Grund:

»Ich reise, in diesem Augenblick, in der Sache der Fr. v. Haza, von welcher ich dich, bei deinem Hiersein in Dreßden, einigermaßen unterrichtet habe, nach Lewitz, in der Gegend von Posen ab. Da ich wieder durch die Lausitz gehe, so glaube ich, bei dieser Gelegenheit, meine Schuld an Pannwitz, abtragen zu können; doch die Ausgaben wachsen mir über den Kopf, daß ich es nicht bestreiten kann. Thue mir den Gefallen, und decke die 20 Rth., die ich ihm schuldig; ihm schuldig zu sein, quält mich nicht, doch unsrer Minette, die sie ihm vorgeschossen hat. Ich lege dir den Brief bei, den du, in diesem Fall, zuzusiegeln, und an ihn abzuschicken hast. Fr. v. Haza ist eine liebenswürdige und vortreffliche Dame, und die ersten Schritte, die ich für sie gethan habe, machen es ganz nothwendig, daß ich die letzten auch thue. Das Allererstemal, daß ich Geld kriege, will ich, so wahr ich bin, gleich an dich denken ... Der Buchhändler Walter hat den Phöbus übernommen, und alle Ausgaben sind gedeckt.«

Halten wir den Schlußsatz einmal fest. Darüber sollte die Freundschaft zwischen Müller und Kleist erst einmal zerbrechen. Als Kleist die Bedingungen der Übernahme des »Phöbus« durch die Waltersche Buchhandlung erfuhr, hagelte es gegen Müller Bösartigkeiten, so daß Müller sich mit ihm duellieren wollte. Das konnte aber gerade noch einmal von den Freunden Rühle und Pfuel verhindert werden.

Kleist war erbost, er reiste, nachdem die österreichische Armee am 9. April 1809 in Bayern einmarschiert war und die Franzosen Dresden geräumt hatten, nach Prag ab. Müllers Abreise verzögerte sich. Mit dem Einmarsch der Österreicher bot Müller ihnen seine Dienste an. Für den Stadtkommandanten von Dresden verfaßte er amtliche

Bekanntmachungen. Ende Juni, als die Österreicher Dresden wieder räumen mußten, wurde er zur persona non grata und ausgewiesen. Vorausgegangen war noch die Scheidung des Ehepaares Haza.

Und Adam Müller und Sophie von Taylor, geschiedene Haza, reisten Ende Juni, gezwungenermaßen, nach Berlin zu Müllers Vater. Am 6. August war Hochzeit. In Berlin angekommen, stürzte Müller sich gleich wieder in publizistische Abenteuer. Er versuchte quasi die Quadratur des Kreises. Er wollte eine staatstragende und gleichzeitig eine oppositionelle Zeitschrift herausgeben und in Personalunion redigieren. Die Wohnung beim Vater wurde für die Familie Müller zu klein. Es kam zu Reibungen. Adam Müller zog um. Er fand Platz im Haus des Architekten Langhans, in der Charlottenstraße 31.

In Berlin nahm Müller seine Vorlesungstätigkeit wieder auf, aber nicht von dieser soll hier die Rede sein, sondern wir kehren jetzt wieder zu unserem Ausgangspunkt zurück, zu Kleist und seiner Tochter, dem »Käthchen von Heilbronn«.

Kleist wurde von der Berliner Gesellschaft für tot geglaubt, auch von Müller, der dieses Gerücht wahrscheinlich in Umlauf brachte. Wie groß war aber die Überraschung und Freude, als Kleist am 4. Februar 1810 wieder quicklebendig in Berlin auftauchte.

Clemens Brentano berichtete an Görres: »Der Phöbus Kleist, der von Müller für tot gehalten wurde ist von Prag wieder hier angekommen, und nachdem ich nun seine übrigen im Phöbus zerstreuten Arbeiten, besonders den Anfang des Käthchens von Heilbronn und der schönen Erzählung Kohlhaas gelesen, war ich recht erfreut, ihn lebendig zu wissen und zu sehn. Er ist ein sanfter, ernster Mann von zweiunddreißig Jahren, ohngefähr von meiner Statur; sein letztes Trauerspiel Arminius darf nicht gedruckt werden, weil es zu sehr unsere Zeit betrifft; er war Offizier und Kammerassessor, kann aber das Dichten nicht lassen, und ist dabei arm.«

Da haben wir es wieder, das Käthchen. Bereits am 2. Oktober 1808 schrieb Kleist an den österreichischen Dichter-Kollegen Heinrich Joseph von Collin, dem gute Beziehungen zu den Wiener Bühnen nachgesagt wurden:

»Das Käthchen von Heilbronn, das ich für die Bühne bearbeitet habe, lege ich Ew. Hochwohlgeb. hiermit ergebenst zur Durchsicht und Prüfung, ob es diesem Zweck tauglich sei, bei.

Indem ich noch bitte, mir, wenn es ihren Beifall haben und die Bühne es an sich zu bringen wünschen sollte, diesen Umstand gefälligst bald anzuzeigen, damit mit dem Druck, in Tübingen bei Cotta, der das Werk in Verlag nimmt, nicht vorgegangen werde ...«

Aber es mußten noch zwei Jahre vergehen, bis das Stück in Wien uraufgeführt werden konnte. Die Kriegswirren waren schuld. Sie waren ebenso schuld daran, daß vom Berliner Schauspielhaus keiner das Stück überhaupt zur Kenntnis genommen hatte, das durch Vermittlung des Majors von Schack im Winter 1808/09 der Intendanz vorgelegt wurde. Kommen wir zur Uraufführung am 17. März 1810 am Wiener Schauspielhaus. Sie wurde zwiespältig aufgenommen. Das Publikum war geteilt, die Kritik war geteilt. Dreimal wurde es noch gegeben, dann war Schluß fürs erste. In den »Österreichischen Annalen der Literatur und Kunst« war zu lesen: »Das Theater an der Wien gab ›Käthchen von Heilbronn‹, Schauspiel in fünf Aufzügen von Heinrich v. Kleist. Obgleich der ›Jungfrau von Orléans‹ ängstlich treu nachgebildet, zeichnet es sich doch vor den gewöhnlichen Ritterstücken vorteilhaft aus und behauptet unter allen in diesem Jahr erschienenen neuen Darstellungen (die der Hoftheater ingerechnet) den ersten Rang.«

Anders sah das ganze Friedrich Schlegel, der sich die Premiere für den »Österreichischen Beobachter« ansah. Seine Kritik war eine schallende Ohrfeige für den Dramatiker Kleist: »... gerne wollten wir dem Dichter Donnerwetter und Feuersbrünste, Engel und Vehmrichter, Zweikampf und Nacht, Gift und Hochzeit nebst allen übrigen ritterlichen Zubehör gestatten; wenn er diese poetischen Freiheiten nur als Dichter gebrauchte, jenen dramatischen Stoff auch *dramatisch* mit Kunst, mit Verstand im Gebiet der Phantasie ausgeführt hätte.« Schlegel ließ seine Kritik anonym erscheinen. Das war gut für ihn. Sonst hätte es ihm, wie schon Goethe, eine Duellforderung von Seiten Kleists einbringen können.

Am 10. August 1810 schrieb Kleist an den Verleger Georg Andreas Reimer: »Wollen Sie mein Drama, das Käthchen von Heilbronn, zum Druck übernehmen? Es ist den 17^{t} 18^{t} und 19^{t} März, auf dem Theater an der Wien, während der Vermählungsfeierlichkeiten, zum Erstenmal gegeben, und auch seitdem häufig, wie mir Freunde sagen, wiederholt worden. Ich lege Ihnen ein Stück, das glaube ich, aus der Nürnberger Zeitung ist, vor, worin dessen Erwähnung geschieht. Auch der Moniteur und mehrere andere Blätter, haben darüber Bericht erstattet. Die hiesige Zeitungsredaction hat den inliegenden Artikel abgedruckt, und von ihr ist es, daß ich ihn erhalten habe.«

Jetzt gab es nur eine Schwierigkeit, Kleist hatte kein Manuskript mehr. Da erinnerte er sich, daß er ja vor Jahren eines an Iffland, den Intendanten des Berliner Schauspielhauses, geschickt hatte.

Also erging unter gleichem Datum wie an Reimer an Iffland ein Brief:

»Ew. Wohlgeboren ersuche ich ganz ergebenst, mir das Stück, das Käthchen von Heilbronn, das ich Denenselben, durch HE. Hofrath Römer, zur Beurtheilung habe vorlegen lassen, gefälligst, auf ein Paar Tage, zurückzuschicken, indem ich es, in einem Kreis von Freunden, der es kennen zu lernen wünscht, vorzulesen versprochen habe. Und indem ich mir ein Vergnügen daraus machen werde, es Ihnen wieder zurückzusenden, wenn Dieselben noch nicht sollten Zeit gehabt haben, es Ihrer Prüfung, behufs einer Darstellung auf der Bühne zu unterwerfen ...«

Und was dann folgte, war nicht nur für eine Zeitlang Stadtgespräch in Berlin, sondern sollte auch später noch schwerwiegende Folgen für Kleist haben. Friedrich de la Motte Fouqué schilderte seinem Freund Varnhagen von Ense in einem Brief vom 11. Oktober den Sachverhalt: »Weißt Du denn schon die herrliche Geschichte mit Iffland und Kleist? – Dieser schickte jenem sein Käthchen von Heilbronn zur Aufführung ein. Iffland antwortete lange gar nicht. Endlich schreibt ihm Kleist: er möge ihm das Manuskript zum Behufe einer freundschaftlichen Mitteilung zurücksenden, nachher stehe es ihm wieder zu Diensten. Dadurch denkt er ihn zu einer Erklärung zu kriegen. Der grobe Edelmütige aber wickelt das Manuskript in Löschpapier, und so findet es Kleist des Abends ohne Billett auf seinem Tische. Tages darauf erfährt Kleist, daß Iffland einem dritten gesagt hat: Das Käthchen gefalle ihm nicht, und was ihm nicht gefalle, führe er nicht auf. Nun wird Kleist grimmig und schickt ihm folgenden Zettel [12. Aug. 1810]: Durch Herrn Hofr. Römer erfahre ich, daß Ew. Wohlgeboren mein in Wien am Vermählungstage der Kaiserin von Frankreich mit Beifall gegebenes Schauspiel, das Käthchen von Heilbronn, nicht gefällt. Es tut mir leid, daß es ein Mädchen ist. Wenn es ein Junge wäre, würde es Ihnen besser gefallen.«

Iffland ging auf dieses böse Billett, daß auf sein Schwulsein anspielte und das in verschiedenen Fassungen in der Öffentlichkeit zirkulierte und sogar Gegenstand eines Zeitungsartikels wurde, nicht ein. Souverän setzte er sich darüber hinweg und teilt Kleist unterkühlt mit:

»Als Herr Major von Schack mir Ihr Trauerspiel Käthgen von Heilbronn übergab, habe ich nach meiner Überzeugung und den Pflichten meiner Stelle erwidert: daß ich die bedeutenden dramatischen Anlagen ehre, welche diese Arbeit dartut, daß aber das Stück in der Weise und Zusammenfügung, wie es ist, auf der Bühne sich nicht halten könne. Nach denen aus Wien erhaltnen Nachrichten von den wenigen Vorstellungen des Stückes daselbst hat sich dieses auch also bestätigt ... Ich habe keineswegs, wie Sie mir schreiben, dem Herren Hofrat Römer gesagt: ›es Ihnen mit der Äußerung zurückzugeben, es gefiele mir nicht.‹ Damit würde ich eine Gemeinheit begangen haben, die ich nicht erwidre, auch wenn solche gegen mich gebraucht werden sollte. Ich bin verpflichtet, Ihnen meine Herrn Hofrat Römer bei diesem Anlaß gegebne Antwort bekanntzumachen ...«

Es war schon ein Trauerspiel mit Kleists Dramen zu dessen Lebzeiten. Kaum einer der fürs Theater Verantwortlichen war in der Lage, die dramaturgische Sprengkraft, die in ihnen steckte, zu entdecken und dementsprechend auf der Bühne umzusetzen. Daß Iffland das »Käthchen« nicht begriff, zeigte sich schon daran, daß er es penetrant als »Trauerspiel« titulierte, oder war das die Retourkutsche zu Kleists Denunziation? Es sollte noch Jahre dauern, bis es in Berlin zu sehen war und es zu Kleists meistgespieltem Stück werden sollte.

Über die Berliner Erstaufführung im April 1824 schrieb Willibald Alexis im »Literarischen Conversations-Blatt«: »Das Käthchen von Heilbronn, wohlbekannt, und fast auf allen Bühnen Deutschlands, wo es bekannt ist, gern gesehen, erschien erst in diesem Jahre auf der unsern. Geboren in Berlin, oder doch eines vaterländischen Dichters liebliche Tochter, ein legitim poetisches Kind, mußte es fast drei Lustra [3 x 5 Jahre;

d. Vf.] warten, ehe Körnersche Dramen, die späten Nachgeburten Kotzebues, die Unmassen französischer Kleinigkeiten und die Wollsäcke unserer neuesten massiven Bühnendichtungen diesem Gedicht Platz machten, welches nichts von den Qualitäten jener Kassenstücke besitzt und nur durch wahrhaft dramatisches Leben, Steigerung des Interesse, Wahrheit der Charakteristik und echte Poesie auf den Beifall der Massen und der Gebildeten Anspruch macht ... Um so erfreulicher ist es, daß Berlin nach langen Jahren mit so rauschendem Beifall des hingeschiedenen Dichters Lieblingskind empfangen hat. Die Toten mögen ruhen, und mit ihnen die Anschuldigungen gegen diejenigen, welche das Erscheinen des Käthchens bis jetzt verzögerten.«

Genug des Käthchens. Im nächsten Kapitel mehr davon, wenn wir uns dem Leben E. T. A. Hoffmanns, oder anders gesagt, einem Ausschnitt desselbigen, zu nähern versuchen.

Polizeiberichte, Theaterkritiken und die Zensur

Zurück zu Kleist und Adam Müller. Am 2. September 1810 schrieb Kleist an Fouqué: »Ihr Erndtelied und ihr Gespräch im Hausfreund, das mir in eben diesem Augenblick, Hitzig gegeben hat, ist das Liebste und Zärtlichste, mit einem Wort, Hübscheste, was ich über den Tod der Königinn gelesen. Es ist, um Alles zu sagen, trefflicher, als das was Müller geschrieben hat; rührender und die Thränen lockender (die guten Thränen) ohne allen Zweifel, wenn gleich jenes vielleicht, nach seiner Absicht, größer und erhabener. – Mit dem 1ten Oct. kommen nun meine Abendblätter heraus oder was sag' ich, meine? Unsere, mein lieber Freund; Ihre auch. Denn gewiß unterstützen Sie den patriotischen Zweck (lassen Sie ihn sich nur von Robert auseinanderlegen) den wir uns dabei gesetzt haben. Wie glücklich wäre ich, wenn Sie es nicht bei einem oder ein Paar Aufsätzen bewenden ließen, sondern ihre ganze eigenthümliche poetische Natur (nach den Bedingungen dieses Blattes, das wie Sie leicht begreifen, populär sein muß, und den Augenblick zu ergreifen, bestimmt ist, modificirt) als ein Element darin verweben wollten!«

Halten wir zweierlei an diesem Brief fest. Erstens den Literatursachverstand von Kleist und zweitens »Robert und die patriotische Sache«.

Am 19. Juli 1810 stirbt auf Schloß Hohenzieritz in Mecklenburg Luise, Königin von Preußen, im Alter von nur 34 Jahren. Ihr Tod löste nicht nur in Berlin eine kollektive Erschütterungs- und Trauerwelle aus, die sich bei einigen Poeten und Intellektuellen verbal entlud. Aber nicht nur Fouqué, den wir gleich hören werden, und Adam Müller, dessen Erguß »Zum Gedächtnis der verewigten Königin von Preußen« Kleist nicht mochte, sondern Kleist selber hatte sich kurz vor ihrem Tod dichterisch über Luise in naiv schwärmerischen Tönen, man faßt es nicht, aber in drei Fassungen geäußert. Die dritte übertitelte er mit Sonett. Hier nun »An die Königin Luise von Preußen zur Feier ihres Geburtstags den 10. März 1810«, die erste Strophe:

»Erwäg ich, wie in jenen Schreckenstagen,
Still deine Brust verschlossen, was sie litt,
Wie du das Unglück, mit der Grazie Tritt,
Auf jungen Schultern herrlich hast getragen«

Nun gut, als potenter Lyriker ist Kleist ja auch nicht in die Literaturgeschichte eingegangen. Die wenigen Gedichte, die er schrieb, sind noch unterhalb dessen anzusiedeln, was sich Gebrauchslyrik nennt. Aber wie Kleist Fouqués Gedicht »Brandenburgisches Erndtelied« auch nur mit einer einzigen Zeile würdigen konnte, läßt einen doch an seinem poetologischen Verständnis zweifeln. Erklärbar wäre dieser Ausrutscher nur damit, daß er Fouqué Honig ums Maul schmieren wollte, um ihn zur Mitarbeit an seinem geplanten Zeitungsunternehmen, »Berliner Abendblätter«, zu gewinnen. Das gelang ihm denn auch, denn Fouqué beteiligte sich mit acht Beiträgen an ihnen. Hier nun die peinlichen Verse, die entstanden sein sollen, als Fouqué vom nun einsamen König Friedrich Wilhelm III. hörte. In seiner Biographie schreibt er: »Als ich um diese Leidenszeit aus einem Brief vernahm, jemand habe den König im Charlottenburger Schloßgarten alleine gehen sehen, ergriff mich dies ›Allein‹ mit von Wehmut überquillender Gewalt. Unter meinen einsam strömenden Tränen brachen mir die Gelübdesworte laut hervor: Verlasse mich Gott, wenn jemal ich Dich verlasse, mein edler schwergeprüfter König!«

So schwülstig wie dies autobiografische Gestammel ist auch das Gedicht. Hier die Schlußstrophen:

Die Trauerglocke läutet
Vom Dorf her.
Wir wissen was es bedeutet:
Sie ist nicht mehr!

Zwei Augen ruhn im Grabe,
So fromm und blau,
Und auf die Gottesgabe
Fällt Thräunenthau.«

Der zweite Hinweis im Brief Kleists an Fouqué, der festgehalten werden soll, ist der Name Robert. Es handelt sich dabei um Ludwig Robert, den jüngeren Bruder Rahel Levins. Ludwig Robert wurde am 16. Dezember 1778 in Berlin als Lipman (oder auch Liepman) Levin geboren. Nacheinander nahmen die Geschwister den Namen Robert-tornow an. Als letzter Liepman, der sich ab 1814 Ludwig Robert-tornow nannte. Das angehängte Tornow soll sich von dem Ort Tornow bei Berlin herleiten, wo die Familie einmal eine Sommerwohnung besaß. Man hängte es an den Namen kleingeschrieben an, um erstens anzuzeigen, daß Robert kein Vorname ist, und zweitens, um einer Verwechslung mit der hugenottischen Familie Robert zu entgehen. 1796 schrieb Robert seiner Schwester Rahel: »... daß er Jude sei, das könne ja jederzeit abgeändert werden, damit seine Kinder ihm dereinst nicht fluchen sollten ...«

Aber mit der Taufe sollte er sich, im Gegensatz zu seiner Schwester, noch Zeit lassen. Am 23. September 1814, drei Tage vor ihrer Hochzeit mit Varnhagen, ließ sich Rahel auf den Namen Friederike Antonie Robert taufen. Ludwig sollte den Schritt erst am 30. März 1819 in Frankfurt tun. An Rahel schrieb er aus Mannheim am 17. April 1819:

»Ich hatte mir vorgenommen Dir, und wenn Alles erst vorbei sey zu schreiben; aber da mein Pfarrer am Podagra [Fußgicht; d. Vf.] danieder liegt und überdies wünscht, daß ich bis zum Sonntag über acht Tage zur Feier des Abendmahls hier bleibe und ich ihm diesen Wunsch erfüllen möchte, so muß ich Dir wohl vorher ein Zeichen des Lebens geben. Wie du mich kennst, so wirst Du wissen, dass ich, eben so ernst ich mich früher weigerte, ich diesen Schritt jetzt thue. Aus unserer Individualität können wir nun ein Mal nicht heraus. Sey übrigens versichert, daß ich mir keine *fremde* aufdringen oder anreden lasse; und wenn mir Glaube nothwendig ist, so sey überzeugt, daß es von jeher *mein* Bedürfniss war – Deine innere Demuth ist ja auch Glaube; und eben der rechte – Du schreibst mir ein Mal: ›*Du* verstehest meine impien [gottlosen; d. Vf.] Ausdrücke, wie *ich* deine religiösen‹ – Recht! Ich kehre den Satz um – Genug ich bestrebe mich, mir nichts vorzulügen – Mehr vermag der Mensch nicht! – Daß dieser Schritt und meine Liebe eine große Veränderung in mir hervorgebracht haben ist wahr; eben so wahr ist es, daß diese Verändrung nicht ohne Kampf bewirkt wurde – Der einzelne Mensch hat *auch* seine Geschichtsepochen. – Hiermit habe ich Dir also getreulich Bericht abgestattet, wie es mit mir steht; und ich wüßte auch nicht, daß ich Dir *eine* Falte meines Herzens verborgen hätte. *Du* kannst Lügen und Zieren nicht *mehr* hassen als ich, und ich mögte um Alles nicht, daß dieser Brief *den* Eindruck auf Dich machte, wie manche Phrase von Ohme! [der Bruder Markus Theodor Robert; d. Vf.] –«

Es ist schon ein verflixtes Wechselspiel der Gefühle, sowohl bei Rahel als auch bei Ludwig, in bezug auf ihre jüdische Herkunft. Rahel wollte immer davor fliehen, aber konnte es dann doch nicht, und Robert floh schon sehr früh, tat den entscheidenden Schritt aber spät, und radikal. Er brach ganz mit der Religion der Väter. Rahel wandte sich, je älter sie wurde, der Väterreligion immer mehr zu, auch und gerade unter dem Eindruck antisemitischer Ausschreitungen.

»Was solange Zeit meines Lebens mir die größte Schmach, das herbste Leid und Unglück war, eine Jüdin geboren zu sein, um keinen Preis möchte ich das jetzt missen.«

Zurück zu Ludwig Robert. Sein Leben verlief etwas unstet. Nach dem Besuch des Französischen Gymnasiums trat er knapp siebzehnjährig eine Lehre bei seinem Onkel Liepmann in Breslau an, wechselte aber schon ein Jahr später nach Hamburg ins Kaufmannskontor der Familie Zadig. In diese Zeit fallen seine ersten dichterischen Versuche. Das Jahr 1796 sollte, ausgelöst durch die Poesie, die von ihm Besitz ergriffen hatte, ein entscheidendes Jahr für ihn werden. Er brach die kaufmännische Ausbildung ab und begann in Halle und Berlin mit philosophischen Studien, um fortan, mehr schlecht als recht, das Leben eines freien Schriftstellers zu führen, der sich auf vielen Gebieten ausprobierte: Lyrik, Novellen, Romane, Dramen, Opernlibretti sowie Übersetzungen und Bearbeitungen von Theaterstücken. So wurde z.B. am 3. April am Königlichen Hoftheater zu Berlin seine Bearbeitung der Molièreschen Komödie »Les Précieuses ridicules« (Die lächerlichen Preziösen) unter dem Titel »Die Überbildeten« uraufgeführt. Regie führte der Direktor des Königlichen Schauspiels, Iffland, höchstselbst. Trotz Ehe, er heiratete 1822 in Dresden Friederike Braun, die »schöne Schwäbin«, die er bereits 1816 in Karlsruhe kennenlernte, die aber da noch mit einem Italiener namens Primavera (oder Primavesi; beide Formen sind überliefert) verheiratet war, behielt er sein unstetes Wanderleben bei. Aus Friederike, der »schönen Schwäbin«, wurde die »schöne Robert«, kaum ein Mann, der nicht ihrer Schönheit erlag und für sie zu schwärmen anfing. Heinrich Heine dichtete ein dreiteiliges Sonett auf die schöne Frau, das er später in seine Sammlung »Neue Gedichte« aufnahm. Die Schlußstrophe des ersten Teils, worin er sie auffordert, mit ihm nach Indien zu gehen, lautet:

»Dort will ich gläubig vor dir niedersinken,
Und deine Füße drücken, und dir sagen:
Madame! Sie sind die schönste aller Frauen.«

Zur Rechtfertigung oder doch mehr zur eigenen Beruhigung schrieb Heine an seinen Freund Moses Moser aus Göttingen am 17. Mai 1824:

»Heute will ich dir mahl etwas liebes erweisen, indem ich dir einen Auftrag gebe, dessen Verrichtung unter Brüdern tausend Thaler werth ist: Du sollst nemlich der schönen Madam Robert einliegendes Sonett in meinem Namen zustellen. Laß es niemand vorher sehen. Es ist nicht viel werth, aber ich hatte Versprochen der schönen Frau ein Gedicht zu machen; und für ein solches aufgegebenes Gelegenheitsgedicht, wo die Convenienz den wirklichen Ernst theils heischt, theils verboth, dafür ist das Gedicht noch immer gut genug, und es wird der schönen Frau gefallen und sie erfreuen und könnte dem Überbringer, wenn er nicht blöde wäre, ein zärtliches Trinkgeld eintragen: Etwas wenigstens wirst du bekommen, vielleicht ein extraordinäres Lächeln.«

Nicht weniger männlich chauvinistisch der Dichter Ludwig Börne. In seinen Berliner Briefen schreibt er unter dem Datum des 18. Februar 1828: »Freitag Nachmittag ging ich zu Robert. Es ist wahr, seine Frau ist wunderschön! Ich habe das damals in Carlsruhe gar nicht so bemerkt.

Schon 32 Jahr alt, hätte ich sie auch für eine 24jährige gehalten. Sie ist sehr gut, auch verständig, auch kokett, aber recht lieb dabei ... Sie spielt mit ihrer Schönheit wie ein Kind mit seinen Puppen, und erzählt sehr ausführlich wie sie allen gefalle und schon Duelle wegen ihr vorgefallen ... Grüßen Sie alle Bekannte von mir, und erinnern Sie die Fanny Ochs: sie habe in mein Tagebuch geschrieben: ›Wo rauchen sie heute über 14 Tage um 4 Uhr? Freitag der 1. Febr.‹ Zur Antwort: ich habe an diesem Tage zu dieser Stunde gar nicht geraucht, sondern schön hell gebrannt und zwar angezündet von den unvergleichlichen Augen der Frau Robert.«

Hier brannte jemand lichterloh! Aber vergebens, und das scheint ihn verärgert zu haben. Lesen wir einen weiteren Brief vom 17. März:

»[Frau Robert] das ist eine Frau! Bei der kann man die Anatomie der Verhältnisse studieren. Als sie herkam, – ihr Ruf war ihr Courier, – haben sich die Damen gedreht und gewendet, ihr nicht zu nahe zu kommen. Aber sie hat es durchgesetzt bei den Männern, und sie kömmt in die ersten besten Gesellschaften. Ich bin überzeugt, und ganz Berlin ist es, daß ihre Aufführung besser ist als ihr Ruf. Sie ist ihrem Mann treu aus Indolenz. Sie suchte nichts, als ihre Schönheit allgemein anerkannt zu sehen und hat dies erreicht. Aber eine so schmutzige Person im Hause ist mir noch nicht vorgekommen. Sie und ihr Mann, ein paar Schweine sonder gleichen. Sie hat keine Seele, und sie amüsiert sich nur, weil ich mich über sie lustig mache, ohne daß sie es merkt. Und so wie sie ist macht sie doch Gedichte, besonders in Schwäbischer Mundart, von ganz unbeschreiblicher Anmuth und Feinheit. Ich war ganz erstaunt darüber.«

So schreibt ein verschmähter Liebhaber, der über den Korb, den er von seinem Objekt der Begierde bekam, nicht hinwegkommt. Zynisch-verachtend und auch gleich den Ehemann in Sippenhaft nehmend: »Noch einmal meine Adresse: Französische Straße 53. Ich wohne im nehmlichen Hause als Robert. So sehr misfällt mir die schöne Madame, daß ich während meiner hiesigen Aufenthalte erst zweimal den Abend bei ihr zugebracht, und daß ich, seit ich im Hause wohne, sie noch gar nicht besucht habe. Von Robert sagte mir neulich Einer, was ich früher gesagt, nur noch besser. Er sei: ein ausgebrannter Krater, der nie gebrannt habe.«

Nun gut, wo Börne recht hat, da hat er recht. Als Dichter brachte es Robert zu keinem nachhaltigen Erfolg und gehört heute zu den Vergessenen. Aber muß man deshalb Häme über die Familie Robert ausschütten?

Also diesen kleinen Bruder von Rahel schickte Kleist zu Fouqué, damit er diesem den patriotischen Zweck der »Abendblätter« erkläre. Wir wissen leider nicht, was Robert dem preußischen Junker, Militär und Schreiber von Ritterstückchen im Gartenlaubenstil erklärt hat, aber etwas Patriotisches wird's schon gewesen sein. Warum? Dafür müssen wir einen kleinen Sprung in die Zukunft machen.

Am 18. Februar 1827 schrieb Robert seiner Schwester nach einer für ihn ergreifenden Lektüre des Kleistschen »Prinzen von Homburg«:

»Welch ein Meisterstück dieses Drama, welch ein einzig patriotisches Stück es ist (gerade weil kein deutsches Vivat! Kein französisches coup d'encensoir drin vorkommt, kein: un Français, kein: Wir Deutschen! wohl aber unsere brandenburgische Charte die in des Fürsten und des Volkes gesetzlicher Gesinnung lebendig wirkend lebt), das habe ich erst wie von neuem bei strenger Durchsicht dieses grandiosen Gedichts erschaut.«

Und dieses brandenburgisch-patriotische Gefühl veranlaßte ihn, vermittelt durch Tieck, für das Königliche Schauspielhaus den »Prinzen« zu bearbeiten. Aber seine Bearbeitung war von einem totalen Mißverständnis des Stückes geprägt. Er dilettierte nur so im Stück herum, um, wie er dem Intendanten Graf Brühl mitteilte, die »Unarten des Kleistschen Geistes« zu tilgen. Dem Grafen Brühl gingen die Tilgungsversuche aber nicht weit genug, so daß auch er sich genötigt sah, in die dramatische Struktur des Textes einzugreifen.

Willibald Alexis schreibt im »Berliner Conversationsblatt« zur Berliner Erstaufführung, die am 25. Juli 1828 stattfand: »Der Prinz von Homburg wurde im heißen Sommer gegeben, so mancher Umstand ließ die Freunde des Stückes fürchten. Die Klippen sind umschifft, und die lebendige Teilnahme des gebildeten Berlins klagt durch den rauschenden Beifall, so daß wir so spät erst das vaterländische Stück gesehen.«

Aber auch der von Robert und dem Grafen Brühl entschärfte Kleist war für das preußische Herrscherhaus noch zu scharf. Nach der dritten Aufführung ließ Wilhelm III. das Stück verbieten. Graf Brühl erhielt am 1. August 1828 folgendes Schreiben vom Geheimen Kabinettsrat Albrecht zugestellt: »Des Königs Majestät haben befohlen, daß das gestern aufgeführte Stück: Prinz Friedrich von Homburg niemals wieder gegeben werden soll, und ich beeile mich daher, dies Ew. Hochwürden-Hochgeboren ganz ergebenst anzuzeigen.«

Dreizehn Jahre sollte dieses »Niemals-wieder« dauern. Am 18. Oktober 1841 schrieb Ludwig Rellstab in der »Vossischen Zeitung«: »Es bleibt immer eine wichtige Erscheinung, wenn man gewissermaßen ein öffentliches Bekenntnis eines Irrtums ablegt. Eine solche Erscheinung ist bei uns die Darstellung des Kleistschen Schauspiels ›Der Prinz von Hessen-Homburg‹. Vor 13 Jahren wurde dasselbe auf Tiecks so gewichtige Empfehlung auf unsere Bühne gebracht, verschwand aber augenblicklich wieder, weil sich die fürstlichen Nachkommen des Hauses Hessen-Homburg durch die im Stück enthaltene Zeichnung des Charakters ihres Vorfahren verletzt fühlten. Man hat jetzt eingesehen, daß ein solcher Grad der Empfindlichkeit weder im allgemeinen berücksichtigt werden durfte ... noch in diesem besonderen Falle gerechtfertigt erscheint, da ein Vorfahr dieses Charakters, dem solche Taten und Entschlüsse beigelegt werden, trotz der menschlichen Schwäche ... immer noch ein Glanz seines Hauses und ruhmbringend für die späteste Nachkommenschaft sein würde ...« Diese Aufführung sollte zum »Take-off« für ein Bühnenstück werden, das bis heute zu polarisieren weiß.

Zurück zu Kleist und Berlin.

Wir schreiben den 1. Oktober 1810. Es ist nachmittag 5 Uhr. In der Französischen Straße/Ecke Hinter der Katholischen Kirche scheint die öffentliche Ruhe und Ordnung gestört. Vor dem Hause Hinter der Katholischen Kirche 3 drängen sich die Massen und begehren Einlaß. Ein jeder will der erste sein, um hier im zweiten Stock bei Hitzig ein kostenloses Exemplar der »Berliner Abendblätter« zu ergattern. Seit Tagen sind sie Stadtgespräch. Am 29. September 1810 konnte man z.B. in der »Vossischen Zeitung« lesen: »Von diesem Tagblatt wird Montag, den 1. Oktober, in der Expedition desselben, hinter der katholischen Kirche No. 3 zwei Treppen hoch, abends von 5–6 Uhr, das erste Stück gratis ausgegeben, und von da an erscheint *täglich*, mit Ausschluß des Sontags, in der nämlichen Stunde ein solches Stück von einem Viertelbogen. Das Abonnement beträgt vierteljährig, also für 72 Stücke, achtzehn Groschen klingendes Courant, das einzelne Blatt dagegen kostet 8 Pf.«

Der 1. Oktober 1810 sollte, als die Polizei einschritt, um vor dem Hause Hinter der Katholischen Kirche 3 den Publikumsandrang zu regeln, die Geburtsstunde der ersten richtigen Tageszeitung in Berlin, in Preußen und in den anderen deutschsprachigen Landen sein. Es war die Geburtsstunde des Journalismus aus dem Geiste der Poesie oder, wie es Peter Stengle formulierte, »die Geburt des Lokaljournalismus aus dem Geiste der Polizei«. Dem letzteren müssen wir etwas nachgehen.

Kleist und Adam Müller, die sich über den »Phöbus« und dessen Auflösung entzweit hatten, fanden in Berlin wieder zueinander. Müllers Idee, die er dem Staats- und Finanzrat Staegemann mitteilte, nämlich zwei Zeitungen herauszugeben, die eine staatstragend und die andere staatskritisch, gefiel Kleist, als er davon hörte. Und schnell waren die beiden übereingekommen, ein Zeitungsprojekt gemeinsam zu starten. Kleist sollte Herausgeber werden und Müller als »spriritus rector« im Hintergrund bleiben. Die »Berliner Abendblätter« waren geboren. Zuerst nur in Gedanken, Gesprächen und auf dem Papier, aber als man den Berliner Polizeipräsidenten Justus von Gruner für das Projekt gewinnen konnte, konkretisierte sich alles. Auf einmal war es ganz einfach und simpel. Der Polizeipräsident, der daran interessiert war, seine täglichen Polizei-Rapporte an den König auch veröffentlicht zu sehen, fand in Kleist einen kongenialen Partner. Kleist suchte gleichzeitig ein Experimentierfeld für seine Schriften und seinen Kampf gegen Napoleon. Polizeipräsident von Gruner, zuständig für die Zensur nichtpolitischer Zeitungen und Zeitschriften, war für Kleist und Müller also der rechte Partner. Dreimal um die Ecke gedacht, sagten die beiden sich, wir machen etwas, »um das Publikum auf eine vernünftige Art zu unterhalten«, und vergessen dabei aber das Eigentliche nicht: Kampf, Kampf um Preußen, Kampf gegen den verhaßten Usurpator Napoleon. Kleist erhielt zwar keine Lizenz von Gruner, aber auch keinen Einspruch gegen das Projekt. Die beiden anderen Zeitungen, die »Spenersche« und die »Vossische« (die nur zwei- bis dreimal die Woche erschienen), waren darüber nicht sehr erfreut. Anfänglich jedenfalls. Denn die »Abendblätter« schlugen wie eine Bombe ein. Man riß sich förmlich um sie. Warum? Ein Blick in das »Extrablatt zum ersten Berliner Abendblatt« liefert die Erklärung dazu:

»Durch den Königl. Präsidenten der Polizei, Herrn Gruner, der jedes Unternehmen gemeinnütziger Art mit so vieler Güte und Bereitwilligkeit unterstützt, sind wir in den Stand gesetzt, in solchen Extrablättern, als hier das Erste erscheint, über Alles, was innerhalb der Stadt, und deren Gebiet, in polizeilicher Hinsicht, Merkwürdiges und Interessantes vorfällt, ungesäumten, ausführlichen und glaubwürdigen Bericht abzustatten: dergestalt, daß die Reihe dieser, dem Hauptblatt beigefügten Blätter, deren Inhalt wir auch mit statistischen Nachrichten aus den Provinzen zu bereichern hoffen dürfen, eine fortlaufende Chronik, nicht nur der Stadt Berlin, sondern des gesammten Königreichs Preußen, bilden werden.«

Als die »Abendblätter« das erste Mal erschienen, machte gerade eine Bande von Brandstiftern die Stadt unsicher. Kleist wurde exklusiv von Gruner mit den neuesten Nachrichten versorgt, und das Publikum brannte darauf sie zu lesen:

»Folgende Extracte aus den Polizei-Rapporten sind uns bis 10 Uhr zugekommen:

Rapport vom 28. September

Am 27. in der Nacht ist der Krug in Steglitz mit allen Nebengebäuden abgebrannt, und zugleich ein mit Zucker beladener Frachtwagen nebst 4 Pferden.

Rapport vom 29. September

Am 28. Abends ist das alte hölzerne Wohnhaus des Zimmergesellen Grassow in der Dresdner Straße Nr. 93 abgebrannt.

Rapport vom 30. September

Gestern Abend sind im Dorfe Alt-Schöneberg 3 Bauernhöfe mit sämmtlichen Nebengebäuden abgebrannt. Das Feuer ist in der Scheune des Schulzen Willmann ausgekommen, und zu gleicher Zeit ist ein ziemlich entfernter, gegenüber stehender Rüsternbaum in Brand gerathen, welches die Vermuthung begründet, daß das Feuer angelegt ist.

Rapport vom 1. October

In dieser Nacht ist das Haus des Bäckermeisters Lamprecht in der neuen Königstraße Nr. 71 abgebrannt. Das Haus war sehr baufällig, und die Entstehungsart ist noch nicht ausgemittelt. Auch außerhalb Berlin, angeblich in Friedrichsfelde, ist in dieser Nacht Feuer gewesen.

In Lichtenberg brennt in diesem Augenblick (10 Uhr Morgens) ein Bauernhof. Die Entstehungsart ist noch unbekannt, und sind alle Vorkehrungen gegen die weitre Verbreitung getroffen.

Auch sind in dieser Nacht von den Stadtthürmen 3 Brände in verschiedenen Gegenden, jedoch außerhalb des Berlinischen Polizei Bezirks, entdeckt worden.

Zu bemerken ist, daß bei einem in Schöneberg verhafteten Vagabonden gestohlne Sachen gefunden worden sind, welche dem abgebrannten

Schulzen Willmann in Schöneberg und dem abgebrannten Krüger in Steglitz gehören. Dies giebt Hoffnung den Brandstiftern auf die Spur zu kommen, deren Dasein die häufigen Feuersbrünste wahrscheinlich machen. (Sobald die Redaction, durch die Gefälligkeit der hohen Polizeibehörde, von diesem glücklichen Ereigniß unterrichtet sein wird, wird sie dem Publico, zu seiner Beruhigung, davon Nachricht geben.)«

Die »Abendblätter« erschienen sechsmal wöchentlich, und mit ihren Polizeimeldungen erzielten sie einen so großen Erfolg, so daß sie bereits am 5. Oktober ihr Domizil wechseln mußten, denn das Haus Hinter der Katholischen Kirche 3 war dem täglichen Ansturm der Massen, trotz Polizeiwachen, nicht mehr gewachsen. Dazu muß man wissen, daß die Französische Straße damals noch hier endete, daß es noch keinen Durchbruch zum Werderschen Markt gab. Der erfolgte erst 1861. Hinter den Häusern Hinter der Katholischen Kirche verlief damals noch der »Grüne Graben«. Das Haus Hinter der Katholischen Kirche 3 hat man sich heute etwa in der Mitte des Intendanzgebäudes der Staatsoper zu denken.

Am 5. Oktober erschien in den »Abendblättern« folgende Mitteilung:

»Da man das bisherige Lokal, bei dem außerordentlichen Andrange von Menschen, zu enge gefunden; so werden, von Montag den 8. d. an, die gedachten Abendblätter nicht mehr hinter der Katholischen Kirche Nr. 3, sondern in der Leihbibliothek des Herrn Kralowsky in der Jägerstraße Nr. 25 Parterre, ausgegeben werden. Die Stunde, in der dies geschieht, bleibt für die neuen Blätter eines jeden Tages, wie bisher, die von 5 bis 6 Uhr ...«

Die Leihbibliothek befand sich schräg gegenüber dem Hause Jägerstraße 54, wo Rahel Levin einst ihren ersten Salon etablierte. Im Hause Nr. 22 zur Rechten, dem Colombschen Hause, wurde am 14. 9. 1769 Alexander von Humboldt geboren. Soweit das Umfeld der Leihbibliothek.

Neben den Polizei-Rapporten trugen zum anfänglichen Erfolg der »Abendblätter« wesentlich auch die scharfzüngigen Theaterkritiken bei. Sie sollten dann auch genauso wesentlich dazu beitragen, daß den »Abendblättern« das Genick gebrochen wurde.

Dazu müssen wir zum 30. September 1810 zurückkehren. An diesem Tag kehrte Iffland von einem längeren auswärtigen Gastspiel nach Berlin zurück. Dies nahm Kleist zum Anlaß, Iffland die Rechnung, die zwischen ihnen seit der Ablehnung des »Käthchens« noch offen war, zu präsentieren. Für die »Abendblätter« schrieb er folgendes Gedicht. Hören wir einmal die erste Strophe:

»An unsern Iffland
Singt, Barden! Singt Ihm Lieder,
Ihm, der sich treu bewährt;
Dem Künstler, der heut wieder
In eure Mitte kehrt.
In fremden Landen glänzen,
Ist ihm kein wahres Glück:
Berlin soll Ihn umkränzen,
Drum kehret Er zurück.«

Das war der Anfang der Kleistschen Rache! Auf dieses Spottgedicht reagiert der Intendant des Königlichen Schauspiels noch gelassen. Aber als die ersten Kritiken, in seinen Augen Schmähkritiken, erschienen, da griff er doch bald zu Gegenmaßnahmen. Führen wir uns einmal eine solche »Schmähkritik« zu Gemüte:

»Theater

Den 2. October: Ton des Tages, Lustspiel von Voß

Kant sagt irgendwo, in seiner Kritik der Urtheilskraft, daß der menschliche Verstand und die Hand des Menschen, zwei, auf nothwendige Weise, zu einander gehörige und auf einander berechnete, Dinge sind. Der Verstand, meint er, bedürfe, falls er in Wirksamkeit treten solle, ein Werkzeug von mannichfaltiger und vielseitiger Vollkommenheit, als die Hand; und hinwiederum zeige die Struktur der Hand an, daß die Intelligenz, die die selben regiere, der menschliche Verstand sein müsse. Die Wahrheit dieses, dem Anschein nach paradoxen Satzes, leuchtet uns nie mehr ein, als wenn wir Herrn Iffland auf der Bühne sehen. Er drückt in der That, auf die erstaunenswürdigste Art, fast alle Zustände und innerliche Bewegungen des Gemüths damit aus. Nicht, als ob, bei seinen theatralischen Darstellungen, nicht seine Figur überhaupt, nach den Forderungen seiner Kunst, zweckmäßig mitwirkte: in diesem Fall würde das, was wir hier vorgebracht haben, ein Tadel sein. Es wird ihm, in der Pantomimik überhaupt, besonders in den bürgerlichen Stücken, nicht leicht ein Schauspieler heutiger Zeit gleichkommen. Aber von allen seinen Gliedern, behaupten wir, wirkt, in der Regel, keins, zum Ausdruck eines Affekts, so geschäftigt mit, als die Hand; sie zieht die Aufmerksamkeit fast von seinem so ausdrucksvollen Gesicht ab: und so vortrefflich dies Spiel an und für sich auch sein mag, so glauben wir doch, daß ein Gebrauch, mäßiger und minder verschwenderisch, als der, den er davon macht, seinem Spiel (wenn dasselbe noch etwas zu wünschen übrig läßt) vortheilhaft sein würde.«

Hinterhältiger kann man eigentlich nicht kritisieren. Allein der Einstieg läßt schon nichts Gutes erahnen. Wer mit einer Autorität beginnt, die irgendwo irgendwas einmal gesagt oder geschrieben hat, der versteckt dahinter nur sich selber. Und so ging es von Nummer zu Nummer fort. Mal prügelt Kleist, mal ein anderer, und immer auf Iffland, nach dem Motto: Haut den Lukas!

Als dann im Blatt Nr. 50 vom 27. November 1810 sich die »Abendblätter« gar in die Besetzungspolitik Ifflands einmischten, war für den das Maß voll und er ging zu seinem Logenbruder, dem Staatskanzler von Hardenberg, und beschwerte sich dort über die in seinen Augen diffamierenden Angriffe. Und er hatte Erfolg damit: Hardenberg zog die Daumenschrauben an. Was war vorgefallen? Iffland brachte das Singspiel »Die Schweizerfamilie« von Joseph Weigl heraus, und vorab diskutierte das »Abendblatt« die Frage: »Ob die Direction Mad. Müller oder Eunicke oder Dem. Schmalz [die] Rolle [der Emmeline] zuteilen würde«. Das lesende Publikum versammelte sich in der Vorstellung vom 26. November und bezog Partei gegen Demoiselle Herbst, die Iffland mit der Rolle der »Emmeline« betraute. Es kam zu einem Skandal, und was erschwerend hinzukam, der König war anwesend und aufs heftigste erbost. Am 1. Dezember 1810 erging eine königliche Kabinettsorder, die den »Abendblättern« zukünftig jede Theaterkritik verbot: Ifflands Antichambrieren bei Hardenberg war von Erfolg gekrönt.

Kleist, ein Freibeuter des Journalismus, pokerte hoch, sehr hoch mit seinen »Abendblättern« – und verlor. Verlor alles, zum Schluß auch noch sein Leben. Aber der Reihe nach. Um die Zensur zu umgehen, druckte Kleist politische Artikel, die zu veröffentlichen ihm ja eigentlich verboten waren, aus anderen Zeitungen nach. Allerdings in eigener Diktion und mit klarer Stoßrichtung versus Frankreich, und auf einmal war quasi durch die Hintertür doch die Politik in die »Abendblätter« eingekehrt. Aber dieses Kapern auf den Weltmeeren der politischen Publizistik blieb natürlich nicht unbemerkt. Der französische Gesandte protestierte prompt beim Minister für Auswärtiges, dem Grafen von der Goltz, und dieser intervenierte beim Polizeipräsidenten Gruner und bestand auf »gänzlicher Suprimierung politischer Artikel« in den »Abendblättern«. Dies war ein weiterer schwerer Schlag gegen die Zeitung, dem noch ein letzter folgen sollte. Und an ihm ist Freund Müller nicht ganz unschuldig. Seine Polemik gegen den englischen Nationalökonomen Adam Smith und damit einhergehend sein Kampf gegen die wirtschaftlichen Reformbestrebungen der Regierung Hardenberg, gipfelnd in seinem Aufsatz »Vom Nationalcredit«, riefen wiederum den König auf den Spielplan. Dieser, erbost über Müllers Kritik an seinen zaghaften Reformversuchen, erließ eine Kabinettsorder, die den »Abendblättern« jegliche politische Berichterstattung verbot und sie unter strenge Zensur stellte.

»Ich finde den Aufsatz: vom National-Credit [von Adam Müller] in dem Berliner Abendblatt vom 16ten d. M. gar sehr am unrechten Orte. Er enthält, wie mir scheint, einen Ausfall gegen das neue Finanz-Edict ... Außerdem spricht man in den ersten Zeilen nicht undeutlich den Wunsch nach einer allgemeinen Versammlung von Ständen aus, der in erhitzten Köpfen vorherrschend sein soll und der auf jeden Fall einer großen Modification bedarf. Absichtlich oder aus gegenseitiger Überzeugung, im Effekt einerlei, kann jetzt nichts Nachtheiligeres geschehen, als wenn man Mißtrauen gegen die getroffenen großen Maasregeln der Regierung in den Gemüthern der Menge erweckt, und dies geschieht durch dergleichen hingeworfene ganz unreife Aufsätze in einem Blatte, welches so allgemein vom Publicum gelesen wird. Es ist daher von der äußersten Wichtigkeit, dergleichen Blätter der strengsten Censur zu unterwerfen, und da dem Censor des Abendblattes [Gruner] eine diesfällige richtige Beurtheilung zu mangeln scheint, so will ich, daß Ihr selbst Euch diesem Geschäft unterziehet und in diesem Auftrag auf alle für das große Publicum bestimmte Flugschriften ausdehnt, weil Ich dann nur sicher sein kann, daß kein unreifes Urtheil über die neuen so vielfältig geprüften und von Mir sanctionirten Einrichtungen stattfinden werde. Wer sich zu gegründeten Ausstellungen berufen fühlt, kann Mir selbige in einem bescheidenen Tone, wie die Gesetze es vorschreiben, vortragen, und Meine Prüfung und Entscheidung erwarten.«

Resultat war: Gruner zog seine Polizeimeldungen zurück; übers Theater durfte auf höhere Weisung auch nicht mehr berichtet werden, und nur mit dem Nachdruck bereits publizierter Meldungen waren die Leser nicht mehr zu befriedigen. Auch die als Lückenbüßer eingeschobenen Aufsätze von Kleist, wie z. B. »Über das Marionettentheater«, konnten das finanzielle Desaster nicht mehr rückgängig machen. Dem Verleger Hitzig war das zu viel: »Ich bin in Jahresfrist bankrott, wenn ich fortfahre meiner Neigung zu folgen.« Und so stieg er aus dem Projekt aus: »Mit dem heutigen 72. Stücke schließt versprochenermaßen das *erste* Abonnements-Quartal der Abendblätter ... Es wird also in diesem Jahre, wenigstens bei mir kein Stück mehr davon erscheinen und auch für das nächstfolgende hat das *Kunst- und Industrie-Comptoir hieselbst* ... den Verlag übernommen. An jenes hat man sich also mit Bestellungen in Hinsicht der Fortsetzung zu wenden. Ich habe gar keinen Anteil mehr an der *Expedition* des Blattes, so wie ich ihn an den dessen *Redaktion* nie gehabt, was ich hiedurch ausdrücklich bemerke. / Berlin, den 22. Dezember 1810. Julius Eduard Hitzig.«

Der neue Verleger war August Kuhn. Sein Geschäft befand sich in der Leipziger-/Ecke Charlottenstraße 36. Kuhn versprach sich einiges von den »Abendblättern«, immer noch den Erfolg der ersten Nummern vor Augen, aber als dieser ausblieb und er Geld zuschießen mußte, ging er Kleist an. Kleist, mal wieder klamm und die Schwester nicht erreichbar, bettelte fordernd bei Hardenberg, daß die »Abendblätter« doch bitte in einen offiziellen Rang erhoben werden sollten. Aber ohne Erfolg. Hardenbergs Bescheid, kurz und knapp: »Sie haben ... keinen Anspruche darauf, weil die Abendblätter auf keine Weise den Zweck erfüllen und durch ihren Unwert von selbst fallen müssen, denn Auszüge aus längst gelesenen politischen Zeitungen und ein paar Anekdoten können, wie sie selbst einsehen werden, nicht das mindeste Recht auf Unterstützung reklamieren oder die Benennung eines halboffiziellen Blattes verdienen. Ew. Hochwohlgeboren haben es sich demnach alleine zuzuschreiben, wenn die gute Absicht, die ich für sie hegte, nicht erfüllt wird, und ich kann nicht umhin, Ihnen zu sagen, daß Ihre Korrespondenz mit dem Herrn v. Raumer, in der Sie sich im Widerspruch mit sich selbst befinden, mir äußerst mißfallen hat.«

Das schrieb Hardenberg am 26. Februar 1811. Einen Monat später, am 30. März 1811, erschien auf der letzten Seite der Nr. 76 der »Abendblätter« folgende Notiz: »Gründe, die hier nicht angegeben werden können, bestimmen mich, das Abendblatt mit dieser Nummer zu schließen. Dem Publiko wird eine vergleichende Übersicht dessen, was diese Erscheinung leistete, mit dem, was sie sich befugt glaubte, zu versprechen sammt einer historischen Construction der etwanigen Differenz, an einem anderen Orte vorgelegt werden.«

Dazu sollte es aber nicht mehr kommen. Das kurze Abenteuer »Abendblätter«, das Wagnis, das Kleist damit eingegangen war, hattte aber bleibende Spuren in der Zeitungslandschaft hinterlassen. Er, der Projektemacher par excellence, konnte die Früchte seiner wilden Phantasie nicht mehr ernten. Die Mischung, aktuelle Nachricht mit Kommentar zu verbinden und durch ein Feuilleton im weitesten Sinne zu ergänzen, ist heute das, was eine Tageszeitung erst zu dem macht, was sie ist. Auch in diesem Sinne war Kleist also ein Unzeitgemäßer, nicht nur als Dramatiker!

Kleist, so wieder freigesetzt, widmete sich fortan in verstärktem Maße der Herausgabe seiner Erzählungen und seiner Dramen. Am 21. Juni 1811 schreibt er an den Verleger Georg Andreas Reimer: »Wollen Sie ein Drama von mir drucken, ein vaterländisches (mit mancherlei Beziehungen) namens der Prinz von Homburg, das ich jetzt eben anfange, abzuschreiben? – Lassen Sie ein Paar Worte hierüber wissen ...«

Aber Reimer läßt nichts von sich hören, so daß Kleist Ende Juli nochmal nachfragt: »Ich bitte um die Gefälligkeit, mir Ihre Entschließung wegen des Pr. v. Homburg zukommen zu lassen, welchen ich bald gedruckt zu sehen wünsche, indem es meine Absicht ist, ihn der Princeß Wilhelm zu dediciren. – Dabei zeige ich zugleich an, daß ich mit einem Roman ziemlich weit vorangerückt bin, der wohl 2 Bände betragen dürfte, und wünsche zu wissen, ob Sie im Stande sind (falls er ihnen gefiele), mir bessere Bedingungen zu machen, als bei den Erzählungen. Es ist fast nicht möglich, für diesen Preis etwas zu liefern, und so ungern ich außerhalb der Stadt drucken lasse, so würde ich doch mit Cotta wieder in Verbindung treten müssen, der, wie ich glaube, nicht abgeneigt ist, meine Sache zu verlegen.«

Auch die Drohung mit Cotta half nichts, Reimer ließ immer noch nichts von sich hören, und so kam es, daß der »Prinz von Homburg« erst 1821 im Druck erschien und zwar in den von Ludwig Tieck herausgegebenen »Hinterlassenen Schriften«. Und von dem im Brief erwähnten Roman fehlt seit jenem Hinweis, daß er daran schreibe, jede Spur. Aber nicht nur das Schweigen seines Berliner Verlegers bedrückte ihn, schwerer noch machte ihm der Umstand zu schaffen, daß sein »spiritus rector«, Adam Müller, die preußische Metropole verlassen hatte und in österreichischen Dienst getreten war. In einem Brief an seine angeheiratete Cousine Marie von Kleist, neben Schwester Ulrike Beichtdame und guter Engel für ihn, vom Juli 1811 heißt es: »Müllers Abreise hat mich in große Einsamkeit versenkt. Er war es eigentlich um deßentwillen ich mich vor nun ohngefähr einem Jahr wieder in Berlin niederließ, und ich bin gewiß, so wenig dies auch mancher begreifen wird, daß er mich in Wien, wohin ich ihm nicht habe folgen können vermißen werde. Nicht als ob ich ihm zu seinen Zwekken daselbst hätte behülflich sein können, sonder weil er mich braucht, um sich deßen, was er sich erringt und erstrebt, am Ziel zu erfreuen. Ich kann Ihnen nicht sagen, wie rührend mir die Freundschaft dises Menschen ist, fast so rührend wie seine Liebe zu seiner Frau. Denn sein Treiben in der Welt, abgerißen und unvollendet, wie es noch da liegt ist mancherlei Mißdeutungen unterworfen: es gehört ein Wohlgefallen so gänzlich rücksichtslos, und uneigennützig, an Persönlichkeiten, die ihm ganz fremd und ungleichartig sind dazu, um die innere Unschuld und Güte seines Wesens zu erkennen ...«

Und im August schrieb er an Marie von Kleist, die seit April 1811 auf dem Gut der Gräfin Voß in Groß-Gievitz in Mecklenburg lebte: »Das Leben, das ich führe ist seit Ihrer und A. Müllers Abreise gar zu öde und traurig: Auch bin ich mit den zwei oder drei Häusern die ich hier besuchte, seit der letzten Zeit ein wenig außer Verbindung gekommen, und fast täglich zu Hause, von Morgen bis auf den Abend ohne auch nur einen Menschen zu sehen, der mir sagte, wie es in der Welt steht. Sie helfen sich mit Ihrer Einbildung und rufen sich aus allen vier Weltgegenden was ihnen lieb und werth ist, in ihr Zimmer herbei: Aber diesen Trost wißen Sie muß ich unbegreiflich unseliger Mensch entbehren. Wirklich in einem so besonderen Fall ist noch kein Dichter gewesen. So geschäftig dem weißen Papier gegen über meine Einbildung ist, so bestimmt in Umriß und Farbe die Gestalten sind, die sie alsdann hervorbringt, so schwer, ja ordentlich schmerzhaft ist es mir, mir das, was wirklich ist, vorzustellen ...«

Und in diese Einsamkeit brach wie ein Sturmwind Henriette Vogel ein. Kleist und Henriette Vogel lernten sich durch Adam Müller kennen, der ja ein Schulkamerad ihres Mannes war. Ernst Friedrich Peguilhen gab bei seiner Aussage vor dem Untersuchungsrichter am 22. November 1811 zu Protokoll: »Seit ungefähr 2 Jahren wurde der ehemalige Lieutnant im Regt. Kgl. Leibgarde Herr von Kleist durch den Hofrath Adam Müller, mit welchem er in der Folge die Abend-Blätter gemeinschaftlich herausgegeben, im Hause des Herrn Vogel eingeführt, und da der Herr von Kleist ähnlich schwärmerisch religiöse Gesinnung hegte, wie Mad. Vogel, so sympathisierten beide bald und wurden Freunde. Seit jener Zeit ist Herr von Kleist beständig in das Vogelsche Haus eingegangen, und ich selbst bin Zeuge gewesen, daß er und Mad. Vogel ganze Abend am Fortepiano gesessen, und geistliche Choräle gespielt, und zusammen gesungen haben ...«

Dieses fast tägliche Erscheinen im Vogelschen Haus hat natürlich recht bald allerlei Spekulationen provoziert, die zu ganz tollen Kapriolen führten und nur eines im Sinne hatten: die Meinung zu zementieren, daß das Verhältnis zwischen den beiden rein platonisch gewesen sei. Der nicht immer sehr glaubwürdige Varnhagen von Ense tratschte in seinen »Denkwürdigkeiten des eigenen Lebens« über Kleist und Henriette Vogel aber ganz anders: »Adam Müller hatte nämlich vorher einen ernstlichen Liebeshandel mit Madame Vogel geführt, und nicht geruth, bis auch sein Freund [Franz Theremin] bei ihr ein- und ausging und von ihren Vorzügen durchdrungen war. Der Freund aber war nun bald ein Nebenbuhler geworden, und knüpft um so leichter seine Fäden an, als bereits jene früheren sich lösten, indem Adam Müller eben damals Madame Sander kennen lernte ... Das Übergewicht des neuen Zaubers [von Madame Sander] über den alten wirkte für Theremin, wie es für Adam Müller gewirkt hatte, und die arme Madame Vogel, einmal bestimmt, von Madame Sander beraubt zu werden, verlor an sie den zweiten Anbeter wie den ersten. In der Folge sollte sie nochmals einen Freund Adam Müllers in ihrem höchsten Vertrauen hegen, den Dichter Heinrich von Kleist, aber dieser hielt treuer bei ihr aus, wenigstens im Tode, denn am Leben beide verzweifelnd, beschlossen sie, vereint zu sterben, fuhren zusammen nach Potsdam, und am Ufer eines der dortigen Seen erschoß er sie und dann sich selbst.«

Auch Brentano wußte in einem Brief an seinen Wunderhorn-Bruder Arnim vom 10. Dezember 1811 davon. Das [Liebes-]Verhältnis beider, das der Germanistik noch immer ein Dorn im Augen ist, war in Berlin ein offenes Geheimnis gewesen. Erst später, nach Intervention von Marie von Kleist und Louis Vogel sowie dem Vater von Henriette beim König, begannen die Gerüchte zu verstummen.

Der in Riga erscheinende »Zuschauer«, eine politisch-literarische Zeitschrift, wußte am 5. Dezember 1811 über das Geschehen am Kleinen Wannsee noch folgendes zu berichten: »Der Dichter Heinrich v. Kleist hat ein sehr tragisches Ende genommen. Er hatte die junge Frau eines Beamten, die eine große Bewunderin der neuesten Ästhetik war, verführt, und da der Ehemann dem zärtlichen Verhältnis ein Ende machen wollte, entführte Kleist die Frau nach Potsdam, und erschoß sie und sich in einem dortigen Wirtshause.« Und die in Leipzig erscheinende »Allgemeine Moden-Zeitung« schmückte das Ganze noch etwas aus: »Berlin, den 23. Nov. 1811: Vor einigen Tagen ereignete sich hier eine höchst sonderbare und schauderhafte Begebenheit, die um so mehr eine allgemeine Sensation gemacht hat, als sie die Besorgnisse derjenigen zu bestätigen scheint, die unzufrieden mit dem Geist, der in unserer neuesten schönen Literatur vorherrschend zu werden droht, davon nur Unheil prophezeiten.

Ein junger Mann, ein Schöngeist von Profession, ein eifriger Anhänger der neuesten poetischen Schule, war der Hausfreund einer schätzbaren Familie höheren bürgerlichen Standes, wo er mit zuvorkommender Gastfreundlichkeit aufgenommen worden war.

Die junge Frau in dieser Familie war eine große Verehrerin der neuesten Poesie, und fand in ihrer affektierten Kindlichkeit und Natürlichkeit, ihrem vernunftwidrigen Mystizismus, ihren leeren Schwindeleien und gedankenlosen Klängen ein großes Behagen. Ihr war daher der Dichter sehr willkommen und bald entspann sich zwischen beiden ein geheimes Liebesverständnis, und da beide wohl einsahen, daß der Gatte nach seiner Natur sich nie zu einer Ehe à trois oder quatre verstehen möchte, so faßten sie den schaudererregenden Entschluß, sich mit dem Tode zu opfern. [...] Allem Vermuten nach hat der Liebhaber erst seiner Geliebten den Tod gegeben und sich dann selbst erschossen.«

Es war Stadtgespräch. Selbst Kleists engste Vertraute Marie von Kleist wußte schon vor dem Mord/Selbstmord am Wannsee von diesem Verhältnis. Kleist selbst hat es ihr in einem Brief vom 9. November 1811 mitgeteilt: »Ja, es ist wahr, ich habe dich hintergangen, oder vielmehr ich habe mich selbst hintergangen; wie ich dir aber tausendmal gesagt habe daß ich dies nicht überleben würde, so gebe ich dir jetzt indem ich von dir Abschied nehme davon den Beweis. Ich habe dich während deiner Anwesenheit in Berlin gegen eine andere Freundin vertauscht; aber wenn dich das trösten kann, nicht gegen eine, die mit mir leben, sondern, die im Gefühl, daß ich ihr eben so wenig treu sein würde, wie dir, mit mir sterben will. Mehr dir zu sagen, läßt mein Verhältniß zu dieser Frau nicht zu. Nur soviel wisse, daß meine Seele, durch die Berührung mit der ihrigen, zum Tode ganz reif geworden ist; daß ich die ganze Herrlichkeit des menschlichen Gemüths an dem ihrigen ermessen habe, und daß ich sterbe weil mir auf Erden nichts mehr zu lernen und zu erwerben übrig bleibt ...«

Wenn man weiß, was für ein Geheimniskrämer Kleist als Briefeschreiber war, wenn er Privates von sich geben mußte, erinnert sei nur an seine Brief anläßlich seiner Würzburgreise, dann ist diese kurze Passage eine nie dagewesene Offenlegung seines Lebens. Man lese nur ruhig zweimal die Stelle: »Mehr dir zu sagen, läßt mein Verhältniß zu dieser Frau nicht zu.«

Wer war nun diese Henriette Vogel, für die Kleist in seiner »Todeslitanei« folgende Worte fand, Worte voller ekstatischer Liebe:

»Mein Jettchen, mein Herzchen, mein Liebes, mein Täubchen, mein Leben, mein liebes, süßes Leben, mein Lebenslicht, mein Alles, mein Hab und Gut, meine Schlösser, Aecker, Wiesen und Weinberge, o Sonne meines Lebens, Sonne, Mond und Sterne, Himmel und Erde, meine Vergangenheit und Zukunft, meine Braut, mein Mädchen, meine liebe Freundin, mein Innerstes, mein Herzblut, meine Eingeweide, mein Augenstern, o Liebste, wie nenn' ich dich? Mein Goldkind, meine Perle, mein Edelstein, meine Krone, meine Königin und Kaiserinn. Du lieber Liebling meines Herzens, mein Höchstes und Theuerstes, mein Alles und Jedes, mein Weib, meine Hochzeit, die Taufe meiner Kinder, mein Trauerspiel, mein Nachruhm. Ach, du bist mein zweites besseres Ich, meine Tugenden, meine Verdienste, meine Hoffnung, die Vergebung meiner Sünden, meine Zukunft und Seeligkeit, o Himmelstöchterchen, mein Gotteskind, meine Fürsprecherin und Fürbitterin, mein Schutzengel, mein Cherub und Seraph, wie lieb' ich Dich! –«

Und Henriette antwortete:

»Mein Heinrich, mein ... Süßtönender, mein Hÿazinthen=Beet, mein Wonnemeer, mein Morgen und Abendroth, meine Aeolsharfe, mein Thau, mein Friedensbogen, mein Schooßkindchen, mein liebes Herz, meine Freude, mein Leid, meine Wiedergeburt, meine Freiheit, meine Fessel, mein Sabbath, mein Goldkelch, meine Luft, meine Wärme, mein Gedanken, mein theurer Sünder, mein Gewünschtes hier und jenseit, mein Augentrost, meine süßeste Sorge, meine schönste Jugend, mein Stolz, mein Beschützer, mein Gewissen, mein Wald, meine Herrlichkeit, mein Schwerdt und Helm, meine Großmuth, meine rechte Hand, mein Paradies, meine Thräne, meine Himmelsleiter, mein Johannes, mein Tasso, mein Ritter, mein Graf Wetter, mein zarter Page, mein Erzdichter, mein Kristall, mein Lebensquell, mein Reh, meine Trauerweide, mein Herr Schutz und Schirm, mein Hoffen und Harren, meine Träume, mein liebstes Sternbild, mein Schmeichelkätzchen, mein sichre Burg, mein Glück, mein Tod, mein Herzensnärrrchen [sic!], meine Einsamkeit, mein Schiff, mein schönes Thal, meine Belohnung, mein Welttheil, meine Lethe, meine Wiege, mein Weihrauch und Mÿrrhen, meine Stimme, mein Richter, mein Heiliger, mein lieblicher Träumer, meine Sehnsucht, meine Seele, meine Nerven, mein goldner Spiegel, mein Rubin, meine Sÿrings Flöte, meine Dornenkrone, meine tausend Wunderwerke, mein Lehrer und mein Schüler, wie über alles gedachte und zu erdenkende lieb' ich Dich.

Meine Seele sollst du haben.

Henriette

Mein Schatten am Mittag, mein Quell in der Wüste, meine geliebte Mutter, meine Religion, meine innere Musik, mein armer kranker Heinrich, mein zartes, weißes Lämmchen, meine Himmelspforte.

H.«

Es ist schon bezeichnend, wie die meisten Biographen über diese »Liebeslitanei« hinweggehen. Da man sie nicht ignorieren kann, steckt man sie in eine Schublade, Fall erledigt. Schublade eins, Kleist: »schwärmerischer Träumer«. Schublade zwei, Henriette Vogel: »blumig-bigotte Phantastin«. Und schon hat man ein Problem weniger, einen Kleist mit Sexualleben. Dabei stecken beider Litaneien so voller Sexualmetaphern, daß es mehr als unwahrscheinlich ist, daß es nicht zum Vollzug der Metapher gekommen sein könnte. Aber für eine prüde Biographik, die an ihrem Wunschbild vom armen Heinrich, vom mißverstandenen Dichter, vom Träumer, so als sei er das Alter ego seines Prinzen von Homburg, seit über hundert Jahren festhält, weil eben nicht sein kann, was nicht sein darf, bleibt ein unkeuscher, seinen Trieben nachgebender Heinrich von Kleist, Anathema. Und die Verleugnung Henriette Vogels geht ja immer noch so weit, daß bis heute ihrer am gemeinsamen Grab nicht gedacht wird.

Henriette Vogel also!

Henriette Vogel wurde am 9. Mai 1780 als dritte Tochter des Ehepaars Carl Adolph und Caroline-Marie Keber geboren. Am 20. Mai wurde sie in der Luisenstädtischen Kirche auf die Namen Henriette Sophie Adolphine getauft. Die Familie wohnte Friedrichstraße 203, wo der Vater eine Material-Handlung betrieb. Das nächste, was man von Henriette weiß, ist, daß sie heiratete. Henriette ist neunzehn Jahre alt, als sie am 7. Juni 1799 in der Neuen Kirche auf dem Gendarmenmarkt dem Geheimen Kanzlei-Sekretär Friedrich Ludwig Vogel ihr Jawort gibt. Sie zog aus der elterlichen Wohnung in der Friedrichstraße aus und zusammen mit ihrem Mann in die Leipziger Straße 10. Hier wird am 7. Juni 1800 ihre erste Tochter Lidia Sophie geboren, die aber bereits am 16. Oktober stirbt. Am 17. Februar 1802, die Vogels wohnen in der Zwischenzeit in der Kronenstraße 46, kommt der einzige Sohn der Familie, Adolf Ludwig Alfred, zur Welt, aber auch er sollte nicht alt werden. Bereits am 26. August stirbt er. Aber schon zehn Monate später, am 15. Dezember 1802, wird die zweite Tochter, Johanna Ida Pauline, geboren. Es sollte das einzige Kind der Vogels sein, das überlebte, denn auch die dritte Tochter, Agnes Ottilie Adolphine, die am 8. Mai 1804 geboren wird, die Familie wohnte da schon in der Markgrafenstraße 60, sollte nur sechs Monate alt werden. Ob die Tochter Pauline nach Henriettes Tod zur Familie Manitius kam, wie es der Wunsch der Mutter war, bleibt im dunkeln. Pauline, die 1821 den Arzt Wilhelm Eck heiraten wird, hat sich in ihrem fast neunzigjährigen Leben darüber ausgeschwiegen, nicht nur darüber, sondern über ihre Mutter und deren Tod überhaupt. Ihrer sollte nicht gedacht werden! Auch innerhalb der Familie nicht! Friedrich Ludwig Vogel scheint nicht allzusehr betroffen gewesen zu sein von dem Tod seiner Frau, ob auch von ihrem Verhältnis, das bleibt offen. Jedenfalls ein Jahr nach der »Tragödie am Wannsee« heiratete er zum zweiten Mal. Er starb am 7. September 1842. Nicht viel, was sich über Kleists letzte Geliebte sagen läßt. Der Bannstrahl Marie von Kleists, den sie in einem Brief an König Friedrich Wilhelm III. losschickte, hat Wirkung gezeigt: »Leute, die sie gekannt haben, schreiben mir, sie wäre eine ruhmsüchtige, eitle Närrin gewesen, die coûte que coûte Célébrität hätte erlangen wollen.«

Und dafür läßt man sich kurzerhand einfach mal so erschießen. So einfach ist das! An so jemand darf nicht erinnert, gedacht werden. Jetzt galt es, dem Verführten, dem armen verkannten Dichter, der da schoß, ein Denkmal zu setzen, ihn von jeder Schuld freizusprechen. »Die Arbeit am Mythos« Heinrich von Kleist begann. Sein Leben wurde umgeschrieben, neu gelebt, von Trittbrettfahrern, die zumeist zu seinen Lebzeiten nur eine distante Nähe zu ihm pflegten. Der Mythos Heinrich von Kleist interessiert uns nicht mehr. Deshalb verlassen wir Berlin, brechen nach Bamberg auf, um uns dem Dramatiker Kleist wieder zu nähern – und um über ihn wieder nach Berlin zurückzukehren.

4 Phantastisches Spiel in Bamberg

Jena – Hegel, Marx, Schopenhauer und der Hang zum Dienstpersonal

Wir schreiben das Jahr 1806, und wieder ist es ein »Dreierjahr«. Hegel vollendete sein dunkelstes, privatestes und autobiografischstes Werk, »Die Phänomenologie des Geistes«, der Geheimrat Goethe den ersten Teil des »Faust«. Während dies geschah, in Jena und in Weimar, ritt durch beide Städte »The Emperor« Napoleon. Hegel ließ sich in einem Brief an seinen Freund Friedrich Immanuel Niethammer zu dem danach oft kolportierten Ausspruch hinreißen: »Den Kaiser – diese Weltseele – sah ich durch die Stadt zum Rekognoszieren hinausreiten; – es ist in der Tat eine wunderbare Empfindung, ein solches Individuum zu sehen, das hier auf einen Punkt konzentriert, auf einem Pferde sitzend, über die Welt übergreift und sie beherrscht.«

Das schrieb er kurz nach dem 13. Oktober. Da war die Welt noch scheinbar in Ordnung für ihn. Hatte er doch gerade erst ein auf 100 Taler geschrumpftes Jahresgehalt freiwillig vom Herzog ausgezahlt bekommen. Der Begleitbrief klärte ihn auf, wer hinter dieser sozialen Geste stand: »Sehen Sie beikommendes, mein lieber Doktor, wenigstens als ein Beweis an, daß ich nicht aufgehört habe, im Stillen für sie zu wirken. Zwar wünsche ich mehr anzukündigen; allein in solchen Fällen ist manches für die Zukunft gewonnen, wenn nur einmal ein Anfang gemacht ist.«

Unterzeichnet war der Brief vom Geheimrat Goethe. Aber bereits Ende Oktober – Hegel zweifelte an Treu und Glauben, an der Revolution und an Napoleon, hatten doch Satrapen der Weltseele, die er einst als Befreier von den wenig geliebten Preußen begrüßte, sich in seinem Haus festgesetzt, es geplündert und dem Philosophen der Entäußerung gezeigt, wozu Weltseelen in der Lage sind – war er finanziell am Ende. Um sein Leben fürchtend und ohne sicheres Einkommen, abhängig von Zuwendungen, nicht wissend, ob Jena und die Universität noch Verwendung für ihn hätten, machte er sich im November auf den Weg nach Bamberg. Im Gepäck das Manuskript seiner »Phänomenologie«. Im Verein mit Niethammer wollte er dort erstens einen Verleger finden und zweitens sondieren, ob es vielleicht einen Job für ihn gäbe. Mit Ersterem hatten sie Glück. Es fand sich ein Verleger, der in dieser doch sehr unruhigen und unbestimmten Zeit das Wagnis auf sich nahm, ein wahrlich nicht für ein breites, geldbringendes Publikum bestimmtes Buch zu verlegen. Aber mit dem zweiten, dem Job, klappte es noch nicht. Unzufrieden, nicht wissend, wie es mit ihm weitergehen solle, kehrte Hegel nach Jena zurück, setzte sich an seinen Schreibtisch und schrieb an den Jugendfreund Schelling nach München einen sehr deprimierenden Brief: »Ich hatte ... seit einiger Zeit meine Blicke und Hoffnungen da und dorthin gewandt; man scheint aber überhaupt noch die Überzeugung, daß das Lehramt der Philosophie eigentlich von jedem mehr oder weniger versehen werden könne, sehr allgemein zu haben; – oder vielmehr da man weiß, daß keine Wissenschaft und Fakultät ohne sie bestehen kann, zugleich auch fühlt, daß diese nichts Philosophisches enthalten und ohne sie es so weit gebracht, so scheint ihnen die Philosophie eigentlich in diesem Nichts zu bestehen ... Da Du näher an der Quelle bist, erfährst Du vielleicht bestimmter, welche Absichten man dort hat und Du kannst es zugleich beurteilen, ob für mich sich dort Aussichten eröffnen können; ich darf in diesem Falle Deine Freundschaft um Nachrichten, um Rat, selbst um Hülfe ersuchen: Es wäre mir höchst wünschenswert, eine etwas äußerliche gesicherte Lage zu finden.«

Aber irgendwie zierte sich der Wunderknabe unter den Philosophen, für seinen alten Freund aus Tübinger Tagen etwas zu unternehmen, und hatte nur den altklugen Rat zur Hand, doch gediegene, gleichsam zeitlose Werke zu verfassen. Aber mit dieser altväterlichen Weisheit war unserem philosophischen Spätzünder nicht geholfen. Er brauchte ein festes Einkommen. Als er hörte, daß bei Goethe die Stelle eines Botanikers frei geworden war, bewarb er sich flugs, aber Goethe hatte sich schon anders entschieden. Nicht mal eine Absage gab es. Da traf von Niethammer aus Bamberg ein Brief ein, in dem dieser dem Freund mitteilte, daß bei der »Bamberger Zeitung« die Stelle eines Redakteurs frei sei, für 540 Gulden im Jahr, nach heutiger Rechnung wären das etwa 18.000 DM, also für jemanden, der vor dem finanzielle Ruin stand, ganz ordentlich. Hegel zögerte auch keinen Augenblick. Umgehend erfolgte die Antwort an Niethammer: »Das Geschäft selbst wird mich interessieren, da ich, wie Sie selbst wissen, die Weltbegebenheiten verfolge, und von dieser Seite hätte ich mich eher dafür zu fürchten und davon abzuziehen. – Ich hoffe auch, mich bald darein finden zu können. Welcher Ton und Charakter übrigens in die Zeitung gebracht werden können, dies ist an Ort und Stelle zu sehn ... Ganz ohne Hoffnung kann ich nicht sein, daß ich nicht nach Heidelberg förmlich berufen würde oder wenigstens, daß dort ein Journal zustande kömmt, dessen Redaktion ich übernehme und dadurch, sowie meine Arbeit dabei ohne Zweifel mehr gewinnen würde als durch die Redaktion der Bamberger Zeitung – abgesehen von den Verhältnissen, in die ich dadurch mit der Universität komme.«

Das Hintertürchen, das er sich da aufgehalten hatte, nämlich nach Heidelberg doch noch berufen zu werden, entweder an die Universität oder als Redakteur einer philosophischen Zeitschrift oder beides, sollte fast zehn Jahre offenstehen, denn erst 1816 erging an ihn der Ruf als Professor nach Heidelberg.

Auf denn nach Bamberg. Allerdings, mit dem vorgesehenen Gehalt war er nicht ganz einverstanden, denn es gab da ein Problem in Jena und das hieß Ludwig Fischer und war gerade einmal vierzehn Tage alt. Den Brief an Niethammer schrieb er am 20. Februar 1807. Am 5. Februar wurde Christiana Charlotte Burkhardt geb. Fischer von einem gesunden Jungen entbunden. Im Taufbuch wurde vermerkt, daß ihr damit »zum drittenmal ein unehelicher Sohn« geboren sei. Taufpaten waren Hegels Bruder Georg Ludwig und der Buchhändler Friedrich Frommann. Wie kam der Leutnant Georg Ludwig Hegel dazu, Taufpate eines nichtehelichen Kindes einer Jenaer Zimmerwirtin zu werden. Des Rätsels Lösung: der Vater des Knaben war – sein Bruder.

Hegel kam im Januar 1801 nach Jena und quartierte sich bei seinem Jugendfreund Schelling ein, der seit 1798, als Dreiundzwanzigjähriger, hier Philosophie lehrte. Als Hegel sich am 27. August des gleichen Jahres habilitierte, wohnte er schon am alten Fechtboden in der Unterlauengasse 15, bei der Familie Burkhardt. Ob er wußte, daß das große Haus am Unterem Markt, in direkter Nachbarschaft zu seiner Unterkunft, ab 1794 sieben Jahre lang den »Bonaparte der Philosophie«, Johann Gottlieb Fichte, beherbergte, ist nicht bekannt. Auch nicht gesichert ist, daß dieser Umstand ihn angespornt hätte, seine erste philosophische Schrift: »Differenz des Fichteschen und Schellingschen Systems der Philosophie« in Windeseile zu verfassen.

Zurück zur Familie Burkhardt. Wie, wann, wieso und warum es zu einer intimen Beziehung zwischen Hegel und Frau Christiana Charlotte Burkhardt gekommen war, ist nicht bekannt. Varnhagen von Ense, der immer dann zur Stelle ist, wenn es was zu tratschen gibt, schreibt 1844: »Hegel hatte in Jena bei Schneiderleuten gewohnt und mit der Frau eine Liebschaft angeknüpft; als ihm ein Sohn geboren war, starb der Schneider bald, und Hegel gab nun der Witwe ein Eheversprechen ... Als er Jena verlassen hatte, dachte er wenig mehr an die ganze Sache. Doch bei der Heirat mit Marie von Tucher erschien plötzlich die Schneiderwitwe mit dem Eheversprechen ... und mußte beschwichtigt und abgefunden werden.«

Kein Wunder, daß Hegel plötzlich alle Bedenken über Bord warf, was sein finanzielles Auskommen anbelangte, und erst einmal dem Angebot aus Bamberg zustimmte. Später schaffte er es dann noch, sein Einkommen bei der Zeitung zu verdoppeln.

Daß Hegel einen nichtehelichen Sohn hatte, war zwar anstößig, aber nicht so, daß Frau Burkhardt oder er gesellschaftlich geächtet gewesen wären. Nein, selbst das »alte Löwenhaupt« in Weimar schrieb Hegels Erstgeborenem anläßlich dessen 10. Geburtstag ins Stammbuch:

»Als kleinen Knaben hab' ich dich gesehn
Mit höchstem Selbstvertrauen der Welt entgegen gehn;
Und wie sie dir im Künftigen begegnet,
So sei getrost, von Freundes Blick gesegnet.«

Das Selbstvertrauen, das Goethe hier gesehen haben will, hat dem kleinen Ludwig wenig, dem großen Georg Wilhelm Friedrich gar nichts genutzt. Als Stachel im Fleische Hegels war er das personifizierte schlechte Gewissen, der Fehltritt, das fünfte Rad am Wagen. Zwar kümmerte sich Hegel um Ludwig, nahm ihn in seinen ehelichen Haushalt auf, aber nicht sehr anteilnehmend. Studieren durfte er nicht, eine Kaufmannslehre mußte er anfangen, die er dann aus undurchsichtigen Gründen wieder aufgab und ein Offizierspatent für den niederländischen Kolonialdienst, das sein Vater für ihn kaufte, brachte ihm in Batavia (heute Jarkarta) nur den Tod ein. Ludwig Fischer, der den Namen Hegel nicht tragen durfte, starb 24jährig am 28. August 1831 am Tropenfieber (febris inflammatoria).

Ironie der Geschichte ist, daß gut zwei Monate später in Berlin sein Vater an der Cholera starb.

Jena also. Wir müssen hier noch verweilen, weil zwei Philosophen, ein späterer Schüler von Hegel und ein Gegner, mit dieser Stadt lose verbunden sind. Der Schüler zuerst, Karl Marx. Ihn verbindet mit Hegel mehr als man gemeinhin zu wissen glaubt und was über seinen berühmten Satz, daß man Hegel vom Kopf auf die Füße stellen müsse, um an den rationellen Kern seiner Dialektik heranzukommen, hinausgeht.

Also Jena! Jena, die Zierde der Wissenschaft, das Laboratorium der deutschen Klassik! Gegen Ende des 18. Jahrhunderts gaben sich hier nacheinander Fichte, Schiller, Hölderlin, Alexander von Humboldt, Tieck, Schelling sowie Hegel und, nicht zu vergessen, der Schöpfer der Makrobiotik, Hufeland, die Klinke in die Hand oder lehrten gleichzeitig an der Universität. Ganz zu schweigen von der sogenannten Jenaer Frühromantik, dem Kreis um Caroline Schlegel und ihren Gatten August Wilhelm Schlegel. Lange sollte Jena sich nicht im Lichterkranz der Klassik und Romantik sonnen können. Mit der nachnapoleonischen Ära begann der Niedergang. Die einstige Perle der Wissenschaft verkam zu einem Dissertationsautomaten. Schnell hatte es sich in deutschen Landen herumgesprochen, daß, wer sonst nirgendwo eine Chance hatte, je seinen Doktor phil. zu machen, dies in Jena tun könne, mit dem nötigen Kleingeld natürlich.

Jena also! Jena und Marx.

Karl Heinrich Marx, den wir schon im letzten Kapitel als Trockenwohner eines Neubaues in der Luisenstraße 45 in der Friedrich-Wilhelm-Stadt kennenlernten, studierte eigentlich seit 1836 Jurisprudenz an der Berliner Universität, sollte Rechtsanwalt werden, wie der Vater. Das scheint er auch anfänglich getan zu haben. Aber als er erst einmal infiziert war mit der »grotesken Felsenmelodie« der Hegelschen Philosophie, war es mit dem Recht und seiner Wissenschaft vorbei. Die Sirenengesänge Hegels fesselten ihn so sehr, daß er außerhalb des universitären Rahmens begann, sich zum Philosophen zu mausern. Seine Lehrer saßen im Kaffeehaus und waren alles irgendwie »Hegelinge«. Bevorzugter Treffpunkt dieses Konventikels, der sich »Doctorclub« nannte, war das Café Steheley mit seiner berühmten »Roten Stube« am Gendarmenmarkt. Stehely war in. Wer was auf sich hielt und gesellschaftlich mitreden wollte, verkehrte

Karl Marx als 18jähriger Student (1818–1883).

hier. Wie berühmt das Café zu seiner Zeit war, mag eine kleine Anekdote verdeutlichen. Als der Begründer der Ägyptologie Richard Lepsius einst im Schatten der Cheopspyramide saß, kam ein Unbekannter vorbei und begrüßte ihn mit den Worten: »Habe ich nicht das Vergnügen gehabt, Sie bei Stehely zu sehen?« Und in einem zeitgenössischen Epigramm heißt es vom Café:

»Gebt mir von Marzipan das ABC nur den Kindern,
Rieth ein verständiger Mann, und sie verdauen es leicht!
Also macht euch im Nu zu schönen Geistern Steheley,
Freßt in den Pfannkuchenberg – nur zum Journal ihr euch durch!«

Na ja, nicht schön, aber selten. Später werden wir ausführlicher auf dieses Refugium des rebellischen Geistes zu sprechen kommen, wenn wir die »Freaks des Vormärz« bei ihrem Kreuzzug gegen die guten Sitte und die sittliche Ordnung begleiten. Marx' Mentor und Freund wurde Bruno Bauer, der uns als »Einsiedler von Rixdorf« noch einmal über den Weg laufen wird. Bruno Bauer, ein radikal links-konservativer Theologe, wäre heute so gut wie vergessen, hätte nicht Karl Marx ihn mit seiner Schmähschrift »Die Heilige Familie oder Kritik der kritischen Kritik« negativ verewigt. Aus den einstiegen Freunden waren Feinde geworden. Einseitig. Von Marx. Später dann, in London, Marx' Exil, traf man sich wieder und zog nächtens durch Pubs und erinnerte sich der alten Zeiten.

Aber so weit sind wir noch nicht. Bruno Bauer, bei dem Marx im Sommersemester 1839 eine Vorlesung über Jesaia belegt hatte, übersiedelte zum Wintersemester nach Bonn, wo er Privatdozent wurde. Von hier schrieb er mahnende Briefe an Marx, doch endlich seine Doktorarbeit zu beenden, um danach nach Bonn zu kommen, sich hier zu habilitieren, und im Verein mit ihm der Wissenschaft (recte der Gesellschaft) das Tanzen, sprich das Fürchten zu lehren. Aber Marx kam nicht voran. Schon im Herbst 1838 hatte er sich von seiner Mutter 160 Taler anweisen lassen, um zu »pronowieren« (Mutter Marx). Aber nichts geschah. Bruno Bauer im fernen Bonn wurde ungeduldig und mahnte:

»Mache doch nur (Dir ist zwar alle Erinnerung daran unangenehm, aber was hilfts), daß Du mit dem lumpigen Examen fertig wirst und Dich ganz ungehindert Deinen logischen Arbeiten hingeben kannst, besonders wenn Du einmal das Wesen ganz vom frischen bearbeiten könntest.« (Brief vom 11. Dezember 1839)

Aber nichts rührte sich bei Marx. Bauer konnte sich im fernen Bonn die Finger wundschreiben im Jahr 1840. Es mußte noch ein halbes Jahr vergehen, bis Marx mit seiner Dissertation fertig war, und die reichte er nicht in Berlin, wo er studiert hatte, sondern in Jena ein und zwar auf dem Wege der »actio per distans«. Zu dieser Zeit wohnte er in der Schützenstraße 68, es war seine letzte Berliner Adresse. Am 6. April 1841 schreibt er nach Jena an den Dekan der Philosophischen Fakultät, Professor Carl Friedrich Bachmann: »Indem ich Ew. Hochwohlgeboren zum Behufe der Doktorpromotion eine Dissertation über die Differenz der demokritischen und epikureischen Naturphilosophie, beiliegend die litterae petitoriae [Antragsschreiben; d.Vf.], das curriculum vitae, meine Abgangszeugnisse von der Bonner und Berliner Universität, endlich die gesetzlichen Gebühren von zwölf Friedrichsdor übersende, ersuche ich zugleich ergebenst, im Falle meine Arbeit der Fakultät genügen sollte, sobald als möglich die Erteilung der Doktorwürde zu beschleunigen. Ich kann einesteils nur mehr wenige Wochen in Berlin verweilen, andrerseits machen äußere Umstände mir höchst wünschenswert, vor meiner Abreise noch die Doktorwürde zu erlangen.«

Erst wurde er nicht fertig mit seiner Arbeit, dann ging es ihm nicht schnell genug. Dabei hatte er noch Glück gehabt, daß seine Arbeit überhaupt als Dissertation angenommen wurde, denn sein lateinisches Anschreiben spricht da, wo Dissertation stehen sollte, immer nur von Magisterwürde. Der Punkt wurde schnell geklärt und am 15. April 1841 war Marx promoviert, drei Tage später hielt er bereits seine Promotionsurkunde in den Händen. Nun hielt nichts ihn mehr in Berlin. Am 20. April bestieg er die Postkutsche und ab ging es über Frankfurt/Main nach Trier, wo er sich bis Anfang Juli aufhielt. Es galt jetzt zum einen, Familienangelegenheiten zu klären, und zum anderen, sich nach einem Beruf umzusehen. Dreiundzwanzigjährig machte er sich daran, sein Leben neu zu ordnen. Das Familiäre war schnell erledigt, wenn auch nicht bereinigt. Es ging um Erbstreitigkeiten und um seine Verlobung mit Jenny von Westphalen. Aber das Berufliche erlitt erst einmal einen großen Rückschlag. Aus der Habilitation in Bonn wurde nichts und damit auch nichts aus der ersten Vorlesung, über »Hermesianismus«, die er auf Wunsch

Bruno Bauers halten sollte. Was war passiert? Bruno Bauer hatte Berufsverbot erhalten. Er hatte, als er kurz in Berlin (28. September 1841) weilte, einen Toast auf den liberalen Abgeordneten Karl Theodor Welcker ausgebracht. So etwas galt schon fast als Hochverrat. Welcker, heute nur noch Spezialisten bekannt durch sein mit Karl von Rotteck herausgegebenes »Staatslexikon«, war im Vormärz eine Kultfigur der Liberalen, der Oppositionellen. Anfang der vierziger Jahre befand er sich auf einer Promotionstour durch deutsche resp. preußische Lande, um für seine liberalen Ideen zu werben. Als er nach Berlin kam, organisierten die sich im Café Steheley treffenden Junghegelianer ein kleines Willkommen vor seiner Unterkunft, dem Hotel zum Kronprinzen, in der Dorotheenstraße 27. In der »Augsburger Zeitung« vom 5. Oktober 1841 kann man darüber lesen: »Der Empfang, den der Abgeordnete der Badischen Ständeversammlung, Welcker, in Leipzig und Dresden gefunden, ist ihm nun auch hier geworden. Kaum wurde seine Ankunft hier bekannt, als ein Verein wissenschaftlich gebildeter Männer, vorzüglich Literaten, zusammentrat, um dem berühmten Deputierten ihre Verehrung durch eine Nachtmusik auszudrücken. Gegen Abend 10 Uhr, beim schönsten Mondschein, sammelte sich ein dichter Kreis von Menschen vor dem Hotel zum Kronprinzen, wo Welcker wohnt. Es ertönte eine Ouvertüre zur Stummen von Portici, von dem Musikkorps der Gardeartillerie ausgeführt. Sogleich wuchs der Knäuel der Volksmenge immer dichter und dichter an, bis sich die beiden Straßen, welche das Eckhaus umgeben, Kopf an Kopf gefüllt hatten. Als die Musik schwieg und Welcker sich oben am Fenster zeigte, erhob ein hiesiger geachteter Literat, Dr. Rutenberg, die Stimme kräftig und rief: ›dem kühnen, unermüdlichen Vorfechter für deutsche Volksrechte, dem Abgeordneten der badischen Kammer, Welkker, bringen wir ein donnerndes Lebehoch!‹ Er konnte kaum das Wort vollenden, als schon der tausendstimmige Ruf der ganzen versammelten Volksmenge in dem Toast einstimmte, und ihm unter schmetternden Fanfaren vielfach wiederholte. Als der Jubel endlich schwieg, nahm Welkker das Wort.«

Von hier ging Welcker, nach dem Ende seiner Rede, in der er Preußen aufgefordert hatte, im Kampf um die bürgerliche Freiheit den Vortrupp zu machen, mit ausgewählten Gästen in das nahegelegene Walburgische Weinhaus in der Poststraße 28. Hier brachte Bruno Bauer seinen Toast auf Welcker aus, der ihm das Genick brechen sollte. Bauer, der Mitorganisator der Kundgebung war, hatte besonders hintersinnig gedacht, als er das Musikkorps der Gardeartillerie dazu brachte, die Ouvertüre der Oper »Die Stumme von Portici« zu spielen. Jene Oper von Daniel François Esprit Auber, die bei ihrer Aufführung in Brüssel, 1830, zur Revolution und zur Gründung des Königreichs Belgien führte.

Und das kam so: Am Sonntag, dem 22. August 1830, Brüssel bereitete sich auf die Feierlichkeiten zum Geburtstag seiner Majestät des Königs der Niederlande und der Vermählung der Prinzessin Marianne vor, als in der Stadt an allen Ecken Plakate mit der Aufschrift: »Montag Feuerwerk, Dienstag Illumination, Mittwoch Revolution« erschienen. Das rief unverzüglich die Staatsmacht auf den Plan. Das Feuerwerk und die Illumination wurden abgesetzt und die für Mittwoch geplante festliche Aufführung der Oper »Die Stumme von Portici« verboten. Dem Minister van Gobelschroy vor allem war das Spektakel zu weit gegangen. Oper und Revolution gehen nicht zusammen, dachte er. Und er dachte falsch. Es ging auf wunderbare Weise doch zusammen. Hören wir einen Augenzeugenbericht: »Die Zahl der Zuschauer war unermeßlich. Im Parterre befand sich ein Mensch, der mit einer Kokarde versehen war, die er von Zeit zu Zeit in die Höhe streckte, um das Zeichen zum Beifall und Geschrei zu geben. Die Allgemeinheit, womit man dieses Signal befolgte, hätte auch dem Kurzsichtigsten begreiflich machen sollen, daß ein im voraus abgeredeter Plan existire. Außerhalb des Theaters ... erwartete eine große Anzahl Volk das Ende des Stückes ... Als das Theater ausging, bildeten sich Versammlungen; man zog gegen das Bureau des National, das in der Nähe des Schauspielhauses liegt; im Nu sind alle Fenster eingeworfen ...«

Und ein anderer weiß zu berichten, daß das Publikum »in eine so hochgradige wildaufschäumende Erregung [kam], daß es, bis zur besinnungslosen Wut entflammt, in die Straßen der Stadt hinausstürmte, die Volksmassen mit sich fortriß, den Palast des holländischen Justizministers, die Wohnung des Brüsseler Polizeidirektors, die Druckerei des niederländischen Regierungsblattes zerstörte und damit das Signal zum Ausbruch der Revolution gab«.

Der 25. August 1830 war der Anfang vom Ende des Königreichs der Vereinigten Niederlande. Am Ende stand die Unabhängigkeit der südniederländischen Gebiete, das Königreich Belgien war geboren.

So dachte vielleicht auch Bauer! Erst Ouvertüre, dann Revolution! Aber in Berlin führte das Spielen der Ouvertüre leider zu nichts, oder anders gesagt, bei der Wiederholung am nächsten Tag schritt die Staatsmacht ein, verhaftete die Anführer, setzte Welcker fest und wies ihn aus Preußen aus. Und Bauer betreffend, schritt der neue Kultusminister Eichhorn zur Tat. Denn bei Alfred Friedrich Eichhorn ging am Tag des Welcker-Aufzugs ein Schreiben Friedrich Wilhelms IV. ein, in dem dieser unmißverständlich forderte, »daß der Dr. Bauer nicht wieder in sein Verhältnis als Privatdocent in Bonn zurückkehren« darf.

Eichhorn verhängte daraufhin sofort ein Lehrverbot gegen Bauer. Aber das hinderte Marx nicht daran, zu Bauer, der doch wieder nach Bonn zurückging, zu ziehen. Man hatte auf einmal andere Pläne. Georg Jung, zum junghegelianischen Umfeld gehörend, schrieb an Arnold Ruge: »Dr. Marx, Dr. Bauer und L. Feuerbach assoziieren sich zu einer theologisch-philosophischen Zeitschrift, dann mögen alle Engel sich um den alten Herrgott scharren und er sich selber gnädig sein, denn diese drei schmeißen ihn gewiß aus seinem Himmel heraus und hängen ihm noch obendrein einen Prozeß an den Hals, Marx wenigstens nennt die christliche Religion eine der unsittlichsten, übrigens ist er, obgleich ein ganz verzweifelter Revolutionär, einer der schärfsten Köpfe, die ich kenne.«

Nun ja, also um der Wahrheit willen muß man sagen, Gott hat den angestrebten Prozeß bis heute gut überstanden, aber ob man das auch von Marx, Bauer und Feuerbach sagen kann – einige Zweifel sind da angebracht. Aus der Zeitschrift, »Archiv des Atheismus«, wurde nichts, wie aus so manchen Projekten. Statt dessen vertrieb man sich mit allerlei postpubertären Späßen die Zeit. An seinen Bruder Edgar in Berlin schrieb Bruno Bauer:

»M[arx] ist jetzt wieder hier angekommen. Neulich zog ich mit ihm ins Freie, um noch einmal alle die schönen Aussichten zu genießen. Die Fahrt war köstlich. Wir waren wie immer sehr lustig. In Godesberg mieteten wir uns ein paar Esel und galoppierten auf ihnen wie rasend um den Berg herum und durch das Dorf. Die Bonner Gesellschaft sah uns verwunderter wie je an. Wir jubelten, die Esel schrien.«

Marx war in der Zwischenzeit (ab April 1842) Mitarbeiter bei der »Rheinischen Zeitung« geworden, die von liberal denkenden Bürgern, zumeist Industriellen, gegründet worden war. Für die »Rheinische Zeitung« also schrieb Marx, er schrieb Artikel zum Beispiel über die Verhandlungen des 6. Rheinischen Landtages, über Pressefreiheit, über das Holzdiebstahlgesetz, über die Lage der Moselbauern etc. In die reine Philosophie brach die Wirklichkeit ein, und Marx schien ein Händchen dafür zu haben, politische Gegebenheiten allgemeinverständlich erklären zu können. Das sahen die Initiatoren und Geldgeber der Zeitung auch so, und schon im Oktober wurde Marx leitender, sprich: Chefredakteur der Zeitung.

Wir halten fest, um den Faden nicht zu verlieren: Hegel habilitierte sich in Jena, Marx promovierte in Jena; Hegel wurde Redakteur der »Bamberger Zeitung« (wir kommen noch darauf zurück), Marx wurde Redakteur der »Rheinischen Zeitung«. Die Gemeinsamkeiten gehen noch weiter, aber davon später. Vorher müssen wir noch kurz das Verhältnis von Karl Marx zu Bruno Bauer weiter zu seinem vorläufigen Ende verfolgen.

Bruno Bauer, der seit April 1842 wieder in Charlottenburg lebte, wurde bald zum unumstrittenen Mittelpunkt der »Berliner Freien«, wie sich das Häuflein der versprengten Junghegelianer, die sich sowohl in Hippels Weinstube in der Friedrichstraße 94 als auch im Café Steheley sowie in der Weinstube von F. W. C. Walburg in der Poststraße 28 (ab 1845 in der Münzstraße 28) trafen. Ein solches Treffen schildert der Dichter Georg Herwegh in einem Brief an Marx. Herwegh befand sich auf einer Goodwill-Tour durch Deutschland, er, der Superstar unter den deutschen Dichtern, Lieblingsverseschmied Karl Marx' und Friedrich Wilhelms IV. Sein Vers

»Mann der Arbeit, aufgewacht!
Und erkenne deine Macht!
Alle Räder stehen still,
Wenn dein starker Arm es will!«

wird heute noch gerne auf Gewerkschaftsdemonstrationen zitiert. Aber ansonsten ist er so gut wie vergessen. Wir werden uns später noch etwas eingehender mit Herwegh und Berlin und hier vor allem mit der Breiten Straße beschäftigen. Vorab noch das Lieblingsgedicht Friedrich Wilhelms IV.:

»Reißt die Kreuze aus der Erden!
Alle sollen Schwerter werden,
Gott im Himmel wird's verzeih'n.
Laßt, o laßt das Verseschweißen!
Auf den Amboß legt das Eisen!
Heiland soll das Eisen sein.«

Hätte er es doch besser gelassen, statt solche Verse zu schmieden, die Heinrich Heines ganzen Spott herausforderten. Also, »Popstar« Herwegh schrieb am 22. November 1842 an die Redaktion der »Rheinischen Zeitung«:

»Die Elberfelder Zeitung und aus ihr die Didaskalia enthalten die Nachricht, daß ich die Gesellschaft der Freien besucht, dieselbe aber unter aller Kritik befunden: Ich habe diese Gesellschaft *nicht* besucht, sie weder unter noch über der Kritik finden können. Ich habe sie nicht besucht, weil Ruge mir von den Zusammenkünften unserer Freunde nicht viel Erbauliches erzählte. Sie compromittiren durch diese revolutionäre Romantik, diese Geniesucht, diese Renommage unsere Sache und Partei; Ruge und ich haben ihnen dieß unumwunden erklärt. Sie haben es uns übel genommen – immerhin! *ich* möchte nicht *gegen* sie auftreten, und bitte Sie daher um eine Notiz in der Rheinischen Zeitung, die die Sache in ihrem wahren Lichte zeigt. Wenn ich die Gesellschaft der Freien, die einzeln meist treffliche Leute sind, nicht besucht habe, so geschah es nicht, weil ich etwa eine andere Sache verfechte, sondern es geschah lediglich darum, weil ich diese Frivolität, diese Berlinerei in der Art ihres Auftretens, weil ich diese platte Nachäfferei der französischen Clubs, bei aller Achtung vor Enthusiasmus für die französische Revolution, als ein Mensch, der auch von der Autorität dieser Revolution *frei* sein will, hasse und lächerlich finde.

Da haben Sie meine Ansicht; machen Sie den passenden Gebrauch davon, ich bitte Sie. Ich bin bei Gott! so revolutionär, als diese Freien, und will sie Alle noch legitim machen, aber der Skandal, die blose polissonerei führt zu Nichts.«

Und Marx machte reichlich Gebrauch von diesem Brief, denn die Freien machten ihm Kummer. Allen voran Edgar Bauer und Max Stirner. Anders gesagt: ihre Beiträge für die »Rheinische Zeitung«. Denn diese riefen fast immer den Zensor auf den Plan, schrieben die Berliner doch frei von der Leber weg, ohne Rücksicht auf Verluste, sich in einem »Vorfrühling der Anarchie« wähnend. Zu frei, wie nicht nur die Zensur meinte, sondern auch die Geldgeber der Zeitung. Marx zimmerte aus Herweghs Brief einen Artikel. Dieser erschien am 29. November 1842, und da er auch Ruges Namen erwähnte, nahm man in Berlin an, daß nicht nur Herwegh, sondern auch Ruge Marx über das Treiben der Clique unterrichtet hatte. Ruge schrieb deshalb am 4. Dezember an Marx:

»Ihr Brief und Ihre Maßregeln haben meine vollkommene Beistimmung, und es freut mich, daß die ›Freien‹ oder vielmehr diese Frivolitätsnarren auch an Ihnen, ohne daß ich Ihnen ein Wort geschrieben, den Charakter der entschiednen Negation ihrer eignen Charakterlosigkeit gefunden haben ... Trinken, Schreien, ja ich sage es, selbst Prügeleien könnte man Leuten hingehn lassen, die das Alles trieben abgesehn von einem ernsten Inhalt und ohne ihn zu besudeln. Ich werde Bauers Wesen nie in einem solchen Exceß suchen: aber diese Excesse mit den Dogmen und Sprichwörtern der Philosophie und Freiheit auszufüllen oder vielmehr die Freiheit zu einer Dogmatik dieses Treibens zu machen – nun, das geht nicht und wer darauf besteht, es zu thun, ruinirt sich.«

Dies alles erboste Bruno Bauer und er schrieb am 13. Dezember 1842 postwendend an Marx. Es sollte der letzte Brief an seinen Freund sein, weshalb er hier in seiner Gänze zitiert sei:

»Ihr habt in Cöln so viel Correspondenzen über Hiesiges erhalten, daß es überflüssig wäre, wenn ich auch noch einen Beitrag liefern sollte. Die meisten Briefe sind von der Art, daß Du selbst es mir zugeben wirst, daß es unter meiner Würde seyn würde, wenn ich eine Berichtigungs-Bude aufschlagen wollte. Zuletzt hast du Aufklärung erhalten über die Art und Weise, wie denn eigentlich der Zwist zum Ausbruch gekommen ist. Ich bin also auch in dieser Beziehung überflüssig. Endlich habt ihr durch die Aufnahme von Herweghs Correspondenz offenbar Parthei genommen, und ihr müßt um so trifftigere Gründe dazu gehabt haben, da ihr den Widerspruch in jener Correspondenz übersaht, daß derselbe, der die Hiesigen schildert, selbst sagte, daß er sie nicht in corpore gesehen habe, und da ihr nicht in Betracht zoget, daß das gereizte Wesen dieser Correspondenz das Zeichen einer kleinen Seele ist.

Alle und jegliche Briefe, die von hier aus nach Cöln kamen, hättest Du doch nach Deiner Kenntniß der Personen und Verhältnisse kritisieren sollen. Und deine Briefe, die du hierher geschickt hast, hättest Du, ehe Du sie abschicktest, einen Tag in Deinem Pulte liegen lassen sollen.

Ob es hier eine Clique gibt, eine Clique, über die Du Dich zu sehr ereiferst, ob es eine Clique gibt und ich im Stande bin, einer Clique angehören zu wollen, solltest Du doch besser wissen sollen und würde sich unter den jetzigen bedeutenden Verhältnisse von selber zeigen, ohne daß Du nöthig hättest, darüber zu verhandeln und Beschlüsse zu fassen.

Ob es Freie gibt, die sich im Ernst als Freie auf den sichtbaren Markt stellen, wird meine Vertheidigungsschrift zeigen, in der ich dieser Frage einen besonderen Abschnitt gewidmet habe.

Gäbe es hier eine Clique, so würde man es aus den Zeitungen sehen, während nicht eine Clique sondern ein gereiztes Wesen oder ein Paar Wesen vom Elbinger Anzeiger an bis nach Cöln sich Luft gemacht haben.

Das Recht der hiesigen ist unbestreitbar. Darum haben sie trotz aller Reizungen geschwiegen.

Lieber Marx, das Recht Berlins ist so groß, die Berliner haben so wenig durch falsche Schritte die Uebereilung Anderer hervorgerufen, daß ich über diese Sache gar nicht weiter sprechen mag, da ich zu viel Unangenehmes, woran hier Niemand schuldig ist, berühren müßte.

Ich will Dir lieber ein andermal über Sachen schreiben, die uns angenehmer und näher sind.

Leb wohl Dein B. Bauer.«

Es kam zu keinem Brief mehr. Das »Leb wohl«, war ein Lebewohl für lange Zeit. Das nächste was folgen sollte, war 1845 die Marx-Engelssche Schrift »Die heilige Familie oder Kritik der kritischen Kritik. Gegen Bruno Bauer und Consorten«.

Um unseren Ausgangspunkt Hegel und seine dunklen Beziehungen zu Marx nicht aus dem Auge zu verlieren, müssen wir jetzt einen kleinen Sprung, einen Quantensprung quasi, in die Zukunft tun und springen dafür über den Kanal, nach London, nach Soho, in die Dean Street 28. Warum? Hier die kurze Zusammenfassung:

Am 16. Mai 1849 erhielt Karl Marx in Köln, wo er damit beschäftigt war, die »Neue Rheinische Zeitung« herauszugeben, den Ausweisungsbefehl. Über Bingen, Trier, Aachen, Brüssel ging die Fahrt ins Exil erst einmal nach Paris. Aber auch die französische Regierung war an einem in Paris agierenden Karl Marx nicht interessiert. Sie wollte ihn in die Bretagne abschieben, das wollte aber unser umtriebiger Revolutionär nicht und so entschied er, mit ganzer Familie sich vorläufig in London niederzulassen. Daß dies dann eine Entscheidung für immer sein würde, war Marx damals noch nicht bewußt. Er glaubte fest daran, daß die Zeit ihn wieder nach Deutschland bringen würde. Die Familie Marx, die sich Mitte September 1849 in 4 Anderson Street, Kings Road, Chelsea, einem eleganten, teuren Bezirk, denn man war ja wer, niederließ, bestand zur damaligen Zeit aus dem Ehepaar Karl und Jenny, den Kindern Jenny (1844), Laura (1845), Edgar (1846) und dem Dienstmädchen (das schreiben wir jetzt einfach mal so dahin) Helena, genannt Lenchen Demuth. Dienstmädchen, Haushaltsgehilfin, und das bei einem erklärten Sozialisten, der die Abschaffung der Ausbeutung des Menschen durch den Menschen auf seine Fahnen geschrieben hat? Nun denn, Lenchen Demuth also. Aber hören wir erst einmal Jenny Marx über das Leben der Familie. Am 20. Mai 1850 schrieb sie an den Freund der Familie Joseph Weydemeyer in Frankfurt:

»... Mein Mann ging beim Anbrechen der unglücklichen Epoche der Konterrevolution nach Paris, ich folgte ihm mit meinen drei Kindern. Kaum in Paris eingewohnt, wird er vertrieben, mir selbst und meinen Kindern wird der längere Aufenthalt versagt. Ich folge ihm wieder übers Meer. Nach einem Monat wird unser 4tes Kind [Heinrich Guido; d. Vf.] geboren. Sie müßten London und die hiesigen Verhältnisse kennen, um zu wissen, was es heißt, 3 Kinder und die Geburt eines 4ten. Miete allein mußten wir monatlich 42 Taler bezahlen. Alles dies waren wir imstande, aus eignem aufgenommenem Vermögen zu bestreiten. Aber unsre kleinen Ressourcen erschöpften sich, als die ›Revue‹ [Neue Rheinische Zeitung. Politisch-ökonomische Revue; d. Vf.] erschien. Trotz Übereinkunft trafen die Gelder nicht ein und erst in einzelnen kleinen Summen, so daß wir hier in die schrecklichsten Lagen gerieten.

Ich werde Ihnen nur *Einen* Tag aus diesem Leben schildern, so wie er war, und Sie werden sehen, daß vielleicht wenig Flüchtlinge ähnliches durchgemacht haben. Da die Ammen hier unerschwinglich sind, entschloß ich mich, trotz beständiger schrecklicher Schmerzen in der Brust und im Rücken, mein Kind selbst zu nähren. Der kleine arme Engel trank aber mir soviel Sorgen und stillen Kummer ab, daß er beständig kränkelte, Tag und Nacht in heftigen Schmerzen lag. Seit er auf der Welt ist, hat er noch keine Nacht geschlafen, höchstens 2 bis 3 Stunden. In der letzten Zeit kamen nun noch heftige Krämpfe hinzu, so daß das Kind beständig zwischen Tod und elendem Leben schwankte. In diesen Schmerzen sog er so stark, daß meine Brust wund ward und aufbrach; oft strömte das Blut ihm in sein kleines bebendes Mündchen. So saß ich eines Tages da, als plötzlich unsre Hauswirtin, der wir im Laufe des Winters über 250 Reichstaler gezahlt, und mit der wir kontraktlich übereingekommen waren, das spätere Geld nicht ihr, sondern ihrem Landlord auszuzahlen, der sie früher hatte pfänden lassen, eintrat und den Kontrakt leugnete, die 5 £, die wir ihr noch schuldeten, forderte, und als wir sie nicht gleich hatten (Nauts [Geschäftsführer der Neuen Rheinischen Zeitung in Köln; d.Vf.] Brief kam zu spät), traten zwei Pfänder ins Haus, legten all meine kleine Habe mit Beschlag, Betten, Wäsche, Kleider, alles, selbst die Wiege meines armen Kindes, die beßren Spielsachen der Mädchen, die in heißen Tränen dastanden. In 2 Stunden drohten sie alles zu nehmen – ich lag dann auf der flachen Erde mit meinen frierenden Kindern, meiner wehen Brust. Schramm [Conrad Schramm, Mitglied des deutschen Bildungsvereins für Arbeiter in London; d.Vf.], unser Freund, eilte in die Stadt um Hülfe zu schaffen. Er steigt in ein Kabriolett, die Pferde gehen durch, er springt aus dem Wagen und wird uns blutend ins Haus gebracht, wo ich mit meinen armen zitternden Kindern jammerte.

Den Tag darauf mußten wir aus dem Haus, es war kalt und regnicht und trüb, mein Mann sucht eine Wohnung, niemand, niemand will uns nehmen, wenn er von 4 Kindern spricht. Endlich hilft uns ein Freund, wir bezahlen und ich verkaufe rasch alle meine Betten, um die vom Skandal der Pfändung ängstlich gemachten Apotheker, Bäcker, Fleischer, Milchmann zu bezahlen, die plötzlich mit ihren Rechnungen auf mich losgestürmt kommen. Die verkauften Betten werden vor die Tür gebracht, auf eine Karre geladen – was geschieht? – Es war spät nach Sonnenuntergang geworden, das englische Gesetz verbietet das, der Wirt dringt mit Konstabler vor, behauptet, es könnte auch von seinen Sachen dabei sein, wir wollten durchgehn in ein fremdes Land. In weniger als 5 Minuten stehen mehr als 2–3hundert Menschen gaffend vor unsrer Tür, der ganze Mob von Chelsea. Die Betten kommen zurück, erst am anderen Morgen nach Sonnenaufgang durften sie dem Käufer übergeben werden; als wir nun so durch den Verkauf unserer sämtlichen Habseligkeiten instand gesetzt waren, jeden Heller zu zahlen, zog ich mit meinen kleinen Lieblingen in unsre jetzigen kleinen 2 Stübchen im Deutschen Hotel, 1 Leicester Street, Leicester Square, wo wir für 5 ½ £ die Woche menschliche Aufnahme fanden ... Glauben Sie nicht, daß mich diese kleinlichen Leiden gebeugt haben, ich weiß nur zu gut, wie unser Kämpfen kein isoliertes ist und wie ich namentlich noch zu den auserwählt Glücklichen, Begünstigten gehöre, da mein teurer Mann, die Stütze meines Lebens, noch an meiner Seite steht.«

Lange blieb die Familie nicht im Hotel, denn das Geld war immer noch knapp. Vier Tage später zog sie in die Dean Street 64, Soho. Bis zum Spätsommer 1850 blieb man hier wohnen, dann zog man weiter in die Dean Street 28. Die zwei schmalen Zimmer, die die Großfamilie Marx bezog, sollten für sechs Jahre ihr Zuhause sein. Kurz nach dem Umzug in die Nr. 28 reiste Jenny Marx nach Holland, um einen Onkel von Karl, Lion Philips, um Geld anzugehen. Aber sie hatte kein Glück. An Karl schrieb sie: »Kaum auf unsre eigenen Verhältnisse gekommen, die ich natürlich als Folge der gescheiterten Revolution, und die sich zugleich als Moment der Krise, darstellte sprach er von seinen eignen schlechten Geschäften ... Ich glaube theurer Karl ich kehre ganz resultatlos, ganz getäuscht, zerrissen in Todesangst gefoltert wieder zu Dir heim. Wenn du wüßtest wie mir nach Dir und den kleinen Köpfchen bangt. Ich kann nicht von den Kindern schreiben – die Augen fangen an zu zittern und ich muß mich hier tapfer halten – Also küsse sie, küsse sie die kleinen Engel tausend mal von mir. Ich weiß wie du und Lehnchen für sie sorgen werden. Ohne Lehnchen hätt' ich gar keine Ruhe hier. Sie hat es jetzt gar zu schwer – ach wie sehn ich mich in unser kleines Dasein zurück.«

Lenchen Demuth, nun endlich.

In seinen »Persönlichen Erinnerungen« an seinen Schwiegervater schreibt Paul Lafargue, Ehemann von Laura Marx, über Helene Demuth: »... Neben den Genannten zählte die Familie Marx noch ein wichtiges Glied: Fräulein Helene *Demuth.* In einer Bauernfamilie geboren, war sie noch ganz jung, fast ein Kind, lange vor der Verheiratung der Frau Marx, als Dienstmädchen zu ihr gekommen. Als sich dieselbe verheiratete, verließ Helene sie nicht, sie widmete sich vielmehr der Familie Marx mit einer solchen Hingabe, daß sie sich selbst völlig vergaß. Sie begleitete Frau Marx und deren Mann auf all ihren Reisen durch Europa und teilte ihre Ausweisungen. Sie war der praktische Hausgeist, der sich in den schwierigsten Lebenslagen zurecht zufinden wußte. Ihrem Ordnungssinne, ihrer Sparsamkeit, ihrem Geschick ist es zu verdanken, daß die Familie wenigstens das Allernötigste nie zu entbehren hatte. Sie verstand alles: sie kochte und besorgte das Hauswesen, sie kleidete die Kinder an und schnitt die Kleidungsstücke zu, die sie zusammen mit Frau Marx nähte. Sie war gleichzeitig Wirtschafterin und Major domus des Hauses, das sie leitete. Die Kinder liebten sie wie eine Mutter, und sie besaß über diese eine mütterliche Autorität, weil sie eine mütterliche Zuneigung für sie empfand. Frau Marx betrachtete Helene wie eine intime Freundin, und Marx hegte für sie eine besondere Freundschaft; er spielte Schach mit ihr, und es geschah oft, daß er die Partie verlor. Helenes Liebe für die Familie Marx war blind; alles was die Marx' taten, war gut und konnte nicht anders als gut sein; wer Marx kritisierte, der hatte es mit ihr zu tun. Jeden, der in den vertraulichen Umgang der Familie gezogen worden, nahm sie unter ihre mütterliche Protektion. Sie hatte sozusagen die ganze Familie Marx adoptiert. Fräulein Helene hat Marx und seine Frau überlebt, ihre Sorgfalt hat sie jetzt auf Engels' Haus übertragen, den sie in ihrer Jugend kennenlernte und auf welchen sie die Zuneigung erstreckte, die sie für die Marxsche Familie hegte.«

So weit, so gut, jedenfalls bis 1952. Da kratzte der spätere Engels-Biograph Helmut Hirsch etwas an dem trauten Bild der Familie Marx in London. In seinem Aufsatz »Marx als Publizist« steht ganz lapidar:

»Seine sozialistischen Verehrer gingen in der darüber hinaus gehenden Verbürgerlichung ihres Helden ... sogar soweit, daß sie der Öffentlichkeit bis heute verschwiegen, daß Marx – wie aus glaubwürdiger Quelle versichert werden kann – mit der Hausgehilfin seiner jungen Gattin ein Kind zeugte.«

Da dieser Aufsatz an ganz entlegener Stelle, in der Festschrift für Karl d'Ester, Beiträge zur Zeitungswissenschaft, erschien, hatte er so gut wie keine Resonanz hervorgerufen. Erst als zehn Jahre später der Marx-Biograph Werner Blumenberg, damals Leiter der Deutschland-Abteilung am Internationalen Institut für Sozialgeschichte in Amsterdam, wo sich der Marx-Engels-Nachlaß befindet, einen Brief der ersten Frau von Karl Kautsky an August Bebel veröffentlichte, geriet die bis dato kleine häusliche Welt der Familie Marx in Soho in Unordnung. Louise Freyberger-Kautsky kam nach dem Tod Helene Demuths als Engels' Sekretärin in dessen Haus. Sie schreibt am 2. September 1898 an August Bebel: »Daß Freddy Demuth Marx' Sohn ist weiß ich von General [Friedrich Engels; d.Vf.] selbst. Tussy [Eleonora Marx; d.Vf.] hat mir so zugesetzt, daß ich den Alten direkt fragte. General war sehr erstaunt, daß Tussy so hartnäckig an ihrem Glauben festhielt, und gab mir damals schon das Recht, im Falle der Notwendigkeit dem Geklatsche, daß er seinen Sohn verleugnet, entgegenzutreten. Du wirst Dich erinnern, daß ich dir die Mitteilung schon lange vor Generals Tode machte ... [Am] Tag vor seinem Tode hat es General der Tussy selbst auf die Schiefertafel geschrieben, und Tussy kam so erschüttert heraus, daß sie all ihren Haß gegen mich vergaß und an meinem Halse bitterlich weinte ... Freddy sieht Marx lächerlich ähnlich, und es gehört wirklich nur blindes Vorurteil dazu, in dem direkt jüdischen Gesichte mit dem vollen blauschwarzen Haar irgendeine Ähnlichkeit mit General zu wittern ... Für Marx stand die Scheidung von seiner Frau, die furchtbar eifersüchtig war, immer vor seinen Augen; er liebte den Buben nicht, der Skandal wäre zu groß gewesen, er wagte nicht für den Buben etwas zu tun.«

Soweit Louise Kautsky. Helene Demuth also. Blenden wir uns in die Marxschen Verhältnisse in Soho einmal kurz ein. Und tun etwas, was wir eigentlich nicht tun sollten, wir zitieren einen Spitzelbericht der preußischen Polizei:

»Im Privatleben ist er [Marx; d.Vf.] ein höchst unordentlicher, zynischer Mensch, ein schlechter Wirt; er führt ein wahres Zigeunerleben. Waschen, Kämmen und Wäschewechsel gehört bei ihm zu den Seltenheiten; er berauscht sich gern. Oft faulenzt er tagelang, hat er aber viel Arbeit, dann arbeitet er Tag und Nacht mit unermüdlicher Ausdauer fort; eine bestimmte Zeit zum Schlafen und Wachen gibt es bei ihm nicht; sehr oft bleibt er ganze Nächte auf, dann legt er sich wieder mittags ganz angekleidet aufs Kanapee und schläft bis abends, unbekümmert um die ganze Welt, die bei ihm frei aus- und eingeht.

Seine Gattin ist die Schwester des preußischen Ministers von Westphalen, eine gebildete und angenehme Frau, die aus Liebe zu ihrem Mann sich an dieses Zigeunerleben gewöhnt hat und sich in diesem Elend nun ganz heimisch fühlt. Sie hat zwei Mädchen und einen Knaben, alle drei Kinder sind recht hübsch und haben die intelligenten Augen ihres Vaters

... Marx wohnt in einem der schlechtesten, folglich auch billigsten Quartiere von London. Er bewohnt zwei Zimmer, das eine mit der Aussicht auf die Straße ist der Salon, rückwärts ist das Schlafzimmer. In der ganzen Wohnung ist nicht ein reines und gutes Stück Möbel zu finden, alles zerbrochen, zerfetzt und zerlumpt, überall klebt fingerdicker Staub, überall die größte Unordnung. In der Mitte des Salons steht ein altväterlicher Tisch, mit Wachsleinwand behangen. Auf diesem liegen seine Manuskripte, Bücher, Zeitungen, dann die Spielsachen der Kinder, das Fetzenwerk des Nähzeugs seiner Frau, dann einige Teetassen mit abgebrochenen Rändern, schmutzige Löffeln, Messer, Gabeln, Leuchter, Tintenfaß, Trinkgläser, holländische Tonpfeifen, Tabakasche, mit einem Wort alles drunter- und drübergehäuft, und alles dies auf einem einzigen Tisch.«

Soweit der Spitzel János Bangya. So also sah es aus in der Dean Street. Die Nummer 28 war ein enges dreistöckiges Haus – was heißt war, das Haus steht noch, und wer will, kann die Wohnräume der Familie Marx im Dachgeschoß besichtigen, auf Anfrage. 22 Pfund Miete im Jahr kosteten die zwei Räume mit Bodenkammer. Drei Erwachsene und vier Kinder lebten hier auf engem Raum zusammen. Keine Toilette, kein Bad, ja noch nicht einmal fließendes Wasser gab es. In diese Verhältnisse hinein wurde am 28. März 1851 Franziska geboren, das fünfte Kind der Familie Marx, und drei Monate später, am 23. Juni, wurde Helene Demuth im gleichen Zimmer von einem Jungen entbunden. Im Register des Standesamtes von Soho wird er als Henry Frederick Demuth eingetragen. Vater unbekannt. Er wird kurz nach der Geburt in Pflege gegeben, der kleine Henry, zu einer Familie Lewis. Das wirkt befremdend. Helene, die die Marx-Kinder mit großzog, darf ihren eigenen Sohn nicht großziehen, muß ihn weggeben. An den beengten Verhältnissen alleine kann es nicht gelegen haben. Die wahren Gründe, wir werden sie nie erfahren. Der Familie, Frau Marx und den Kindern und einer interessierten Öffentlichkeit, das heißt den Mitgliedern der Partei gegenüber, jedenfalls des Führungszirkels, übernahm Friedrich Engels die Vaterschaft. Der beste Freund der Familie Marx schwängerte die allseits geliebte Haushälterin und was passiert: der Fleisch gewordene Fehltritt wird verbannt. Solange Jenny und Karl lebten, durfte Freddy den Marxschen Haushalt nicht besuchen. Darauf mag sich ein jeder seinen eigenen Reim machen. Kaum war der Brief von Louise Kautsky publik gemacht, rief er auch schon professionelle Dementierer, Apologeten und Hüter der sozialistischen Moral auf den Plan. Einer von vielen war Fritz J. Raddatz. Mit allerlei Rabulistik versuchte Raddatz den Brief, von dem es kein Original, sondern nur eine maschinenschriftliche Abschrift gibt, als Fälschung zu entlarven. Es gelingt ihm nicht. Viele Fragen werden aufgeworfen, fast keine beantwortet, aber in den Raum gestellt, daß weder Marx als Vater noch Engels als angeblicher Vater für Freddy in Frage kämen. Raddatz' Biographie erschien 1975, da lag der Briefwechsel zwischen August Bebel und Karl Kautsky, herausgegeben von Karl Kautsky jr. 1971, schon vor. Ein Blick in diesen Briefwechsel hätte ihn belehren können, daß es den zitierten Brief von Louise Kautsky an Bebel, von dem nur eine Abschrift existiert, tatsächlich gab und daß man durchaus Bescheid wußte, wer der Vater war.

Bebel schrieb am 3. August 1899:

»Lieber Karl.

Ede [d.i. Eduard Bernstein; d.Vf.] hat mir einen langen Brief geschrieben ... Ein besonderes Interesse hatte für mich seine Mitteilung, daß Freddy [Freddy Demuth] von Honoureable Moore [Samuel Moore, Freund von Marx und Engels, Übersetzer des Kommunistischen Manifestes und des ersten Bandes des ›Kapital‹ ins Englische] die Bestätigung erhalten: Engels habe noch wenige Tage vor seinem Tode lebhaft protestierend abgelehnt, der Vater von Freddy zu sein, woraus er, Fr[eddy], seine Schlüsse ziehen könne. E[ngels] hätte Laf[argue]s von dem Vorgang unterrichtet – E[de] erkärt jetzt auch, überzeugt zu sein, daß M[arx] der Vater von Fr[eddy]s sei –, und Fr[eddy] hätte sich an L[arfague] gewandt mit der Bitte, seinen Sohn, der 16 Jahre ist, zu einem Mechaniker oder Elektriker auszubilden, d.h. ihm Mittel dazu zu gewähren ...«

Halten wir fest: spätestens mit Engels' Tod war der Umstand, daß Marx der Vater von Freddy Demuth war, nicht nur den Führern der Sozialdemokratie, sondern auch seinen Töchtern bekannt. Verlassen wir nun die Familie Marx in London und kehren für einen kurzen Augenblick nach Trier zurück. Hier erhielt Karl Marx in der zweiten Juni-Woche 1841 einen Brief von seinem Berliner Freund Karl Friedrich Köppen.

»Lieber Marx,

Allerdings habe ich in Folge unserer Trennung länger als eine Woche ... die Melancholik gehabt und Tagtäglich nach Dir genothdürftelt ... Wir haben, wenn Du Dich erinnerst, bisweilen von dem verrückten Dr. Schopenhauer gesprochen. Ich führte manchmal eine Lieblingsphrase von ihm an, daß nämlich unter allen Völkern die Vielweiberei erlaubt sei, nur nicht bei einer gewissen Judensekte, nämlich bei den Christen. Dieser Türke hat jetzt zwei Preisschriften, eine gekrönte und eine ungekrönte (›Über die Grundpricipien der Moral‹, Frankfurt a. M.) herausgegeben, in welchen er Hegel, neben bei auch Fichte, für dessen Schüler er bisher gegolten hat, fürchterlich heruntermacht. Er erklärt den summus philosophus, wie er Hegel nennt, gerade zu für wahnsinnig. Mundt triumphirt darüber in einem langen Aufsatz im Piloten. Er erklärt den Angriff für das jüngste Gericht der Hegelschen Philosophie. Ich schreibe dir das, damit Du bei Gelegenheit Trendelenburgs auch des pp. Schopenhauer in Ehren gedenkst.«

Dazu sollte es aber nie kommen. Marx hat sich mit Schopenhauer in keiner seiner Schriften auseinandergesetzt, aber in Ehren gedacht hat er seiner schon. So erinnert sich Franziska Kugelmann, die Tochter seines Freundes Ludwig Kugelmann, an ein Gespräch, das ihre Mutter mit Marx im April 1867 geführt hatte: »Die Unterhaltung bewegte sich dann außer über die innere und äußere Erlebnisse dieses ebenso edeln und liebenswürdigen wie bedeutenden Mannes, ohne jeden lehrhaften Anstrich auf allen Gebieten der Kunst, Wissenschaft, Poesie und Philosophie. Für letztere interessierte sich meine Mutter sehr, ohne durch Selbststudium tiefer eingedrungen zu sein. Marx sprach mit ihr über Kant, Fichte, Schopenhauer, andeutungsweise auch über Hegel, dessen begeisterter Anhänger er ja in seiner Jugend gewesen war ... Schopenhauer, Hegels so entschiedener Gegner, werde in nicht zu billigender Weise meist sehr oberflächlich von vielen verurteilt, die oft seine Schriften nie gelesen hätten. Manche seiner Zeitgenossen nähmen auch Anstoß an seiner sonderbaren Persönlichkeit, bezeichneten ihn als Menschenhasser, während er in den Grundgedanken seiner Ethik das Gebot ausspricht, in der Wesenseinheit alles Organischen die Pflicht zu erkennen, weder Mensch noch Tier Leiden zu verursachen. Keinem lebendigen Wesen unrecht zu tun, bezeichnet er, bei der Hilfsbedürftigkeit alles bestehenden als einfaches Gebot der Gerechtigkeit, die zum Mitleid führt, zu dem Satz: ›Hilf allen, soviel du kannst.‹ Tiefer ethisch sozial hätte keine sentimentale Regung das Gebot der Nächstenliebe verkündet.«

Und da sind wir wieder bei unserem Ausgangspunkt, bei Hegel in Jena – und bei seinem Gegner Artur Schopenhauer, eingeführt durch Marx, der wie Hegel Redakteur war und einen außerehelichen Sohn hatte, aber anders als der »Maschinist des Weltgeistes« diesen zeit seines Lebens verleugnete. Also Schopenhauer und Jena. Und dazu müssen wir wieder nach Berlin.

Im Spätsommer 1811 trifft, aus Göttingen kommend, Arthur Schopenhauer in Berlin ein. Im Gepäck hat er ein Empfehlungsschreiben des Geheimrats Goethe an den Gräzisten Friedrich August Wolf, das dieser auf Drängen von Schopenhauers Mutter, mehr halbherzig denn aus Überzeugung, geschrieben hat. Goethe nun an Wolf über Schopenhauer:

»Da man eine Gelegenheit, die sich darbietet, ein langes Schweigen zu brechen, ja nicht aus der Hand lassen soll, so will ich einem jungen Mann, der nach Berlin geht, ein Empfehlungsschreiben an Sie, verehrter Freund, nicht versagen. Sein Name ist Schopenhauer, seine Mutter die Frau Hofrat Schopenhauer, welche sich schon mehrere Jahre bei uns aufhält. Er hat eine Zeitlang in Göttingen studiert und, soviel ich mehr durch andere als durch mich selbst weiß, hat er sich's ernst sein lassen. In seinen Studien und Beschäftigungen scheint er einige mal variiert zu haben. In welchem Fach und wie weit er es gebracht, werden Sie sehr leicht beurteilen, wenn Sie ihm, aus Freundschaft zu mir, einen Augenblick schenken und ihm, sofern er es verdient, die Erlaubnis erteilen wollen, Sie wiederzusehen.«

Hm, das hört sich ja nicht gut an. Sehr, sehr distanziert. Fast ist man geneigt anzunehmen, Goethe wollte nicht, daß Schopenhauer über Wolf in Berlin, an der Universität Fuß fassen sollte. Auch wissen wir nicht, ob Schopenhauer von diesem Empfehlungsschreiben je Gebrauch gemacht hat. Dumm war er ja nicht und lesen, auch zwischen den Zeilen, das konnte er. Also Schopenhauer in Berlin. Von Oktober 1811 bis Mai 1813 wird er an der Universität studieren. In einer autobiographischen Notiz von 1851 gibt er Auskunft über seine Studien in Berlin: »1811 siedelte ich nach Berlin über, in der Erwartung, einen ächten Philosophen u. großen Geist in Fichten kennen zu lernen: diese Verehrung a priori verwandelte sich aber bald in Geringschätzung u. Spott. Doch machte ich seinen Cursus durch.«

Während seiner ersten Berliner Zeit lebte Schopenhauer ganz in der Nähe der gerade gegründeten Universität, die sich im Palais des Prinzen

Heinrich eingerichtet hatte, in der Letzten Straße (heute Dorotheenstraße). Sein Tagesablauf entsprach schon dem eines zurückgezogen lebenden Privatgelehrten. Zwischen Universität und der Königlichen Bibliothek hin und her pendelnd, gönnte er sich als einziges Vergnügen, im Hotel de Russie zu essen. Umgang pflegte er nur mit drei Kommilitonen: Josef Ganz, Carl Jakob Ludwig Iken und August Ferdinand Julius Helmholtz, dem Vater des nachmaligen Physikers Hermann Helmholtz. Fichte, den Schopenhauer so sehr schätzte und der Anlaß für ihn war, nach Berlin zu gehen, sollte zu einer großen Enttäuschung für ihn werden. In seinen Notizen zu Fichtes Vorlesung des Wintersemesters 1811/12 »Über die Tatsachen des Bewußtseins und die Wissenschaftslehre« heißt es: »In dieser Stunde hat er außer dem hier aufgeschriebenen Sachen gesagt die mir den Wunsch auspreßten, ihm eine Pistole auf die Brust sezzen zu dürfen und dann zu sagen: Sterben mußt du jetzt ohne Gnade; aber um deiner armen Seele Willen, sage ob du dir bey dem Gallimathias etwas deutliches gedacht hast oder uns blos zu Narren gehabt hast?«

Aber mit seiner Ruhe und Beschaulichkeit sollte es bald vorbei sein. Und einmal mehr ist Napoleon an allem schuld. Als die Nachricht vom Brand Moskaus und Napoleons übereilten Rückzug nach Preußen dringt, handelt der Generalleutnant Ludwig von Yorck, der Befehlshaber des preußischen Hilfskorps, auf eigene Faust. Er schmeißt die Loyalität gegenüber Napoleon über Bord, schließt mit dem russischen General Hans von Diebitsch am 30. Dezember 1812 bei Tauroggen ein Neutralitätsabkommen ab und widmet sich anschließend der Bewaffnung der ostpreußischen Bevölkerung. Das bringt nun auch den ewig zaudernden Friedrich Wilhelm III. in Zugzwang, er kündigt das Bündnis mit Frankreich, ruft die Studentenschaft auf, Freikorps zu bilden und schließt am 28. Februar 1813 mit Zar Alexander I. einen Bündnisvertrag ab. Am 17. März erscheint sein in Breslau von Theodor Gottlieb von Hippel, dem Freund E.T.A. Hoffmanns, verfaßter »Aufruf an mein Volk«:

»So wenig für Mein treues Volk als für Deutsche, bedarf es einer Rechenschaft über die Ursachen des Kriegs, welcher jetzt beginnt. Klar liegen sie dem unverblendeten Europa vor Augen. – Wir erlagen der Übermacht Frankreichs. Der Frieden, der die Hälfte meiner Untertanen mir entriß, gab uns seine Segnungen nicht; denn er schlug uns tiefere Wunden als selbst der Krieg. Das Mark des Landes ward ausgesogen, die

Hauptfestungen blieben vom Feinde besetzt, der Ackerbau ward gelähmt, sowie der sonst so hoch gebrachte Kunstfleiß unserer Städte. Die Freiheit des Handels ward gehemmt, und dadurch die Quelle des Erwerbs und des Wohlstandes verstopft. Das Land ward ein Raub der Verarmung ... Brandenburger, Preußen, Schlesier, Pommern, Lithauer! Ihr wißt, was Ihr seit fast sieben Jahre erduldet habt, Ihr wißt, was Euer trauriges Loos ist, wenn wir den beginnenden Kampf nicht ehrenvoll enden ... Es ist der letzte entscheidende Kampf, den wir bestehen für unsere Existenz, unsere Unabhängigkeit, unsern Wohlstand ...«

Wie schon bei dem Aufruf an die Studenten, so strömten auch nach diesem Aufruf die Massen zu den Waffen. Ein nationaler Taumel erfaßte weite Teile der Bevölkerung quer durch alle Schichten. Der Volkskrieg ward geboren. Theodor Körner, Poet und Freischärler, dichtete: »Es ist kein Krieg, von dem die Kronen wissen, es ist ein Kreuzzug, 's ist ein heil'ger Krieg.«

Und traf damit genau die Stimmung, die in Preußen herrschte. Es gab auch andere, kritischere Stimmen, die dem ganzen Freischärler- und Landsturmgehabe nicht viel abgewinnen konnten und das ganze eher von der komischen Seite nahmen. So schrieb Bettine von Arnim: »[Es war] seltsam anzusehen, wie bekannte Leute und Freunde mit allen Arten von Waffen zu jeder Stunde über die Straße liefen, so mancher von denen man vor her sich's kaum denken konnte, daß sie Soldaten wären: Stelle dir zum Beispiel Savigny vor, der mit dem Glockenschlag 3 wie besessen mit einem langen Spieß über die Straßen rennt ... der Philosoph Fichte mit einem eisernen Schild und langem Dolch, der Philolog Wolf mit seiner langen Nase hatte einen Tiroler Gürtel mit Pistolen, Messern aller Art und Streitäxten angefüllt ...«

Unter denen, die sich freiwillig zum Kriegsdienst meldeten, war auch Schopenhauers Freund Helmholtz. Diesem stiftete er die Uniform. Er selbst blieb als Heimatloser, als der er sich sah, dem Kriegsgeschehen fern. Sein Heimatland war die Wissenschaft, die Philosophie, und der galt sein ganzes Augenmerk.

Am 2. Mai 1813 wurden die vereinten preußisch-russischen Heere von Napoleon bei Groß-Görschen vernichtend geschlagen. Als diese Nachricht von der Niederlage in Berlin eintraf, gab es für Schopenhauer kein Halten mehr. Die Sorge, daß der Krieg nach Berlin kommen könnte und mit ihm Napoleon, veranlaßten ihn, der Stadt den Rücken zu kehren. Die Absicht, in Berlin zu promovieren, konnte er erst einmal vergessen. Er zog nach Weimar zur Mutter, aber auch hier in der Familie fand er keine Ruhe. Er zog weiter nach Rudolstadt in den Gasthof zum Ritter. Hier im zweiten Stock schrieb er seinen Dissertation »Über die vierfache Wurzel des Satzes vom zureichenden Grunde«.

Im September 1813 erreichte den Dekan der Philosophischen Fakultät in Jena, Professor Eichstädt, ein von Schopenhauer auf Latein verfaßter Brief: »... in der Nachbarschaft Ihrer hocherleuchteten berühmten Universität weilend, wende ich mich an Sie, hochverehrter Herr Dekan, und an eine hochansehliche Philosophische Fakultät mit der Bitte, Sie möchten nach Einsicht und Erwägung entscheiden, ob ich des von Ihnen zu erteilenden Doktorgrades würdig sei. Ich sende Ihnen eine Abhandlung über die vierfache Wurzel des Satzes vom Zureichenden Grunde, die ich der Berliner Universität zu überreichen gedachte ...«

Nach »Einsicht und Erwägung« kam die Philosophische Fakultät zu der Meinung, daß die Arbeit mit »magna cum laude« richtig gewürdigt sei und sandte am 2. Oktober 1813 an Schopenhauer in Rudolstadt das Doktordiplom. Vor Freude nahm dieser einen Diamant und ritzte in eine Scheibe seines Zimmer auf Latein die Sätze: »Arth. Schopenhauer verbrachte den größten Teil des Jahres 1813 in diesem Zimmer. Gelobt wird das Haus, das auf weite Felder hinaussieht.«

Mit dem Doktordiplom in der Tasche machte er sich wieder auf den Weg nach Weimar, zur Mutter. Aber nur ein halbes Jahr hielt er es dort aus, dann zog er weiter nach Dresden, wo er die nächsten vier Jahre leben sollte. In Dresden entstand sein Hauptwerk »Die Welt als Wille und Vorstellung«. Ja und dann gab's da noch eine namenlose Kammerzofe in seinem Dresdner Leben. Hören wir seine Schwester Adele. Am 5. Februar 1819 schrieb sie ihm nach Rom, wo er zwischenzeitlich weilte, denn er hatte es sich in den Kopf gesetzt, nachdem sein Hauptwerk »Die Welt als Wille und Vorstellung« gedruckt wurde, Italien zu erkunden. »... Da schreibst Du närrischer Mensch, *ausser mir* hättest Du nie eine Frau ohne Sinnlichkeit geliebt. Ich habe sehr gelacht. Möchte aber fragen, ob Du mich denn wohl, wenn ich nicht Deine Schwester wäre, hättest lieben können; denn am Ende giebt's Frauen genug, die höher stehen als ich. Wenn also mein eigentliches Wesen und nicht der Schwestername mir

Deine Neigung gab, könntest du eine andere lieben, fast – sieh', ich sage *fast*, ebenso lieben. Das Mädchen, die Du nennst, jammert mich sehr, ich hoffe Du hast sie nicht betrogen; denn Du bist ja gegen alles *wahr*, warum denn gegen so ein armes schwaches Ding nicht.«

Was es mit diesem »armen schwachen Ding« auf sich hatte, erfahren wir im nächsten Brief vom 12. Mai: »... Du erräths leicht, daß unter allem was Du mir schriebst Deine Liebesgeschichte mich am meisten frappierte – ich danke dir herzlich, daß Du mir so offen darüber schriebst, denn obschon mich das Ganze fremd und unangenehm berührt zeigt mirs doch manche Gründe der Entschuldigung für Dich – und Deine Liebe blickt mich freundlich durch alles an, was mich etwa verletzt. Ob ich das Kind in D. sehen kann, laß ich noch unentschieden, mit dem fremden Mann kann ich doch wahrscheinlich nicht davon reden? Das ist wieder einer Deiner wunderlichen unbegreiflichen Einfälle. Kan ich jedoch für das Mädchen irgendetwas thun, so sage es unverhohlen, nimm Deine Pflicht nicht im gewöhnlichen engen Sinn in den Eure Schlechtigkeit sie gern reduziert – ich wollte, das Kind wäre nie ins Leben getreten, ists aber da, so sorge für dasselbe nach dem Grad des Bedürfnisses welches die späteren Jahre ihm entwickeln mögen.«

Aber am 8. September muß Adele ihrem Bruder aus Danzig mitteilen:

»Daß Deine Tochter todt ist, thut mir *leid*, denn wenn das Kind älter worden wäre, hätte es Dir *Freude* gemacht, Du wärst nicht so alleine gewesen, Du hättest für jemand zu sorgen.«

Tja – Schopenhauer und die Frauen, kein unbekanntes, aber ein meist mißgedeutetes Kapitel in seinem Leben. Schopenhauer war kein Kostverächter, um das mal so salopp zu sagen. Frauen durchzogen sein ganzes Leben, entweder war er nicht in der Lage oder willens, sich auf eine Beziehung einzulassen, oder umgekehrt. Ein früher Versuch, sich dem anderen Geschlecht zu nähern, ist das Gedicht, daß er für die von ihm verehrte, begehrte und angehimmelte Karoline Jagemann verfaßte. Lauschen wir der ersten Strophe:

»Der Chor zieht durch die Gassen,
Wir stehen vor Deinem Haus:
Mein Lied würd' mir zu Freuden,
Sähst Du zum Fenster aus.«

Karoline Jagemann, die Mätresse des Herzogs von Weimar, nahm weder von dem Gedicht noch von dem Dichter Notiz. Man kann es ihr auch nicht verdenken, wenn man diese Zeilen gelesen hat.

Und damit sind wir wieder bei unserem Ausgangspunkt: Hegel, Marx und Schopenhauer und was die drei verbindet: dilettantische Liebespoesie, der Hang zum Dienstpersonal mit all seinen Folgen, und Jena. Schopenhauer und Hegel werden uns später in Berlin abermals begegnen, weshalb wir sie hier erst einmal verlassen können, und Marx wird über seinen »Kampfgefährten«, den »Einjährigen« Friedrich Engels, präsent sein, denn eigentlich wollten wir doch nach Bamberg – und dorthin begeben wir uns jetzt schleunigst.

Berlin Burgstraße – eine literarische Location

Aber alle erdenklichen Wege nach Bamberg führen über Berlin. Weshalb das so ist, erklärt uns folgender Brief, den der zwanzigjährige Wilhelm Heinrich Wackenroder am Dienstag, dem 23. Juli 1793, an seine Eltern schrieb:

»... muß ich Ihnen ... schon wieder von einer neuen Reise Nachricht geben, durch die ich besonders eine für mich ganz neue Welt, die katholische Welt, kennengelernt habe ... Von Bamberg läßt sich manches neue sagen ... Bamberg hieß – ehemals Babenberg (wie ich noch auf mehreren Grabschriften im Dom, usw. fand), Pappenperc, Papinfurk, welches entweder soviel als Pfaffenberg oder: eine auf (baben) dem Berge liegende Stadt bedeutet. Sie liegt wirklich auf mehreren beträchtlichen Hügeln, deren Zahl man, wohl ziemlich willkürlich, auf sieben festgesetzt hat. Teils deswegen, teils wegen des seltenen Reichtums – an den herrlichsten Feld- und Baumfrüchten, teils weil ehemals in dem Garten des alten bischöflichen Schlosses die Orangerie in bloßer Erde stand, hat die Stadt sich schon lange den ehrenden Titel des deutschen Roms, das Land des deutschen Italiens erworben ... Die Stadt hat Tore, aber keine Mauern, daher sie zu den sieben großen Dörfern in Deutschland gezählt wird ... Bamberg ist mit ebenen, glatten, weißen Kalksteinen gepflastert, wie alle Städte in Franken, die ich gesehen habe. Dies Pflaster, wenn es neu und gleich ist, ist zu glatt für die Pferde; und beim Sonnenschein blendet es. Der Einwohner sind über 20 000, vielleicht bis 24 000, welche die Straßen sehr volkreich machen. Protestanten haben keinen öffentlichen Gottesdienst. Die Juden geben jährlich 10 fl. Schutzgeld, und einige Arten des Handels sind ihnen untersagt ... Die Katholiken die ich kennengelernt habe, waren nicht orthodox, und lächelten selbst über die Sonderbarkeiten ihrer Religion. Der Charakter der Bamberger soll im allgemeinen, Biederherzigkeit, Phlegma, Aberglaube und häufiges Biertrinken sein. Die vielen Feiertage laden in allen katholischen Ländern zum Müßiggang ein. Die katholische allgemeine Nationalphysiognomie ist sehr auffallend und kenntlich, besonders bei den Frauenzimmern. Sie sind mehrenteils klein, nichts weniger als schön, und haben eine eingedrückte Nase ...«

Wackenroder, der heute eigentlich nur noch in Namensunion mit Tieck Beachtung findet, liefert uns hier nicht nur eine schöne Beschreibung von Bamberg, sondern auch mit seiner Beschreibung des »Katholen« an sich vor allem in seiner weiblichen Gestalt einen Einblick in einen protestantischen »Rassismus«.

Bamberg also: Eine solche landschaftliche Beschreibung der Stadt hätten wir auch gerne von den beiden Protagonisten, von denen der folgende Abschnitt handeln soll, Hegel und Hoffmann, gelesen, aber leider haben die beiden sich dazu nicht durchringen können, obwohl sie viel geschrieben haben, in Bamberg. Aber bevor sie zu Wort kommen, müssen wir noch etwas bei Wackenroder verweilen und gehen deshalb erst einmal wieder nach Berlin.

1748 holte Johann Augustin Wackenroder, seines Zeichen Hofrat und Stadtsyndikus in Berlin, seinen in Stralsund lebenden neunzehnjährigen Neffen Christoph Benjamin Wackenroder nach Berlin. Er, der kinderlos war, kümmerte sich fortan sehr liebevoll um seinen Neffen und ließ ihm eine gediegene Ausbildung zukommen, die ihn 1756 in die städtische Verwaltung führen sollte. Hier stieg er bis zum ersten Justiz-Bürgermeister (1793) empor. Schon 1786 wurde er zum Geheimen Kriegsrat ernannt. Zu Beginn der sechziger Jahre lernte Christoph Benjamin Wackenroder die Tochter des uckermärkischen Obergerichtsrates Grundmann, Christiane Dorothea, kennen. 1763 war Hochzeit. Nun wurde es Zeit für Christoph Benjamin, sich einen eigenen Hausstand aufzubauen. In der Burgstraße (der nachmaligen Nr. 13 und späteren Nr. 17) fand er 1769 direkt vis-à-vis dem Schloß ein Haus. Hier wurde, nach zehnjähriger Ehe, am 13. Juli 1773 unser Briefschreiber Wilhelm Heinrich Wackenroder geboren. 1782 wechselte der junge Wackenroder, der bis dato Privatunterricht erhielt, auf das Friedrichswerdersche Gymnasium, wo er den gleichaltrigen Ludwig Tieck kennenlernte, mit dem ihn recht bald eine tiefe Freundschaft (»Denkt mein Mädchen an mich?«) verbinden sollte. In der Burgstraße spielte sich Wackenroders kurzes Leben (er starb am 13. Februar 1798) ab, nur unterbrochen durch die drei Studiensemester in Erlangen und Göttingen und durch drei Reisen. 1794 kehrte Wackenroder nach Berlin zurück, um als Kammergerichtsassessor in den Staatsdienst einzutreten, so wollte es der Vater. Aber seine ganze Liebe galt der Kunst. 1796 erschien anonym eine Sammlung erzählender und kunsttheoretischer Schriften Wackenroders (und Tiecks, dessen Anteil daran aber äußerst gering war) unter dem Titel: »Herzensergießungen eines kunstliebenden Klosterbruders«. Nach Art mittelalterlicher Heiligen-Vitae wird hier schwärmerisch, in pathetischem Tone das Leben einiger Maler (Dürer, Raffael, Leonardo da Vinci, Michelangelo, Fra Angelico u.a.) ausgebreitet. Es war die Geburtsstunde der »Kirchen«romantik aus dem Geiste des Numinosen. Zwei Dilettanten machten sich treuherzig daran, vom einfältigen Leben der alten Meister zu erzählen oder über die Geheimnisse der Peterskirche zu sinnieren:

»Ich vergleiche den Genuß der edleren Kunstwerke dem Gebet ... Harret, wie beim Gebet, auf die seligen Stunden, da die Gunst des Himmels euer Inneres mit höherer Offenbarung erleuchtet; nur dann wird eure Seele sich mit den Werken der Künstler zu einem ganzen vereinigen ... Die Werke herrlicher Künstler sind nicht darum da, daß das Auge sie sehe; sondern darum, daß man mit entgegenkommenden Herzen in sie hineingehe und in ihnen lebe und atme ...«

So etwas rief natürlich auch Kritiker auf den Plan, da solches Geschwafel sehr viele Leser fand. Kleist setzte sich in den »Abendblättern« mit dieser verschwiemelt-religiösen Kunstsicht in dem »Brief eines Malers an seinen Sohn« auseinander, und Goethe machte sich sich in seinem Aufsatz »Neudeutsche religiöse-patriotische Kunst« darüber lustig: »... [Das Büchlein] bezog sich auf Kunst und wollte die Frömmigkeit als alleiniges Fundament derselben festsetzen. Von dieser Nachricht waren wir wenig gerührt; denn wie sollte auch eine Schlußfolge gelten, eine Schlußfolge wie diese: einige Mönche waren Künstler, deshalb sollen alle Künstler Mönche sein.«

Trotz dieser Verdikte über Wackenroders Kunstauffassung beeinflußte diese die 1809 in Wien gegründete und seit 1810 in Rom wirkende Malergemeinschaft »Lukasbund«, deren Mitglieder (Peter von Cornelius, Friedrich Overbeck, Schnorr von Carolsfeld u. a.) man spöttisch-pejorativ als »Nazarener« titulierte. Seit neuestem versucht sich die Kunstwissenschaft an der Wiederentdeckung Wackenroders, indem sie die von ihm gesetzte Dualität von Kunstandacht und -reflexion hervorhebt als Konstituens der Moderne.

Lassen wir nun die Kunstansichten Wackenroders, die er in der Maske eines naiven Klosterbruders geschrieben hat, auf sich beruhen und wenden wir uns wieder seinem Wohnort zu, der Burgstraße. Location würde man heute in der Filmsprache zu ihr sagen, aber Location für Literaten, für Literatur.

Friedrich Nicolai, wer auch sonst, beschreibt unsere Location wie folgt:

»Die Burgstraße ist die Kaye an der Spree, von der Langen Brücke bis an die *große Pommeranzenbrücke.* Bis in die Mitte des 17ten Jahrhunderts war hier nur ein ganz enger und schlechter Gang an der Spree, daher man diese Gegend bloß *hinter der heil. Geiststraße* nannte. Es waren hier nichts als die Zäune der Gärten und sehr wenige schlechte Häuser oder Buden. 1657 ließ der Rath zuerst, auf Kurfürstl. Befehl, längst der Spree, so weit das Schloß gehet, eine Schälung (oder wie es damals hieß, eine Lastadie [Ladeplatz eines Schiffes; d.Vf.]) machen, und den Gang erhöhen. 1677 setzte der Hofrentmeister Michael Matthias die Schälung, auf seine Kosten, längst seines Gartens (jetzt so weit die Ritterakademie gehet) fort, und machte sie, so weit seine Fronte ging, steinern, erhielt aber dafür die Erlaubniß, seinen Garten bis an die Spree abzuhängen; ebenso gingen auch nachmals die jenseits liegenden Gärten bis an die Spree. Damals erst kam der Name der *Burgstraße* auf, weil die Straße nur so lang war als das Schloß. 1689 mußte zwar Matthias den Gang hinter seinem Garten wieder öfnen, daß man durch den Durchgang kommen konnte. Daher, als K. Friedrich I. 1698 bis 1706 die Straße erhöhen, und zu der jetzigen Breite und Länge bringen, die Schälung mit Werkstücken einfassen, und mit einem eisernen Geländer schließen ließ, mußte er von dem Generalauditeur (nachmaliger Staatsminister) v. Katsch, der da, wo jetzt das Hinterhaus des Joachimsthalischen Gymnasium stehet, ein Haus hatte, den Platz zur Straße mit 4000 Rthlr. erkaufen.«

1699 wurde hier in der Burgstraße direkt gegenüber dem Schloß für die Witwe des Königlichen Kammerdieners Philipp Heinrich Hammerstein auf dem nachmaligen Grundstück Nr. 9 ein Gasthof erbaut. Grund und Boden sowie das Geld dazu kamen von Kurfürst Friedrich III. Ein schönes Geschenk, das die Witwe erhalten hatte. Ihr Haus war ein sogenanntes Freihaus, d.h. es war von allen städtischen Abgaben, königlichen Steuern sowie Einquartierungen befreit, außerdem wurde ihr Schankfreiheit gewährt. Kaum eröffnet, zählte es auch schon zu den ersten Häusern der Stadt. Als Friedrich Wilhelm I., der dort nicht nur sein Bier zu trinken pflegte, im Gasthaus 1720 die portugiesische Gesandtschaft einquartierte, wurde das Hotel König von Portugal genannt. Sein Sohn, Friedrich II., quartierte im Mai 1744 die italienische Tänzerin Barbara Campanini, genannt La Barbarina, im Hotel ein. Aber die junge Dame war sehr wählerisch, sie bestand auf einem eigenen Bad, andernfalls würde sie wieder abreisen. Friedrich, der ganz vernarrt in ihre Tanzkunst war, gab darauf den Befehl, ein schmales, gemauertes Bassin aus Delfter Kacheln einzubauen. Daß sie auf einem Bad bestand, war die Rache für etwas anderes, etwas, daß man ihr angetan hatte, auf Befehl des Königs. Es muß erzählt werden. Es liest sich wie eine Räuberpistole. Spannung, Sensation und Skandal. Und zum guten Ende: Idyll auf dem Lande, auf einem schlesischen Gutshof.

Zum Karneval 1744 wurde die vom Kapellmeister Graun für diesen Zweck geschriebene Oper »Cato in Utica« uraufgeführt. Die Oper war ein voller Erfolg und erfreute den König. Nur der Umstand, daß das Ballett diesesmal nicht stattfand, trübte des Königs Gemüt. Warum, kann man einem Artikel der »Spenerschen Zeitung« vom 22. August 1743 entnehmen, der aus der Feder Friedrichs II. stammen soll: »Dieser Tage sind der Graf von Gotter und der Herr Baron von Schwerz, Directores der Opera, genöthiget gewesen, den Ballettmeister Herr Poitiers, welcher sich einer recht übermässigen Botmässigkeit über die Tänzer anmaßte, und dessen Hochmuth sich so weit verging, daß er gegen besagte Directores tausend Insolentien verübte, fortzujagen.«

Da aber der Ballettdirektor Poitiers mit der Primaballerina Demoiselle Roland liiert war, verschwand mit ihm auch die erste Tänzerin der Hofoper. Zwar war recht schnell für Ersatz gesorgt und der Ballettmeister Lany aus Paris angestellt worden, der seine Schwester und noch eine Tänzerin mitbrachte, aber damit war noch kein Staatsballett zu machen. Es mußte ein gleichwertiger Ersatz für Demoiselle Roland her, und den fand man in Barbarina Campanini. Als diese in Paris ein Gastspiel gab, schloß der dortige preußische Gesandte mit ihr einen Kontrakt ab. Darin verpflichtete sie sich, für 3000 Taler jährlich, ab »Fasten« 1744 in den Dienst Friedrichs II. zu treten. Zur Bedingung machte sie, daß sie freie Wohnung bekäme und ihr die Unkosten des Umzuges ersetzt würden. Aber als sie zurück in Venedig war, wollte sie nichts mehr von ihrem Engagement in Berlin wissen, hatte sie sich doch zwischenzeitlich in den jungen Lord Stuart de Mackenzie verliebt, wollte gar diesen heiraten und ihm nach London folgen. Als Friedrich das hörte, geriet er außer sich und verfügte »par ordre du mufti« an den Senat der Stadt Venedig, sofort die Barbarina zu verhaften und nach Berlin zu überstellen. Aber der Senat hatte Besseres zu tun, als diesem Befehl der preußischen Majestät nachzukommen. Er verweigerte sich solchem Ansinnen, mit der Begründung, daß es nicht sein Geschäft sei, sich um Tänzerinnen, seien sie auch noch so berühmt, zu kümmern. Jetzt gab es kein Halten mehr für Friedrich. Wer war denn die Republik Venedig, daß sie es sich leisten konnte, dem Bezwinger Schlesiens einen Befehl abzuschlagen, und so wurde kurzerhand der Gesandte Venedigs in England, Graf Capello, der sich auf der Rückreise von London nach seiner Heimatstadt befand, auf preußischem Gebiet quasi verhaftet, d.h. seine Pässe wurde beschlagnahmt. Den Herrn Senatoren in Venedig ließ Friedrich mitteilen, ohne La Barbarina in Berlin kein Graf Capello in Venedig! Das zeigte Wirkung. Demoiselle Campanini wurde arretiert, in eine Kutsche verfrachtet und in einer Nacht-und-Nebel-Aktion über die Grenze abgeschoben, Richtung Preußen. Am 8. Mai traf sie in Berlin ein.

Burgstraße war ja eigentlich angesagt, wir wollen den Ausgangspunkt nicht aus dem Auge verlieren. Lange hielt sie es nicht im König von Portugal aus. Sie brauchte, auch wenn ihr in der Zwischenzeit ein Bad eingebaut worden war, eine eigene, repräsentative Wohnung und kein Zimmer in einem Hotel. In der Behrenstraße wurde man fündig. Auf der Südseite, nahe dem Opernhaus, fand man eine ihr gemäße Wohnung. Der erste und zweite Stock eines repräsentativen dreistöckigen Hauses wurden ihr zur Verfügung gestellt.

Am 8. Juli 1744 schrieb Friedrich II. ihr einen Brief: »Ich habe Ihren Brief erhalten, den Sie mir geschrieben haben und da ich Sie selbst sprechen möchte, kommen Sie morgen nach Charlottenburg, wo ich mich sehr freuen werde, Sie zu sehen. Wenn Ihre schönen Augen bezahlt sein wollen, so müssen sie sich zeigen. So wird es ein Vergnügen sein, ihnen zu entrichten, was man ihnen schuldet.«

Und was schuldete man ihr? Sie bekam vor dem Besuch im Charlottenburger Schloß 3000 Taler. Danach 5000. Im März 1745, der Vertrag der Barbarina war ausgelaufen, als Friedrich ihn für weitere drei Jahre verlängerte und ihre Gage auf 7000 Taler erhöhte, traten erste Gerüchte um Friedrich und die Barbarina auf. Es war Stadtgespräch, der König hätte sie zu seiner Mätresse gemacht. Friedrich und Mätressen? Er war doch nicht sein Nachfolger. Hören wir, was ein naher Zeitgenosse von damals schrieb, hören wir den alten Spötter Voltaire: »Er war ein wenig in sie verliebt, weil sie Mannsbeine hatte.«

Vier Jahre sollte die Barbarina das Berliner Publikum mit Pirouetten, Jetés battus und vor allem ihren Entrechats huit be- und verzaubern. Dann kam die Liebe. Am 5. Juli 1748 verließ sie Berlin, und wir verlassen sie, denn was jetzt folgt, ist privat!

Wir sind wieder in der Burgstraße und nähern uns dem Hotel König von Portugal. Daß man es heute noch kennt, wenn auch manchmal unter anderem Namen, verdankt es seinem Einzug in die Literatur und seinen schreibenden Gästen.

Berühmtester Gast, den auch heute noch jeder, zumindest jeder Theaterbesucher, kennt, war das Fräulein von Barnhelm. Sie kam am Abend des 21. August 1763 in Berlin an und quartierte sich mit ihrer Kammerzofe Franziska in der Burgstraße 9 im ersten Stock ein. Lessing wußte, wovon er schrieb, als er sein Stück im König von Portugal spielen ließ, der bei ihm König von Spanien heißt, denn er wohnte nicht weit entfernt von der Burgstraße. Lessing war der erste Schriftsteller, der sich den König von Portugal und damit die Burgstraße zum Tableau einer Handlung auserkor, aber nicht der einzige. Ihm sollten Wilhelm Hauff, Fritz Reuter, Franz Grillparzer, Theodor Fontane und Georg Hermann folgen. Hauffs Novelle »Die Sängerin«, Fritz Reuters »De Reis' nah Belligen«, Theodor Fontanes »Vor dem Sturm« und »Meine Kinderjahre« sowie Georg Hermanns »Jettchen Gebert« haben das Hotel als »Couleur local« benutz. Fontane wird das Hotel und die Umgebung auch aus eigner Anschauung gekannt haben, da er zwei Jahre in unmittelbarer Nachbarschaft wohnte und lebte. Das gleiche gilt für Georg Hermann, der um die Ecke in der Heiliggeiststraße 29 am 7. Oktober 1871 als Georg Hermann Borchardt zur Welt kam. Apropos Fontane, mit ihm müssen wir uns jetzt kurz befassen.

Im Herbst 1833 mußte er das Neuruppiner Gymnasium verlassen, nachdem seine Eltern zu der Auffassung gekommen waren, daß zum Erlernen des Apothekerberufes, zu dem sie ihn bestimmt hatten, der Besuch einer Gewerbeschule auch ausreichend sei. Man erkundigte sich und fand in Berlin eine Schule, die ihren Ansprüchen genügte. Es war die Friedrichswerdersche Gewerbeschule. Diese Gewerbeschule, die über einen ausgezeichneten Ruf verfügte, war 1824 gegründet worden, als zweite Berliner Gewerbeschule. Ihr erster Direktor sollte Karl Friedrich Klöden werden. Der junge Fontane, der nur ungern das Neuruppiner Gymnasium verließ, notierte: »13½ Jahre alt, kam ich auf die hiesige Gewerbeschule, wo gar kein Geschichtsunterricht war und ich mich aus diesem und hundert anderen Gründen unglücklich fühlte.«

Kein Geschichtsunterricht, dafür aber Englisch, das dem älteren Fontane noch sehr zu Nutze sein wird, aber das liegt außerhalb unserer Betrachtung. Da ein Dreizehnjähriger nicht gut allein in so einer großen Stadt leben kann und nicht viel Geld für teure Unterkunft vorhanden war, gab man ihn zu Verwandten. In Berlin lebte nämlich ein Halbbruder von Fontanes Vater, August, mit seiner Frau Philippine. In der Burgstraße 18 betrieb er ein Geschäft für Malereibedarf.

»Etliche Jahre nach meines Onkels Geschäfts-Etablierung in der Burgstraße ... kam ich nach Berlin, da mein Vater beschlossen hatte, mir statt einer Gymnasialbildung, in deren ersten Anfängen ich stand, eine Realschulbildung, und zwar auf der seit kurzem erst gegründeten Klödenschen Gewerbeschule, zu geben. Das Resultat dieses unterbrochenen Schulganges war, daß ich, anstatt *eine* Sache wirklich zu lernen, um alles richtige Lernen überhaupt kam und von links her die Gymnasialglocken, von rechts her die der Realschule habe läuten hören ...«

Das Haus Nummer 18 stand in direkter Nachbarschaft zur Ecole militaire und lag gegenüber dem Schloß. »Das Haus, das nur drei Fenster Front hatte, gehörte dem Dr. Bietz, einem lebensklugen, nicht allzu beschäftigten Arzte, der sich mit der ersten Etage begnügte. Der zweite Stock aber, wie schon hervorgehoben, war unser, ebenso das Erdgeschoß, in dem sich die Geschäftsräume befanden: ein großer schöner Laden, dem sich allerhand Rumpelkammern anschlossen. Alles in dem Hause war winklig und verbaut, was ihm aber, verglichen mit den nichtssagenden Patentwohnungen unserer Tage, die wie aus der Schachtel genommenes Fabrikspielzeug wirken, einen Reiz verlieh.«

Schauen wir uns mit Fontane ein wenig in der Gegend um:

»An Sonnabenden lagen wir ... im Fenster und sahen die Spree hinauf und hinunter. Es war mitunter ganz feenhaft, und wer dann von der ›Prosa Berlins‹, von seiner Trivialität und Häßlichkeit hätte sprechen wollen, der hätt einem leid tun können. In dem leisen Abendnebel stieg nach links hin das Bild des Großen Kurfürsten auf und dahinter das Schleusenwerk des Mühlendamms, gegenüber aber lag das Schloß mit seinem ›Grünen Hut‹ und seinen hier noch vorhandenen gotischen Giebeln, während in der Spree selbst sich zahllose Lichter spiegelten.«

Hier sollte Fontane zwei Jahre ganz prosaisch leben, dann mußten Onkel und Tante aus der feudalen Burgstraße, aus dem dreigeschossigen, verwinkelten Haus ausziehen. Onkel hatte mit Geldern, die ihm nicht gehörten, spekuliert und sich dabei gehörig verspekuliert. Ein billigeres Quartier mußte her, und man fand es in der Großen Hamburger Straße 30/30a, einem Neubau. Man wohnte billig, da man Trockenwohner war.

»Lauter gescheiterte Leute hatten hier, als Trockenwohner, ein billiges Unterkommen gefunden: arme Künstler, noch ärmere Schriftsteller und bankrotte Kaufleute, namentlich aber Bürgermeister und Justizkommissare aus kleinen Städten, die sich zu Kassenfragen freier als statthaft gestellt hatten ... Wir wohnten Parterre. Das von mir bezogene Zimmer, das so feucht war, daß das Wasser in langen Rinnen die Wände hinunterlief, lag schon in einem uns von dem alten Judenkirchhof abtrennenden Seitenflügel, welch letzterer sich, nachdem man einen kleinen, sich einschiebenden Zwischenflur passiert hatte, weit nach hinten zu fortsetzte.«

So erinnerte sich Fontane später. Bis Ostern 1836, bis zum Abgang von der Schule mit seinem Einjährigen-Zeugnis, wohnte er bei Onkel August. Dann begann er in der Apotheke »Zum weißen Schwan« in der Spandauer Straße/Ecke Heidereitergasse, beim Inhaber Wilhelm Rose eine Ausbildung zum Apotheker – und damit lassen wir Fontane seiner Wege ziehen und gesellen uns seinem ehemaligen Direktor der Gewerbeschule zu, Karl Friedrich Klöden. Und mit diesem verlassen wir für einen Augen-

Theodor Fontane (1819–1898).

blick auch die bessere Berliner Gesellschaft, in der wir uns bis jetzt bewegten. Bis jetzt! Denn mit den Fontanes waren wir schon fast in subbourgeoisen Gefilden, am Rande der Proletarisierung, angelangt.

Nun also Karl Friedrich Klöden.

Hier betreten wir eine Welt, die später Bettine von Arnim in ihrem Werk »Dies Buch gehört dem König« schildern und anprangern sollte.

Klödens Vater war der Sproß einer einstmals begüterten Junkerfamilie. Er war so etwas wie das schwarze Schaf der Familie. Er legte schon früh den Adelstitel ab, was zu seiner Enterbung führte, verdingte sich als Soldat und brachte es darin bis zum Unteroffizier. Das Leben der Familie war von ständiger Not, vom Kampf ums alltägliche Brot geprägt. Not und Entbehrung kennzeichneten seine Kindheit. Aber hören wir ihn selbst. »Am 21. Mai 1786, mittags um 12 Uhr, wurde ich geboren. Es war Sonntag und zugleich der erste Revuetag, der während König Friedrichs Regierung unabänderlich feststand. Mein Vater war, während ich geboren wurde, in Parade auf dem damaligen Exerzierplatz im Tiergarten. Der Ort, an dem ich das Licht der Welt erblickte, war die Kaserne Holzmarktstraße 21 (jetzt die Spaziersche Maschinenbauanstalt) im östlichen Flügel, zwei Treppen hoch. Etwa das dritte oder vierte Fenster von der Straßenecke. Meine Eltern zogen aber bald nachher nach der sogenannten Baumgasse, der jetzigen Elisabethstraße ... Allein ich muß jene dunkle Periode des unbewußten kindlichen Lebens übergehen bis zum Jahre 1790, als meine Eltern nach der Kaserne in der großen Friedrichstraße Nr. 102, vorn heraus, zwei Treppen hoch eine Wohnung bezogen. Hier entwickelte sich mein Bewußtsein, und mannigfache Bilder aus jener Zeit treten in lebendigster Frische vor meine Seele.«

Hier in der Nähe der Weidendammer Brücke und des Schiffbauerdammes, ganz in der Nähe des Französischen Hospitals, da, wo heute der Friedrichstadtpalast steht, zwischen Johannis- und Ziegelstraße befand sich die Kaserne des II. Garde-Regiments zu Fuß. Hier durchlebte Klöden die schlimmste Zeit seines Lebens. Hier wurde sein Wille geformt, sein Überlebenswille, aus diesem ganzen Schlamassel auszubrechen. »Das war eine *schlimme* Zeit«, schreibt Klöden, »da war es sehr schwer, sich satt zu essen ... Zu Ostern 1793 mußten wir die Kaserne verlassen. Meine Mutter hatte eine geringe Wohnung in der kleinen Hamburger Straße an der Ecke der Linienstraße gemietet, die wir natürlich bezahlen mußten. Von meinem Vater fehlten alle Nachrichten. Unser Leben wurde immer ärmlicher. Ich lief im Sommer barfuß und hatte nur leinene Hosen, ein Hemde und eine Weste. Gar bald war meine Mutter soweit, daß sie keine andern Kleidungsstücke besaß als die, welche sie auf dem Leibe trug. Mochte sie diese auch noch so reinlich halten und noch so oft flicken, so konnte sie sich zuletzt doch mit ihnen nicht mehr sonntags in der Kirche sehen lassen, und so mußte sie endlich auch den letzten Genuß, den letzten Trost, den sie bis dahin gehabt hatte, entbehren. Sie fühlte sich dadurch sehr unglücklich. Als einzige Erholung ging sie nun zuweilen auf den Sophienkirchhof, setzte sich auf ein Grab, das jüngste Kind im Arm haltend, und wir älteren spielten um sie herum und fingen Schmetterlinge.

So etwas ist in dem sonst so wohltätigen Berlin möglich, wenn der Arme sich schämt zu betteln, und dazu konnte sich meine Mutter auch im tiefsten Elende nicht entschließen. Die sogenannten Bettelvögte waren ihr fürchterliche Menschen, und sie wäre vor Scham gestorben, hätte sie einer nur angerührt. Ich mußte nun meinen kleinen Bruder warten und die Aufsicht über meine Schwester führen. Sobald die Witterung es erlaubte, legte ich Schuh und Strümpfe sowie die bis dahin noch einigermaßen zusammengehaltene blaue Tuchjacke ab. Eine Kopfbedeckung hatte ich weder im Sommer noch im Winter. Von Hals- und Schnupftüchern wußte ich nichts.«

Aber Klöden schaffte es, sich aus diesem Elend zu befreien, sich emporzuarbeiten, sich Wissen anzueignen, aus eigener Kraft, mit Energie und Willensstärke. Als Autodidakt bildete er sich fort. Ein Robinson Crusoe der Großstadt, der alles aufsaugte, was ihm über den Weg lief, um überleben zu können. Den Roman »Robinson Crusoe« konnte er auswendig, so oft hat er ihn gelesen. Er wurde ihm zum Leitfaden. 1814, als fast 28jähriger Familienvater, legte er die Abiturprüfung ab und begann zu studieren. 1817 wurde er nach Potsdam an das neugegründete Lehrerseminar berufen. 1824 sollte er dann am Ziel seiner Wünsche angelangt sein. Er wurde erster Direktor der Berliner Gewerbeschule in der Niederwallstraße 12, auf dem Friedrichswerder. Über zwanzig Jahre sollte er ihr vorstehen. 1853 bekam er vom König die Erlaubnis, den Adelstitel, den sein Vater einst ablegte, wieder zu führen.

Goethe, der immer sehr, sehr sparsam mit Lob über seine Mitmenschen umging, schrieb 1829 über Klöden: »Er gehört unter die Männer, mit denen ich von Zeit zu Zeit konversieren möchte; sie werden immer seltener unter den Bekannten.«

Doch zurück zur Burgstraße, unserer Location, zu ihren Bewohnern und Besuchern. Am 20. Juli 1847 erblickte im Hause Burgstraße 29 Max Liebermann das Licht der Welt. Im Mai 1857 erwarb sein Vater Louis Liebermann das Haus und Grundstück Pariser Platz 7 und zog nach Umbauten mit der ganzen Familie dort ein. Max Liebermann und seine Frau sollten dort bis zu ihrem Tod wohnen. Max Liebermann starb am 8. Februar 1934; seine Frau beging, angesichts ihrer bevorstehenden Deportation in ein Vernichtungslager, am 13. März 1943 82jährig, Selbstmord.

Zwei Konstanten durchziehen u. a. unsere Geschichten: das Reisen und antisemitische Phantasien, die, wie wir eben schilderten, ab 1933 danach drängten, Wirklichkeit zu werden. Um Reisen und antisemitische Vorurteile geht es auch jetzt, bei einem Besucher des Königs von Portugal.

Im Frühjahr 1826 ging es in Wien dem Staatsbeamten und Schriftsteller Franz Seraphim Grillparzer nicht gut. In der Nacht zum 17. April 1826 wurde er in seiner Stammkneipe, dem Gasthof Haidvogel in unmittelbarer Nähe zum Stephansdom, verhaftet und zwei Tage später wurde als Folge der Verhaftung seine Wohnung durchsucht. Was immer man bei dem Staatsbeamten Grillparzer suchte, man fand es nicht. Die Verhaftung war eine Farce der Metternichschen Geheimpolizei. Die war auf Grillparzer und seine Freunde aufmerksam geworden, weil diese sich einmal die Woche zu einem Künstlerstammtisch zusammenfanden, dem sie den Namen »Ludlamshöhle« gaben. Das war verdächtig. Das kam ja fast schon einer Zusammenrottung gleich. Staatsverschwörung. Zum Lachen eigentlich, aber nicht für Grillparzer, der nahm sich das sehr zu Herzen, und am 3. Juni stellte er einen Antrag auf Gewährung eines Urlaubs, ganz offiziell. Dem Antrag wurde stattgegeben, und am 21. August brach er zu einer Reise durch Deutschland auf. Begleiten wir ihn, indem wir in seinem Tagebuch blättern: »Am 21. August abends um ½10 Uhr von Wien abgereist. Mit traurigem Gemüt ... Ich beginne diese Reise mit einem eigenen unangenehmen Vorgefühl ... Im Wagen ein Kaufmann aus Wien und 2 Juden. Höchst unangenehm ... Den Tag im Wagen zugebracht wie man ihn nach einer durchwachten Nacht, zerschüttelt, von Hitze und dem ungeheuersten Staube gequält, vis à vis von 2 Juden zubringen kann ...«

Ja und dann brach die Achse, und das befreite ihn immerhin für zwei Stunden von der Gegenwart der beiden Juden, die ihm unerträglich schien. Er schlenderte durch die Stadt Iglau und ergötzte sich an einem Wandgemälde, das den Einzug Kaiser Karls V. schildert.

Mit einbrechender Dunkelheit ging es dann weiter nach Prag, das man am Mittwoch, dem 23. August erreichte. Die Stadt schien ihm zu gefallen, wäre da nicht noch was. »Endlich erblickt man Prag, herrlich gelegen im Umkreis seiner Berge ... In der Judenstadt gewesen. Schmutz, Schmutz, Schmutz. Man begreift warum dies Volk keine Schweine ißt, es wäre eine eigentliche Hypophagie (Anthropophagie). Und doch sah ich 3 der schönsten Mädchen, die ich je gesehen, in dieser Judenstadt, und alle 3 offenbar Jüdinnen. Die eine beinah griechisch und ideal, die andern menschlich, leiblich, fleischlich, was man will, aber äußerst hübsch.«

Goebbels hätte das nicht besser formulieren können.

Über Dresden und Leipzig ging es weiter nach Berlin. Am 5. September traf er dort ein. »Endlich die Türme von Berlin. Der erste Anblick imponiert kaum mehr als der von Dresden. Durchs Tor eingefahren. Schön. Die Gebäude schöner als ich sie in solcher Menge beisammen je gesehen. Die Straßen breit. Königlich. Das Schloß. Ohne ein eigentliches Bauwerk zu sein, schön. Im Gasthof zum König von Portugal abgestiegen. Alles besetzt, schlechte Stube. Da es regnet, und ich zu faul war, weiter zu suchen blieb ich, gegen das Versprechen einer bessern Wohnung für morgen ... Im König von Portugal zu Nacht gegessen, wo die Speisekarte aus 2 warmen und 3 kalten Gerichten bestand. In Wien ist man mit 20 Nummern kaum zufrieden. Ländlich, sittlich. Zu jeder warmen Speise erhält man ungefordert gesottene Kartoffeln ... Ich will wieder nach Hause, 8 Tage in Berlin bleiben, weil ich nun denn schon einmal da bin ... Meine Seele ist betrübt bis in den Tod. Ich fühle mich erlöschen, von innen heraus.«

Er sollte noch betrübter werden. Und das kam so. Kaum in der Stadt angekommen, sprach es sich auch schon herum, daß der Dichter von »König Ottokars Glück und Ende« in der Stadt weile. Und so machte sich der Baron de la Motte Fouqué auf den Weg zum Hotel, um Grillparzer seine Aufwartung zu machen.

»Ich war eben am Rasieren, als mir der Kellner ... einen Offizier anmeldete, der mich zu sprechen wünsche. Ich deckte schnell ein offenes

Schnupftuch über das Rasiergerät und empfing den Fremden, der niemand anderes als Baron de la Motte-Fouqué war. Als er ungefähr nach einer Stunde wieder ging, trat das Unglück ein. Ich wollte mein Rasiergerät wieder aufnehmen, vergaß, daß das Messer geöffnet war, und griff durch das Tuch in die Schneide, so daß ich mir das oberste Glied vom Zeigefinger der rechten Hand vollkommen spaltete, muß daher mit der Schreiberei für einige Zeit aussetzen. Laus Deo ... Lange mich in stumpfer Dumpfheit herumgetrieben; konnte nicht schreiben, meines verwundeten Fingers wegen – Schade! Das Schreiben macht mich meist ruhiger, hier mußte ich dies Mittel entbehren; noch jetzt wird mirs sauer.«

Aber es gab ja Ablenkung. Die vielen Theater und Gesellschaften, in die er durch Fouqué eingeführt wurde. Durch den umtriebigen Baron lernte er Karl August Varnhagen kennen. Dieser bestand darauf, nach einem langen Abend, daß Grillparzer noch mit in die Französische Straße 20 kommen solle, um seiner Frau Rahel die Aufwartung zu machen. Nur widerwillig willigte er ein und schleppte sich mühsam die vier Treppen hoch, wo ihn Rahel an der Wohnungstür empfing. Was dann geschah, schildert er so: »Nun fing aber die alternde, vielleicht nie hübsche, von Krankheit zusammengekrümmte, etwas einer Fee, um nicht zu sagen Hexe, ähnliche Frau zu sprechen an, und ich war bezaubert. Meine Müdigkeit verflog oder machte vielmehr einer Art Trunkenheit Platz. Sie sprach und sprach bis gegen Mitternacht, und ich weiß nicht mehr, haben sie mich fortgetrieben oder ging ich von selbst fort. Ich habe nie in meinem Leben interessanter und besser reden gehört.«

Die anfängliche Skepsis, die er gegenüber der fremden Stadt hegte, wich langsam. »Diese Stadt gefällt mir immer besser, je länger ich mich darin aufhalte; das ist schon ein gutes Zeichen. Wien dürfte auf manche leicht die entgegengesetzte Wirkung hervorbringen. Alles hat hier einen Anstrich von Großartigkeit, Geistigkeit und Liberalität, der einem armen Teufel von Österreich schon des Kontrastes wegen wohl tut ... Die Menschen habe ich hier angenehmer gefunden, als ich sie mir vorstellte. Ein hoher Grad von Gutmütigkeit ist hier nicht seltener als in Wien, nur die Art sich anzukündigen und daher auch sie zu erkennen ist verschieden ... Eine Tischgesellschaft, die, nachdem sie eine feine Anzahl Rheinweinflaschen überwunden, zu einem Gespräch über die moralische Natur des Menschen überginge, wie dies bei Marchand der Fall war, gibt es in Wien nicht ... Wenn die christlichen Einwohner beider Städte verschieden sind, so gleichen sich dagegen die Juden auf ein Haar. Bei Mendelssohn gewesen. Er, ein tüchtiger Mann, besser als die Wiener-Juden, Madame dagegen und die liebe Familie, wie nach den Arnstein, Pereiras, Herz u.s.w. kopiert, oder vielmehr jene nach diesen. Ich saß neben Madame, einmal konnte ich kaum widerstehen, ihr tüchtige Grobheiten zu sagen. Eine tätliche Grobheit wäre mir fast noch näher gelegen.«

»Bei Mendelssohn gewesen«, das meint, daß Grillparzer in der Leipziger Straße 3 war, wo der Bankier Abraham Mendelssohn-Bartholdy seit 1825 mit seiner Familie lebte. Madame, der Grillparzer gerne eine tätliche Grobheit angedeihen lassen wollte, war Lea Mendelssohn-Bartholdy geb. Salomon, die hier einen musikalischen Salon unterhielt. Eduard Devrient erinnert sich:

»Sonntags Abends pflegte sich jetzt ein größerer Kreis im Mendelssohnschen Hause zu versammeln. Der sich im Sommer halb im offenen Gartensaale, halb in dem parkartigen Garten einrichtete, wo sich eine Anzahl blühender Freundinnen der beiden Töchter des Hauses einfanden und Felix Gelegenheit zu seinen ersten Versuchen im Courmachen hatte. Hier wie im Wintersalon waren aber Clavierspiel und Gesang das Bindemittel der Geselligkeit.«

Der Ort, an dem sich Grillparzer gegenüber seiner Gastgeberin vergessen wollte, ist immer noch immer ein historischer, aber kein Ort der Hauskonzerte und Tischgesellschaften mehr, sondern seit 1851 ein Ort der Politik. Der Politik pur. Die Mendelssohn-Bartholdyschen Erben verkauften das Haus samt Grundstück an den preußischen Staat. Nachdem sich Preußen 1850 eine Verfassung gab und ein Parlament aus zwei Häusern bildete, zog 1854 in die Leipziger Straße 3 das Preußische Herrenhaus ein. 1889 wurde das alte Gebäude abgerissen und ein großzügiger Neubau nach Plänen des Architekten Friedrich Schulze errichtet. Heute residiert hier der Bundesrat.

Doch zurück zu Grillparzer. Was ihn zu seinem Ausfall gegenüber Lea Mendelssohn veranlaßt hatte, verschweigt er. Sein Verhalten gegenüber jüdischen Frauen war eigentlich ansonsten nur von dem Klischee der hübschen, verführerischen Fremden geprägt. Antisemitisch eindeutig äußerte er sich sonst nur über Männer, wie ein Blick in sein Drama »Die Jüdin von Toledo« zeigt:

»Die Weiber dieses Stamms
Sind leidlich, gut sogar. – Allein die Männer
Mit schmutz'ger Hand und engem Wuchersinn ...«

Vielleicht war es ja sein Finger, der ihn gegenüber Lea Mendelssohn ausfällig werden ließ: »Da mein Finger sich immer verschlimmerte und der Wundarzt mir zu letzt alles Schreiben verbot, so will ich jetzt versuchen, abgerissen aus dem Gedächtnisse nachtragen soviel ich vermag ...«

Nutzen wir die Gelegenheit und lassen Herrn Grillparzer allein weiterreisen, und da er uns auch nichts Wesentliches mehr zu sagen hat, mag er nach Wien heimkehren.

Und wir kehren kurz in die Burgstraße zurück, um dann endlich in Bamberg anzukommen.

Die Burgstraße, einst eine feudale Adresse, in der sich das barocke Berlin widerspiegelte, an sie erinnert heute nichts mehr: kein Schloß, kein Reiterstandbild des Großen Kurfürsten, kein König von Portugal, keine Ecole militaire, nur ein Denkmal, ein Denkmal für Marx und Engels steht heute dort, wo sich einst zu Literatur gewordene Geschichte abspielte.

Unser Ausgangspunkt waren Wilhelm Heinrich Wackenroders Eindrücke von Bamberg während seiner Reise durch Süddeutschland.

Ein Redakteur, ein verliebter Musiker und der Hund Berganza

Bamberg also, aber jetzt mit Hegel und Hoffmann.

Im März 1807 übersiedelte Hegel nach Bamberg. Wann genau, kann nicht mit Sicherheit gesagt werden. Am 13. März 1807 scheint er jedenfalls nicht mehr in Jena geweilt zu haben, wie aus einer Notiz Carl Ludwig von Knebels an Goethe hervorgeht: »Beiliegendes hat mir Professor Hegel für Dich zurückgelassen, der auf kurze Zeit wieder nach Bamberg abgereist ist, die Herausgabe seiner Schriften zu befördern.«

Und Goethe antwortet am folgenden Tag: »Daß Hegel nach Bamberg gegangen, um den Druck seiner Werke zu sollizitieren, ist mir sehr lieb. Ich verlange endlich eine Darstellung seiner Denkweise zu sehen. Es ist ein so trefflicher Kopf und es wird ihm schwer, sich mitzuteilen!«

Und als Goethe dann endlich Hegels Darstellung seiner Gedanken in Form der »Phänomenologie des Geistes« in Händen hielt, da war er baff, sprachlos. Verstand er nur Bahnhof. Dem Kanzler Johannes von Müller gegenüber äußerte er sich: »Ich mag nichts Näheres von der Hegelschen Philosophie wissen, wiewohl Hegel selbst mir ziemlich zusagt.« Und Knebel schrieb er, daß er lieber mit Hegel spreche als ihn lese: »... denn was bei gedruckten Mitteilungen eines solchen Mannes uns unklar und abstrus erscheint, weil wir solches nicht unmittelbar unserm Bedürfnis aneignen können, das wird im lebendigen Gespräch alsbald unser Eigentum, weil wir gewahr werden, daß wir in Grundgedanken und Gesinnungen mit ihm übereinstimmen und man also in beiderseitigem Entwickeln und Aufschließen sich gar wohl annähern und vereinigen könnte.«

Denkbar schlechte Voraussetzungen für jemanden, dem nachgesagt wurde, daß er dunkel schreibe, einen Posten als Redakteur einer Tageszeitung anzunehmen.

Adalbert Friedrich Marcus, Freund Schellings und Direktor des Bamberger Krankenhauses, meldet diesem am 27. April: »Hegel ist hier und schreibt Zeitung.« Und das scheint er mit einigem Geschick doch getan zu haben, denn schon kurze Zeit später trat er als Gesellschafter in den Verlag ein. Sein Gehalt stieg schon recht bald auf 1300 Gulden, und für sein Domizil im »Haus zum Krebs« am Pfahlplätzchen 1 in unmittelbarer Nähe zur bischöflichen Residenz mußte er keinen Pfennig zahlen.

Seinem Freund Niethammer teilt er am 8. Juli 1807 mit: »Mein Geschäfte habe ich angetreten; schwer ist die Sache nicht und der Arbeit nach nicht viel mehr als vorher; doch gedenke ich es zu erweitern und besonders das Buchhändlergeschäft mit der Zeit emporzubringen. Ich habe freie Wohnung, und wenn die Sache bleibt, wie sie gegenwärtig steht, 1300 fl. Einkommen.« Alles in allem konnte Hegel mit seiner Situation recht zufrieden sein, gemessen an den Jenaer Jahren.

Rudolf Haym hat in »Hegel und seine Zeit« uns eine Schilderung der Arbeit des Redakteurs Hegel überliefert. »Er begnügte sich fortan, in kurzen Parenthesen und Anmerkungen dem Verständniß oder dem Gedächtniß seiner Leser zu Hülfe zu kommen. Er war bedacht, sich hie und da eine Nachricht auf besonderem Wege und durch private Mittheilung zu verschaffen. In der Hauptsache war er auf andere Zeitungen, ganz vorzüglich auf die französischen angewiesen. Sehr correct jedoch und sehr geschickt stellte er aus diesen sein Material zusammen. Ein sicherer kritischer Takt wird bemerklich, so oft er widersprechende Angaben zu sichten oder zu vereinigen versucht. Überall zeigt sich behutsame Gründlichkeit, überall eine überarbeitende Hand. Zuweilen giebt er selbständig zusammenhängende Übersichten über die durch das Gewirr der Nachrichten unverständlich gewordenen Ereignisse, und zuweilen erhebt er sich zu Vertheidigung und Angriff gegen die Artikel anderer Zeitungen.«

Aber so recht glücklich war er dann doch nicht mit seiner Arbeit als alleinverantwortlicher Redakteur und Mitherausgeber. Nur zusammenstellen, was in anderen Zeitungen schon erschienen war, hin und wieder eine kleine Insubordination einfließen lassen durch Umstellen oder Verkürzen der Meldungen – nein, das wird es wohl nicht gewesen sein, was sich der Doktor Hegel für sein weiteres Leben so vorgestellt hat. Und dann gab es ja noch die Zensur und die Konkurrenz. Und das alles zusammen konnte einem das Leben recht schwer machen. Wie sollte man da über das Sein, das Nichts, den Geist nachdenken können? »Sein ist das was ist und insofern es ist, ist es Schein« rumorte es in seinem Kopf und wollte heraus, aber nicht in Bamberg. Das System ist doch noch nicht fertig. Erst die Vorstufe, die »Phänomenologie«, die hatte er unter Dach und Fach gebracht, und die »Logik«, die stand noch aus. Da muß mal wieder Freund Niethammer mit seinen weitreichenden Beziehungen einspringen. Am 17. November 1808 erreicht Hegel ein Schreiben des Generalkommissariats Nürnberg, seine »Versetzung nach Nürnberg betr.«:

»Im Namen seiner Majestät von Bayern,

Durch allerhöchstes Reskript d. d. 4. praes 14. Novbr. ist von Sr. Königl. Majestät von Bayern der Professor Hegel zu Bamberg zum Rektor des Gymnasiums dahier und zum Professor der philosophischen Vorbereitungswissenschaften bei demselben allergnädigst ernannt. Er hat daher in seine neue[n] Amtsfunktionen nach den von dem Kreisschulrat zu erhaltenden näheren Anweisungen ungesäumt einzutreten.«

Das Provisorium Bamberg hatte sein Ende gefunden. Die »Liebe zur Weisheit« konnte wieder in ihre alten Rechte eingesetzt werden.

Am 6. Dezember 1808 wurde Hegel, modern gesprochen, verbeamtet, und damit erfüllte sich ein Traum für ihn, Beamter zu sein, oder anders gesprochen: verbeamteter Philosoph. Zwar noch nicht an einer Universität, aber immerhin an einem Gymnasium.

Wir verlassen jetzt Hegel. Nürnberg steht nicht auf unserer Reiseroute. Er wird uns später noch wiederbegegnen. Da ist er verbeamteter preußischer Staatsphilosoph und in Berlin und am Ende seiner Träume angekommen.

Schauplatzwechsel: Wir sind wieder in Berlin. Friedrichstraße 179/Ecke Taubenstraße, zweiter Stock. Hier saß am 12. April 1808 ein arbeitsloser Jurist in seiner kleinen Zweizimmerwohnung. Er war sehr deprimiert und mußte sich seinen Kummer von der Seele schreiben.

»... Du hast mich getröstet und mich mit neuen Mut belebt, den Kümmernissen und dem harten Druck der Umstände zu widerstehen. Überzeugt wirst Du von meinem Künstlerenthusiasmus sein, der die Vorstellung, wie ich wohl mich hinaufschwingen werde aus diesem Elende, nie untergehen läßt; indessen glaubst Du es nicht, wie eigentlich unbedeutende Sachen, die nur den Körper betreffen, z. B. schlechte Nahrung, Entbehrungen gewisser Dinge, an die man sich in guter Zeit gewöhnt hat, als da sind ein Glas guter Rum des Morgens usw., auf die Seele wirken und nachgerade Dumpfheit und Trübsinn hervorbringen. – Daß Du mich freundlich aufnehmen würdest in Deinem Hause, dachte ich wohl; Du versprichst mir überdem ein ruhiges Plätzchen und ein Klavier. Das sind meine Hauptbedürfnisse, und sollte ich daher erst vom 1. Oktober an in Bamberg engagiert werden, so bin ich entschlossen, da Du es erlaubst, ein paar Sommermonate bei Dir zuzubringen und ein paar große Kompositionen, über die ich brüte, zu endigen. Von Dir reise ich dann nach Posen, hole meine Frau und dann fort nach Bamberg.«

Der Empfänger des Briefes hieß Theodor Gottlieb von Hippel und der Schreiber war Ernst Theodor Amadeus Hoffmann. Hoffmann lebte seit dem 18. Juni 1807 in Berlin, alleine. Er kam aus Warschau, wo er Regierungsrat war. Und wie immer in jenen Tagen war Napoleon an allem schuld. Nach der vernichtenden Niederlage Preußens bei Jena und Auerstedt zogen französische Truppen im November 1806 auch in Warschau ein. Das hatte für Hoffmann, der bis dato ziemlich feudal in der Fretagasse 278 wohnte, Folgen. Seine großbürgerliche Wohnung wurde beschlagnahmt. Er zog daraufhin in eine Dachstube im Mniszekschen Palais, dem Sitz der »Musikalischen Gesellschaft«. Seine Frau und die Tochter Caecilia hatte er schon im Januar 1807 nach Posen zu den Schwiegereltern geschickt. 19 Monate sollte die Trennung dauern. Es wurden die schlimmsten Monate in seinem Leben. Nachdem die 100 Taler, die er vom Freiherrn vom Stein als vorläufiges Salär erhalten hatte, fast aufgebraucht waren, schrieb er am 20. Oktober an Hippel: »Meine einzige Hoffnung ist, bei irgendeiner Kapelle als Direktor unterzukommen, und hiezu habe ich alle Anstalten gemacht, bis jetzt aber vergebens ... Nur der einzige tröstende Gedanken hält mich aufrecht, daß meine Kompositionen, habe ich nur den rechten Ort gefunden, mich durchaus in eine recht günstige Lage bringen müssen.«

Als die französische Besatzungsmacht dann von den preußischen Beamten verlangte, daß sie einen Eid auf Napoleon abzulegen hätten, verweigerte sich Hoffmann und verließ Warschau in Richtung Berlin, wo er am 10. Juni 1807 ankam und in der Friedrichstraße 179 Quartier nahm. Hier nun wollte er versuchen, sein Glück als freier Künstler, Musiker und Schriftsteller zu machen. Das klappte nicht. Und so sah er sich genötigt, nach einer Stelle zu suchen. In jenen Tagen in Berlin sich als freier Künstler zu etablieren war ein ziemlich aussichtsloses Unterfangen, da der Berliner Geld- und andere Adel entweder mit der Königsfamilie die Stadt verlassen hatte oder aber selbst nur noch das Notwendigste besaß, und das gab man bestimmt nicht für Kunst aus. Arbeitsuche also. An Julius Eduard Hitzig schreibt er: »Sie fanden mich bei Ihrem letzten Hiersein in einer etwas fatalen Stimmung – indessen müssen Sie diese dem äußersten Druck der Umstände zuschreiben. Ich bin in einer Lage, über die ich selbst erschrecke, und die heutigen Nachrichten aus Posen sind nicht von der Art, mich zu trösten – meine kleine Caecilia ist gestorben und meine Frau ist dem Tode nahe! – Aus einem dumpfen Hinbrüten bin ich denn nun wieder so weit erwacht, um daran denken zu können, was ich nun tun muß, um nicht in bona pace zu verderben – am liebsten wünschte ich ein Unterkommen als Musikdirektor bei irgendeinem Theater; und da wäre es wohl auch ersprießlich, mich im ›Reichsanzeiger‹ auszubieten. Wo kommt der ›Reichsanzeiger‹ heraus? ... Geben Sie mir, bester Freund, hierüber Auskunft und sagen Sie mir, ob die anliegende Anzeige genügt oder was noch mehr zu sagen oder wegzulassen sein würde ...«

Im Spätsommer 1807 erschien dann im »Reichsanzeiger« folgende Anzeige, mit der sich Hoffmann wie Sauerbier anbot: »Jemand, der in dem theoretischen und praktischen Teil der Musik völlig erfahren ist, selbst bedeutende Kompositionen, die mit Beifall aufgenommen wurden, geliefert und bis jetzt einer wichtigen musikalischen Anstalt als Direktor vorgestanden hat, wünscht, da er seinen Posten durch den Krieg verloren, bei irgendeinem Theater oder einer Privatkapelle als Direktor angestellt zu werden. Er ist mit der Anordnung der Dekorationen und des Kostüms vertraut, kennt überhaupt das Theaterwesen in seinem ganzen Umfange, spricht außer dem Teutschen das Französische und Italiänische und ist überhaupt nicht allein künstlerisch, sondern auch literarisch ausgebildet, er würde also auch mit Erfolg der Regie eines Theaters vorstehen können. Jede nähere Verbindung mit ihm wird leicht zum Nachweis der gerühmten Talente führen, und um diese anzuknüpfen, wendet man sich in postfreien Briefen an den R. R. Hoffmann in Berlin, Friedrichstraße No. 179.«

Einer, der auf die Anzeige reagierte, war der Direktor des Bamberger Theaters, Julius Graf von Soden. Im Dezember beschied dieser Hoffmann, daß es Interesse von seiner Seite gäbe. Bevor er aber eine Zusage erteilen wolle, hätte er doch gerne eine Probe von Hoffmanns Talent gehabt. Und so legte er seinem Brief ein von ihm verfaßtes Libretto »Der Trank der Unsterblichkeit« und ein Melodram, »Joseph in Aegypten« bei, mit der Bitte um Vertonung.

Hoffmann war sehr erfreut und machte sich sofort an die Vertonung des »Tranks der Unsterblichkeit«. Die fertige Partitur lieferte er am 27. Februar 1808 an Soden ab. Dann passierte erst einmal nichts und dann etwas, was sich aber verzögernd auf den Vertragsabschluß auswirken sollte: Graf Soden übergab die Direktion an Heinrich Cuno, und das hieß, neu zu verhandeln. Aber Ende April war es dann endlich soweit. An Soden, der die Vertragsverhandlungen von ferne begleitete, schrieb Hoffmann am 23. April 1808: »Cunos Anerbieten habe ich unbedingt angenommen unerachtet mir die jährliche [!] Gage von 600 fl. sehr gering vorkommen muß und ich nur ein halbes Benefiz erhalte; ich rechne darauf, bei meinem Posten noch Zeit zu Nebenarbeiten zu gewinnen und mir so durch Komposition und allenfalls durch Unterricht im Gesange mein Einkommen zu verbessern. Herr Cuno sagte mir nämlich, daß es in Bamberg an geschickten Musiklehrern mangle unerachtet sie sehr gut bezahlt würden und sollte dies Exzellenz bestätigen, so würde es mir mehr Mut geben, da ich bei dem mir zugesicherten sehr spärlichen Gehalte doch zuweilen wegen meines Auskommens etwas ängstlich bin.«

Das war sehr hellsichtig geschrieben, aber anders als er es sicherlich meinte. Zeit sollte er über die Maßen haben, in Bamberg, als Musikdirektor. Doch darüber später mehr.

Kommen wir kurz zu seiner Oper, die er vertonte, kommen wir zum »Trank der Unsterblichkeit«. Denn mit dem Komponisten Hoffmann verhält es sich etwas eigentümlich, er ist kaum oder nur so en passant neben dem Schriftsteller und Juristen in der Öffentlichkeit präsent. Sein musikalisches Werk ist fast unbekannt und auch für die Musikwissenschaft nur von peripherem Interesse. Und so konnte 1986 noch Werner Keil in seinem Buch »E. T. A. Hoffmann als Komponist« kurz und knapp konstatieren: »Von der Fachwelt abgesehen, kennt das öffentliche Bewußtsein bis heute den Komponisten E. T. A. Hoffmann nicht.«

Das wundert denn doch auf den ersten Blick, denn immerhin hat Hoffmann während eines fast achtzehnjährigen musikalischen Schaffensprozesses 8 Opern (Singspiele) komponiert, zu 23 Bühnenwerken oder Melodramen die Musik geschrieben, mehrere Messen, eine Sinfonie, an die 20 Lieder und Chöre sowie 15 Kammermusikwerke verfaßt. Wenn man von seinem Werk überhaupt etwas kennt, dann nur seine Märchenoper »Undine« auf einen Text von Baron de la Motte Fouqué.

Sehen wir uns den »Trank der Unsterblichkeit« etwas näher an, um uns ein Bild vom Komponisten Hoffmann zu machen. Knapp fünf Wochen brauchte Hoffmann für die Komposition. Ob das ein Zeichen ist?

Der Held der Oper, Namarand, erfleht von den Göttern Unsterblichkeit, aber statt diese ihm zu schenken, versenken sie ihn in einen langen tiefen Schlaf. Und dann träumt er, träumt Fürchterliches, träumt, was es heißt, unsterblich zu sein, als Mensch. Er träumt öffentlich, träumt für den Zuschauer, der diesen Traum als Handlung erlebt. Und als er erwacht, ist er von seinem Wunsche geheilt und gibt sich mit seinem sterblichen Menschsein zufrieden.

Zehn Jahre später wird sich Franz Grillparzer eines ähnlichen Themas annehmen in seinem dramatischen Märchen »Der Traum ein Leben«.

Rudolf Klöpper kommt in seiner Studie »E. T. A. Hoffmann am Bamberger Theater« zu dem kurzen Resümee: »Schon die Ouvertüre gestaltete sich nicht so, wie man nach dem charakteristischen Eingange des kurzes Einleitungssatzes erwarten sollte: das Allegro, in dem übrigens gelegentlich ähnliche Figuren wie in der Ouvertüre zum ›Kreuz an der

Ostsee‹ wiederkehren, fesselt weder durch seine Motive noch durch deren Ausführung; auch die meisten Solonummern des zweiten, dritten und vierten Aktes erheben sich nicht sonderlich hoch ... So macht sich doch die Ungleichartigkeit der Arbeit zu stark geltend, als daß Sie als ganzes einen tiefen Eindruck hervorzubringen imstande wäre. Dazu kommt, daß der Text ohne rechtes Geschick entworfen ist und so läßt es sich begreifen, daß die Oper, als sie später in Bamberg aufgeführt wurde, ohne nachhaltige Wirkung vorüberging.«

Wir schließen uns dem Resümee Klöppers an. In einem aber irrte er: Die Oper kam nie zur Aufführung. Es war von Hoffmann geplant, sie in Würzburg uraufzuführen. Dort, wo Graf Soden Intendant war, aber das Projekt scheiterte. Warum auch immer! Es ist beileibe keine Ranküne, Hoffmann als einen zweitrangigen Komponisten zu bezeichnen. Auch Hans Pfitzners Versuch der Ehrenrettung durch die Herausgabe des Klavierauszuges der »Undine« (1906) ändert daran nichts. Sie hat auch nicht, wie er glaubte, zu einer Hoffmann-Renaissance geführt. Zudem muß noch angeführt werden, daß 1845 in Magdeburg eine Oper gleichen Namens von Albert Lortzing uraufgeführt wurde, die Hoffmanns »Undine« dann fast gänzlich ins Opernarchiv verbannte. Hinzu kommt, daß Lortzing nicht nur der größere musikalische Praktiker als Hoffmann, sondern auch der auf größere Wirksamkeit bedachte Komponist war. Hoffmann, der ein begnadeter Schriftsteller war, der in seiner Zeit seinesgleichen sucht, war als Musiker eher marginal. Er, der Erzählungen von unvergleichbarer sprachlicher Phantasie und Prägnanz schreiben konnte, vertonte das Stück eines quasi Vorläufers der »Gartenlaube«, eines Offiziers a. D. und Verfassers von ritterlichen Schauerstücken ohne jeden weitergehenden Sinn. Er legte an den Text kaum Hand an, wie er es schon bei dem »Trank der Unsterblichkeit« getan hatte.

Am 9. Juni 1808 erschien in der »Allgemeinen musikalischen Zeitung« folgende Notiz: »Hr. Musikd *Hoffmann* vor einigen Jahren in Warschau angestellt, und seit der veränderten Ordnung der Dinge daselbst in Berlin sich aufhaltend, ist von Hr. Reichsgraf *Soden* als Musikdirektor zum Bamberger Theater berufen worden. Man kann dieser Bühne zur Acquisition eines so gründlichen Komponisten, so erfahrenen Singmeisters und überhaupt so talentvollen, gebildeten und achtungswürdigen Mannes nur Glück wünschen. In kurzem werden von ihm drey grosse charakteristische Klaviersonaten (Zürich, bey Nägeli) erscheinen, und von einer Oper, die Hr. Reichsgr. Soden gedichtet und Hr. H. in Musik gesetzt hat, ist wol auch schon im voraus anzunehmen, sie werden eine wahre Bereicherung der Bühne seyn.« Blicken wir in die Zukunft, dann können wir Herrn Rochlitz, dem Verfasser dieser kurzen Notiz, sagen: Nichts von dem, was Sie geschrieben haben, hat sich bewahrheitet.

Zurück zu Hoffmann in Berlin. Dieser machte sich im August auf den Weg nach Posen, um seine Frau abzuholen. Gemeinsam geht's dann nach Bamberg. Hier trifft man am 1. September ein. Ganz in der Nähe des Theaters fand man bei dem Schönfärber Kasper Schneider, am Zinkenwörth Nr. 56 (heute Nonnenbrücke Nr. 10) Quartier. Doch die Hoffmanns hielten es hier nur wenige Monate aus. Warum sie umzogen, weiß man nicht. Es könnte die Höhe der Miete gewesen sein. Bei 50 fl. Monatseinkommen mußte er 12 fl. für die Wohnung bezahlen. Wie auch immer, sie zogen aus, zogen um die Ecke. Am 1. Mai 1809 vermerkte er in seinem Tagebuch: »Neue *angenehme* Wohnung bezogen mit herrlicher Aussicht in Berg und Thal. Auch ein Poeten-Stübchen dabey!!«

Hier sollten die Hoffmanns bis zum Abschied von Bamberg am 21. April 1813 wohnen im Haus am Zinkenwörth 50 (heute Schillerplatz 26; seit 1923 E.-T.-A.-Hoffmann-Museum), direkt vis-à-vis dem Theater. Vermieter war der Hofmusikus Kaspar Warmuth, der mit seiner Familie das Parterre und den ersten Stock bewohnte. Die Hoffmanns hatten das zweite Obergeschoß ganz für sich, und unter dem Dach befand sich das »Poeten-Stübchen«. Hier schuf Hoffmann die Werke, die ihn berühmt machen sollten. Aber er war ja nicht nach Bamberg gekommen, um Schriftsteller zu werden, sondern als musikalischer Direktor des Theaters. Mit seinen Opern und Bühnenmusiken wollte er hier reüssieren und als Dirigent neue musikalische Impulse geben, Zeichen setzen. Aber es sollte alles ganz anders kommen. Und warum das so kam, schildert Hoffmann in einem Brief am Hitzig:

»Mein Eintreten in B. war von manchen höchst unangenehmen Ereignissen begleitet, das unangenehmste war aber, daß ich die Verhältnisse bey dem Theater ganz anders fand als ich es nach den Briefen des Gr von Soden erwarten konte. – Soden hatte nicht allein die Regie, sondern die ganze Entreprise einem gewissen Heinrich Cuno abgetreten und sich nach Würzburg zurückgezogen. Dieser H. C. ist ein unwissender, eingebildeter Windbeutel, der bey der Organisation des Theaters so übereilt zu Werke ging, daß in diesem Augenblick das Ganze seiner Auflösung nahe ist, indem das Publikum nun nicht mehr dem abscheuligen Unfug, der hier auf dem Theater getrieben wird, ruhig zusehen will. Wie schlecht ich mit meinem Enthusiasmus für die wahre Kunst und mit meinen Vorschlägen und Plänen, das Ganze nur zu irgend einem Grad von Vollkommenheit zu erheben angekommen bin, können Sie sich bey jenen Umständen wohl denken; dies hat denn auch zur Folge gehabt, daß ich bereits seit zwey Monaten mein MusikDirectorat gänzlich aufgegeben und mich nur dazu verstanden habe die etwa vorkommenden Gelegenheitsstücke, z. B. Märsche und Chöre in Schauspielen u. dgl., zu componieren, wofür ich monatlich 30 fl. erhalten soll aber nicht erhalte, weil die Theaterkasse bei der gränzenlosen Unordnung des Directors fortwährend in den erbärmlichsten Umständen ist ...«

Der Brief verlangt Ergänzung. Denn er verschweigt noch einiges. Sein Debüt als Dirigent gab er am 21. Oktober 1808, und es endete in einem mittleren Fiasko. Er dirigierte die Oper »Aline, Reine de Golconde« von Henri Mouton Berton, vom Klavier aus. Das war ungewohnt, das kannte man nicht in Bamberg, und was der Bauer nicht kennt ... Hinzu kam noch, daß er sich den Konzertmeister des Orchesters, Georg Anton Dittmayer, der selbst auf Hoffmanns Job gerechnet hatte, zum Feind machte. Dieser wußte das Orchester hinter sich, das auf seine Weise gegen Hoffmann obstruierte. Es ignorierte seine Einsatzzeichen, ein jeder spielte wie er wollte, verunsicherte dadurch die Sänger, das musikalische Chaos war geboren. Die Aufführung stand kurz vor dem Abbruch. Das Publikum solidarisierte sich mit dem Orchester und Dittmayer, den alle kannten, war er doch auch noch Organist an der Kirche Unserer Lieben Frau. Ein Augenzeuge (Z. Funck, d.i. Carl Friedrich Kunz) erinnerte sich: »Kaum hatte sich Hoffmann am Flügel niedergelassen, als ein Zischeln und Flüstern und Kichern hörbar wurde, das selbst zu seinen Ohren drang. Man konnte sich über die Kleinheit des Mannes gar nicht zufrieden geben, der doch versprochen, etwas großes zu leisten; man konnte gar nicht begreifen, was er mit dem Flügel anfangen wolle, man erhob sich von den Sitzen, ob denn gar kein Fiedelbogen zu entdecken. Die Primadonna Demoissel Fleischmann detonirte gräßlich, das Orchester und die Chöre gingen schlecht, und die Oper fiel gänzlich durch.«

Resultat: Hoffmann war seinen Job als musikalischer Leiter des Bamberger Theaters schon wieder los, bevor er richtig angefangen hatte. Dittmayer hatte auf ganzer Linie gesiegt. Ihn wollte das Publikum, und er dirigierte nun mit Geige in der Hand vom ersten Pult mehr schlecht als recht das Theater in den Konkurs. Darin aufs tatkräftigste von Heinrich Cuno unterstützt. Hoffmann, dem nun auch das Gehalt gekürzt wurde, war gezwungen, sich anderweitig umzusehen, und so kam es, daß er den Töchtern der begüterten Bamberger Familien Musikunterricht erteilte.

Das Scheitern des Musikers Hoffmann in Bamberg war die Geburtsstunde des Poeten E.T.A. Hoffmann. Am 12. Januar 1809 schreibt Hoffmann einen Brief an Friedrich Rochlitz, den Herausgeber der »Allgemeinen Musikalischen Zeitung« in Leipzig: »Ich wage es, einen Kleinen Aufsatz, dem eine wirkliche Begebenheit in Berlin zum Grunde liegt, mit der Anfrage beizulegen, ob er wohl in die ›Musikalische Zeitung‹ aufgenommen werden könnte? ... Vielleicht könnte ich mit der Redaktion der ›Musikalischen Zeitung‹ in nähere Verbindung treten und zuweilen Aufsätze und auch Rezensionen kleinerer Werke einliefern. Ew. Wohlgeboren würden mich ganz außerordentlich verbinden, wenn Sie die Güte hätten, sich dafür zu interessieren und mich mit den Bedingungen, unter denen es geschehen könnte, bekanntmachten. – Die Tendenz des beigelegten Aufsatzes werden Ew. Wohlgeboren gewiß nicht verkennen ...«

Nein, Rochlitz verkannte die Tendenz des beigelegten Aufsatzes nicht. Am 15. Februar 1809 erschien in der »Allgemeinen Musikalischen Zeitung« »Ritter Gluck. Eine Erinnerung aus dem Jahre 1809«. Dieser Tag markierte den Eintritt Hoffmanns in die Literaturgeschichte. In sein Tagebuch notierte er: »Meine litterarische Carriere scheint beginnen zu wollen.«

Das ist auch gut so, denn Ende Februar ist das Bamberger Theater pleite. Heinrich Cuno hatte abgewirtschaftet. Und damit entfielen auch die 30 fl., die Hoffmann als Theaterkomponist mehr oder weniger unregelmäßig erhielt. Ihm blieben jetzt nur noch die Schreiberei und der Musikunterricht. Und da passierte es. Er verliebte sich in seine dreizehnjährige Gesangsschülerin Julia Mark. Wie es um ihn bestellt war, zeigt ein Sonett, daß er zu ihrem 15. Geburtstag schrieb. In seinem Tagebuch hielt er fest: »17. März 1811 VM. bei Mark ... Nachts beistehendes Sonett gemacht.« Dessen letzte Strophe lautet:

»Du Mägdlein! bist das Bild des süßen Lenzen,
Der Rosenknospe gleich an Anmut, Schöne,
Und was Du wirst, das zeige ihr Erblühen.«

Ein großer Lyriker war Hoffmann nicht. Da wandelt er eher auf Kleists, Hegels, Marx' oder Schopenhauers Spuren, mit denen ihn mehr verbindet als dilettantische Liebespoesie. Doch zurück zu Hoffmanns Julchen. Sehr viel später, der Dichter war schon längst gestorben, erinnerte diese sich in einem Brief an ihren Vetter Friedrich Speyer an ihre erste Begegnung mit Hoffmann. Dieser Brief ist eine Reaktion auf den gerade erschienenen Aufsatz des Verlegers und Weinhändlers Carl Friedrich Kunz »Noch unbekannte Szenen aus seinem [Hoffmanns; d. Vf.] fünfjährigen Aufenthalte in Bamberg, nebst einigen Briefen aus Dresden, Leipzig und Berlin an den Herausgeber«. Es gab für Julia Marc (zuerst schrieb sie sich mit k, dann, als sie in zweiter Ehe ihren Vetter Ludwig Marc geheiratet hatte, mit c) einiges daran zu korrigieren.

»Ich war, als Hoffmann mir den ersten Gesangsunterricht gab, dreizehn Jahre alt ... Ich hatte schon früher Singstunden gehabt, und in einer Gesellschaft ... Hoffmann zum ersten Mal gesehen. Dort sang ich ein Lied, nach dessen Beendigung er mit großer Lebhaftigkeit zu mir trat, meine Stimme wunderschön nannte und die tiefste Seele ergreifend. Er sprach darauf mit meiner Mutter über ihre weitere Ausbildung, die er so gerne übernehmen wolle, wenn sie ihm in dieser Beziehung Vertrauen schenken könnte. Meine Mutter willigte freudig ein, und so kam es, daß ich seine Schülerin wurde, ohne die fernste Absicht von irgend einer Seite. Meine Schwester sang nie, nahm aber später Klavierunterricht bei ihm mit mir zusammen.«

Und aus Hoffmanns Tagebuch erfahren wir kurz und bündig: »21. Mai 1809 Julchen Mark trat zum erstenmal mit der Arie aus ›Sargino‹ – ›Gran Dio‹ auf und erhielt Beifall.«

Hoffmanns Tagebuch, das er seit Anfang 1809 wieder zu führen begann, ist eine einzige Liebeserklärung an Julia Mark. Er schrieb es ab Mai nur noch für sie. Für sie alleine. Das, was er ihr nicht sagen wollte, nicht sagen konnte, schrieb er kryptisch nieder und las es ihr dann aber vor. Nur so war er in der Lage, ihr sein geheimes Sehnen zu enthüllen. Julia erinnerte sich: »Wie oft erschloß Hoffmann mir sein Gemüth, er that es ohne

Rückhalt, und mit welchem Schmerz verstand ich dann das tiefe Leid seiner Seele, so jung ich damals auch noch war. Er brachte mir nicht selten sein Tagebuch mit und erklärte dann mit oft hinreißender Beredtsamkeit die Hieroglyphen, mit denen er den leidenschaftlichen Zustand seines Innern sich selbst zu bezeichnen pflegte, jedem anderen unleserlich. Stundenlang war er in dieser Weise bei mir alleine, immer redend, was Geist und Herz ihm eingab und nie etwas meine Unbefangenheit Störendes. Wie oft äußerte er mir seine Freude, wenn er mich so ganz dem Zauber seines Umgangs hingegeben sah. Der Einfluß, den er auf mich übte, hielt mich frei von allem Trivialen des gewöhnlichen Mädchenliebens und das Glück meiner Jugend war schöner, als jedes mir nur denkbare. Drei Jahre sah ich ihn täglich ...«

Das ist alles andere als eindeutig oder so sehr eindeutig, daß man genauer hinschauen muß. Zum Beispiel in Hoffmanns Tagebuch, das er ihr »ohne Rückhalt« erklärte. »19. Januar 1812 ... bei Kunz – Champagner – Es bleibt noch von der gestrigen höchst exotischen Stimmung viel zu bemerken – Ktch – Ktch – Ktch – O Satanas – Satanas – ich glaube, daß irgend etwas Hochpoetisches hinter diesem Dämon spukt, und insofern wäre Ktch nur als Maske anzusehen – démasquez-vous donc, mon petit monsieur!«

Oder die Eintragung vom 21. April: »Im Theater zum erstenmal mit Ktch in nähere Berührung gekommen – Folge eine ganz Kaduke Stimmung.«

Leider wissen wir nicht, was Hoffmann ihr bei diesem Eintrag so alles erklärt haben mag? Aber es wäre interessant, es zu wissen! Wie dem auch sei, zwei Sachen müssen hier und jetzt erklärt werden: »Ktch« und das »Hochpoetische«.

Hinter »Ktch« steckt Heinrich von Kleists legitime Tochter, das »Käthchen von Heilbronn«. Hoffmann benutzte diese Abkürzung für Julia. Das Käthchen von Heilbronn also!

Nachdem Hoffmann seinen Posten als musikalischer Direktor des Bamberger Theaters verloren oder, anders gesagt, auf massiven Druck hin niedergelegt hatte, schlug er sich zwei Jahre als Gelegenheitskomponist und Musiklehrer durch und bastelte daneben ganz gezielt an seiner literarischen Karriere. Da kam plötzlich, mit der Berufung von Franz von Holbein als Leiter des Bamberger Theaters, wieder Bewegung in sein Leben.

Hoffmann und Franz von Holbein kannten sich seit einem Konzert, das der junge Holbein 1798 in Berlin gegeben hatte.

Sein erstes Zusammentreffen mit Hoffmann in Berlin schildert Holbein im ersten Teil seiner Schrift »Das Deutsche Bühnenwesen«. Holbein lernte als Kind Spanische Guitarre spielen und trat als Heranwachsender unter dem Künstlername Fontano als italienischer Sänger und Guitarrenspieler auf: »Kaum in Berlin angekommen, erhielt ich schon eine Einladung zur Mitwirkung in dem Concerte des Joachimsthal'schen Gymnasium, dessen Vorstände durch Nachrichten aus dem nahen Frankfurt auf mich aufmerksam gemacht wurden. Bald nachher erfolgte eine ähnliche Aufforderung von den Mitgliedern der musikalischen Resource ... Dann gab ich im damaligen Concertsaale der Stadt Paris mein erstes Concert, und machte nach demselben die Bekanntschaft eines jungen Referendars, der auf das Orchester kam und sich nach einigen schmeichelhaften Aeußerungen, mir selbst vorstellte. Es war Theodor Hoffmann, dem ein so großer Ruf als Dichter bevorstand.«

Die Stadt Paris, eines der ersten Hotels, befand sich in der Brüderstraße 39. Ein Lübecker Weinhändler schildert es im Jahre 1776 wie folgt: »Das Hôtel, die Stadt Paris, das vornehmste und größte, was damals Berlin hatte, war ein palaisartiges Gebäude, nach dem Hofe mit zwei Flügeln und einem Quergebäude für Wagen und Pferde ... Es war schon sechs Uhr am Abend, als wir anlangten, und keines dieser weiten, sechzehn Fuß hohen Zimmer fanden wir geheizt ... Mit einem Male vernehme ich auf der Gasse vor unserem Logis eine Janitscharenmusik. Gleich darauf kommt ein Hautboist [Oboenspieler; d.Vf.] ins Zimmer und fordert dieser Musik wegen eine Belohnung: sie hätten es sich zur Pflicht gemacht, wenn vornehme Herrschaften in Berlin einträfen, daß sie diese sogleich zum Vergnügen ein Ständchen brächten.«

Heute erinnert nichts mehr an diesen einstmals belebten Ort, wo sehr illustre Gäste abstiegen, wie der Comte de Mirabeau (1786) oder die Madame de Stäel (1817) oder die Brüder Eichendorff. Ob Holbein und die anderen auch mit Janitscharenmusik empfangen wurden, und ob diese Art der Begrüßung, oder besser, der musikalischen Erpressung noch gang und gäbe war, ist nicht überliefert.

Zurück zu Holbein. Dieser übernahm mit Vertrag vom 24. Juni 1810 die Leitung des Bamberger Theaters, und mit der Eröffnung der neuen

Spielzeit am 1. Oktober mit Lessings »Minna von Barnhelm« finden wir auch Hoffmann wieder am Theater. Zwar nicht als musikalischen Direktor, sondern quasi als Mädchen für alles. Hoffmann war in Personalunion Direktions-Sekretär, Dramaturg, Bühnenmaler und Theaterarchitekt. Und als Dramaturg war er wesentlich an der Spielplangestaltung beteiligt. So ging auf ihn die entscheidende Entdeckung Calderón de la Barcas für das deutsche Theater zurück. Das war mutig in einer Zeit, da sich in deutschen Landen, außer in Weimar, niemand für Calderón zu interessieren schien. Überhaupt der Spielplan. Holbein und in seinem Schatten Hoffmann machten aus einer in Konkurs gegangenen drittklassigen Provinzbühne fast so was wie die erste Bühne Deutschlands. Das große Welttheater hatte in Bamberg Einzug gehalten, sowohl was das Sprechtheater als auch was das Musiktheater betraf.

Und genau in die Intendantenzeit von Holbein fällt auch die dritte noch zu Kleists Lebzeiten stattfindende Aufführung des »Käthchen von Heilbronn«. Über seine Zusammenarbeit mit Holbein schreibt Hoffmann rückblickend: »Als das Theater durch Holbein neu organisiert wurde, fiel mir die ganze Last der ökonomischen und ein großer Theil der ästeth. Einrichtung zu, und bald darauf wurde ich nächstdem, daß ich fürs Theater fortkomponieren mußte, noch Theater=Architekt und Dekorateur, indem der recht geschickte Maschinist Holbein mich bald in die Geheimnisse der Maschinerie praktisch einweihte und so die Theorie, die ich aus allen Büchern, die ich nur erhalten konnte, eingeschlungen hatte, ergänzte. – So haben wir denn die einstürzende Burg zum Käthchen von Heilbronn, ... gebaut.«

Das »Käthchen« in Hoffmanns Bühnenbild hatte am 1. September 1811 seine Premiere erlebt. An Hitzig schriebt Hoffmann: »Sie können sich denken, wie mich das Kätchen begeistert hat. Nur drey Stücke haben auf mich einen gleich tiefen Eindruck gemacht – das Kätchen – die Andacht z(um) K(reuze) und Romeo und Julie – sie versetzen mich in eine Art poetischen Somnambulismus, in dem ich das Wesen der Romantik in mancherley herrlichen, leuchtenden Gestaltungen deutlich wahrzunehmen und zu erkennen glaube! – Das Kätchen ist hier nur teilweise gut ... gegeben worden.«

Ein Erfolg beim Publikum war das Bamberger Käthchen auch nicht. Es gab nur zwei Wiederholungen während Hoffmanns Bamberger Zeit, und zwar am 16. Oktober 1811 und am 7. Februar 1812. Auch die Presse zeigte sich mehr als zurückhaltend, d.h. sie berichtete erst gar nicht über die Aufführungen.

Z. Funk schreibt im ersten Band seiner Erinnerungen: »Hoffmann konnte sich aber mit dieser Bearbeitung nie befreunden; es mußten zu viele vortreffliche Stellen, um das Stück dem Publikum mundgerecht zu machen, geopfert werden, und besonders schmerzte es ihn, daß die herrliche Rede des Waffenschmieds so verstümmelt ward. Das lag nun aber in der Natur der Umstände, und Holbein fühlte wohl selbst, was er dem Ungeschmack zu Gefallen tun mußte.«

Die Begeisterung Hoffmanns für das »Käthchen« hatte auch, wie wir schon gesehen haben, private Gründe, die Julia Mark hießen. Zwischen Wachen und Wahn delirierte er »Ktch.« Wobei nicht ganz klar ist, wer hier das Käthchen und wer der Ritter von Strahl war. Ein Jahr lang ist er hinter seiner Kindfrau her, und »wollüstige Stimmungen« überkommen ihn. So wie Julie das später in ihrem Brief darstellt, kann ihre Beziehung nicht gewesen sein, platonisch. Was sie war, läßt sich heute nicht mehr eindeutig klären, aber anders als in Kleists »Käthchen« ging ihre Beziehung nicht gut aus. Die verwitwete Frau Konsul Mark war in finanziellen Schwierigkeiten. Und zur Sanierung der familiären Finanzen mußte ein Mann mit Geld her und nicht ein verheirateter armer Musikus. Im fernen Hamburg wurde sie fündig. Johann Georg Graepel wurde als Schwiegersohn geködert. Und dann passierte etwas, was in einer so kleinen Stadt, wo selbst die Grashalme Ohren haben, nicht passieren darf. Bei einem Ausflug nach Schloß Pommersfelde nahe Bamberg beleidigte Hoffmann seinen Rivalen, den er in seinem Tagebuch nur als »maledetto asino di mercante« titulierte, so sehr, daß Frau Mark sich genötigt sah, ihrer Tochter kurz vor der Heirat den Umgang mit Hoffmann zu untersagen. In Hoffmanns Tagebuch liest sich das so: »Partie nach Pommersfelde – sich ganz erschrecklich besoffen und die infamsten Streiche gemacht – Rücksichts Ktch gänzlich dementie gegeben, schimpfend auf den sposo, der so besoffen war, daß er hinstürzte – Es ist gewiß, daß etwas Verborgenes rücksichts Ktch im Hintergrund liegt.«

Julie schrieb in ihrem Brief: »... 2 Wochen vor meiner Verheirathung sah meine Mutter sich genöthigt, ihn schriftlich zu ersuchen, meiner Ruhe wegen die Besuche einzustellen.«

Am 13. Dezember 1812 heiratete Julie Johann Georg Graepel und entschwand auf Nimmerwiedersehen mit ihm nach Hamburg, doch nicht ohne sich von Hoffmann zu verabschieden. So erinnert sie sich noch im Alter, als sie längst von Graepel geschieden war: »Ganz von der Heimath scheiden, ohne ihn noch einmal gesprochen zu haben, das vermochte ich nicht und meine Mutter gewährte mir später gerne die Bitte. Er kam (am 18. Dezember), ich sprach ihn ungestört alleine, zum letzten Mal für's ganze Leben, und wäre mir jede frühere Erinnerung entschwunden, dieser Stunde könnte ich niemals vergessen, sie reicht über die Grenze meines irdischen Daseyns ... Sein Versprechen beim Scheiden, er wolle es künftig (in seinen Dichtungen) noch oft beweisen, wie er liebend mich immer in der Seele trage, leuchtet mir so wohlthuend daraus entgegen! Er wünscht es ja auch, daß ich dieß tief empfinden möge, als das einzige Band, welches ferner noch zwischen uns bestehen könne.«

Und von diesem seinem Versprechen machte er dann ausgiebig Gebrauch. Wer sich auf die Suche nach Hoffmann und seiner unerfüllt-erfüllten Liebe in Bamberg begeben will, sollte das mit dem »Hund Berganza« tun. Nur soviel: »Berganza« kam nach einem recht abenteuerlichen Leben in einem reichen Bürgerhaus unter und wurde der Leibhund der musikalisch begabten Tochter des Hauses, Cäcilia.

Über sie erfahren wir aus seinem Munde: »Wie mit glühenden Purpur umsäumt die Jugend alle Gestalten, daß sie wie verklärt dem freudetrunkenen Auge erglänzen, und ein ewig bunter Frühling schmückt selbst die Dornenhecken mit süßduftenden Blumen. Nicht besondere Schönheit, nicht ein ungewöhnlicher Verstand, nein! – nur jene Blütezeit, nur irgend etwas sei es im Aeußeren, oder im Ton der Stimme, oder sonst, das nur flüchtige Aufmerksamkeit erregen kann, reicht hin, dem Mädchen überall die Verehrung geistreicher Männer zu verschaffen, so, daß sie unter älteren ihres Geschlechts, wie im Triumphe, als Königin des Festes auftritt.«

»Berganzas« Leben hätte an der Seite Cäcilias bis ans Ende glücklich sein können, wäre da nicht die geldgierige und dumm-oberflächliche Mutter gewesen. Diese verheiratet ihre Tochter mit dem reichen Kaufmann Georg. Und genau in diesem Moment verliert »Berganza« seine Contenance. Er fällt in der Hochzeitsnacht den betrunkenen Ehemann an und zerfleischt ihn. Die Dienerschaft jagt ihn anschließend aus dem Haus.

Oder nehmen wir nur die Geschichte des wahnsinnigen Kappellmeisters Kreisler im »Kater Murr« und seine Liebe zu seiner Schülerin Julia: Nur eine in sich selber kreisende Literaturwissenschaft kann angesichts dessen sagen, daß Hoffmanns primäres Interesse in seiner Erzählung nicht autobiografischer Natur gewesen sei. Was ist dann noch autobiografisch, wenn das eben zusammengefaßte es nicht sein darf, nicht primär?

Julie heiratet und Hoffmann hat die Lust an Bamberg verloren. Bis zum Frühjahr wird er noch in Bamberg bleiben.

Am 22. April erschien im »Fränkischen Merkur« folgende Anzeige: »Seinen Gönnern und wohlwollenden Freunden empfiehlt sich bei seiner Abreise nach Dresden ganz ergebenst – Bamberg, den 21. April 1813, der Musikdirektor Hoffmann.«

Seinem Tagebuch vertraut er am Tag der Abreise an: »Meine Lehr- und Marterjahre sind nun in Bamberg abgebüßt.« Aber anders, als er gedacht hatte. Bamberg markiert den entscheidenden Schritt in seinem Künstler-Dasein, den Übergang vom Musikschriftsteller zum Dichter. In Bamberg entstanden u. a. die Erzählungen »Ritter Gluck« (1808) und »Don Juan« (1812).

Während Hoffmann Bamberg den Rücken kehrt, trifft im September aus Coburg kommend die Schauspielerfamilie Lortzing in der fränkischen Bischofsstadt ein. Der Nachfolger Holbeins als Intendant am Bamberger Theater, Freiherr Carl August von Lichtenstein, hat die ganze Familie unter Vertrag genommen. Sie wurde dort für eine monatliche Gage von 70 Gulden engagiert.

Am 24. September wurde das Theater mit einem Prolog von Lichtenstein, »Der Sang der Musen«, sowie mit der dramatischen Dichtung »Toni« von Theodor Körner wiedereröffnet. Viel ist über das Leben der Familie Lortzing in Bamberg nicht bekannt. Eigentlich weiß man nichts. Nur soviel: Als der rührige Freiherr von Lichtenstein mit seinen aufwendigen Operninszenierungen, die in Bamberg keiner sehen wollte, und durch die exorbitanten Gagen, die er seiner Primadonna zahlte, das Theater in den Konkurs trieb und gehen mußte, gingen die Lortzings mit ihm im Juni 1814 nach Straßburg. Aber ein wesentliches Mosaiksteinchen kommt doch aus Bamberg und hat mit E. T. A. Hoffmann zu tun und mit Albert Lortzing und seinem späteren Komponisten-Dasein. Hier in Bamberg begann Hoffmann mit der Komposition seiner Oper »Undine«, zu der Friedrich de la Motte Fouqué das Libretto nach seiner eigenen Erzählung verfaßt hatte. Ihre Premiere sollte Hoffmanns Oper am 3. August 1816 am Königlichen Theater am Gendarmenmarkt erleben. Ihr weiteres Schicksal wird uns später noch beschäftigen. Nur soviel im Vorgriff: Am 16. Mai 1844 schrieb Albert Lortzing an seinen Freund Philipp Düringer in Mannheim:

»Mein neuestes Opus ist die ›Undine‹ nach Fouqué, von mir äußerst schlau bearbeitet, große lyrische, romantische Oper mit allerlei Kanaillerien.«

Lortzing kannte die Hoffmannsche »Undine« nicht. Anders gesagt: Er wußte nicht einmal von ihr, so vergessen war sie im Jahre 1844, als Lortzing mit seiner Komposition begann. Hoffmanns »Undine« war, wenn man es recht eigentlich besieht, nur eine lokale Angelegenheit, denn mit dem Brand des Berliner Schauspielhauses am Gendarmenmarkt am 29. Juli 1817 verbrannten nicht nur die Dekorationen und die Kostüme der »Undine«, sondern es verschwand auch gleich das ganze Werk fast für immer von der Bühne. An seine Stelle trat dann ab April 1845 Lortzings »Undine«, und gegen die hatte Hoffmanns Fassung keine Chance mehr. Und das lag zum größten Teil daran, daß Erzähler und Librettist identisch waren. Fouqué fehlte die notwendige Distanz zur Vorlage. Lortzing war viel freier, konkreter, sinnlicher in der Ausformung des Librettos, und das bekam der Oper gut. Und so erfreuen wir uns noch heute an ihren Wunschkonzerthits: »Vater, Mutter, Schwester, Brüder«, »O kehr' zurück« und »Im Wein ist Wahrheit nur allein«.

5 Mit Albert Lortzing von Berlin nach Berlin

Lortzing also! Und damit sind wir wieder in Berlin, in der Breiten Straße.

Einem alten Reiseführer entnehmen wir folgende Beschreibung:

»Breitestraße: Zwischen Schloßplatz und Köllnischen Fischmarkt hat 37 Häuser und ist 375 Schritte lang. Sie hieß im 17. Jh. noch Große Straße und erhielt ihren jetzigen Namen zu Anfang des 18. Jh. Sie war damals die breiteste Straße in Kölln/Berlin. Hier fand seit Ende des 18. Jh. der alljährliche Weihnachtsmarkt statt.«

Aber den realsozialistischen Genossen war die Breite Straße nicht breit genug und so wurde sie 1966 verbreitert. Opfer dieser brachialen Stadtplanung wurde das Ermeler-Haus, das Breite Straße 11 stand. Es wurde abgetragen und an anderem Ort, Märkisches Ufer 13, wieder aufgebaut. Viel hielt man sich in der DDR auf das Erbe zugute, das es zu pflegen galt. Architektonisches Erbe war aber davon scheinbar ausgenommen. So wie dem Ermeler-Haus erging es vielen älteren Gebäuden. Wo sie scheinbar störten, wurden sie abgetragen und irgendwo, entweder im alten Zustand oder als rekonstruierter Neubau, als schlechte Kopie, in die Landschaft gestellt, wenn sie nicht gleich Opfer der Abrißbirne wurden. Hier in die Breite Straße zog im Jahre 1766 Johann Heinrich Lortzing, der Großvater des Komponisten Albert Lortzing. Er wohnte und arbeitete im Hause Nr. 33 als Buchhalter bei dem Weißgerber Lutze. 1779 kaufte er das Haus und richtete dort eine Lederhandlung ein. Zwanzig Jahre später mietete er das Haus Nr. 12 auf der gegenüberliegenden Straßenseite und zog dort mit Familie und Geschäft ein. Nachdem er das Geschäft an seinen ältesten Sohn übergeben hatte, verkaufte er sein Haus Nr. 33 an den Fiskus, der es der Königlichen Ritterakademie, die sich in der Nr. 34 befand, eingliederte. Heute befindet sich dort der Neubau der Landesbibliothek Berlin.

Im Hause Nr. 12 wurde Albert Lortzing geboren. Im Taufregister der St. Petri Gemeinde lesen wir: »1801, geboren den 23. Oktober, Nachmittags 5 Uhr, getauft den 29. November 1801 im Hause. Vater: Herr Johann Gottlieb Lortzing, Lederhändler, Mutter: Frau Charlotte Sophie Lortzing geb. Seideln, Kind: Gustav Albert.«

Zehn Jahre sollte der kleine Gustav Albert hier in der Breiten Straße, in unmittelbarer Nähe zum Schloß, behütet aufwachsen. Dann war es mit seiner beschaulichen Kindheit von heute auf morgen vorbei. Seine Eltern hatten sich entschlossen, die Schauspielerlaufbahn einzuschlagen, wie schon vor ihnen Friedrich Lortzing, Johanns jüngerer Bruder. Ende des Jahres 1811 verließ die Familie Berlin. Und nun begann für unseren späteren Komponisten ein unstetes Wanderleben mit ständig wechselnden Engagements, aber er bekam dafür auch eine Ausbildung, die heute ihresgleichen suchen würde: »learning by doing«. Albert Lortzing lernte sein theatralisches Handwerk von der Pike auf, und das kam seinem Musiktheater, wie wir noch sehen werden, sehr zugute. Bevor wir uns an die Fersen der Lortzings oder besser, an Alberts Ferse heften, schauen wir uns noch ein wenig in der näheren Umgebung der Breiten Straße um.

Von dichtenden Junggesellen und verliebten Jungfrauen

Im Frühsommer 1800 brach der Legationsrat Jean Paul Friedrich Richter zu einer Liebestour durch die deutschen Lande auf. Ganz banal gesprochen, er befand sich auf Freiersfüßen. Am 23. Mai traf er in Berlin ein. Sein Ruf, nicht nur der als Dichter, eilte ihm voraus. An seinen Jugendfreund Christian Georg Otto schrieb er: »Ich besuchte keinen Gelehrtenklub, so oft ich auch dazu geladen worden, aber Weiber die Menge. Ich wurde angebetet von den Mädgen, die ich früher angebetet hätte.«

Ganz Berlin feierte den Dichter. Die Königin Luise lädt Jean Paul nicht nur nach Potsdam ein, sondern veranlaßte auch Iffland, den allmächtigen Generalintendanten des königlichen Schauspiels, zu Ehren des Dichters eine Galavorstellung im Schauspielhaus zu geben. Jeder riß sich um den bewunderten Literaten. Er wurde von Salon zu Salon gereicht. Junge Mädchen, Teenies, würde man heute sagen, schwärmten ihn an. Schnitten sich seinetwegen die Haare ab, um ihm daraus Kränze zu flechten.

Jean Paul wohnte damals bei seinem Verleger Matzdorf an der Stechbahn 5. Hier erreichte ihn am 9. Juni ein Billett des Verlegers Johann Daniel Sander, das ihn zu einem abendlichen Souper in sein Haus Breite Straße 23 einlud. Und hier passierte es. Jean Paul, leicht beschwipst, legt sich für einen Augenblick aufs Kanapee, und hier sieht ihn die dreiundzwanzigjährige Karoline Mayer und gibt dem vor sich hin Schlummernden einen scheuen Kuß auf den Mund. Das sollte Folgen haben.

An Ihre Schwester Minna schrieb Karoline: »Wie er so sagt: ›es ist recht schön‹ und wie er einem das Haar von der Stirn streicht – und frägt: ›ist Ihnen wohl?‹ und wie sein Auge wie von einer Entzückung gehoben, mit einer Träne aufblickt, und wie ein scharfer Gedanke es dann wieder so hell erleuchtet! Gott, liebe Minna, dann möchte man vergehend vor ihm niederfallen. Mir war nichts interessanter, als so den Wechsel seiner Ideen auf Empfindungen zu beobachten; konnte man nicht alles auf seinem Gesicht lesen? – Ach und die Güte, die Liebe, das ist mehr als alles! Jetzt kann ich mir die von Christus erzählten Wundergeschichten erklären.«

Unmittelbar hatte er noch keine Konsequenzen, weder für Karoline noch für Jean Paul, der scheue Kuß! Am 24. Juni 1800 bricht Jean Paul seine Zelte in Berlin vorübergehend ab und macht sich auf den Weg nach Weimar. Aber es gefällt ihm dort nicht, in der Stadt Goethes. »Weimar ist eine abgebrannte Stadt«, schreibt er. Am 3. Oktober ist er wieder in Berlin.

Er steigt bei Johann Christoph Ahlefeldt in der Neuen Friedrichstraße 22 ab. Henriette Herz erinnert sich später daran: »... Richter war im allgemeinen in Berlin nicht eben wählig hinsichts seiner Wohnungen, und einmal hatte er sich in dem Hause in der neuen Friedrichstraße, in welchem ich wohnte, ein ziemlich schlechtes Stübchen im Hofe gemietet. Dies hinderte jedoch nicht, daß die ausgezeichnetsten und vornehmsten Damen dort bei ihm vorfuhren und ihn besuchten ... Überhaupt ist es kaum zu beschreiben, wieviel Aufmerksamkeit ihm von Frauen, selbst von denen der höchsten Stände, erwiesen wurde ...«

Am 6. Oktober erhält Karoline einen Brief von ihm: »Recht liebe Freundin! Mit Freuden eilt' ich hieher, und überall find' ich neue; heute Abend um 5 Uhr find' ich grosse; denn ich komme zu Ihnen. Ich sehne mich in die Stube, wo ich so viele schöne Herzen fand ... Adio cara! R.«

Sollte der Kuß doch etwas bei Jean Paul ausgelöst haben? Aber da gab es noch was anderes. Ein Problem, und dieses Problem sprach Karoline in einem Brief vom 30. Oktober an. Sie war nämlich unglücklich verlobt und wollte von Jean Paul wissen, ob sie die Verlobung lösen sollte. Da war sie gerade an den Richtigen geraden! Und folgerichtig antwortete er ihr:

»Schöne Seele! So unpartheiisch und kalt, als hätt' ich Sie nie gesehen, will ich Ihnen die Antwort meines Gewissens geben. Sie ist: Sie dürfen sich trennen und Ihr H. Vater hat Recht.

Jede Liebe fordert eine, und die gröste die gröste. N. sezt durch seine Ihre voraus; und hier ist nur eine zweifache Wahl. Entweder Sie sezen durch die lange Ehe den Schein Ihrer Liebe fort – aber diese lange zerrüttende Heuchelei kan die Moral nicht verlangen, sondern nur verbieten (und das Dasein der Liebe kan sie nicht gebieten, da Neigungen ausser unserer Wilkür liegen) ja der Gegenstand selber müste sich durch ein solches Opfer beleidigt finden ... Alles ruft Sie von einem Altare weg, wo Sie Ihr Herz und Ihr Glück einer Gottheit opfern, die keine für Sie ist.

Das alles sagt Ihnen blos kalt mein Gewissen, das Sie fragten und das alleine hier die Stimme haben durfte. Leben Sie wohl, gute Seele! R.«

Gut gebrüllt, Löwe! Das war so recht eine »oratio pro aris et focis«! Warum? Da müssen wir nur in einen Brief vom 9. November 1800 (!) schauen, den er an Karolines Vater schrieb:

»Alles, was dieser Brief von Ihnen bittet, haben meine Handlungen schon schweigend ausgesprochen. Die doppelte Achtung die ich für Sie und Ihre Caroline habe und die, welche jeder für sich tragen mus, erlaubte jenen keinen Doppelsin und das kindliche Herz enthülte sich dem väterlichen dem es so viel verdankt vielleicht früher als dem fremden, das seinem Himmel von beiden nimt. Meine Neigung ist keine schnell auf= und eben so schnell vorüberflatternde – sie war vor einem halben Jahre lebendig in meiner Seele, aber ich muste meine Freiheit so lange bewahren, als ich einer fremden nicht gewis war – mein Auge ist jetzt kein romantisches – Jahre und Verhältnisse mit Weibern von den genialischen an bis zu den prosaischen haben mich über den höheren weiblichen Gehalt belehrt – und mein Urtheil über dieses zugleich so feste und so weiche, so reine, so zarte, so liebende Wesen kan sich vom väterlichen nur durch die kürzliche Erfahrung unterscheiden ... Ich trete jetzt zu dem Manne, für welchen die Achtung und die Liebe die ich schon ohne dies Verhältnis fühlen würde ... und sage meine kurze und wichtigste Bitte: Sei der meinige, sie wird glücklich wie ich! – J. P. Fr. Richter.«

Kaum ein halbes Jahr war nach dem ersten Kuß vergangen und schon hielt Jean Paul um die Hand Karolines an. Was Küsse so alles bewirken können. Er hätte es eigentlich wissen müssen, war er doch ein ausgewiesener »Osculoge« (banal gesprochen: Kußkundler). Sein ganzes Werk sollte von Küssen und deren Folgen handeln. Dabei entwickelt er eine differenzierte Kußtypologie. Leider verrät uns Jean Paul nicht, worunter der Kuß Karolines fällt. War er ein »Orientier-Kuß, ein »Dixi-Kuß«, ein »Valet-Kuß«. Auf jeden Fall aber war er kein »Todes-Kuß«, dieser Eheanbahnungskuß.

»Dasmal kanst du mir Glück wünschen, weil ichs habe – nämlich eine Verlobte, die Tochter des Geheim[en] ObertribunalRaths Mayer. Ich kan dir sie aus Zeitmangel hier nicht malen; sie hat das was ich bisher auf so vielen Irwegen aufsuchte und unterscheidet sich dadurch eben scharf von der vorigen *Caroline* [d.i. entweder Karoline Herold, seine erste Verlobte, oder Karoline von Feuchtersleben, seine zweite Verlobte; d.Vf.]. Im Winter verbraus' ich mich gar hier, und dan zieh' ich mit ihr in die Ehe und in einen Ort, den ich selber noch nicht weis.«

Am 27. Mai 1801 war es soweit. Er zog mit Karoline in Potsdam in die Ehe. Anfang Juni reisten die frisch Vermählten nach Weimar ab. Wir lassen sie ziehen und verbleiben noch etwas in der Breiten Straße, springen aber in die Zukunft. Und wieder zu einem Dichter. Wir haben ihn schon kennengelernt: Georg Herwegh, der sich auf einer Promotionstour durch die deutschen Lande befand.

Noch einmal Georg Herwegh, die »eiserne Lerche« der deutschen Revolution, wie ihn Heinrich Heine ironisch nannte.

Wenn die Königin der Nacht in Mozarts »Zauberflöte« dem Prinzen Tamino ein Bildnis ihrer Tochter Pamina überreicht, verliebt er sich auf den ersten Blick in sie. Wir alle kennen die Arie, die dies dann öffentlich macht: »Dies Bildnis ist bezaubernd schön.« Nun gut, mit der realen Pamina hatte er dann nicht allzuviel am Hut, aber das ist eine andere Geschichte. Ähnlich, nur umgekehrt, erging es Emma Siegmund im Jahre 1841. Und das muß hier und jetzt erzählt werden.

Im April 1841 erschienen in Julius Fröbels »Literarischem Comptoir« in Zürich die »Gedichte eines Lebendigen« von Georg Herwegh. Und wer lesen und deuten konnte, verstand die Anspielung im Titel sofort, denn knapp zehn Jahre zuvor waren die »Briefe eines Verstorbenen« des Fürsten Pückler-Muskau erschienen. Doch kaum auf dem Büchermarkt, da wurden die »Gedichte eines Lebendigen« auch schon verboten. Aber so einfach war es diesmal nicht. Die Gedichte ließen sich nicht einfach verbieten. Sie wurden zu einem frühen Beispiel dessen, was später einmal »Samisdat«-Literatur genannt werden sollte. Sie wurden nicht nur weiter verbreitet, sondern geradezu zum Bestseller. Ein Käufer dieses unter der

Theke verkauften Buches war der Berliner Seidenwarenfabrikant und Hoflieferant Johann Gottfried Siegmund. Und so kam es, daß eines Tages dieses schmale Bändchen der Tochter des Hauses, Emma Siegmund, in die Hände fiel, und was sie da las, ließ sie in Liebe zu dem ihr noch unbekannten Dichter entbrennen. Sie war nicht die einzige. Hören wir Karl Gutzkow, einen der Wortführer des »Jungen Deutschland«: »Der jugendlich anziehende Herwegh, mit Augen wie reife schwarze Kirschen, mit einem Teint wie ein Armenier, schwarzen Haares, einem Antinous bis auf die allzu starke Nase nicht unähnlich, war gerade das vollkommene Gegenteil eines ›Lebendigen‹ ... Ein Kreis von Frauen, hingerissen von dem schönen Gedichte: ›Ich möchte hingehen wie das Abendrot‹, und nicht minder gefesselt vom Eindruck der Persönlichkeit des Dichters, umstand ihn in Frankfurt in getäuschter Erwartung; immer hoffte man, seine buddhistische Versenkung in sich selbst möchte endlich einmal aufhören.«

Nein, er kam nicht aus seiner buddhistischen Versenkung hervor. Er wartete noch, war zu schüchtern. Das sollte sich jedoch bald ändern. Denn in der Zwischenzeit brannte das Liebesfeuer lichterloh in der jungen Emma Siegmund. Auch sie war hingerissen von den folgenden Zeilen:

»Ich möchte hingehn wie der Tau im Tal,
Wenn durstig ihm des Morgens Feuer winken;
O wollte Gott, wie ihn der Sonnenstrahl,
Auch meine lebensmüde Seele trinken!«

Emmas Sehnsucht, ihre Begierde nach dem Manne, der solche Verse dichtete, wurde immer stärker. Sie wollte es sein, die an seiner Seite »wie der Tau im Tale« hingeht, »wenn durstig ihm des Morgens Feuer winken«, und so notierte sie in ihrem Tagebuch: »Mein erster Gruß gilt meinem Gott. Der zweite Gruß gilt Dir edler deutscher Sänger, der Du durch deine eherne Lieder wie feierlicher Orgelklang mir den Sonntag ins Gemüth heute gesungen, obschon ich in keiner Kirche war.«

Fortan ließ sie nichts unversucht, den Dichter höchstpersönlich kennenzulernen, und wie das Schicksal so spielt, kam ihr der Zufall zu Hilfe, endlich dem Objekt ihrer Begierde unmittelbar in die Augen sehen zu können. Und dieser Zufall hieß Charlotte Gutike und war ihre Freundin,

Georg Herwegh (1817–1875).

und in deren Vaterhaus in Halle logierte Herwegh für einige Tage. Also schnell ein Billett geschrieben, das die Freundin dann dem Angebeteten überreichen sollte. Ein Billett, daß ihn zu ihr nach Hause einlädt. Und so kam es, daß Herwegh, kaum in Berlin angekommen, am Sonntag, dem 6. November 1842, vor dem Hause Breite Straße 1 stand. Es war ein vierstöckiges Wohn- und Geschäftshaus, direkt am Schloß gelegen. Hier wartete Emma mit pochendem Herzen schon ganz ungeduldig auf ihn. Neun Stunden blieb er in ihrer Gesellschaft, in ihrem Zimmer, nur durch ein Abendessen mit der gesamten Familie unterbrochen. Was dort zwischen den beiden geschah, wissen wir nicht, bleibt Geheimnis, aber schon am 16. November zeigten sie ihre Verlobung an und, es geht ihnen gar nicht schnell genug, am 8. März 1843 wird in Baden/Schweiz geheiratet. In Baden, da Herwegh in der Zwischenzeit aus preußischen Landen ausgewiesen worden war. Nach der Trauung machte das frischvermählte Paar eine mehrmonatige Hochzeitsreise. Danach ließen sie sich im September als politische Flüchtlinge, aber mit ausreichendem Auskommen durch die Mitgift Emmas, in Paris nieder. Hier in der Rue Barbet-de-Jouy in der Nähe des Invaliden-Doms residierten die Herweghs mit Dienstpersonal, und nur einen Steinwurf entfernt wohnte die Familie Marx in einer Wohngemeinschaft mit der Familie Ruge. Die hielt aber nicht lange, denn die Baronesse von Westphalen, verheiratete Marx, war für ein Leben im Sinne der Fourierschen Phalanstère nicht geschaffen. Das tat aber der Zusammenarbeit der Männer keinen Abbruch, jedenfalls vorerst nicht. Denn es galt, mit Herwegh im Bunde die »Deutsch-Französischen Jahrbücher« herauszugeben.

Am 2. November 1843 erreichte die Herweghs in Paris ein Brief ihrer Bekannten Caroline Schulz, in dem sie sich nach Georgs Projekten erkundigte: »Wie ist es, lieber Freund, mit Ihrem längstbegonnenen Drama, erwacht die Lust daran nicht wieder auf seinem heimischen Boden? Der Winter sagten Sie früher immer, sei dem Producieren am günstigsten; nun er kommt jetzt und mit ihm für Sie die Ruhe des häuslichen Lebens. Der Dichter wird doch nicht in der Ehe die Hände in den Schoos legen, oder weil die Welt nicht auf einmal umzugestalten, lieber gar nichts thun wollen? – Das wäre beklagenswerth.«

Caroline Schulz war nicht die einzige, die Herwegh an sein Drama, das zu schreiben er angekündigt hatte, erinnerte. Auch Robert Prutz war unter den Mahnern. Am 26. November 1843 fragt er an: »Wie geht Dirs sonst? Wie lebst Du? Was treibst Du? Wo bleibt der 2. Band, die Epigramme, der Chénier?«

Aha, Chénier! Den kennen wir doch. André Chénier! Aber wie kommt ein »soi-disant Revoluzzer« wie Herwegh dazu, ein Drama über ein Opfer der Revolution, der Großen Revolution, dem Vor- und Urbild aller Revolutionen, zu schreiben. Wäre nicht Andrés Bruder Joseph, dieser geborene revolutionäre Opportunist – ohne solche könnte keine Revolution überleben, nachdem sie sich bereits überlebt hatte –, wäre also dieser Revolutionsgewinnler nicht der passendere Gegenstand für sein Drama gewesen? Kaum. Ein Vergleich der beiden Lyriker Herwegh und André Chénier offenbart eine Affinität, die über das bloß Naturhafte hinausgeht. Chéniers Bukolismus und Herweghs Frühlings- und Naturmetaphern begegnen sich dort, wo man es am wenigsten vermuteten würde, im Dissens! Und das scheint Herwegh auch gemerkt zu haben. Und so blieb das Drama Wunsch, Projektion auf die eigene Zukunft, aber ungeschrieben! Und seine Zukunft, die interessiert uns eigentlich nicht mehr. Sein weiteres Leben ist wie das Leben aus einem Roman! Einem Tendenzroman. Nichts läßt er aus. Die »Gartenlaube« läßt grüßen. Ständig auf Achse, von einer Unruhe getrieben, die fast ans Pathologische grenzt, schweift er durch die Schweiz, Frankreich, die Niederlande, Italien und die vielen deutschen Duodezfürstentümer. Mit der Frau Alexander Herzens, über den er Bakunin und Turgenjew kennengelernt hatte, beginnt er ein Verhältnis. Diese Affaire – und für ihn war es nicht mehr, aber für Alexander Herzen als dem Betrogenen und seine Frau Natascha als die Mißbrauchte stand sehr viel mehr auf dem Spiel –, die Affaire entfremdete ihm seine Ehefrau, die sich zeitweilig von ihm trennte. Herzen hat, das kann man seinen Aufzeichnungen entnehmen, dieses nie verwunden. Er zerbrach daran. Kummer und Eifersucht! Eifersucht, Kummer! Er wurde fast verrückt. Was tun? Schreiben! Und so schrieb er sich seine Schmerzen von der Seele und versuchte so, seine Wunden zu heilen. Von Natascha haben wir keine Nachricht, wie sie das ganze verarbeitet hat. Für sie und Herwegh war es mehr, aber Herwegh war nicht gewillt, dieses Mehr zu zulassen. Und als 1848 die Revolution an die Pforten klopft, in Deutschland, da stellt Herwegh in Paris ein Heer von 800 Freiwilligen zusammen und zieht zum Kampf ins Badische, um dort die Aufständischen zu unterstützen. Aber sein buntgemischtes Häuflein von kämpfenden Dilettanten wird von den regulären württembergischen Truppen geschlagen und aufgerieben. Herwegh flüchtet mit seiner Frau, die dort mit Colts bewaffnet mitgemischt haben soll, in die Schweiz. Und wir nutzen die Gunst der Stunde und blenden uns aus seinem Leben, das für einen kurzen Augenblick mit der Breiten Straße verbunden war, aus. Wir blenden uns nicht nur aus seinem, sondern auch aus dem Leben von Emma Herwegh aus.

Wir waren bei Lortzing.

Er verläßt die Breite Straße, verläßt Berlin als Elfjähriger mit seinen Eltern und reist mit diesen kreuz und quer durch die preußischen Lande. Erste Station ist Breslau, wo sie ein Engagement bekommen hatten. Das ist für uns nicht so von Interesse, weshalb wir dem nicht weiter nachgehen wollen. Am 8. Dezember 1824, Lortzing hat sich von seinen Eltern schon getrennt und geht als Bühnendarsteller eigene Wege, heiratet er in Köln Rosina Regina Ahles. Zwei Jahre später, 1826, erhalten die beiden, das Ehepaar Lortzing, am Hoftheater Detmold eine Anstellung. Und genau das ist der Ort, der richtige Zeitpunkt, um uns wieder in das Leben Albert Lortzings einzublenden.

Vier Tage dauerte die Reise von Köln nach Detmold. Einen Tag nach der Ankunft am 5. November 1826 schrieb Albert Lortzing an seine Eltern: »Gestern Mittag um 2 Uhr sind wir gesund und wohlbehalten in der Residenzstadt *Dettmold* angelangt. Wir haben sehr schlechtes Wetter in Durchschnitt gehabt ... Pichler [der Direktor des Theaters; d.Vf.] ist ein sehr lieber stiller einnehmender Mann ... Das Theater ist sehr niedlich, ungleich höher als das Köllner, hat eine Menge Versenkungen, überhaupt viel Maschinerie. – Meine Frau tritt am Dienstag den 7ten in den drei Wahrzeichen auf, ich am 9ten in *Johanna v. Montfoucon* ... Am 10ten ist der Barbier v. Sevilla, ich der Barbier. Am 12ten *Preciosa*, meine Frau Preziosa. Unsere weiteren Rollen werde ich unverzüglich melden so wie den Erfolg der ersten.«

Das, was die Lortzings in ihrer siebenjährigen Zugehörigkeit zum Detmolder Hoftheater (zu dem auch die Bühnen von Münster, Osnabrück und Bad Pyrmont gehörten) an Rollen spielten, grenzt fast ans Übermenschliche. Albert trat in 100 musikalischen (als Tenor und Bariton) und über 200 Schauspielrollen auf und seine Frau in immerhin rund 150

Bühnenwerken. Es hätten auch viel mehr sein können, aber sie mußte wegen mehrerer Schwangerschaften (sie gebar zwei Mädchen und zwei Zwillingspaare) öfters pausieren. Aber nicht nur als Schauspieler konnte und wollte Lortzing in Detmold reüssieren, sondern auch als Komponist. Und so setzte er alles daran, daß sein musikalischer Erstling von 1823, die Oper »Ali Pascha von Janina« vom Detmolder Hoftheater in Münster am 1. Februar 1828 uraufgeführt wurde. Am 2. Juni schrieb er seinen Eltern in Köln: »... Was meine Oper betrifft so singe ich darin die Spielparthie, die eigentlich erste Tenorparthie hat der große Tenorsänger Strobe geradebrecht. Da ich die Oper schon vor geraumer Zeit schrieb so liegt *meine* Parthie etwas hoch, weßhalb jener jugendliche Mensch sie wahrscheinlich für die erste Tenorparthie hält. Sie liegt mir übrigens (da ich jetzt lauter Baritonparthien singe) viel zu hoch und ich quetsche sie so gut heraus als möglich.«

Wie sein Erstling aufgenommen worden war, davon berichtete Lortzing nichts. Auch sind keine Rezensionen überliefert. Zweimal wurde das Werk noch gespielt, am 21. April 1828 in Osnabrück und am 12. April 1829 in Detmold, dann verschwand es von der Bühne. Lortzings Erstling ist ein wildes Gemisch aus Mozart, Beethoven und Weber, aber ohne jeglichen Tiefgang, in einer naiv-trivialen Sprache. Schwamm drüber.

Lesen wir dafür noch etwas im Brief an die Eltern vom 2. Juni: »In unserer Residenz scheint mit dem Theater ein moderner Geist in die Leute gefahren zu sein, denn es steigt ein neues Gebäude neben dem anderen auf. Im Uebrigen könnte es nicht schaden, wenn die Hälfte der Einwohner von einer Sündfluth weggeschwemmt würden, denn es giebt mitunter ganz infames Volk dort. Namentlich hat sich ein Klübchen gebildet, die wenn im Theater Zeichen des Mißfallens nicht verboten wären, trommeln und pfeifen würden, Kerls, die nichts gesehen haben und denen doch nichts gut genug ist. Wenn ihr Euch nicht ärgern wolltet, so könntet ihr in der Abendzeitung (einem leider sehr gelesenen Blatte) vom *Aprill* aus, eine Schandschrift lesen, worin wir alle ausgenommen *Pichler* und *Braunhofer* ganz würdig rezensirt und wie gemeine *Vagabonden* behandelt sind, ein *Pasquill*, welches demjenigen, welches der *Musje Müller* in Aachen in den *Dresdner Merkur* einrücken ließ, nichts nachgiebt. Es ist übrigens von Seiten des Hofes (denn der *Fürst* ist sehr aufgebracht darüber), an den *Redacteur* geschrieben worden, und es wird dem Herrn Rezensenten übel bekommen. – Es ist empörend von einem Volke, das Gott danken sollte, eine solche Gesellschaft zu besitzen, so behandelt zu werden.«

Wer den Briefeschreiber Lortzing kennt, der weiß, daß er hier fast »außer Atem« schreibt, daß er für seine Verhältnisse die Contenance fallen ließ. Was ist passiert? In der Dresdner »Abend-Zeitung« erschien vom 24. bis 28. April 1828 ein Korrespondenzbericht aus Detmold unter dem Titel »Nachrichten aus dem Gebiet der Künste und Wissenschaften«. Lesen wir uns darin etwas ein: »Eine Mad. Lortzing ersetzt uns den Verlust der nach Breslau abgegangenen Dem. Klingemann mit weinerlichem Vortrage, nichtssagenden Gesten und charakterlosem Spiele. Olga in Isidor und Olga, Bertha in der ›Ahnfrau‹, Preciosa im Stück gleichen Namens sind weiter nichts als die nämlich declamatorischen Phrasen von den Lippen der Mad. Lortzing ... Herr Lortzing spielt, was ihm so eben vorkommt: Bauerjungen, Bonvivant's, Studenten (die bei ihm aber als herrenlose Kaufmannsbursche aussehen), tragische Liebhaber (in Hamburg den Don Carlos!), und was seines Häckerlings mehr ist. Sein Organ ist schwach, seine Geberden sind bedeutlos, feine Mimik besitzt er gar nicht, indem seine Gesichtszüge ganz steif sind, aber seine kleine Figur versteht er auf dem Theater bisweilen herauszuputzen. Im Vortrag der Alexandriner (im Freimaurer) kann er selbst von Mad. Lortzing noch lernen; er bildet in dem Stücke zu ihr, die sonst auch die gereimten Verse wie ein Schleppkleid umherzieht, eine wahre Folie.«

Kein Wunder, daß Lortzing ob solcher Kritik aufgebracht ist und dem Verfasser eine »Sündflut« an den Hals gewünscht hat, die ihn von dannen spülen sollte. Und als nach kurzer Zeit, durch Intervention des Fürsten zu Detmold-Lippe, bekannt wurde, daß der Auditeur (Militärrichter) Christian Dietrich Grabbe der Verfasser jener Schmähkritik war, da wollten einige Theaterleute ihm ans Leder. Aber es kam anders. Sie rächten sich auf dem Theater an Grabbe, indem sie ihn als lächerliche Gestalt auf die Bühne brachten. Und Lortzing, der stets um Ausgleich besorgte, er versöhnte sich bei einem Glas Wein mit ihm. Und wie man Grabbe kennt, blieb es nicht bei einem Glas! Aber davon später mehr. Von Grabbe und dem Wein! Dem Trinken! Ganz allgemein natürlich!

Ein Vierteljahr später, am 29. März 1829, wurde am Detmolder Hoftheater das Schauspiel »Don Juan und Faust« von Christian Dietrich Grabbe uraufgeführt. Die Bühnemusik dazu stammte von Lortzing, der von Direktor Pichler den Auftrag dazu bekam. Viel Mühe hatte er sich damit aber nicht gemacht. Er vermischte nur recht geschickt Teile aus Mozarts »Don Giovanni« mit Louis Spohrs »Faust«, und wo dies nicht so recht greifen wollte, komponierte er auch eigenes dazu. Bei der Uraufführung spielte Lortzing den Don Juan und seine Frau die Donna Anna. Am 5. Mai 1829 erschien in der »Frankfurter Iris« eine anonyme Besprechung der Uraufführung: »Wie in der Oper durch Webers Oberon, bewiesen unsere Mimen im Schauspiel durch die Aufführung des wunderbaren Stückes Don Juan und Faust von Grabbe, wie viel sie leisten konnten. Wer das Stück dieses genialen Dichters kennt, wird wohl einsehen, wie sehr es auf dem Theater, durch seinen großen Schlußeffekt (der den der Oper überbietet) wirken muß, aber auch die Schwierigkeit seiner Darstellung erkennen. Die Charaktere sind darin mit einer, wir möchten sagen, schneidenden Schärfe gezeichnet, und Charaktere darzustellen, ist beim jetzigen Stand der Bühne eine schlimmere Forderung, als eine flache Oper mit den kostbarsten Dekorationen auszustaffiren. Und doch geben hier in Detmold der Herr Lortzing den Don Juan (wozu er eine eigene Ouvertüre und Zwischenmusik gesetzt), ... die Mad. Lortzing die Donna Anna so begeistert und richtig, daß nicht allein der Effekt auf das gesammte Publikum so überraschend groß war, sondern auch, wie es heißt, der sonst sehr schwer zu befriedigende Dichter selbst ... die Darstellung für gelungen erklärt haben soll.«

Wer hier anonym so begeistert schrieb, war niemand anderes als Grabbe selbst. Vergessen waren auf einmal die Vorwürfe gegen das Ehepaar Lortzing. Nur Lob hatte Grabbe für sie übrig. Das fiel natürlich auf, und so konnte man am 15. Mai in der Nr. 9 der »Beiblätter zu den Allgemeinen Unterhaltungsblättern« folgende Notiz lesen:

»›Don Juan und Faust‹ heißt das neue Drama Grabbe's, welches zu Frankfurt erschienen und bereits Ende März zu Detmold aufgeführet wurde. Ein Lobhudler hat sich bereits aufgethan, und die Darsteller als ausgezeichnet gelobt con amore. Allein man bedenke nur die Besetzung der beiden Hauptrollen: Don Juan durch Herrn Lortzing und Faust durch Herrn Schmidt. Wer beide Darsteller kennt, wird sich überzeugen, daß beide diesen Rollen ganz und gar nicht gewachsen sind.«

Wir verlassen jetzt erst einmal die Familie Lortzing, die noch zwei Jahre in Detmold verweilen sollte, bis ein neues Engagement sie 1833 nach Leipzig führen würde. Lortzing probiert sich in Detmold noch als Komponist aus, aber auf der Höhe seiner Möglichkeiten ist er noch längst nicht.

»Don Juan und Faust« sollte das einzige Werk Grabbes sein, das zu seinen Lebzeiten aufgeführt wurde. Grabbe stieß, wie schon vor ihm Kleist, mit seinem Theater auf das Unverständnis der Macher.

Ein »betrunkener Shakespeare«

Bleiben wir einstweilen noch etwas bei Grabbe und machen uns mit ihm auf den Weg nach Berlin. Vorher müssen wir aber noch etwas zum Stück sagen, denn das wird unser Entrée für Berlin sein, obwohl es noch nicht geschrieben war, als Grabbe sich zum Studium in der preußischen Metropole niederließ.

Don Juan und Faust! Grabbe war der erste, der die beiden zusammen dachte und brachte. Mit der Hybris des verkannten Genies beanspruchte er nicht weniger mit seinem Werk, als Goethes »Faust« sowie Mozarts »Don Giovanni« zu übertreffen. Auch wenn Grabbes »Don Juan und Faust« kein großer Wurf ist, eher ein »zwiespältiges Werk des Ehrgeizes« (Wilhelm Steffens), müssen wir einen Augenblick dabei verweilen, weil Don Juan alias Don Giovanni unser virtueller Führer in Berlin sein wird. Was bei Grabbe synthetisiert wurde, nahm seinen Ausgangspunkt in Bamberg, bei E.T.A. Hoffmann! Hier entstand und spielte seine Erzählung »Don Juan. Eine fabelhafte Begebenheit, die sich mit einem reisenden Enthusiasten zugetragen«. Diese Erzählung hatte für Grabbe, neben Mozarts Oper, Leitfunktion für seine Ausformung des Charakters seines Don Juan. Wie bei Hoffmann leidet Grabbes Don Juan an Lebensüberdruß und Langeweile. Die beiden Gestalten, die Grabbe hier zusammenbringt, sind Gestalten einer Übergangszeit. Auf der einen Seite Faust, ein genuines Produkt der Reformation, quasi ein Luther redivivus, und auf der anderen Seite Don Juan, ein Produkt der Gegenreformation. Beide treffen in Rom aufeinander, der Stadt, in die alle Wege führen. Faust auf der Suche nach Wahrheit und Don Juan im Bestreben, seine Begierden zu befriedigen. Der Teufel führt sie zusammen, läßt sie um Donna Anna werben und nimmt sie am Ende mit in die Hölle. Sören Kierkegaard, der sich intensiv mit Grabbes Drama in seiner Schrift »Entweder-Oder«

auseinandergesetzt hat, hat wohl als erster dechiffriert, daß es sich bei Faust und Don Juan um die Prototypen ein und derselben Sache (des Christentums) handelt, daß sie nur die Kehrseite des je anderen sind, daß sich hier Protestantismus und Katholizismus gegenüberstehen. Wo Grabbe die beiden Figuren als Antipoden auf die Bühne stellt, da vereinigt sie Kierkegaard zu einer einzigen. Der Protagonist im »Tagebuch des Verführers« trägt nicht ganz zufällig den Vornamen Johannes, der auch Fausts und Don Juans Vorname ist. So, und jetzt haben wir sie fast alle schon zusammen, die uns in Berlin, in das uns nun Grabbe mitnimmt, über den Weg laufen werden: E.T.A. Hoffmann, Kierkegaard und, virtuell über seine Oper, Mozart. Der Rest wird sich an gegebener Stelle schon selbst beigesellen.

Christian Dietrich Grabbe also. Am 11. Dezember 1801 wurde er in Detmold im Zuchthaus, im Dienstzimmer seines Vaters, geboren. Dieser war dort als Zuchtmeister angestellt. Nach seinem Abitur erhält er von der Detmold-Lippischen Fürstin Paulina ein Stipendium. So finanziell ausgestattet, ging er im Mai 1820 nach Leipzig, um dort Jura zu studieren. Nach zwei Jahren hat er von Leipzig genug. Er geht zur Fortsetzung des Studiums nach Berlin. Am 29. April 1822 meldet er sich zum Studium an der Berliner Universität an. Er mietet sich in der Friedrichstraße 149 ein Zimmer. Aber lange hielt er es hier nicht aus. Warum, erfahren wir aus einem Brief, den er am 6. Juli an seine Eltern schrieb: »Das erste was ich Euch melden muß, ist, daß ich umgezogen bin, und zwar ist einer meiner Landsleute, der mein voriges Quartier sah und meinen Wirthsleuten einen Taler mehr dafür bot, Schuld daran ... Ich wohne jetzt, da ich nun einmal umgezogen bin, besser als vorher, und meine Wirthsleute, die mir durch einen Bekannten empfohlen wurden, scheinen mir recht brav zu seyn. Meine jetzige Adresse ist:

An den Stud. jur. Grabbe in Berlin, wohnhaft auf der alten Friedrichstraße, Nro. 83, bei dem Herrn Riemermeister Kramer ... In dem Hause, wo ich jetzt wohne, soll es in der bel etage [d.h. eine Treppe hoch; d.Vf.] von Grafen wimmeln. Die Linden sind nur 4 Häuser von meinem Logis entfernt und ich kann sie aus dem Fenster sehen.«

Hier beendete er am 11. Juni 1822 sein Trauerspiel »Herzog Theodor von Gothland«, das er schon in Detmold während seiner Gymnasialzeit begonnen hatte. Er übergab das Manuskript seinem Kommilitonen Heinrich Heine. Sie hatten sich bei einem der vielen Dichterzirkel, die in Kellerkneipen oder Hinterzimmer tagten, kennengelernt. Heine mochte diesen unkultivierten Dickschädel mit den Manieren eines Bauern, diesen ewig »betrunkenen Shakespeare«, wie er ihn nannte. Ein Kompliment! Umgekehrt gab es keine Komplimente. Für Grabbe war Heine, der Liebling der Berliner Salons, die Grabbe ein Greuel waren, ein Parvenü. Nicht frei vom Antisemitismus, titulierte er ihn als »Poetenjude«, der »nie Weiber genossen hat und sich deshalb alles einbildet, dessen Poesien keine Gedichte sind, sondern ›Abwichserei‹. Eine tüchtige Hure schmisse ihn aus dem Fenster.«

Gestritten hatten die beiden sich öffentlich. Im Café Stehely. Grabbe, wieder einmal betrunken, ließ antisemitische Tiraden gegen Heine los. Es kam zu Gewalttätigkeiten, bei denen Heine schlecht aussah. Er hatte natürlich keine Chance gegen den Riesen Grabbe. Aber das tat seiner Bewunderung für den Dichter keinen Abbruch. Heine trennte: hier der Mensch, der Alkoholiker, da der genial-wilde Dramatiker. Heine las wie im Rausch den »Gothland«, Grabbes Erstling. Er war begeistert. Wollte andere daran teilhaben lassen. Gab das Manuskript weiter. An Rahel Varnhagen z. B. Aber diese war entsetzt. Mit Heines Worten: »Wir kennen das poetische Wild schon am Geruch. Aber der Geruch war diesmal zu stark für weibliche Nerven, und spät schon gegen Mitternacht, ließ Frau von Varnhagen mich rufen und beschwor mich um Gottes willen, das entsetzliche Manuskript wieder zurückzunehmen, da sie nicht schlafen könne, solange sich dasselbe noch im Haus befände.«

Was hat Rahel Varnhagen so erschreckt, daß es ihr schier den Schlaf raubte? Es war das, was Heine so begeisterte, die dramatischen Effekte sowie die blutrünstigen Kampf- und Mordszenen. Von seiner Genialität überzeugt, dabei war er eigentlich nur die »Karikatur eines Genies«, schickte er am 21. September 1822 an den »Altmeister der Romantik« Tieck seinen »Gothland«: »Ew. Wohlgeboren übersende ich halb mit Vertrauen und halb mit Zagen beiliegendes Trauerspiel. Ein paar beurtheilende Zeilen von Ihrer Hand sind alles, worauf ich zu hoffen wage. Wäre das Stück doch so glücklich das nähere Interesse Ew. Wohlgeboren zu erregen, so würde mein schriftstellerisches Loos entschieden seyn. Ohne die Worte eines Meisters, wie Sie, möchten die Kühnheiten meiner Komposition, von denen ich wahrlich keine Einzige ohne näheren Bedacht hingesetzt habe, schwerlich jemals ein gerechtes Urtheil erfahren ... Im Bewußtsein, daß ich wenigstens etwas Ausgezeichnetes, wenn auch nichts Gutes geleistet habe, fordre ich Sie auf, mich öffentlich für einen frechen erbärmlichen Dichterling zu erklären, wenn Sie mein Trauerspiel den Producten der gewöhnlichen heutigen Dichter ähnlich finden.«

Tieck ließ sich mit dem Lesen und der Antwort etwas Zeit. Im Dezember 1822 rang er sich endlich zur Antwort durch: »Zwar ist der Termin, werthgeschätzter Herr, in welchem Sie eine Antwort von mir wünschten, längst verflossen; ich hoffe aber, Sie entschuldigen das Verzögern, da nebenbei dringende Geschäfte, und zur Abwechslung Krankheit, mich abhielten, Ihnen zu schreiben, obgleich ich es mir täglich vornahm, und Ihr theatralisches Werk, nachdem ich es mit besondrer Teilnahme gelesen, mir auf keine Weise aus dem Gedächtniß entfallen war ... *Ihr Werk hat mich angezogen, sehr interessiert, abgestoßen, erschreckt und meine große Teilnahme für den Autor gewonnen,* von dem ich überzeugt bin, daß er etwas viel Besseres liefern kann; eine Tragödie ist es auf keinen Fall.«

Tieck zweifelte an Grabbes dramatischem Talent, aber Grabbe plagten keine Selbstzweifel. Aber er nahm sich erst einmal Tiecks Ratschlag zu Herzen, etwas anderes zu schreiben als Tragödien. Am 2. September schrieb er seinen Eltern: »Mein Werk schafft mir allmählig immer mehr Freunde, Bekannte und Bewunderer, besonders lerne ich dadurch viele Adlige kennen; Einer ist darunter, mit dem ich fast alle Donnerstage Abend esse. Das Stück ist aber so ausgezeichnet und groß, daß sie mir alle rathen, ich müßte es nur außerordentlich geistreichen Männern zeigen, weil das gewöhnliche Volk es nicht verstände ... In 14 Tagen bin ich noch dazu mit einem Lustspiel fertig, von dem die meisten noch mehr erwarten, als wie von meinem Trauerspiel ...«

Das Lustspiel, das er hier ankündigte, war »Scherz, Satire, Ironie und tiefere Bedeutung«. Diese Literatursatire ist das einzige Stück Grabbes, das sich gehalten hat auf den Bühnen. So richtig gehalten. Über das auch heute noch gelacht wird. Während man über seine Dramen nicht einmal mehr die Stirne runzelt. Nur so zum Beispiel. Sein Stück »Napoleon oder Die hundert Tage« enthält über hundert Rollen, und es braucht noch einmal so viele Statisten für die Schlachten, die auf der Bühne geschlagen werden müssen.

Grabbe in Berlin. Studiert hat er auch, aber mehr nebenbei. Er gefiel sich in der Rolle des egomanischen Enfant terrible. Abends bei Stehely oder im Casino in der Behrenstraße 61 mit den Kumpels saufen bis zum Abwinken. Das war sein Lebensinhalt. Aber als alkoholisierter Choleriker hat man nicht lange Freunde. Grabbe, sich mit Shakespeares Falstaff verwechselnd, ohne dessen stirnerianische Nonchalance zu besitzen, brüskierte zunehmend durch seine Alkoholexzesse jeden in seiner Umgebung. Er vereinsamt und verarmt. Das Stipendium seiner Fürstin war aufgebraucht, die Eltern konnten auch nichts mehr zuschießen. Er versetzte seine Habe. Hungerte. In dieser Situation schrieb er an den Kronprinzen, den nachmaligen König Friedrich Wilhelm IV., einen Brief, den er allerdings nie abschickte.

Im März 1823 brach er seine Zelte in Berlin ab, ohne sein Studium beendet zu haben. Er ging nach Leipzig zurück. Wollte Schauspieler oder Dramaturg am dortigen Theater werden. Das klappte nicht. Er ging nach Dresden. Auch dort hat man für ihn keine Verwendung. Er kehrt nach Detmold zurück und meldet sich am 14. Februar 1824 zum juristischen Staatsexamen an. Und am 2. Juni erhält er die Erlaubnis, in Detmold als Anwalt zu praktizieren. Wir verlassen ihn jetzt. Er hat seine Schuldigkeit getan. Neben seinem Beruf als Jurist vollendet er seinen »Don Juan und Faust« – und damit sind wir wieder bei unserem Ausgangspunkt. Sein weiteres Leben könnte fast ein Stück von ihm sein. Jedenfalls, es geht nicht gut aus. Am 12. September 1836 stirbt er. Seine Trunksucht hat ihr Werk vollendet.

Vorhang auf für die »Oper aller Opern«

Wir erinnern uns. E.T.A. Hoffmann sitzt in Bamberg und trauert schreibend seiner Liebe nach, die gerade von einem Hamburger Kaufmann geheiratet wurde. Und was schreibt er? Er schreibt eine musikalische Erzählung: »Don Juan«. Was er damals nicht wissen konnte, war, daß diese Erzählung Interpretationsgeschichte schreiben wird. Seine Sicht auf die Oper, seine Interpretation, über das, was im Zimmer Donna Annas geschehen sei, nämlich eine Verführung, sprich Vergewaltigung. Der Ich-Erzähler der Geschichte, ein reisender Enthusiast, erlebt in Bamberg unerwarteterweise ein Aufführung von Mozarts »Don Giovanni«. Im ersten Teil der Erzählung beschreibt er die Aufführung und im zweiten Teil mit dem Titel »In der Fremdenloge 23« liefert er eine Deutung der Oper, die er auch dort für seinen Vertrauten Theodor niederschrieb. Dabei gelang ihm eine geniale Neuinterpretation der Oper. Aus dem Mozartschen erotischen Solipsisten Don Giovanni, der nach Auskunft seines Dieners Leporello »Frauen jeden Standes, jeder Gestalt und jeden Alters« liebt, ist ein »faustischer Sucher« geworden, der glaubt, daß »durch die Liebe schon auf Erden jene unendliche Sehnsucht sich erfülle, die den Menschen mit dem Überirdischen in unmittelbaren Rapport setze. Hoffmann in seiner Interpretation gefolgt und doch von ihm abgewichen sind zwei jüngere Zeitgenossen, die wir schon kennenlernten, Grabbe und Sören Kierkegaard. Doch bevor wir zu letzteren kommen, müssen wir mit E.T.A. Hoffmann nach Berlin reisen.

Am 24. September 1814 brachen Hoffmann und seine Frau ihre Zelte in Leipzig ab und bestiegen die Kutsche nach Berlin, wo sie zwei Tage später eintreffen. Sie beziehen ein vorläufiges Quartier im Hotel Goldner Adler am Dönhoffplatz. In sein Tagebuch notiert er: »26. September 1814 In Berlin angekommen – bei Mathieu [d.i. der Besitzer des Hotels] abgestiegen.«

Am 1. Oktober trat er eine unbezahlte Stellung als »Mittarbeiter cum voto consultativo« am Kammergericht an. Die Familie zieht um. In die Französische Straße 28 in den zweiten Stock. Dort wohnte man bis Ende Mai 1815. Dann kann man sich eine bessere, eine größere Wohnung leisten, und die findet Hoffmann am Gendarmenmarkt vis-à-vis des Schauspielhauses, in der Taubenstraße 31/Ecke Charlottenstraße 38. Es war eine 128 Quadratmeter große Vier-Zimmer-Wohnung mit Küche und Domestikenstube. Die Jahresmiete betrug 152 rth 16 gr (ca. 1200 DM). Wir besitzen von Hoffmann eine sehr schöne Beschreibung der Wohnung in seiner letzten Erzählung »Des Vetters Eckfenster«: »Es ist nötig zu sagen, daß mein Vetter ziemlich hoch in kleinen niedrigen Zimmern wohnt. Das ist nun Schriftsteller- und Dichtersitte. Was tut die niedrige Stubendecke? Die Phantasie fliegt empor, und baut sich ein hohes, lustiges Gewölbe bis in den blauen glänzenden Himmel hinein. So ist des Dichters engeres Gemach, wie jener zwischen vier Mauern eingeschlossene zehn Fuß ins Gevierte große Garten, zwar nicht breit und lang, hat aber stets eine schöne Höhe. Dabei liegt aber meines Vetters Logis in dem schönsten Teil der Hauptstadt, nämlich auf dem großen Markte, der von Prachtgebäuden umschlossen ist, und in dessen Mitte das kolossal und genial gedachte Theatergebäude prangt. Es ist ein Eckhaus, was mein Vetter bewohnt, und aus dem Fenster eines kleinen Kabinetts übersieht er mit einem Blick das ganze Panorama des grandiosen Platzes.«

Den Blick an einem ganz bestimmten Tag, dem 18. Juli 1815, aus seinem Fenster auf den Gendarmenmarkt hatte Hoffmann in einer Federzeichnung festgehalten. Sie ist oft und gerne interpretiert worden, weshalb wir uns das hier schenken können.

Hoffmann und Berlin, das ist eine eigene Geschichte, eine Geschichte, die sich in seinen Erzählungen niedergeschlagen hat. Angefangen bei seiner allerersten, »Ritter Gluck«, bis zu seiner letzten, »Des Vetters Eckfenster«. Berlin wird für ihn Ideengeberin, bildet ihn zu einem Physiognomiker aus. Sein Blick auf die Stadt ist ein dämonischer Blick, der das Unbewußte der preußischen Metropole sichtbar macht. In der Taubenstraße 31 wird E. T. A. Hoffmann am 25. Juni 1822 sterben.

Doch zurück zu Don Juan und Faust, unserem Ausgangspunkt. Der führt uns für kurze Zeit nach Kopenhagen. Am 5. Mai 1813 wird in Kopenhagen, im Hause Nytorv Nr. 29, als jüngstes von sieben Geschwistern Sören Aabye Kierkegaard geboren. Im selben Haus starb am 8. August 1838 sein Vater, der Wollwarenhändler Michael Pedersen Kierkegaard. Dieser Tod wurde für Søren zum Fanal, sein Leben zu ändern. Denn seit acht Jahren verbummelte er sein Studium der Theologie. Saß lieber in Cafés oder flanierte aufgeputzt über Kopenhagens Boulevards und pflegte einen ausschweifenden Lebensstil, um so einen Kontrapunkt zu dem streng religiösen Haushalt des Vaters zu setzen. Er begann jetzt sehr intensiv zu studieren, und schon zwei Jahre später legte er sein theologisches Staatsexamen ab. Das war im Juli 1840. Im September verlobte er sich mit der neun Jahre jüngeren Regine Olsen, die er 1837 kennengelernt hatte. Sie war damals noch ein Schulmädchen von fünfzehn Jahren. Aber bereits zwei Tage später bereute er diesen Schritt: »Am anderen Tag sah ich, daß ich fehlgegriffen hatte. Ein Pönitierender [ein Büßender; d. Vf.], wie ich es war, meine vita ante acta, meine Schwermut, das war genung.« Und was dann folgte, waren dreizehn wilde aufreibende Monate, während derer er Regine den gewissenlosen Verführer vorspielte und an deren Ende die Auflösung der Verlobung stand. Das war am

E. T. A. Hoffmann (1794–1861).

11. Oktober 1841. Am 29. September hatte er seine Dissertation »Über den Begriff der Ironie« verteidigt. Am 25. Oktober besteigt er ein Dampfschiff, um nach Berlin zu reisen. Hier will er noch einmal studieren, bei Schelling, der gerade von Friedrich Wilhelm IV. nach Berlin berufen worden war, um gegen die »Drachesaat des Hegel'schen Pantheismus« anzukämpfen. Wir kommen darauf zurück.

Am 31. Oktober schrieb er an seinen Freund Emil Boesen:

»Ich bin in Berlin angekommen, was Du vielleicht bereits aus einem Brief an Peter [Kierkegaards älterer Bruder; d. Vf.] erfahren hast, der sehr schnell geschrieben, aber etwas spät abgesandt worden ist. Meine Meinung ist noch immer unverändert die, daß Reisen eine Torheit ist. Mittlerweile hoffe ich, daß mein Aufenthalt nicht ohne Bedeutung für mich sein wird, wenn ich mich erst ein bißchen habe einrichten können. Ich habe viel, daran ich denken muß, und leide an einer ungeheuren Verhinderung der Schaffenskraft ... Ich habe angefangen, Vorlesungen zu hören ... Schelling hat noch nicht angefangen ... Meine Adresse ist: Mittelstraße No. 61 eine Treppe hoch.«

Zwei Monate sollte er in der Mittelstraße wohnen, dann überwarf er sich mit seinem Wirt, von dem er sich betrogen fühlte. Sein neues Quartier fand er in der Jägerstraße 57 über dem Café Stehely. Daß er an einer »ungeheuren Verhinderung der Schaffenskraft« litt, stimmte einfach nicht. Eher war das Gegenteil der Fall. Seit er mit Regine brach, explodierte seine Schaffenskraft geradezu. In Berlin wurde sein Hauptwerk »Entweder-Oder« nicht nur entworfen, sondern auch zu überwiegenden Teilen geschrieben. »Entweder-Oder«, ein »romantischer Roman« von über achthundert Seiten, ist ein Ringen um Regine, um das »Heirate oder heirate nicht«. Wie überhaupt sein ganzes schriftstellerisches Schaffen ein solipsistisches Zwiegespräch mit Regine sein wird. Die bewußt inszenierte Trennung von ihr löste bei ihm eine wahre Schreibflut aus. Halten wir uns deshalb für einige Augenblicke bei seinem Hauptwerk auf, bevor wir Kierkegaard in Berlin weiter begleiten.

Kierkegaards Buch der Abrechnung/Verarbeitung seiner Beziehung zu Regine hat zwei große Quellen, nein drei, wenn man eine unbewußte mit einbezieht. Da sind einmal Hoffmanns Novelle und Grabbes Drama und zum anderen ein Besuch der Königlichen Oper in Berlin, wo er Mozarts Don Juan (wie Don Giovanni im 19. Jahrhundert meist genannt wurde) gesehen hatte. Am 14. Dezember 1841 schrieb er an seinen Freund Boesen: »Mich zu verheiraten hab ich keine Zeit. Hier in Berlin ist mittlerweile eine Sängerin aus Wien, eine Demoiselle Schulze, sie spielt Elvira, und hat eine frappante Ähnlichkeit mit einem gewissen jungen Mädchen, so täuschend, daß es mich ordentlich mitnahm sie gerade als Elvira zu sehen ... Ich möchte indes nicht, daß Du zu irgend jemand etwas davon verlauten läßt, daß es in Berlin solch eine Sängerin gibt, oder daß sie Elvira spielt, oder daß usw.«

Typisch Kierkegaard, diese verwirrende Rede. Wir werden sie nicht kommentieren, sie spricht eigentlich für sich. Tarnung hinter Floskeln, die dem Adressaten unverständlich bleiben müssen, ihm aber gleichzeitig das Gefühl geben, Mitwisser von etwas zu sein, was nicht jeder wissen darf. Und dann wäre da noch das Unbewußte, das Kierkegaard zum Schreiben der »Unmittelbaren erotischen Stadien oder das Musikalisch-Erotische« (»Entweder-Oder« I/2) veranlaßt haben könnte, der Geist Mozarts, der 1789 im selben Hause wohnte.

Ludwig Rellstab erinnerte sich 1846: »Nach einem musikalischen Verein im Hause meiner Mutter [26. 4. 1819; d. Vf.] ... gingen wir Berger, Klein, G. Reichardt ... und ich, mit noch einigen Freunden in die Weinhandlung von Schulz und Schäfer am Gensd'armenmarkt, in dem Hause und Lokal, wo sich jetzt die aus dem Eckhause dahin verlegte Stehelische Conditorei befindlich ist ... Das Haus war in der Mitte durch einen Thoreweg getheilt, zur Rechten lag die Weinstube, und unter diesen war es ein kleines Hinterstübchen zunächst des Hausflurs, mit einer Weinlaubtapete, wo wir damals, und später noch öfter, versammelten ... Hier war auch eine Zeit lang Ludwig Devrient's und E. T. A. Hoffmann's und ihrer näheren Freunde Zusammenkunftsort, und sie schlossen sich uns an, da sie in einen Zwiespalt mit der Nachbars=Weinhandlung von Lutter und Wegner gerathen waren. Und jetzt? Das kleine Stübchen ist nicht mehr zu entdecken, denn ein Bau hat das ganze Haus umgestaltet, der Thorweg, der die beiden Lokale schied, ist zum Zimmer geworden, und die ganze vordere Reihe dient dem bunten Zusammenschluß des Conditoreibesuchs und stummen Zeitungslesern, während in dem kleinen Raum nach hinten, wo so oft sich der Geist am Geist entzündete, und in den duftenden Champagner und Rheinweingeist die Aetherflammen steigerte, Zukkerbäckergehülfen ihr Geschäft treiben. – Das Haus, von dem ich spreche, hatte, damit ich die kleine Episode vollende, noch eine andere Merkwürdigkeit, die mir indeß erst viel später bekannt geworden, die aber, hätten wir sie damals gekannt, unstreitig unseren dichterischen Jugendaufwallungen noch einen neuen Schwung gegeben haben würde. Es enthielt nämlich das Zimmer in welchem Mozart bei seinem Aufenthalt in Berlin gewohnt und gearbeitet hatte. In dem Raum auf der anderen Seite des Hausflurs hatte der Wundergenius gewaltet, – und jetzt ist der Eingang der Stehelyschen Conditorei in dem durchgebrochenen Fenster befindlich, an welchem Mozart seine Partituren schrieb! So schonungslos geht die Pflugschar der Gegenwart über die Stellen hin, wo einst heilige Saaten sproßten!«

Zurück zu Hoffmann. Was Kierkegaard an dessen Novelle faszinierte, war erstens der Blick auf nur eine Person, bei Hoffmann Donna Anna und bei ihm Don Juan, zweitens das Ausblenden aller anderen Szenen, bei denen diese eine Person nicht beteiligt war, sowie drittens die Konstruktion einer Geschichte vor der eigentlichen Handlung, bei Hoffmann die Verführung/Vergewaltigung Donna Annas und bei Kierkegaard Donna Elviras Leben im Kloster: »... es wird für unsere spätere Untersuchung nicht ohne Bedeutung sein, auf die Winke über ihr früheres Leben zu achten, die das Stück enthält. Sie war Nonne, aus dem Frieden eines Klosters hat *Don Juan* sie herausgerissen. Hiermit wird die ungeheure Intensität ihrer Leidenschaft angedeutet. Es war kein albernes Ding aus einem Institut, das in der Schule das Lieben, auf Bällen das Kokettieren gelernt hat; ob so eine verführt wird, hat nicht viel zu bedeuten.«

Dazu muß gesagt werden, daß es im Libretto zu »Don Giovanni« keine solche Vorgeschichte gibt. Ebenso muß zu Hoffmanns Interpretation gesagt werden, daß sich für sie auch kein direkt Hinweis bei Mozart/da Ponte findet. Aber, und das ist wichtig, es ist auch nicht notwendig. Das Werk ist das eine, seine Interpretation ein anderes! Es ist das Vorrecht des Lesers, hier andere Markierungen zu setzen.

Kierkegaard kannte seinen Hoffmann, von dem er die erste Gesamtausgabe besaß, sowie Grabbe, dessen »Don Juan und Faust« als Erstdruck in seinem Besitz war, sehr gut. Schon 1838 notierte er in seiner ersten Schrift: »In Grabbes Don Juan gibt es einzelne, ganz wundervolle mächtige Gedanken, die jeder für sich wie eine übermässige grosse Tanne im Nu auf schiessen und vor uns stehen.«

Und in »Entweder-Oder« heißt es: »So ist eigentlich das in mancher Beziehung so geniale Werk von *Grabbe: Faust und Don Juan*, auf das Böse gegründet.«

Wie für Grabbe ist für Kierkegaard Faust ein »dämonischer Mensch auf höherer Stufe«. Aber lassen wir das jetzt erst einmal und kommen zu Kierkegaard und Berlin. Er sollte die Stadt viermal in seinem kurzen Leben besuchen. Und jedesmal gebiert sein Geist ein Buch. Auf der ersten Reise entsteht »Entweder-Oder«, auf der zweiten Reise »Die Wiederholung«. Er fuhr zum zweiten Mal nach Berlin, um herauszufinden, ob sich seine erste Berlin-Reise »wiederholen« ließe. Er wollte auf seinen eigenen Spuren wandern. Dieser Reise verdanken wir eine Beschreibung seiner Unterkunft: »Ich kam ... in Berlin an. Sofort eilte ich zu meiner alten Wohnung, um mich darüber zu vergewissern, inwieweit eine Wiederholung möglich wäre. Ich darf jedem teilnehmenden Leser versichern, daß es mir das vorige Mal geglückt war, eine der behaglichsten Wohnungen in Berlin zu bekommen, das darf ich nun noch bestimmter versichern, da ich mehrere gesehen habe. Der Gendarmenplatz ist wohl der schönste in Berlin, das Schauspielhaus, die zwei Kirchen nehmen sich vorzüglich aus, besonders im Mondschein von einem Fenster aus gesehen ... Man steigt in die erste Etage hinauf in einem mit Gas erleuchteten Haus, man öffnet eine kleine Tür, man steht im Entree. Zur Linken hat man eine Glastür, die in ein Kabinett führt. Man geht geradeaus, man ist in einem Vorzimmer. Dahinter sind zwei Zimmer, von gleicher Gestalt, übereinstimmend möbliert, wie man in einem Spiegel ein Zimmer doppelt sieht. Das hintere Zimmer ist geschmackvoll erleuchtet. Ein Armleuchter steht auf einem Arbeitstisch, ein leicht geschwungener Lehnstuhl, bezogen mit rotem Samt, steht vor diesem. Das vordere Zimmer ist nicht erleuchtet. Hier mischt sich des Mondes bleiches Licht mit der stärksten Beleuchtung des hinteren Zimmers.«

Aber leider klappte es mit der Wiederholung nicht. Der Wirt hatte geheiratet und brauchte seine Zimmer. Kierkegaard zog erst einmal in die Burgstraße 20 ins Hotel de Saxe. Aber der Wirt wollte ihm doch entgegenkommen und vermietete ihm schließlich ein Zimmer und das Entree im ersten Stock, und aus war es mit der Wiederholung. Sie wollte sich einfach nicht einstellen auf dieser zweiten Reise. Auch auf den zwei noch folgenden nicht, weshalb wir wieder zur ersten zurückkehren.

Das Motto, das Kierkegaard seinem ersten Buch vorangestellt hatte, lautete »ad me ipsum« (an mich selbst), es ist der ins Lateinische übersetzte Titel der »Selbstbetrachtungen« Marc Aurels. Dieses Motto wird uns zu einem weiteren Besucher des Hauses Jägerstraße 57 führen, zu Johann Kaspar Schmidt.

Aber noch sind wir bei Kierkegaard. Er schreibt viel über Berlin. Über den Tiergarten, den Boulevard Unter den Linden, über Cafés, über Weinstuben, übers Theater, über die Universität, nur über eins schreibt er nicht, übers Café Stehely, über dem er wohnte. Das ist befremdlich. Denn hier traf sich zu der Zeit der radikale Flügel der »Junghegelianer«. Hier hätte »jener Einzelne: Kierkegaard« einen anderen Einzelnen, einen »Einzigen«, der seine Sache auf nichts anderes als sich selbst gestellt hatte, Max Stirner, das ist Johann Kaspar Schmidt, treffen können. Er war scheinbar nie im Café. Kannte die »Rote Stube« nicht und somit auch nicht ihre Besucher. Mit mindestens vieren hatte er in Schellings Vorlesung gesessen.

Jener Einzelne, die Freaks des Vormärz und ein alternder Philosoph

An den Pastor Peter Joh. Sprang in Kopenhagen schreibt Kierkegaard am 18. November 1841: »Schelling hat angefangen, aber unter einem solchen Lärmen und Toben, Pfeifen, an die Fenster Klopfen seitens derer, die nicht durch die Tür kommen konnten, vor einem so vollgestopften Auditorium, daß man beinah versucht ist, es aufzugeben, ihn zu hören, falls das so bleibt. Ich war unter die Notabilitäten zu sitzen gekommen – Professor Werder und Dr. Gruppe. Schelling ist dem Ansehen nach ein höchst unbedeutender Mann, er sieht aus wie ein Rottmeister; mittlerweile versprach er, der Wissenschaft und uns mit ihr zu der Blüte zu verhelfen, die sie schon lange verdient hat, der höchsten, die sie erreichen wird. Dies mag nun erfreulich genug sein für einen alten Mann; für einen jungen Menschen ist es stets bedenklich, in so jungem Alter gleichzeitig zu sein mit dieser seltnen Blüte. Mittlerweile hab ich jedoch mein Vertrauen auf Schelling gesetzt und will es unter Lebensgefahr wagen, ihn noch einmal zu hören. Vielleicht kommt es bereits in den ersten Stunden zur Blüte, und so kann man ja mit Freuden sein Leben daran setzen.«

Friedrich Wilhelm Joseph von Schelling! Wie kam er nach Berlin, und wer saß warum in seiner Vorlesung – neben Kierkegaard. Um das zu klären, springen wir ins Jahr 1831 zurück, einem Jahr mit symbolischem Charakter. In Berlin wütet die Cholera. An ihr sterben 1426 Menschen. Unter ihnen auch Georg Wilhelm Friedrich Hegel. Er erlag ihr am 14. November 1831. Und ein anderer Philosoph, Arthur Schopenhauer, verläßt fluchtartig die Stadt, um nicht auch Opfer zu werden. Und damit endigt seine akademische Karriere. In Frankfurt, wo er sich niederließ, war er nur noch Privatmann und Kuponschneider.

Kaum war Hegel, der alles beherrschende Philosoph in Berlin, in Preußen, der Staatsphilosoph par excellence, der in seiner »Rechtsphilosophie« das berüchtigte Diktum austüftelte, daß das, was vernünftig sei, wirklich ist, und daß das, was wirklich ist, das Vernünftige sei, gestorben, da fielen seine Schüler auch schon übereinander her. Der Spaltpilz griff um sich. Und so sprossen aus dem philosophischen Boden Rechtshegelianer, Althegelianer, Linkshegelianer und Junghegelianer hervor. Sie stritten erbittert um sein philosophisches Erbe. Der liberale Hegelianer und Jurist Eduard Gans schrieb im Dezember 1831: »Hegel hinterläßt eine Menge geistreicher Schüler, aber keinen Nachfolger.«

Und in dieser Situation berief aus lauter Verlegenheit das Ministerium, um wenigstens vordergründig das Vakuum zu füllen, 1835 Georg Andreas Gabler, einen der ältesten Schüler Hegels, der in Bayreuth Direktor des Gymnasiums war, als Nachfolger. Das kam nicht gut an, konnte auch nicht. Gabler, ein netter bescheidener Herr, der eine »Propädeutik der Philosophie« herausgegeben hatte, die aus Hegels »Phänomenologie des Geistes« kompiliert war, waren die Stiefel Hegels viel zu groß, und so stolperte er, nur dürftig kaschiert, durch die universitäre Philosophie, ohne etwas zu sagen zu haben. Die Philosophie in Berlin verlagerte sich zum einen auf die Kritik der Religion und zum anderen ins Wirtshaus. Hier stritt und soff man miteinander. Das hatte zur Folge, daß die akademische Philosophie, langsam aber sicher, in die Bedeutungslosigkeit stürzte. Das blieb auch dem Hof nicht verborgen. Das und das öffentliche Räsonieren der »Hegelinge«, die damit den philosophischen Ton angaben, bewegten Friedrich Wilhelm IV. kurz nach Antritt seiner Regentschaft, den zweiten Versuch zu unternehmen, Friedrich Wilhelm Joseph Schelling auf den Lehrstuhl Hegels zu berufen. Dieses Mal hatte er Glück. Er beauftragte den Ministerresidenten beim Vatikan und Gelehrten Christian Karl Josias Freiherr von Bunsen mit den Verhandlungen. Und dieser schrieb am 1. August 1840 an Schelling:

»Der König fühlt, noch tiefer und stärker denn er als Kronprinz empfand, das Elend, worin Stillstand und Versumpfung alles realen Lebens in Staat und Kirche, und der Übermut und Fanatismus der Schule des leeren Begriffs das teure Vaterland gestürzt. Er hat längst erkannt und empfunden, daß diese vereinten Umstände in einem Teile des jüngeren Geschlechts eine zersetzende und zerstörende Kraft entwickelt haben, die an längst durchgekämpft geglaubte Zeiten und Gefahren erinnert.

Er bedachte – um mich seiner eigenen, noch vor wenigen Monaten brieflich ausgesprochenen Worte zu bedienen – ›die Drachensaat des Hegelschen Pantheismus, der flachen Vielwisserei und der gesetzlichen Auflösung häuslicher Zucht, deren Ernte in jene Tage fallen muß‹.«

Und dieses Mal war Schelling äußerst angetan von dem Angebot und sagte am 6. Februar 1841 freudig zu, umso freudiger, als sein Salär 5.000 Taler (ca. 17.000 Mark) betragen sollte, das höchste Gehalt, das je einem Professor in Berlin ausgezahlt wurde. Zum Vergleich: Seine Kollegen verdienten im Jahre 1840 durchschnittlich 1.980 Taler.

Das war, als es in Berlin bekannt wurde, sofort Tagesgespräch. Edgar Bauer schrieb seinem Bruder Bruno am 11. Februar 1841 nach Bonn:

»Schelling kommt her, am 6. ist seine Einwilligung hier eingetroffen, er bekommt fünftausend Taler und man hofft, daß er dafür bei der Universität und Akademie Vorlesungen halten werde. So werden denn Fichte und Hegel vor dem Oranienburger Tor nicht allein begraben sein.«

Aber mit seinem Kommen sollte es noch etwas dauern. Am 3. August 1841 schrieb er an Alexander Turgenjew: »... ich ergreife diese Gelegenheit, Ihnen zu sagen, daß ich spätestens Ende September in Berlin seyn, und den Winter daselbst bleiben, auch so Gott will lesen werden. Möchte mir das Glück beschieden seyn, Sie dort zu sehen und längere Zeit mit Ihnen zu leben! Ich kann Ihnen nicht sagen, wie ich nach Ihrem Umgang mich schon oft gesehnt habe ... Lassen Sie mich ein nahes Wiedersehen hoffen; wie sehr werden die besonderen Umstände meiner Existenz in Berlin noch die Nähe eines Freundes wie Sie in ihrem Wert erhöhen, und wie angelegen wird mir seyn, Ihnen unmittelbare Beweise der treuen Anhänglichkeit und der tiefen Verehrung zu geben ...«

Am 5. Oktober 1841 war es dann soweit. Schelling traf mit seiner Frau und seinem Sohn in Berlin ein und stieg im Hotel Rheinischer Hof in der Friedrichstraße 59 ab. Später bezog man eine geräumige Wohnung in der Leipziger Straße 69/Ecke Markgrafenstraße, bevor man dann ab 1843 standesgemäß Unter den Linden 71 residierte.

Ja und was dann in Berlin nach Schellings Ankunft passiert ist, ist eigentlich nur noch mit kollektiver intellektueller Hysterie zu umschreiben. Ganz Berlin wartete gespannt auf dieses philosophische Jahrhundertereignis. Und dieses Jahrhundertereignis fand am 15. November 1841 um 5 Uhr im Hörsaal 6 der Universität statt. Ein Hauch von Insubordination lag über dem Universitätsgelände. 290 Sitzplätze und 140 Stehplätze waren vergeben worden. Aber viele, die keine Karten erhalten hatten, drängten nach und nach in das Gebäude, stürmten den Hörsaal und verteilten sich im Raum. Für Schelling war fast kein Durchkommen. Es dauerte, bis er zum Katheder vorstieß. Dort angekommen, mußte er erst einmal Zuhörer, die sich auf diesem niedergelassen hatten, bitten, den Platz zu räumen. Und so kam es, daß man sich vor, neben und hinter dem Katheder niederließ. Als endlich Ruhe eingekehrt war, hob Schelling an: »Meine Herren! Ich fühle die ganze Bedeutung dieses Augenblicks, ich weiß, was ich mit demselben auf mich nehme; wie könnte ich es mir selbst verhehlen oder wie *Ihnen* verbergen wollen, was durch meine bloße Erscheinung an dieser Stelle ausgesprochen und erklärt ist?«

Also sprach Schelling. Und wie kam er bei den Hörern an und wer waren diese? Lassen wir einige von ihnen zu Wort kommen, um dann mit diesen weiter durch Berlin zu streifen.

Friedrich Engels, der als »Einjähriger« in Berlin seinen Militärdienst ableistet und nebenbei an der Universität hospitiert, schrieb im »Telegraph für Deutschland« unter seinem Pseudonym Friedrich Oswald: »Wenn ich jetzt hier in Berlin irgendeinen Menschen, der auch nur eine Ahnung von der Macht des Geistes über die Welt hat, nach dem Kampfplatze fragte, auf dem um die Herrschaft über die öffentliche Meinung Deutschlands in Politik und Religion, also über Deutschland selbst, gestritten wird, so wird er euch antworten, dieser Kampfplatz sei in der Universität, und zwar das Auditorium Nr. 6, wo Schelling seine Vorlesung über Philosophie der Offenbarung hält ... [Schelling ist] von mittlerer Statur, mit weißem Haar und hellblauem, heiterm Auge, dessen Ausdruck eher ins Muntere als ins Imponierende spielt, und, vereint mit einigem Embonpoint, mehr auf den gemütlichen Hausvater als auf den genialen Denker schließen läßt, ein hartes, aber kräftiges Organ, schwäbisch-bayrischer Dialekt mit beständigem ›eppes‹ für etwas, das ist Schellings äußere Erscheinung.«

Soweit der junge Engels, der, als er das schrieb, in der Dorotheenstraße 56 wohnte. Ganz in seiner Nähe, um die Ecke in der Mittelstraße 60 im zweiten Stock, hatten sich zwei weitere Hörer Schellings einquartiert. Bei der Witwe Noräus wohnten zusammen in einem Zimmer Iwan Turgenjew und Michail Bakunin. Ihnen benachbart im Hause Nr. 61 im ersten Stock wohnte noch – bevor er an den Gendarmenmarkt umzog – Sören Kierkegaard. Es war übrigens das gleiche Haus, in dem Karl Marx im Wintersemester 1836/37 zur Untermiete wohnte.

Am 25. Juli 1840 kam Michail Bakunin nach Berlin. Wenige Tage später lernt er Turgenjew kennen. Im Oktober ziehen die beiden zusammen.

Kurz bevor die beiden zusammenzogen, schrieb Turgenjew an Bakunin: »Ich kam nach Berlin, widmete mich der Wissenschaft – die ersten Sterne leuchteten an meinem Himmel auf –, und schließlich habe ich dich kennengelernt, Bakunin ... Michel! Wir müssen die alten Sprachen studieren. Wir werden den Winter über arbeiten müssen, fleißig arbeiten. Ich hoffe, daß wir es sehr gut machen werden. Die Universität, die Studien – und Abends werden wir uns bei deiner Schwester treffen, gute Musik hören, Lesungen zusammenstellen; Werder wird uns besuchen.«

Über Turgenjew lernte Bakunin Professor Karl Werder kennen, der seit 1838 als außerordentlicher Professor für Philosophie an der Berliner Universität lehrte. Er prägte eine ganze Generation von Philosophie-Studenten, die in seinen Lehrveranstaltungen ihre erste Einführung in die Logik erhielten. An Alexander Herzen schrieb Bakunin: »Ich habe bereits Werders Bekanntschaft gemacht. Für die Ferien hat er Berlin verlassen, muß aber dieser Tage zurückkehren. Sobald er kommt, werde ich unverzüglich anfangen, bei ihm Unterricht zu nehmen. Was ist er doch für ein herrlicher Mensch, Herzen! Der Geist, die Kenntnisse sind bei ihm ins Blut übergegangen ... In sechs Tagen beginnen die Vorlesungen, ich werde folgende besuchen: 1) Werder: 1. Logik, 2. Geschichte der neueren Philosophie ... Zu Hause werde ich mich außerdem mit der neuesten Geschichte befassen.

Michael Bakunin (1814–1876).

Berlin ist eine gute Stadt, – vortreffliche Musik, billiges Leben, sehr anständiges Theater, in den Konditoreien viele Zeitung und ich lese sie alle der Reihe nach, – mit einem Worte, alles gut, sehr gut.«

Und Friedrich Engels erinnert sich noch im hohen Alter in einem Brief an Max Hildebrand, der Auskunft über Max Stirner und einige andere haben wollte, auch an Bakunin, daß dieser in »Werders Kolleg über Logik mit noch 4–5 Russen auf der Bank« vor ihm gesessen habe. Viele derer, die im Auditorium Nr. 6 bei Schelling saßen, gingen auch zu Werder in die Vorlesung über Logik. Neben Engels, Bakunin und Turgenjew besuchte auch Kierkegaard dieses Kolleg. In einem Brief an seinen Professor in Kopenhagen kann man über seine Studien lesen:

»In Berlin bin ich nun also und höre Vorlesungen. Ich höre Marheineke, Werder und Schelling ... Werder ist ein Virtuose, mehr kann man von ihm nicht sagen. Ich habe einen Verdacht, ob er nicht etwa ein Jude ist; denn getaufte Juden zeichnen sich stets durch Virtuosität aus, und spielen ja in jeder möglichen Richtung eine große Rolle in unsrer Zeit. Er kann wie ein Jongleur mit den abstraktesten Kategorien tändeln und spielen und nie kommt so etwas wie ein sich Versprechen vor, obwohl er so geschwind spricht, wie ein Roß laufen kann ... Schelling liest vor einem erlesenen zahlreichen und zugleich doch von überall her zusammengewehten ... Auditorium. In den ersten Stunden war es fast mit Lebensgefahr verbunden, ihn zu hören. Ich bin mein Lebtag noch nie in einem mir so ungemütlichen Gedränge gewesen – doch was tut man nicht um Schelling zu hören ... Berlin ist wohl der einzige Ort in Deutschland, dessen Besuch in wissenschaftlicher Hinsicht sich lohnt. Ich hoffe darum von diesem Semester rechten Gewinn zu haben.«

Schauen wir uns doch den illustren Kreis, der bei Schelling saß, etwas näher an. Kierkegaard, Bakunin, Turgenjew und Engels haben wir schon kennengelernt. Weitere Hörer waren Jacob Burckhardt, Edgar Bauer, der seinem Bruder nach Bonn davon berichtete, der Jurist Friedrich C. von Savigny, Alexander von Humboldt, Ferdinand Lassalle, Leopold Ranke, Jojann G. Droysen, Adolf Trendelenburg, Hendrik Steffens, Varnhagen von Ense, der eifrig sein Tagebuch mit Bemerkungen über Schelling vollschrieb und der, wenn nicht selber anwesend, sich berichten ließ, was er alles versäumt hatte, um dann festzustellen, daß er nichts versäumt hatte, und last but not least Friedrich Rückert, um zu enden. War man anfänglich durch die Bank begeistert von Schelling, mit Ausnahme des jungen Engels, der schon im Vorfeld glaubte die Festung Hegel, die durch die süddeutsche Kanonade angegriffen wurde, verteidigen zu müssen, so kamen fast alle im weiteren Verlauf der Vorlesung zur Besinnung. Nach der Euphorie der ersten Stunden griff immer mehr Skepsis um sich, und als die Angriffe, die versteckten und die offenen, auf Hegel immer mehr zunahmen, rumorte es bei einigen Zuhörern und sie griffen zur Feder. Lesen wir einmal bei Kierkegaard. In seinem Tagebuch notierte er noch euphorisiert: »Ich bin so froh, Schellings zweite Vorlesung gehört zu haben – unbeschreiblich. So habe ich lange nicht geseufzt und lange nicht die Gedanken in mir, da er diese Wort nannte: ›Wirklichkeit‹ – über das Verhältnis der Philosophie zur Wirklichkeit, da sprang des Gedankens Embryo in mir wie in Elisabeth. Ich erinner fast jedes Wort, das er von da an sagte. Hier vielleicht kann Klarheit werden.«

Doch Kierkegaards Freude sollte nicht lange währen. Am 27. Februar 1842 schrieb er an Freund Boesen: »Schelling salbadert grenzenlos, sowohl in extensivem wie in intensivem Sinne«, und in einem Brief an seinen Bruder Peter Christian vom gleichen Tag heißt es:

»Schelling salbadert ganz unerträglich ... In Berlin habe ich mithin nichts mehr zu schaffen. Meine Zeit gestattet mir nicht, tropfenweise einzunehmen, wo ich schwerlich den Mund aufmachen würde, um alles auf einmal zu schlucken. Ich bin zu alt, um Vorlesungen zu hören, ebenso wie Schelling zu alt ist, um sie zu halten. Seine Potenzlehre bekundet die höchste Impotenz ... Nie in meinem Leben habe ich Lust zum Reisen gehabt, derart, wie ich sie jetzt bekommen habe. Dies hab ich Schelling zu danken. Hätte Schelling nicht in Berlin gelesen, so wäre ich nicht fortgefahren, hätte Schelling nicht salbadert, so wäre ich vermutlich nie mehr gereist ... Ich glaube, ich hätte ganz und gar dumm werden können, falls ich fortgefahren hätte, Schelling zu hören.«

Sieht man einmal von den Bonmots ab, die in diesem Brief stecken, so sagt er über Schelling nicht mehr aus, als daß er »salbadert«. Aber was dahintersteckt, erfahren wir nicht. Darüber schweigt sich Kierkegaard aus. Das teilte er niemandem mit. So endet in einer großen Entäuschung, was gar positiv begann. Es endete nicht nur bei Kierkegaard so. Es endete bei fast jedem so, der mit freudiger Erwartung zu Schelling kam. So schreibt Jacob Burckhardt an Gottfried Kinkel in Bonn, jener

Kinkel, der von Carl Schurz, dem späteren amerikanischen Innenminister, aus seinem Spandauer Knast befreit wird, während der 1848er Revolution:

»Schelling ist, wie es heißt, so gut als gescheitert mit seiner *philosophia secunda*. In den deutschen Jahrbüchern finden Sie wohl das Umständlichste über seine Lehre. – Ich habe ein paarmal hospitiert während der dicksten dogmatischen Auseinandersetzungen und mir die Sache etwa so zurechtgelegt: Schelling ist Gnostiker im eigentlichen Sinne des Wortes, so gut wie Basilides. Daher das Unheimliche, Monströse, Gestaltlose in diesen Teilen seiner Lehre. Ich dachte jeden Augenblick, es müsse irgendein Ungetüm von asiatischem Gott auf zwölf Beinen dahergewatschelt kommen und sich mit zwölf Armen sechs Hüte von sechs Köpfen nehmen. Es wird selbst den Berliner Studenten nach und nach unmöglich werden, diese furchtbare, halbsinnl. Anschauungs- und Ausdrucksweise auszuhalten.«

Friedrich Rückert, der als Student in Würzburg 1805 in Schellings Vorlesungen saß, schrieb am 5. Juli 1842 an Alexander von Humboldt:

»Wie ich höre, wird Schelling ohnfehlbar in kürzester Zeit abreisen, da ihm, wie mir aus guter Quelle gesagt worden, der fernere Urlaub von baierischer Seite verweigert wurde. Ob dies gegründet ist, vermag ich nicht anzugeben, aber so viel ist gewiß, daß die Zeit seines Triumphs hier vorbei ist. Man spricht wenigstens in den Studentenkreisen gar nicht von seinem Collegium, und wenn man es thut, wie eben von einem anderen auch, und die Widerlegung seiner Philosophie, welche Marheinecke las, erregte bei weitem mehr Interesse. Ich selbst war im Anfang regelmäßig bei Schelling weil mich der Gegenstand (Offenbarung), den er behandelte, sehr anzog – aber als er ungefähr in der Mitte des Semesters auf sein System kam, und man immer mehr in die eigene Spekulation sich verlor, da gestehe ich vermochte ich nicht Alles zu verstehen und blieb daher nach und nach ganz aus.«

Die Entäuschung, die sich nach und nach bei fast allen Hörern breitmachte, kann man nur auf ein kollektives Mißverständnis über das, was mit Schelling kommen sollte, zurückführen. Man wußte nicht, auf was man wartete, aber die Erwartungshaltung war groß. Dabei hätte man doch aus Schellings bisherigem Werk ersehen können, daß man bei ihm auf gar nichts warten mußte. Denn das was für ihn gestern noch Gültigkeit hatte, konnte übermorgen schon von ihm auf den Abfallhaufen der Philosophiegeschichte geworfen werden. Er schrieb nie endgültig. Seine Philosophie war eine Philosophie in Progreß, eine offene! Die Vermutung, die Rückert anstellte, daß Schelling nach Ablauf des einjährigen Urlaubs nach München zurückkehren würde, erfüllte sich nicht. Schelling blieb in Berlin. Und las weiter. Bis 1846, dann hörte er auf. Er privatisierte bei vollem Lohnausgleich. Nur noch hin und wieder ein Vortrag vor der Akademie der Wissenschaften, deren Mitglied er seit 1842 war. Schelling war auf einmal out. Seine Hörer verstreuten sich. Kierkegaard fuhr nach Kopenhagen zurück und arbeitete weiter schreibend seine Beziehung zu Regine ab und vereinzelte dabei immer mehr. Bakunin nimmt Abschied von der Philosophie, von seiner Berliner Zeit, reiste nach Dresden zu Ruge, stürzt sich in revolutionäre Aktionen, wird verhaftet, aus Preußen vertrieben. In Sachsen, Österreich und Rußland wird er eingekerkert und schließlich nach Sibirien verbannt. Von wo er floh. Er kehrte nach Westeuropa zurück und stürzte sich gleich wieder Hals über Kopf in Revolutionen. Engels geht zur weiteren Ausbildung nach Manchester, nachdem er seine Militärzeit in Berlin abgedient hatte. Befreundet sich mit Marx und wird dessen Finanzier und unkritisches Sprachrohr. Brach mit seinen Studienfreunden und drosch im Verein mit Marx auf sie ein. Burckhardt hat von der »Sandwüste Berlin« genug und kehrte in seine Heimat, die Schweiz, zurück. Aber wir bleiben in Berlin. Wir sind froh, hier endlich etwas länger verweilen zu können.

Wir müssen noch einmal auf Kierkegaard zurückkommen. Auf ihn und seine Widmung in seiner Schrift »Entweder-Oder«: »ad me ipsum« (an mich selbst).

Es ist schon erstaunlich, daß die vielen Studenten, die in Werders Kolleg saßen oder die Schelling hörten, fast nicht miteinander kommunizierten. Das hätte doch ganz spannend sein können, Engels, Kierkegaard und Bakunin im Dialog. Eine explosive Mischung, die die Welt hätte aus den Angeln heben können. Aber nein, sie wußten fast nichts voneinander. Bis auf Engels und Bakunin. Aber die beiden verkehrten in verschiedenen Kreisen. Sie trafen sich außerhalb ihrer Vorlesungen und Seminare nie. Engels verkehrte bei den »Freien« im Café Stehely. Bakunin jedoch nicht, und Kierkegaard auch nicht, obwohl der im selben Haus wohnte. Zurück zur Widmung. Wir deuteten schon an, daß diese Widmung ein Stammgast des Café Stehely hätte unterschreiben, nein hätte selber schreiben können: Johann Kaspar Schmidt, der unter seinem nom de guerre Max Stirner bekanntgeworden ist.

Max Stirner also! In einem Gedicht, das Friedrich Engels zusammen mir Edgar Bauer verfaßt hat, heißt es über Stirner:

»Seht Stirner, seht ihn, den bedächt'gen Schrankenhasser,
Für jetzt noch trinkt er Bier, bald trinkt er Blut wie Wasser,
So wie die andern schrein ihr wild: à bas les rois!
Ergänzet Stirner gleich: à bas aussi le lois!«

1847 schreibt Turgenjew, rückblickend auf seine Berliner Tage: »Erinnert ihr euch? ... Im Jahre 40 hat man mit Aufregung Schelling erwartet ... man hat sich schon bei dem bloßen Namen Werders begeistert ... man hat sich bei der Erwähnung Bettinas entzündet ... Schelling ist verstummt ... Bettina hört auf, ihr Haar zu färben. ... Nur Werder allein kommentiert noch mit dem früheren Feuer die Hegelsche Logik ... aber wehe! Nur vor drei Zuhörern, von welchen nur einer Deutscher ist, und auch der ist aus Pommern ... Bruno Bauer lebt hier, aber niemand sieht ihn, niemand hört von ihm; dieser Tage habe ich in einem Konzert einen glatt frisierten und traurig-demütigen Menschen getroffen ... das war Max Stirner ...«

Was wissen wir von dem »traurig-demütigen« Max Stirner, denn als Stirner wird man ja nicht geboren. Jedenfalls nicht in Bayreuth und schon gar nicht im Jahre 1806. Aber als Schmidt, als Johann Kaspar, so darf man geboren und getauft werden. Das paßt. In Bayreuth, aber im vormärzlichen Berlin nicht. Warum? Springen wir zur Beantwortung der Frage ins Jahr 1844. In diesem Jahr geschah etwas Ungewöhnliches, etwas was nicht vorhersehbar war. Ein Berliner Lehrer und Gelegenheitsjournalist verlachte die gesamte philosophische Überlieferung seit Kant und proklamierte lautstark, daß ihm nichts über sich selbst gehe. Er brach radikal mit der Tradition, aber nicht als Johann Kaspar Schmidt, denn mit solch einem Namen ist man noch Bestandteil der Tradition, aber als Max Stirner darf man alles das, was dem philosophischen Bürger heilig ist, negieren. »Der Einzige und sein Eigentum« heißt das philosophische Gelächter. Max Stirner hatte die Stirn, dem philosophischen Establishment die Stirn zu bieten. Der Lehrer an der Lehranstalt für höhere Töchter der Madame Gropius, Johann Kaspar Schmidt, tritt ab, »verschwindet wie am Meeresufer ein Gesicht im Sand« (Michel Foucault).

Und jetzt die Geschichte von vorne, aber nicht ganz von vorne, sondern vom Spätsommer 1841 an erzählt. In jenen Spätsommertagen tauchte in den diversen Treffpunkten der intellektuellen Opposition – nicht ganz aus dem Nichts – ein schlanker, mittelgroßer Mann mit Nickelbrille und sehr, sehr hoher Stirne auf. Mit einigen war er schon bekannt, z. B. mit Bruno Bauer, mit dem er zusammen in Hegels Kollegs saß, und über diesen auch mit dessen Bruder Edgar. Man traf sich in lockerer Runde entweder in der Walburgschen Weinstube in der Poststraße oder im Bernsteinschen Lesekabinett in der Behrenstraße, in der »Roten Stube« bei Stehely am Gendarmenmarkt, der Tabagie von Clausing in der Zimmerstraße oder in der Hippelschen Weinstube in der Friedrichstraße 94. Hier war es auch, wo Max Stirner seine zweite Frau, Marie Dähnhardt, kennenlernte, die sich im junhegelianischen Kreise gerne zigarrenrauchend und in Männerkleidung zeigte. Von irgendwoher wurde dieser lockere Gesellenverein von arbeitslosen Intellektuellen, Lehrern und Gardeleutnants, von denen schon einige im »Doktorclub« parlierten, die »Freien« getauft. Die »Freien«! Was haben wir uns darunter vorzustellen?

Am 17. Juni 1842 schrieb die »Königsberger Zeitung«, daß sich in Berlin eine bedeutende Anzahl von Männern zusammengefunden habe, »die alle mit der neuesten philosophischen Bewegung fortgeschritten« seien. Die »Freien« wollten eine ähnliche Tendenz wie der »holsteinische Philaleten-Verein« vetreten ... Der Verein verwerfe die Bibel als Quelle der Wahrheit, kein bestimmtes Glaubensbekenntnis werde an die Stelle der Tradition gesetzt, keine positiven Glaubenssätze aufgestellt, »einzig und allein die Autonomie des Geistes als Fahne« erhoben.

»Während die ›Philaleten‹ sich bloß innerlich von der Kirche lossagen wollten, sei der Berliner Verein der ›Freien‹ jedoch entschlossen, ›von Anfang an entschiedener hervorzutreten.‹ Man beabsichtige als ersten Schritt, den ›Austritt aus der Kirche öffentlich und mit Namensunterschrift aller seiner Mitglieder zu erklären‹.«

Auf diese Notiz in der Königsberger Zeitung replizierte Max Stirner am gleichen Ort: »Der Verein der ›Freien‹, von dessen Dasein die Königsberger Zeitung die erste Kunde brachte, hat in rascher Aufeinanderfolge fast alle Blätter zum Gegenstand der Diskussion dienen und zum Teil Angriffe ertragen müssen, so heftiger und fanatischer Art, daß selbst ein Widersacher, wenn er nicht geradezu die Unbesonnenheit zu einer Tugend ausprägen will, sich betroffen fragen muß. Ob denn der Verein, solchen Feinden gegenüber, wirklich ohne alles Recht sei ... Was nun schließlich die Freien betrifft, so haben sie ihre reelle Bedeutung nicht in der Kirche, sondern dem Staat gegenüber, und ihre Opposition gegen eine seiner Institutionen ist eine loyale, so loyal als z. B. die Opposition Derer, welche gegen die Zensur sprechen und diese Überzeugung geltend zu machen: es ist eine ›gesetzliche Opposition‹.«

Ja was denn nun? Die »Freien« nur eine Zeitungsente. Lanciert, um irgendwie bekannt zu werden? Was waren sie denn nun – oder wie haben sie sich in Berlin präsentiert und wie wurden sie wahrgenommen?

Ernst Dronke gibt uns einen Einblick in ein nichtorganisiertes Vereinsleben im Berliner Vormärz. Danach wissen wir etwas mehr.

»[Wir wollen] eines kleinen Häufleins gedenken, welches der Verachtung der heutigen Moral- und Sittenbegriffe einen äußeren Ausdruck im öffentlichen Leben zu geben sucht. Es sind die die sog. ›Freien‹ oder ›Emanzipierten‹. Sie begnügen sich nicht damit, die Unsittlichkeit der heutigen Moralitätsbegriffe erkannt zu haben und die veranlassenden Verhältnisse derselben in der ihnen zustehenden Weise zu bekämpfen: sie wollen vielmehr im öffentlichen Leben beweisen, daß sie darüber ›hinaus‹ sind ... So sieht man denn in Berlin an einzelnen öffentlichen Orten Frauen sitzen, ihre Zigarren rauchen und Bier, Wein oder selbst ein *petit verre* trinken. Sie wollen damit keineswegs gegen eine Sitte, welche sie als borniert und philisterhaft erkannt, mit der allgemeinen Waffe des heutigen friedlichen Bewußtseins, der ›Demonstration‹ zu Felde ziehen; es fällt ihnen nicht ein, etwas zu bekämpfen, was nicht existiert.«

Na ja, daß war natürlich, als Dronke das 1846 schrieb, durch Marx' Brille gesehen und in seinem Geist geschrieben, zu einer Zeit, als die Freien weder im positiven noch im negativen Sinne eine Rolle im öffentlichen Leben Berlins spielten. Aber etwas ist doch aus Dronkes Darstellung zu entnehmen. Das Konventikelgebaren einzelner, denn die Freien als Gruppe gab es nicht, sondern nur Einzelne, die kollektiv agierten und sich als satirischer Bürgerschreck gerierten. Wenn kein Geld vorhanden war und sich auch weit und breit kein Kreditgeber sehen ließ, der die Zeche bezahlen würde, die man bei Hippel noch schuldig war, ging man

Karikatur von Friedrich Engels. Sie stellt den Zusammenstoß der Freien mit Arnold Ruge vom 10. November 1842 dar. V. l. n. r. Ruge, Ludwig Buhl, Karl Nauwerck, Bruno Bauer, Otto Wiegand, Edgar Bauer, Max Stirner, Eduard Meyen, zwei Unbekannte und Karl Köppen (s. S. 310).

Unter den Linden betteln, mit dem besonderen Hinweis, daß man das Geld bräuchte, um es bei Hippel anschließend auszugeben.

Theodor Fontane, der mit einigen »Freien« bekannt war, erinnerte sich an einen Abend im Jahre 1845: »Eines Abends, auf dem Heimweg, sah ich mich, keine dreißig Schritt mehr von meiner Wohnung entfernt, von sechs, acht Strolchen, die sofort einen Kreis um mich schlossen, angebettelt. Alle hatten die Rockkragen in die Höhe geklappt und die Mützen und Hüte tief runtergezogen; ein paar humpelten, einer schien bucklig oder wenigstens mit sehr hoher Schulter. Dieser trat an mich heran, streckte mit gemachter Ängstlichkeit seine hohle Hand gegen mich aus und sagte: ›Herr Jraf, bloß Zweigroschen.‹ Es war Faucher. Ich hätte nun sagen können, ›Faucher, seien Sie nicht verrückt‹. Aber das wäre Spielverderberei gewesen und hätte vielleicht auch zu sonderbaren Auseinandersetzungen geführt. Ich suchte also nach dem geforderten Geldstück, und weil ich ein solches leider nicht finden konnte, mußte ich mich mit einem Viergroschenstück loslösen, wofür ich, unter devoten Bücklingen und heitrem Gejohle im Hintergrund, belobt wurde. Bald darauf erfuhr ich, daß die Raubzüge dieser Bande mit einer Art Regelmäßigkeit unternommen würden, immer in nächster Nähe der Linden, und daß sie's dabei bis auf mehrere Taler brächten, die dann sofort im Kap-Keller – zweites Haus in der Friedrichstraße – verkneipt wurden.«

Spaß als Politikersatz, das war die Devise der bei Hippel tagenden vereinzelten »Freien«. Auffallen um jeden Preis, im Gespräch bleiben. Eine intellektuelle Spaßguerilla. Von Friedrich Engels, zeitweises Mitglied im Kreis der »Freien«, gibt es eine Karikatur, die den Zusammenstoß Arnold Ruges mit Bruno Bauer in der Walburgschen Weinstube zeigt. Das Bild zeigt, wie Bruno Bauer mit erhobenen Fäusten auf Arnold Ruge zugeht, der abwehrend die Arme hebt. Noch auf dem Bild zu sehen sind Otto Wiegand, der Leipziger Verleger, Ludwig Buhl, Karl Nauwerck, Edgar Bauer, Max Stirner Zigarette rauchend, Eduard Meyen und Karl Friedrich Köppen in Leutnantsuniform. Der innere Kreis also. Worum es ging bei dem Handgemenge, überliefert Engels nicht. Aber Ruge, wir haben seinen Brief an Marx schon einmal zitiert. Lesen wir noch einmal: »Im Einzelnen ist viel Betrübendes bei der Geschichte ... Hören Sie also: (ich habe) nichts andres unternommen ... als Bauer gewarnt vor der Gesellschaft der Freien und vor dem Tone (sie prügeln und schimpfen sich, wenn der Wein wirkt u.s.w.), der bei Walburg herrscht, womit er, Bauer, sich und seine Sache compromittiren werde ... Bauer sträubte sich dagegen und machte aus der ganzen Haltung der Freien seine Sache, die er bis ins Tz. vertheidigte und erklärte, er wolle die Freien ... nicht verlassen.«

Nun gut, Kindereien, kommen wir zurück zu Stirner, der als der »ruhigste und gelassenste« im Hippelschen Kreis der soi-disants Empörer galt. Aber so ganz konnte er sich auch nicht dem Sog zum veritablen Bürgerschreck entziehen. 1842 lernten sich Stirner und Marie Dähnhardt kennen und lieben. Ein Jahr später heirateten die beiden in der Wohnung Stirners, der damals Neucölln am Wasser 23 (heute Märkisches Ufer) wohnte. Was sich am Tag der Trauung in Stirners Wohnung abspielte und später Stadtgespräch werden sollte, überliefert Ernst Dronke: »Über die Ehe sind die Emanzipierten ebenfalls tatsächlich hinaus. Entweder leben sie im ›freien Verhältnis‹ oder, wenn sie dennoch aus Rücksichten auf Legitimitäts-, Erbschafts- oder andere Verhältnisse, welche von Beobachtung der Staatsgesetze abhängig sind, den legitimen Eheakt innehalten, so führt doch ›Madame‹ in der Gesellschaft ihren Familiennamen fort. Machen die beiden Gatten einen Besuch, so werden sie gewöhnlich als Herr Schmidt und Madame Fischer angemeldet. Ein Bekannter erzählte mir von der Trauung eines solchen emanzipierten Paares, welcher er beigewohnt, sehr ergötzliche Dinge. Herr und Madame wohnten bereits zusammen, als sie den Geistlichen zur Vollziehung der legitimen Ehe kommen ließen. Beim Eintritt des Pfarrers waren die Zeugen und der Bräutigam anwesend, nur die Braut, welche noch mit der Toilette beschäftigt war, ließ einige Zeit auf sich warten. Als sie endlich kam, sah man dem Geistlichen seine Verwunderung darüber an, daß die Dame weder einen Myrthenkranz noch sonstigen festlichen Brautschmuck trug, sondern im einfachen Hauskleid erschien. Indes begann er die Handlung. Währenddessen benahmen die Zeugen sich in ziemlich auffallender Weise. Der eine, ein bekannter Schriftsteller, lag auf dem Sofa, die Beine auf einen vor ihm stehenden Stuhl gestreckt und seinen Schnurrbart streichend; ein anderer stand am Ofen, die Hände in den Taschen und eine verkohlte Zigarre im Mund; die beiden letzten beschäftigten sich an einem anderen Fenster damit, die Vorübergehenden auf der Straße zu betrachten, und kehrten während des ganzen Aktes der Versammlung den Rücken zu. Als es endlich zum Wechsel der Ringe kommen sollte, ergab es sich, daß keiner der beiden Gatten daran gedacht hatte, diese notwendigen Attribute herbeizuschaffen. Jeder Teil hatte geglaubt, daß der andere dafür Sorge tragen werde. Da auch keiner von den Zeugen im Besitz eines Rings war, so wurden in Ermangelung eines Besseren zwei Ringe von den Fenstervorhängen gelöst und hiermit die Handlung vollzogen. Die jungen Eheleute luden darauf den Geistlichen ein, zu einer ›Bowle‹ bei ihnen zu bleiben, was jedoch der Mann Gottes unter dem Vorwand anderer Pflichten ablehnte.«

Das geschah alles am 21. Oktober1843 kurz vor Mittag in der Stirnerschen Wohnung. Anwesend waren: der Oberkonsistorialrat Marot von der Neuen Kirche in Berlin, Bruno Bauer und Ludwig Buhl als Trauzeugen, der Dichter Wilhelm Jordan, Julius Faucher und eine englische Freundin von Marie Dähnhardt sowie noch etliche namentlich Bekannte aus dem engeren Freundeskreis. Was so unkonventionell begann, endete ganz konventionell drei Jahre später vor dem Scheidungsrichter – und ohne jeden Zauber. Aber die drei Jahre, die die beiden in ihrer Ehe in Neukölln am Wasser zubrachten, hatten es in sich. Der Reihe nach. Am 1. Oktober 1844 kündigte Stirner seinen Job an der höheren Töchterschule, denn Marie hatte Geld mit in die Ehe gebracht, und am Ende des Monats erschien bei Wigand in Leipzig, vordatiert auf 1845, sein Hauptwerk »Der Einzige und sein Eigentum«. Am 19. November 1844 schrieb Stirners alter Duzfreund Friedrich Engels an seinen neuen Duzfreund Karl Marx in Paris:

»Du wirst von dem Stirnerschen Buch der ›Einzige und sein Eigentum‹ gehört haben, wenn es noch nicht da ist. Wigand schickte mir die Aushängebogen, die ich mit nach Köln nahm und bei Heß ließ. Das Prinzip des edlen Stirner – Du kennst den Berliner Schmidt, der in der Buhlschen Sammlung über die mystères [d.i. Eugène Sues Roman ›Die Geheimnisse von Paris‹; d.Vf.] schrieb – ist der Egoismus Benthams, nur nach der einen Seite hin konsequenter, nach der anderen weniger konsequent durchgeführt. Konsequenter, weil Stirner den Einzelnen als Atheist auch über Gott stellt oder vielmehr als Allerletztes hinstellt, während Bentham den Gott noch in nebliger Ferne drüber bestehen läßt, kurz, weil Stirner auf den Schultern des deutschen Idealismus steht, in Materialismus und Empirismus umgeschlagener Idealist, wo Bentham einfach Empiriker ist ... Darum ist das Ding ... wichtig ... Wir müssen es nicht beiseite werfen, sondern eben als vollkommenen Ausdruck der bestehenden Tollheit ausbeuten und, *indem wir es umkehren*, darauf fortbauen. Dieser Egoismus ist auf die Spitze getrieben, so toll und zugleich so selbstbewußt, daß er in seiner Einseitigkeit sich nicht einen Augenblick halten kann, sondern gleich in Kommunismus umschlagen muß ... Aber was an dem Prinzip wahr ist, müssen wir auch aufnehmen. Und wahr ist daran allerdings das, daß wir erst eine Sache zu unsrer eigenen machen müssen, ehe wir etwas dafür tun können – daß wir also in diesem Sinne, auch abgesehen von etwaigen materiellen Hoffnungen, auch aus Egoismus Kommunisten sind, aus Egoismus *Menschen* sein wollen, nicht bloß Individuen.«

Soweit der junge Engels. Aber mit diesem Plädoyer pro Stirner kam er bei Marx in Paris nicht gut an. Dieser pfiff, in einem nicht überlieferten Brief von Ende Dezember 1844, seinen neuen Freund zurück, oder anders gesagt, er brachte ihn auf Vordermann. Engels parierte, und fortan gab es keine intellektuellen Konflikte mehr zwischen beiden. Anders gesagt: Marx gab vor, wie beide öffentlich zu denken hatten. Engels war der erste mit einem eigenen Zensurapparat ausgestatte Parteisoldat, bevor es überhaupt eine Partei gab. Am 20. Januar 1845 schrieb Engels: »Was den Stirner betrifft, bin ich durchaus mit Dir einverstanden. Als ich Dir schrieb, war ich noch zu sehr unter dem unmittelbaren Eindruck des Buches befangen, seitdem ich es hab' liegenlassen und mehr durchdenken können, find' ich dasselbe, was du findest.«

Machen wir's kurz, ohne kurzen Prozeß zu machen. Im April 1845 übersiedelte Engels zu Marx nach Brüssel, und sofort machen die beiden sich daran, mit ihrer philosophischen Herkunft abzurechnen.

Im Vorwort zu seiner Schrift »Zur Kritik der Politischen Ökonomie« schrieb Karl Marx 1859: »[Als Friedrich Engels] sich im Frühjahr 1845 ebenfalls in Brüssel niederließ, beschlossen wir, den Gegensatz unsrer Ansicht gegen die ideologische der deutschen Philosophie gemeinschaftlich auszuarbeiten, in der Tat mit unserm ehemaligen philosophischen Gewissen abzurechnen. Der Vorsatz ward ausgeführt in der Form einer Kritik der nachhegelschen Philosophie. Das Manuskript, zwei starke Oktavbände, war längst an seinem Verlagsort in Westphalen angelangt, als wir die Nachricht erhielten, daß veränderte Umstände den Druck nicht erlaubten. Wir überließen das Manuskript der nagenden Kritik der Mäuse um so williger, als wir unsern Hauptzweck erreicht hatten – Selbstverständigung.«

Bei dem Manuskript, das Marx und Engels der »nagenden Kritik der Mäuse« überlassen wollten, handelte es sich um die »Deutsche Ideologie«. Doch die Mäuse verschmähten das Manuskript. Es war ihnen zu ungenießbar, und so kam es, daß es doch noch veröffentlicht wurde, wenn auch erst nach dem Tode ihrer Verfasser. Verstehen kann man die Mäuse ganz gut, daß sie sich an dem Manuskript nicht verknabberten, aber schade ist es doch, daß sie es nicht taten. Der Hauptteil dieser Verständigungsschrift, »Sankt Max«, ist Stirner gewidmet und geriet noch länger als »der Einzige und sein Eigentum«, mit dem es sich auseinandersetzte. Diese Hetzjagd auf einen Einzelnen Auseinandersetzung zu nennen wäre ein Euphemismus. Stirner war für Marx und Engels seit jenen Brüsseler Tagen erledigt oder anders gesagt: sie scheuten die öffentliche Auseinandersetzung mit ihm und seinem Werk. Leider ist hier nicht der Ort, dem Warum nachzugehen. Viel später, und das ist jetzt hier wieder wichtig, trat Engels mit zwei Bemerkungen eine Lawine los, die die Stirner-Rezeption bis heute nachhaltig beeinflußt hat und die bis heute nicht zum Stillstand gekommen ist. In seiner Broschüre »Ludwig Feuerbach und der Ausgang der klassischen deutschen Philosophie« heißt es: »... und schließlich kam Stirner, der Prophet des heutigen Anarchismus – Bakunin hat sehr viel aus ihm genommen – und übergipfelte das souveräne ›Selbstbewußtsein‹ durch seinen souveränen ›Einzigen‹ ... Stirner blieb ein Kuriosum, selbst nachdem Bakunin ihn mit Proudhon verquickt und diese Verquickung ›Anarchismus‹ getauft hatte.«

Auf diesen Trick, Stirner zum Anarchisten zu erklären und ihn damit in eine Ecke zu stellen, wo es einfach ist, sich mit ihm auseinanderzusetzen, anders gesagt, sich gar nicht auseinanderzusetzen, denn die Schublade Anarchismus genügte hier einfach, verfiel Engels schon sehr früh, noch zu Stirners Lebzeiten, nämlich 1850. In seinem Aufsatz »Über die Losung der Abschaffung des Staates« schrieb er knapp und falsch: »Soweit die Freunde der Anarchie nicht von den Franzosen Proudhon und Girardin abhängig sind, soweit ihre Anschauungsweise germanischen Ursprungs ist, haben sie alle eine gemeinsame Quelle: Stirner.«

Stirner schlagen und Bakunin, den Rivalen, treffen. Bakunin setzte sich in seinem ganzen Werk mit vielen auseinander, nur mit einem nicht: Stirner, denn eins geht nicht zusammen: Bakuninsche Geheimgesellschaft und Einziger. Auch von Proudhon ist nicht bekannt, daß er je Stirner rezipiert hätte. Abgesehen davon hat in beider Theoriegebäude Stirner und sein »Einziger, der seine Sach' nur auf sich selber gestellt hat«, keinen Platz. 1850 war das Jahr einer doppelten Geburtsstunde: Der Individualanarchismus erblickte das Licht der Welt, und Engels' Bannfluch gegen seinen einstigen Duzfreund trat seinen Dienst an und verrichtet ihn noch heute.

Im Jahr 1844, in dem Stirners »Einziger« erschien, erschien auch von Kierkegaard »Der Begriff der Angst«. Liest man beide Werke parallel, so stellt man große Übereinstimmung fest, und man ist geneigt zu bedauern, daß beide Denker des autonomen Ichs, als sie in Berlin fast nebeneinander lebten, keine Notiz voneinander nahmen. Hier der Einzige, dem nichts über sich selber geht, dort jener Einzelne, der nur vor sich selbst und seinem Gott steht. Einziger und Einzelner sagen Ich und meinen damit nicht etwa das in der Cartesianischen Tradition stehende reflektierende Wesen, sondern die eigene Existenz, sich selbst. Thematisierte Stirner das Verhältnis des Ichs zum Gedanken, so Kierkegaard das Verhältnis zum Gefühl.

Im Jahre 1845 kam es zu einem großen Einschnitt in Stirners Leben, der auch bestimmend für seine weitere Existenz sein sollte, bis hin zu seinem frühen Tod 1856. Marie Dähnhardt, die reiche Apothekerstochter aus Gadebusch bei Schwerin, hatte ein beträchtliches Vermögen mit in die Ehe gebracht. Was Wunder, daß Stirner seinen Job bei der höheren Töchterschule gekündigt hatte und fortan als freier Schriftsteller zu leben gedachte. Als das aber nicht so laufen wollte, wie er sich das vorgestellt hatte, verfiel er auf die Idee, sich als Kleingewerbetreibender zu versuchen. Er machte sich Gedanken über die Milchversorgung der Berliner Bevölkerung und kam zu dem Schluß, daß diese im argen lag. Wollte man an frische Milch kommen, so mußte man warten, bis Bauern aus dem Umland auf dem Markt erschienen, und sich dort eindecken. Stirner hatte nun die grandiose Idee, mit den Bauern einen Kontrakt abzuschließen, daß sie ihm Milch lieferten, die er dann selber an Mann und Frau zu bringen gedachte. In der Köthener Straße 18 (nach anderer Lesart: Bernburger Straße) mietete man ein Büro und Kellerräume für die Milchtonnen. Als Mieter fungierte der Lehrer Adolf Rohlfs, der dort auch wohnte. Dieses Unternehmen, oder besser gesagt sein Scheitern, war alsbald Stadtgespräch. Fast jeder, der etwas auf sich hielt, goß seinen Spott über die Möchtegern-Milchhändler aus der Hippelschen Weinstube. Zum Beispiel Theodor Fontane: »Einige Mitglieder des Kreises [um die Hippelsche Weinstube; d.Vf.] verheirateten sich. Der erste der es wagte, war der seitdem so berühmt gewordene Stirner. Seine Frau hatte etwas Geld, das, der Weisheit der ›sieben Weisen‹ [Bruno und Edgar Bauer, Ludwig Buhl, Max Stirner, Leutnant St. Paul, Leutnant Techow sowie Julius Faucher; d.Vf.] entsprechend, sofort in einem großen Gesamt-Unternehmen angelegt werden sollte. Man beschloß eine ›Milchwirtschaft‹ einzurichten, und zwar nach dem selben Prinzip, das, viele Jahre später, von dem praktisch Klugen Bolle zu seinem und der ganzen Stadt Segen glorreich durchgeführt wurde. Die ›Sieben‹ unternahmen Reisen auf die umliegenden Dörfer – ich hätte dabeisein mögen, wenn zum Beispiel St. Paul mit einer jungen Melkerin im Kuhstall verhandelte – und schlossen mit zahllosen Pächtern und Bauerngutsbesitzern Kontrakte über Milchzufuhr ab. Von einem bestimmten Tage an hatte jeder soundso viele Quart zu liefern. Das Bureau und die Keller-Räume, alles ganz großartig, befanden sich in der Bernburger Straße. Die Milch kam denn auch, aber die Käufer blieben aus, und nachdem schließlich mehrere Tage lang ein gewisser saurer Milchton die ganze Bernburgerstraßenluft durchzogen hatte, sah man sich genötigt, eines Nachts den ganzen Vorrat in die damals noch in Blüte stehenden Berliner Rinnen ablaufen zu lassen.«

Das Unternehmen kam zu früh, war unzeitgemäß. Die Folgen sollte Stirner umgehend zu spüren bekommen. Marie Dähnhardt hatte von dem Zusammenleben mit Johann Kaspar Schmidt genug. Sie trennte sich im April 1846 von ihm und brach vollständig mit dem Kreis der »Freien« und mit Berlin überhaupt. Sie zog nach London, wo sie sich mit Deutschunterricht durchschlug. 1850 wurde ihre Ehe mit Stirner geschieden. 1853 wanderte sie nach Australien aus, wo sie ein zweites Mal heiratete. Nachdem ihre Schwester gestorben war, kehrte sie Anfang der siebziger Jahre nach London zurück, wo sie am 30. Dezember 1902 als Mary Wilhelmina Smith 84jährig starb.

Stirner blieb in Berlin, mittellos und ohne geregelte Tätigkeit. Er schrieb kleinere Zeitungsartikel und übersetzte Jean Baptiste Says »Lehrbuch der praktischen Politischen Ökonomie« und Adam Smiths »Untersuchungen über Wesen und Ursachen des Nationalreichtums« ins Deutsche. Zweimal wurde er ins Schuldgefängnis gesteckt und kam endlich 1853 in der

Philippstraße 19 (heute steht dort der Hochhausturm der Charité) etwas zur Ruhe. Hier bei der Witwe Weiß, von ihr umsorgt, fing er sich wieder. Und nachdem er das Häuschen seiner Mutter hat beleihen lassen, ging es ihm auch finanziell wieder etwas besser. Seine Mutter war von 1834 bis 1836 in der Charité in Berlin untergebracht. Als sie von dort 1837 als »ungeheilt« entlassen wurde, brachte Stirner sie in einer »Privatenirrenstalt« in der Schönhauser Allee 9 unter, wo sie auch starb, ohne je die Freiheit wiedergesehen zu haben.

Robert Springer, der uns eine Schilderung der Hippelschen Weinstube hinterlassen hat, eine Schilderung, die sich allerdings auf die Dorotheenstraße 8 bezog, wohin Hippel seine Wirtschaft im Herbst 1847 verlegte, schreibt über Stirner: »Max Stirner, der in seinem ›Einzigen und seinem Eigenthum‹ den Egoismus als das einzige und wahre Princip hinstellt, ist gerade der gemüthlichste und Bescheidenste, und seine Theorie scheint bei ihm am wenigsten zur Praxis geworden zu sein.«

Max Stirner starb 1856, gerade mal 49 Jahre alt, an einer Blutvergiftung, die er sich durch einen Mückenstich geholt hatte.

Mit Stirner, neben Kierkegaard einer der Gründungsväter der Existenzphilosophie, starb viel zu früh ein Antipode von Karl Marx, dessen Werk Stirner mehr verdankt, als er selber eingestehen will, und der bis auf die von ihm nicht veröffentlichte »Deutsche Ideologie« Stirner totgeschwiegen, die öffentliche Auseinandersetzung mit dem Berliner »Einzigen« gemieden hatte wie der Teufel das Weihwasser. Stirner, wie Kierkegaard ein Unzeitgemäßer, sollte endlich aus dem Gehäuse des Individualanarchismus befreit werden und fern von Marx' Invektiven seinen gebührenden Platz in der Philosophiegeschichte einnehmen.

Die »Heilige Familie in Charlottenburg« oder Bruno Bauer wird Bauer

Noch einige Bemerkungen zu Marie Dähnhardt, die letzten. Bruno Bauer, vom preußischen Kultusminister Eichhorn geschaßter Theologiedozent aus Bonn, kehrte Ende April 1842 für immer nach Berlin zurück und wohnte erst einmal in der Friedrichstraße 155 zur Untermiete, bevor er zu seinen Eltern nach Charlottenburg in die Mühlenstraße 2 zog.

Bruno Bauer also, Freund, Mentor und später Gegner von Karl Marx, wurde am 6. September 1809 in Eisenberg (Thüringen) geboren. Sein Vater war dort als Porzellanmaler tätig. 1815 übersiedelte die Familie, zu der noch der am 12. Juni 1811 geborene Egbert gehörte, nach Charlottenburg. Der Vater folgte einem Ruf an die Königliche Gesundheits-Geschirr Manufaktur. In der Krummenstraße 19 fand man ein kleines Häuschen, wo die beiden Söhne Egino (15. Februar 1818) und Edgar (7. Oktober 1820) geboren wurden. Der Vater, der eine kleine Erbschaft gemacht hatte, investierte das Geld in die Ausbildung seiner Kinder, hauptsächlich in die des ältesten, Bruno. Nach dem Besuch der Bürgerschule in Charlottenburg wechselte dieser auf das Friedrich-Wilhelm-Gymnasium in Berlin in der Kochstraße 16/Ecke Friedrichstraße. Nach seinem Abitur studierte er ab dem Sommersemester 1829 Theologie an der Berliner Universität. Nach einem zwölfsemestrigen Studium bestand er am 27. Februar 1834 das Licentiatenexamen. Und am 15. März 1834 habilitierte er sich als Privatdozent für Religionsphilosophie und Altes Testament an der theologischen Fakultät. Infolge der Auseinandersetzung um David Friedrich Strauss' »Das Leben Jesu. Kritisch bearbeitet« radikalisierte sich Bauers Denken immer mehr, er geriet in Gegnerschaft zu seinen Kollegen an der Berliner Universität vor allem zu seinem ehemaligen Förderer Marheineke. Der damalige Kultusminister, Altenstein, nahm ihn aus der Schußlinie, indem er in 1839 nach Bonn schickte. Hier lehrte Bauer bis 1842 Theologie, bis er auf Betreiben Friedrich Wilhelms IV. durch dessen Kultusminister in die Arbeitslosigkeit geschickt wurde.

Und so kam es, daß Bruno Bauer wieder nach Berlin zurückkehrte, sich in allerlei Händel einließ und sich mit seinem Freund Marx überwarf. Bevor es mit Bruno weitergeht, müssen wir uns kurz seinen Brüdern zuwenden.

Egbert war mehr praktisch veranlagt und absolvierte, nach dem Besuch der Realschule in Berlin, wie sein Vater eine Ausbildung zum Porzellanmaler und arbeitete anschließlich bei der Königlichen Porzellan-Manufaktur. Doch 1841 hatte er seinen erlernten Beruf über. Er kündigte im Januar seinen Job bei der KPM und machte sich mit etwas erspartem Geld und einem von Bruno organisierten Darlehen selbständig. Am 1. April 1841 eröffnete er in der Berliner Straße 43 (später 56)/Ecke Wilhelmplatz einen Tabakladen mit angeschlossener Leihbibliothek. Zur Orientierung:

Heute ist dies Otto-Suhr-Allee 111/Ecke Richard-Wagner-Platz, schräg gegenüber vom Charlottenburger Rathaus. Die Adresse wird noch wichtig werden. Zwei Jahre später, am 13. Juni 1843, gründet Egbert noch eine Verlagsbuchhandlung neben dem Tabakladen und der Leihbücherei. Und wieder ist es Bruder Bruno, der das nötige Startkapital besorgt. Er wird bei Marie Dähnhardt vorstellig und leiht bei ihr die nicht unerhebliche Summe von 2.000 Talern. Nach Stirners Biograf John Henry Mackay sah der Vertrag eine Laufzeit von 25 Jahren vor, und Bauer verpflichtete sich, den Betrag in monatlichen Raten von 5, später von 50 Talern zurückzuzahlen. Dem soll er pflichtbewußt auch nachgekommen sein. Der Verlag diente recht eigentlich nur zur Veröffentlichung der Schriften von Bruno und Edgar Bauer. Womit wir beim letzten der Brüder Bauer wären, über den wir berichten. Über den jüngsten Bruder »Egino« ist wenig, fast gar nichts bekannt, außer seinem Geburtsdatum und daß er eine Ausbildung als Drechslergeselle absolvierte.

Edgar Bauer also. Wie sein großer Bruder ging auch er nach dem Besuch der Charlottenburger Bürgerschule aufs Friedrich-Wilhelm-Gymnasium und studierte, wie sein Bruder, nach dem Abitur ab Wintersemester 1838 Theologie. Mit Karl Marx saß er im Sommersemester zusammen in der Vorlesung seines Bruders über Jesaja. Während seines Studiums wohnte er zur Untermiete in der Gertrudenstraße 24. Das Theologiestudium gab er schon recht bald auf und verlegte sich auf klassische Philologie mit dem späteren Ziel, Lehrer zu werden. Aber daraus wurde nichts, denn Edgar war ein Heißsporn und nicht so diszipliniert wie Bruno. Während des Sommersemesters 1840 wurde er von der Polizei verhaftet, weil er auf der Straße Zigarre geraucht hatte, dann prügelte er sich mit einem Jurastudenten, verschlampte Bücher aus der Universitätsbibliothek, und als dann noch sein Schneider einen Zahlungsbefehl gegen ihn erwirkte, war das Faß übergelaufen. Er wurde exmatrikuliert. Da kam ganz schön viel zusammen für die Familie Bauer im Jahre 1842. Was tun? Bruno arbeitslos, Edgar ohne abgeschlossenes Studium. Man verlegte sich darauf, Bücher zu publizieren in Egberts Verlag. Bücher von Bruno hauptsächlich, und man gab eine Zeitschrift heraus, die »Allgemeine Literaturzeitung«. Zwei Jahre redigierte Bruno Bauer die Zeitung und schrieben Edgar sowie viele derer, die bei Hippel verkehrten, kritische Artikel, die das spöttische Interesse von Karl Marx erregten. Dieser griff zur Feder – mit Unterstützung seines Bruders im Geiste Friedrich Engels – und verfaßte gegen die Brüder Bauer und ihren Kreis »Die heilige Familie oder Kritik der kritischen Kritik. Gegen Bruno Bauer & Consorten«. Das war der endgültige Bruch zwischen Marx und den Brüdern Bauer. Abgezeichnet hatte sich der Bruch bereits mit Marxens Rezension zweier Schriften Bruno Bauers, »Die Judenfrage« und »Die Fähigkeit der heutigen Juden und Christen, frei zu werden«. Mit diesen beiden Schriften reihte sich Bruno Bauer würdig in die Reihe der romantischen Antisemiten um Achim von Arnim ein und wurde darüber hinaus zum intellektuellen Wegbereiter eines preußischen Antisemitismus. 1863 wird eine weitere Schrift folgen, »Das Judentum in der Fremde«. In ihr variiert er auf alle erdenkliche Weise die These, daß im Juden sich das Böse in der Welt inkarniert habe. Darüber hinaus war er, wie auch Fontane, Mitarbeiter der antisemitischen »Kreuz-Zeitung«, die von Hermann Wagener herausgegeben wurde und für dessen »Staats- und Gesellschaftslexikon« er Artikel schrieb, wo es aus seiner Feder folgendes zu lesen gibt:

»... man nehme den Juden aus Portugal, Deutschland, Polen, England oder sonst wo her, er ist überall derselbe, weder Portugiese noch Deutscher, weder Pole noch Engländer. Er ist der echte und unverfälschte Jude geblieben, den nichts beherrscht als der Racetyp. Der Jude gibt den Kern seiner nationalen Eigentümlichkeit ebenso schwer auf, als es ihm vermöge seiner geistigen Elastizität leicht wird, sich in das Kleid jeder beliebigen Nationalität zu hüllen und bis zu einem gewissen Grade sich die fremde Nationalität formell anzueignen ... Jüdisches Blut und jüdischer Sinn sind unzertrennlich geworden ... die Taufe macht den Juden nicht zum Germanen ... Der Jude kann ... nicht fest und sicher stehen; es fehlt ihm gleichsam der innere leibliche und seelische Ständer. Sein Fuß ist meistens ein Plattfuß; sein ganzes Untergestell ist in dem unteren Teil, wie beim Neger, meistens schwach und fehlerhaft ausgebildet und oben unrichtig an den Oberleib angefügt; das frühe und übermäßige Anschwellen der Hüfte bei den Frauen hat gleichfalls nur bei den Negerinnen eine Analogie; dem Rücken fehlt die Festigkeit des Grats, und er ist schon vorzeitig gekrümmt; der übergroße Wulst des Hinterhauptes, der Sitz der Affekte, schiebt den Kopf nach vorwärts und macht demselben eine würdige und aufrechte Haltung unmöglich ... Nehmen wir zu jenen Eigentümlichkeiten noch die dicke, fettige Haut und das entzündliche, meist krankhaft affizierte Blut, so sehen wir im Juden einen weißen Neger vor uns, dem aber die physische Arbeitskraft und robuste Natur des Schwarzen fehlt und dem dieser Mangel durch ein Gehirn ersetzt wird, dessen Größe und Tätigkeitsbetrieb ihn den kaukasischen Völkerstämmen annähert.«

Hier sind nicht zum erstenmal, aber dafür sehr weittragend, Rassetheorie und Antisemitismus einen festen Bund eingegangen, auf dem alle nachfolgenden Generationen von Antisemiten, wie der Hofprediger Stoecker und der Historiker Heinrich von Treitschke als unmittelbare Vorläufer des finalen Antisemitismus, wie er sich in der NSDAP manifestierte, hatten aufbauen können.

Aber so weit sind wir noch nicht. Bruno Bauer veröffentlichte seine beiden Aufsätze 1843. Marx besprach sie im darauffolgenden Jahr in den von ihm mit Arnold Ruge gemeinsam herausgegebenen »Deutsch-französischen Jahrbüchern«. Der evangelische Christ jüdischer Abstammung Karl Marx schreibt: »Bauer hat die Frage der Judenemanzipation neu gestellt, nachdem er eine Kritik der bisherigen Stellungen und Lösungen der Frage gegeben. Wie, fragt er, sind sie *beschaffen*, der Jude, der emanzipiert werden, der christliche Staat, der emanzipieren soll? Er antwortet durch eine Kritk der jüdischen Religion, er analysiert den *religiösen* Gegensatz zwischen Judentum und Christentum, er verständigt über das Wesen des christlichen Staates, alles dies mit Kühnheit, Schärfe, Geist, Gründlichkeit in einer ebenso präzisen als kernigen und energievollen Schreibweise.«

Ja, ja, kernig, das waren Bauers Ausführungen in der Tat. Marx stimmt Bauers Schilderung der Juden in fast allem zu, nur seinen Schlußfolgerungen mag er nicht folgen, und in bestimmten Punkten geht er noch weiter als Bauer: »Betrachten wir den wirklichen weltlichen Juden, nicht den *Sabbatsjuden*, wie Bauer es tut, sondern den *Alltagsjuden*. Suchen wir das Geheimnis des Juden nicht in seiner Religion, sondern suchen wir das Geheimnis der Religion im wirklichen Juden. Welches ist der weltliche Grund des Judentums? Das *praktische* Bedürfnis, der *Eigennutz*. Welches ist der weltliche Grund des Juden? Der *Schacher*. Welches ist sein weltlicher Gott? Das *Geld*. Nun wohl! Die Emanzipation vom *Schacher* und vom *Geld*, also vom praktischen, realen Judentum wäre die Selbstemanzipation unsrer Zeit ... Wir erkennen also im Judentum ein allgemeines *gegenwärtiges antisoziales* Element, welches durch die geschichtliche Entwicklung, an welcher die Juden in dieser schlechten Beziehung eifrig mitgearbeitet, auf seine jetzige Höhe getrieben wurde, auf eine Höhe, auf welcher es sich notwendig auflösen muß. Die *Judenemanzipation* in ihrer letzten Bedeutung ist die Emanzipation der Menschheit vom *Judentum* ... Der Jude hat sich auf jüdische Weise emanzipiert, nicht nur, indem er sich die Geldmacht angeeignet, sondern indem durch ihn und ohne ihn das *Geld* zur Weltmacht und der praktische Judengeist zum praktischen Geist der christlichen Völker geworden ist ... Das Geld ist der eifrige Gott Israels, vor welchem kein anderer Gott bestehen darf.«

Diese Sätze von Marx sind keine quantité négligeable. Sie zu bagatellisieren, wie das seine Interpreten und Apologeten von Anfang an taten, zeigt nur, wie tief antisemitische Topoi noch immer in den Köpfen, auch und gerade der Linken (um einmal in der Gesäßgeographie des 19. Jahrhunderts zu bleiben) trotz Auschwitz herumspuken.

Marxens Kritik an Bauer war die Geburtsstunde eines »linken« Antisemitismus, der sich selbst als solcher nicht empfand. Selbst ein gestandener konservativer Denker von Rang, der sich sehr eingehend mit den Folgen des Antisemitismus auseinandergesetzt hat, wie der Katholik Friedrich Heer in seinem wundervollen Buch »Gottes erste Liebe. Die Juden im Spannungsfeld der Geschichte«, schaltet bei Marx sein kritisch-analytisches Bewußtsein aus: »War Karl Marx, der sich 1844 mit den beiden antijüdischen Schriften Bruno Bauers auseinandersetzte, selbst Antisemit? Dies wird oft behauptet, stimmt jedoch nicht. Marx verteidigt die Juden, denen er jede rassische und religiöse Einheit abspricht, fordert aber, ganz im Sinne der Denker der Französischen Revolution, ihre Befreiung, um sie in die eine Menschheit hinein aufzulösen. Marx durchdenkt die jüdische Frage, die Stellung des Juden in der Welt, als die Frage des Menschen, denkt sie als Frage zunächst des ›Proletariats‹ durch.«

Eine grandiose Fehllektüre des Marxschen Textes nach dem Motto, daß nicht sein kann, was nicht sein darf. Daß Marxens Gleichsetzung des Juden mit Geld, mit Schacher und Wucher dann zu einem feststehenden antisemitischen Topos der Nazis werden sollte, ist nicht nur Ironie der Geschichte.

Nun also zurück zu den Brüdern Bauer, der »Heiligen Familie« in Charlottenburg.

Am 7. August 1843 erschien in Egbert Bauers Verlag die Schrift seines Bruders Edgar »Der Streit der Kritik mit Kirche und Staat«. Das rief sogleich nicht nur die Zensurbehörde, sondern auch die Polizei und die Justiz auf den Plan. Das Buch wurde verboten und dem Autor am 8. November 1843 der Prozeß gemacht. Im September 1844 wurde das Urteil verkündet, es lautete auf drei Jahre Festungshaft. Kurz nach Beendigung des Prozesses erschien in dem radikalen Schweizer Verlag »Der Proceß Edgar Bauers über das von ihm veröffentlichte Werk: Der Streit der Kritik mit Kirche und Staat. Aktenstücke 1844«. Edgar Bauer hatte die Vernehmungsprotokolle abgeschrieben und in die Schweiz geschickt. Das war für das Oberappellationsgericht Anlaß genug, die Strafe auf vier Jahre zu erhöhen. Die Polizei verhaftet Edgar am 9. Februar 1845 und deportiert ihn nach Magdeburg in die dortige Festung. Dort verbleibt er bis zum 18. März 1848, dann kommt er, im Zuge der Amnestie für alle politischen Gefangenen im Gefolge der Märzrevolution, frei. Er kehrt umgehend nach Charlottenburg zurück, zieht zu seinem Bruder Egbert und stürzt sich sogleich in revolutionäre Aktivitäten. Das kam aber nicht gut an, in Charlottenburg. Robert Springer berichtet darüber: »Charlottenburg war nächst Teltow in der Umgebung Berlin's der Hauptsitz der Reaction geworden. Die Gefangenen in der Märznacht waren auf ihrem Transporte nach Spandau von den Charlottenburgern geschmäht und mißhandelt worden, man hatte den Erschöpften sogar auf ihre dringendsten Bitten den Trunk Wasser verweigert ... [der] Pöbel ... drang in die Häuser der Demokraten, mißhandelte sie in ihren Zimmern, durchstach die Betten, damit die etwa Versteckten nicht der Rache entgingen, zerrte die Verwundeten auf die Straße und setzte die Gewaltthätigkeiten dort im Angesicht der unter dem Gewehr stehenden Garden fort. Diese verhinderten nicht nur die Unmenschlichkeiten nicht, sondern machten sogar den Verfolgern Platz, wenn sich die Verletzten unter sie geflüchtet hatten. Auf diese Weise wurden u.a. der Kaufmann Hagist, ein Diener des Kaufmanns Meyer, Bruno und Egbert Bauer gemißhandelt ... Die wegen Theilnahme an den Excessen eingezogenen Reactionäre setzte man sehr bald wieder auf freien Fuß, doch blieb das freundliche Städtchen, welches früher so gern und zahlreich von den Berlinern besucht worden war, fortan, mit Ausnahme des türkischen Zeltes, wo die Banquiers mit den Gardeofficieren geistreich beim Kaffee politisirten, leer und als reactionäres Mordnest gemieden, und selbst die alten Karpfen im Schloßteiche, der liebreichen Atzung mit Berliner Semmeln entbehrend, mochten schmerzlich empfunden haben, daß sich die Politik in ihr langjähriges vergnügtes Dasein gedrängt habe.«

Der oben geschilderte Exzeß geschah am 20. August 1848, einem Sonntag. Im Zieglerschen Kaffeehaus in der Wallstraße 46 (heute Zillestraße) sollte analog dem Berliner demokratischen Verein ein Charlottenburger Pendant gegründet werden. Aber so weit kam es erst gar nicht. Als die ersten Teilnehmer eintrafen, waren sie nicht allein. Vor ihrem Treffpunkt standen mit Knüppeln bewaffnete Kirchgänger, die sich ärgerten, daß dieses gottlose Volk parallel zum Gottesdienst tagen wollte. Man prügelte auf sie ein. Die so Empfangenen flüchteten in Egbert Bauers Zigarrenladen und Wohnung. Was dann geschah, schildert der Korrespondent der »Neuen Rheinischen Zeitung« so:

»Als sich dieselben bei dem Buchhändler Egbert Bauer versammelten, stürmten sie [die Verfolger] dessen Haus, zogen ihn sowohl als seinen Bruder, Bruno Bauer, auf die Straße, und prügelten und mißhandelten beide. Das zweite Garderegiment, welches zur Parade aufgestellt war, sah der Sache ruhig und lächelnd zu. Die Bürgerwehr, die sich unter den Pöbel mischte, leistete zwar wesentliche Dienste, aber nicht im Interesse der Ruhe, sondern beim Mißhandeln der Demokraten. Bauer's Haus wurde demolirt, der Kaufmann Jakoby aus seinem Haus geschleppt und höchst gefährlich verwundet; einem Arbeiter ist das Bein zerschlagen. Die Polizei war ruhig auf dem Platze und sah mit großer Gemüthlichkeit zu. Der Major der Bürgerwehr brachte die beiden Bauer nach dem Schulhause, äußerte aber, daß er nicht im Stande sei, die Bürgerwehr zur Aufrechterhaltung der Ruhe herbeizuholen; die Leute lachten ihn aus ... Ein verwundeter Maurer hat zu Protokoll ausgesagt, daß der Herr Land- und Stadtgerichtsdirektor Gartz die Leute aufgefordert habe, Bauer's Haus zu demoliren und sich erboten es zu beschwören.«

Kein Wunder, daß es zwei der Bauer-Brüder nicht mehr in Charlottenburg hielt, sie zogen nach Berlin. Bruno in die Dernburger Straße 17 und Edgar in die Friedrichsgracht 8. Dort erschienen am Morgen des 27. August zwei Polizeibeamte, um Edgar zu verhaften. Der hatte Glück, er war nicht zu Hause. Ein zufällig vorbeikommender Eisenbahnarbeiter gab sich als Edgar Bauer aus und wurde mit auf die Wache genommen, doch im Gefängnis flog der Schwindel recht bald auf, saßen doch noch andere Mitglieder des Demokratischen Vereins dort ein, die Edgar kannten. Edgar, dem dieses Bubenstück hinterbracht wurde, tauchte auf der Stelle in Berlin unter. Das erboste Prinz Wilhelm von Preußen, den nachmaligen deutschen Kaiser, so sehr, daß er an den Befehlshaber der preußischen Truppen in Berlin General Wrangel am 10. Februar 1849 schrieb: »So weiß ich, daß fast täglich im Lokale Urania republikanische Versammlungen von 100–150 Personen stattfinden, und niemand stört sie, obgleich dies versammeln ganz gegen den Belagerungszustand stattfindet. So sollte Edgar Bauer seit 3 Monaten arretiert werden, er ist nicht zu finden und doch hat er Berlin in dieser ganzen Zeit *nicht* verlassen und besucht sogar öffentliche Lokale!«

Aber langsam wurde es Edgar Bauer doch im Untergrund zu mulmig und er machte sich Ende Februar 1849 aus dem Staube. Er begab sich nach Hamburg, wo er bei verschiedenen Zeitungen als Redakteur arbeitete. Das ging bis 1851 gut. Da bekam die Berliner Polizei spitz, daß der von ihr immer noch steckbrieflich gesuchte Bauer in Hamburg gesehen worden sei. Sie bat ihre Kollegen um Amtshilfe. Diese fanden nach kurzer Recherche heraus, daß ein für die »Norddeutsche Freie Presse« arbeitender Journalist, Eduard Lange aus Danzig, polizeilich nicht gemeldet war. Lange wurde verhaftet, und nach einem Verhör gestand er, Edgar Bauer zu sein. Bei der anschließenden Wohnungsdurchsuchung konnte er mit seiner Verlobten und dem gemeinsamen Kind verschwinden. Über Flensburg und Kopenhagen gelangte er schließlich nach London. Hier traf er am 13. Oktober 1851 ein. Seine Ankunft sprach sich in deutschen Emigrantenkreisen schnell herum. Am gleichen Tag berichtet Marx Engels: »Edgar Bauer soll auch hier sein. Ich habe ihn noch nicht gesehen.« Das sollte sich jedoch recht bald ändern. Bauer, kaum in London, nahm er schon Kontakt mit der deutschen Migrantenszene auf. Auch mit Marx traf er wieder zusammen. Vergessen war scheinbar die Schmähschrift »Die heilige Familie«. Einmal die Woche schaute er in der Dean Street vorbei und unternahm mit Marx so manchen Streifzug durch die näheren und ferneren Kneipen in Soho. Wilhelm Liebknecht erinnerte sich an einen solchen Streifzug im April 1854:

»Eines Abends war Edgar Bauer ... aus seiner Einsiedelei von Highgate ›in die Stadt‹ gekommen, um eine ›Bierreise‹ zu machen. Das Problem war: in jedem Wirtshaus zwischen Oxford Street und Hampstead Road ›etwas‹ zu ›genehmigen – bei der gewaltigen Anzahl von Kneipen in jenem Stadtstrich auch bei äußerster Beschränkung des ›etwas‹ eine sehr schwierige Aufgabe. Wir gingen unerschrocken ans Werk und kamen auch glücklich bis ans Ende der Tottenham Court Road ... Nun hatten wir an der ›Bierreise‹ vorerst genug und, um das Blut etwas austoben zu lassen, begannen wir einen Dauerlauf, bis Edgar Bauer über einen Haufen Chausseesteine stolperte. ›Hurra, eine Idee!‹ Und in Erinnerung an tolle Studentenstreiche, raffte er einen Stein auf und kladderadatsch! eine Glaslaterne flog klirrend in Scherben. Unsinn steckt an – Marx und ich blieben nicht zurück, und wir zerbrachen vier oder fünf Laternen – es mochte gegen 2 Uhr morgens gewesen sein, die Straßen waren also leer. Allein das Geräusch erregte doch die Aufmerksamkeit eines Policeman, der rasch entschlossen seinen Kollegen im Revier ein Signal gab. Und sofort ertönten Gegensignale. Die Sache ward kritisch. Zum Glück überschauten wir die Situation; und zum Glück kannten wir das Terrain. Wir stürmten voran, drei oder vier Policeman in einiger Entfernung hinter uns. Marx entwickelte eine Behendigkeit, die ich ihm nie zugetraut hätte. Und nachdem die wilde Jagd etliche Minuten gedauert hatte, gelang es uns, in eine Seitengasse einzubiegen und dort durch eine ›Allee‹ – einen ›Hof‹ zwischen zwei Straßen – hindurchzulaufen, von wo wir den Policemen, welche die Spur verloren, in den Rücken kamen. Nun waren wir sicher. Unser Signalement hatte sie nicht, und wir erreichten ohne weiteres Abenteuer jeder von uns sein Heim.«

Nach diesem postpubertären Jux brach der Kontakt der ehemaligen Studienfreunde für etwa ein Jahr ab. Warum auch auch immer. Marx schweigt darüber und auch von Edgar Bauer gibt es keine Auskünfte darüber. Das ist etwas sonderbar, wie wir später noch sehen werden. Plötzlich, im Dezember 1855, bekommt Marx aus heiterem Himmel Besuch. An Engels schreibt er am 14. Dezember: »Vorgestern abend erhielt ich einen Besuch, den Du nicht errätst. Edgar Bauer – den ich seit ungefähr einem Jahr nicht gesehen – kam und mit ihm – Bruno. Er ist schon seit vierzehn Tagen hier und will about 6 months hierbleiben ... Der Mann hat sichtbar gealtert, die Stirne ist gewachsen, und er macht mehr oder minder jetzt den Eindruck eines pedantischen alten Professors. Einstweilen logiert er bei Edgar, in einer Hütte somwhere about dem Ende von

Highgate ... Wenn du kommst, werden wir uns sehr mit dem alten Knaben amüsieren.«

Es sollte nicht der letzte Kontakt sein zwischen Marx und Bruno Bauer. Man traf sich hin und wieder, plauderte und tauschte alte Erinnerungen aus. Marx berichtete nach jedem Treffen an Friedrich Engels, was so ablief. Ergiebig sind die Briefe aber nicht. Marx läßt nichts Privates raus. Nur Belangloses weiß er dem Kampfgefährten zu erzählen. Macht sich lustig über seinen einstigen Mentor. Bruno bleibt auch nicht mehr allzu lange in England. Es ist nicht sein Land. Als Privatgelehrter sieht er hier keine Chance. Er hat auch keinen reichen Fabrikanten im Hintergrund, der ihn finanzieren könnte. Enttäuscht kehrt er nach Berlin zurück. Ob er gewußt oder mitbekommen hat, was sein Bruder so in London trieb? Es ist fraglich! Es ist fraglich deshalb, weil er es wahrscheinlich nicht gutgeheißen hätte. Denn Bruder Edgar war Agent. Agent, der die europäischen Emigranten, die sich in London aufhielten, legal oder illegal, ausspionierte. Auch Marx wußte nicht, was Edgar so trieb. Hätte er es gewußt, wäre er wahrscheinlich nicht so zutraulich gewesen. Neun Jahre lang war Edgar Bauer das Ohr der dänischen Regierung, denn der König von Dänemark war auch Herzog von Schlewig und Schleswig war Mitglied im Deutschen Bund. Lesen wir einmal in seinem Bericht vom 7. November 1852, denn der gilt Karl Marx: »Karl Marx ist ein junger Mann in der ersten Hälfte der Dreißiger. Er ist aus ziemlich wohlhabender Familie in Trier, studirte in Bonn die Rechte, sodann in Berlin Philosophie, kaufte sich in Jena den Doktortitel und wurde im Herbst des Jahres 1842 zur Redaction der Rheinischen Zeitung berufen ...«

So geht das seitenweise weiter. Nichts, was einen beunruhigen müßte, würde man es kennen. Das, was er über Marx berichtet, könnte in jedem Lexikonartikel über ihn stehen, wenn zur damaligen Zeit über Marx im Lexikon geschrieben worden wäre. Bis 1861 schrieb er 135 Berichte für die dänische Regierung, die, man muß es sagen, zwar sehr aufmerksam gelesen wurden, aber niemandem schadeten. Dann gab es 1861 einen Thronwechsel in Preußen und mit ihm eine politische Amnestie. Bauer war auf einmal in London ohne rechtes Einkommen. Kurzentschlossen, da auch jetzt nicht mehr nach ihm gefahndet wurde in Preußen, er also unter die Amnestie gefallen war, schiffte sich er sich mit seiner Familie am 16. Mai 1861 auf der »Castor« nach Hamburg ein. Nach einer kurzen

Übergangszeit bei seinen Schwiegereltern in Hamburg, die dazu diente, das Feld für publizistische Aktivitäten zu sondieren, übersiedelte er im Herbst nach Berlin. In der Potsdamer Straße 42a fand die Familie bis 1868 eine Wohnung. Der Kontakt zur dänischen Regierung brach nicht ab – oder anders gesagt, er wurde erneuert. Edgar Bauer berichtete nun über Bismarcks Politik, über Meinungen und Stimmungen in der Bevölkerung. 1868 verließ Bauer mit seiner Familie Berlin, um beim »Altonaer Mercur« eine Redakteursstelle anzunehmen. Grund genug für uns, ihn zu verlassen. Aber wir bleiben noch etwas bei der Familie Bauer. Am 10. Januar 1857 schrieb Karl Marx an Engels in Manchester: »Von Bruno Bauer habe ich einen ganzen lot pamphlets, die er während des russischen Krieges schrieb. Schwach und prätentiös. Der brave Mann hat jetzt zusammen mit seinem Bruder Egbert 50 Acker Land vor Berlin von dem Berliner Magistrat gepachtet. Edgars, des Londoners, alte Schwiegermutter – alte Wäscherin oder somthing of the sort – soll das ›Marktliche‹ besorgen. Dies, schreibt Bruno an Edgar, sei der Weg zur ›Unabhängigkeit‹. Er zahlt 5 Reichstaler Rente per acre, also 250 Reichstaler jährlich. Es ist eine alte Brache. Von dem Gewinn und Produkt dieses Landes denkt Bruno in den Stand gesetzt zu werden, mit Muße seine ›Geschichte des Urchristentums‹ zu schreiben, die als ›historische‹ Probe auf seine Evangelienkritik dienen soll. Es sind dies artige kritische Phantasien, und einigermaßen mag Bruno influenziert gewesen sein durch die Reminiszenz, daß Faust im 2. Teil Grundeigentümer wird. Er vergißt nur, daß Faust das Geld zu dieser Transformation vom Teufel erhielt.«

So hämisch kann nur schreiben, wer in jenem Zustand sich befindet, der von der katholischen Kirche als der Stand der Gnade umschrieben wird. Marx schüttet hier wieder einmal seine ganze Häme über jemand aus, der im Gegensatz zu ihm versuchte, mit eigener Hände Arbeit Geld zu verdienen, um so die Möglichkeit zu haben, wissenschaftlich zu arbeiten. Marx, der, seit er in London lebt, sich von seinem »Kampfgefährten« Engels nicht nur übers Bargeld alimentieren läßt, sondern auch noch die Arbeitskraft des Fabrikanten Engels in Anspruch nimmt und ihn Artikel schreiben läßt, die dann unter seinem Namen veröffentlicht werden, denn das meiste, was in den USA in der »New York Daily Tribune« erschien, war von Engels verfaßt, schüttet über Bauer, der mit Landwirtschaft und Schreiben versucht zu überleben, seinen Hohn aus. Pfui!

Bruno Bauer als Bauer also.

1859 zog Bruno Bauer nach Rixdorf, dem nachmaligen Neukölln. In der Rosenstraße 1 (heute Uthmannstraße) mietete er sich eine Wohnung. Drei Jahre sollte er hier wohnen, dann übersiedelte er in die Hermannstraße 82 zu seinem Bruder Egbert, der hier mit seiner Familie eine kleine Landwirtschaft betrieb. Bruno richtete sich in einem umgebauten Kuhstall ein Zimmer her, wo er mit seiner Bibliothek einziehen und arbeiten konnte.

David M. Benett, der Bauers Schrift »Christus und die Cäsaren« ins Englische übertragen hatte, erinnerte sich an einen Besuch in Rixdorf im Jahre 1879: »Wir trafen den alten Weisen in seinem Studierzimmer mitten unter seinen Büchern und Papieren an. Er machte den Eindruck einer geistigen Verfassung ersten Ranges. – Als ich den Ort verließ, fühlte ich, daß ich mit einem großen Denker unserer Zeit verkehrt hatte.«

Neben der Landwirtschaft, bei der er seinem Bruder zu Händen ging, war er Mitarbeiter an der rechts-konservativen »Kreuz-Zeitung« sowie an dem von Wagener herausgegebenen konservativen Staats- und Gesellschaftslexikon. Das Lexikon war ihm Forum für seine antisemitischen Tisaden. Seine Artikel sollten eine wesentliche Rolle bei der Konstitution des deutschen Antisemitismus als Heilslehre spielen. Theodor Fontane, wie Bruno Bauer Mitarbeiter der »Kreuz-Zeitung«, erinnert sich: »Bruno Bauer ... [der] nicht bloß Bauer hieß, sondern auch Bauer war – noch dazu Rixdorfer Bauer ... man muß diesen Mann gesehen haben ... In hohen Schmierstiefeln und altem grauen Mantel, einen Wollshawl um den Hals und eine niedergedrückte Schirmütze auf dem Kopf, kam er, den Knotenstock in der Hand jeden Sonnabend von Rixdorf hereingestapelt, um auf der Kreuzzeitungs-Druckerei Bestimmungen über seine Artikel zu treffen. Seine kleinen dunkeln Augen, klug, aber unfreundlich, beinah unheimlich, bohrten alles an, was ihm in den Weg kam ... Die Bauers waren sehr klug, aber wenig angenehm.«

Bauer schrieb für alle möglichen konservativen Publikationen. Diese Arbeiten ermöglichten ihm zweierlei: einmal das nackte Überleben, und zum anderen probierte er in den diversen Zeitschriften und Blättern die Wirkung seiner Schriften aufs Publikum aus: »Als ich mich mit der ersten Ausführung meiner Evangelienkritik beschäftigte, las ich zuweilen in den Zeitungen, wie Louis Philippe, wenn er eine publizistische Schrift abfasste oder von einem Gehilfen entwerfen ließ, sie erst in die Presse gab und dann in dieser halbfertigen Gestalt noch einmal musterte und nach dem Eindruck, den sie auf ihn machte, umarbeitete. Das gefiel mir, so etwas wünschte ich mir auch, es schien mir herrlich, eine Schrift, ehe sie dem Publikum als ein fertiges Werk übergeben würde, gedruckt vor Augen zu haben und zu sehen, wie ihr für die rechte Wirkung noch nachgeholfen werden könnte.«

Bruno Bauer war in späten Jahren das, was man ein Original nennen könnte. Wenn er, mit einem altmodischen schwarzen Frack mit gelber Weste und einem alten blauen Mantel angetan, das selbstangebaute Gemüse mit einem gemieteten Gespann zum Berliner Markt fuhr, wo es von Egberts Schwiegermutter verkauft wurde, drehte man sich nicht nur nach ihm um und wurde er belächelt, sondern die Kinder rannten hinter ihm her und sangen Spottverse. Kurz vor seinem Tod, 1882, gründete er die »Internationale Monatschrift« im Schmeitzerschen Verlag, dessen Hauptmitarbeiter er bis zu seinem Tode war. Diese Internationale Monatschrift war so was wie das Zentralorgan des Antisemitismus. Unter den Mitarbeitern befand sich auch Friedrich Nietzsche. Nach Bauers Tod, er starb am 13. April 1882 an einer Lungenentzündung, wurde die Zeitschrift in »Antisemitische Monatschrift« umbenannt.

Sechs Jahre nach Bauers Tod erkundigte sich Friedrich Nietzsche nach der Umwelt seines ehemaligen Kollegen bei seinem Freund Peter Gast, der damals gerade in Berlin, in der Lindenstraße 116 (heute Ecke Mehringplatz) lebte. Gast antwortete: »... Am Sonntag war ich in Rixdorf, um zu sehen, wie das Nest ausschaut, in welchem es Bruno Bauer aushielt, zu leben. Aber unbegreiflich! Eine Öde, eine landschaftliche Dummheit wie sie nur die kühnste Phantasie eines Gogol erdenken läßt. Das Einzige was da Charakter hat, sind die drei oder vier vorhandenen Windmühlen.«

Verlassen wir die Rixdorfer »Einöde« und den reaktionären Junghegelianer und erklärten Antisemiten Bruno Bauer und kehren wir von unserem Ausflug nach Berlin zurück. Der Weg dorthin wird uns aber über Dresden und Italien führen.

Im Oktober 1818 brach der dreißigjährige Arthur Schopenhauer zu seiner ersten Italienreise auf. Er hatte gerade seine Affäre mit der Dresdener Kammerzofe beendet und an den Verleger Brockhaus das Manuskript seines Hauptwerkes »Die Welt als Wille und Vorstellung« abgeschickt. Die Veröffentlichung konnte er zwar kaum erwarten, aber die ersten Kritiken wollte er nicht in Dresden lesen, sondern mit Abstand in dem »Land, wo die Citronen blühen«. Von Goethe, dessen »Italienische Reise« gerade erschienen war, holte er sich noch Rat und ein Empfehlungsschreiben an Lord Byron, der sich gerade in Venedig aufhielt, wo Schopenhauer Anfang November 1818 eintraf. Hier erreichte ihn im Mai 1819 ein Brief seiner Schwester, der Unheil verkündete und zum vorzeitigen Ende seiner mit soviel Enthusiasmus begonnen Italienreise führte: »Vielleicht erhälst Du diesen Brief zwei Tage später als den anderen – in diesen zwei tagen liegt die Umwälzung meines ganzen Erdengeschicks – Muhl hat falliert ... Entsetzlich ist's daß *Muhl* nicht einmal die fälligen geschickt hat – wir sind ganz ohne Geld, obendrein noch manches schuldig.«

Was war passiert? Im Mai 1819 hatte das Danziger Handelshaus A. L. Muhl & Co., bedingt durch die Nachwehen der napoleonischen Kriegswirren, die Zahlungen an seine Gläubiger eingestellt. Bei Muhl hatten Schopenhauers Mutter und seine Schwester ihr gesamtes Vermögen stehen und Arthur immerhin ein Drittel, d.h. knapp über 6.000 Taler. Muhl bot seinen Gläubigern einen Vergleich zu 30 Prozent an. Da war er aber bei Arthur gerade an den richtigen gekommen. Der sagte sich nämlich, und nicht nur sich, sondern auch Muhl, daß er als Gläubiger, dessen Forderungen noch nicht fällig waren, mit dem Vergleich nichts zu tun habe. Er wollte warten, bis Muhl sich wieder erholt haben würde, um dann seine Wechsel zu kündigen. Aber er würde einem Vergleich, so er zustande käme, keine Steine in den Weg legen. Arthur pokerte hoch und gewann. Er rettete so sein gesamtes bei Muhl deponiertes Vermögen, während die anderen Gläubiger, darunter seine Mutter und seine Schwester, durch den Vergleich zwei Drittel des ihrigen verloren. Schopenhauers Vabanquespiel führte zum endgültigen Bruch mit der Mutter und zur zeitweisen Entfremdung in der Beziehung zu seiner Schwester. Die Krise des Handelshauses Muhl brachte aber noch eine Veränderung in sein Leben. Schopenhauer sah sein Dasein als Privatgelehrter gefährdet. Er sah sich nach einer ihm gemäßen Arbeit um, und das hieß, er suchte sich eine Universität aus, an der er sich habilitieren konnte. Nach langem Hin und Her entschied er sich für die Berliner Universität. Am 31. Dezember 1819 schickte er sein Habilitationsgesuch an den Dekan der Philosophischen Fakultät, Professor August Boeckh. Seinem Curriculum vitae stellte er einen Satz von Horaz auf Latein voran: »Du magst die Natur mit der Mistgabel austreiben, sie kehrt doch zurück.« Das schreckte noch niemanden in Berlin ab, denn am 21. Januar 1820 schrieb Professor Boeckh zurück, daß Herr Dr. Schopenhauer willkommen sei. Und am 31. Januar 1820 teilt Schopenhauer der hohen Philosophischen Fakultät mit, daß er wahrscheinlich Mitte März in Berlin eintreffen werde. Am 13. März ist es soweit, Arthur verläßt Dresden und erreicht vier Tage später Berlin. Viel Zeit zur Wohnungssuche bleibt ihm nicht. Er nimmt, was kommt, und zieht wieder, wie schon 1811 während seines Studiums, in die Letzte Straße 34 (heute Dorotheenstraße 55), zur Witwe Otto. Hier bereitete er sich auf seine Probevorlesung »Ueber die vier verschiedenen Arten der Ursache« vor, die er am 23. März 1820 im Sitzungssaal der Berliner Universität hält. Nach einem kleinen Disput mit Hegel über den Begriff der animalischen Funktionen erhält er die venia legendi. Und schon kurz darauf, noch im März, beginnt Schopenhauer mit seinem Kolleg über »Die gesamte Philosophie oder die Lehre vom Wesen der Welt und vom menschlichen Geiste«. Er las sechsmal wöchentlich von 5 bis 6 Uhr abends und zwar zur gleichen Zeit wie sein philosophischer Intimfeind Hegel. Nur mit dem Unterschied, daß bei ihm fünf Studenten saßen und bei Hegel, der über »Logik und Metaphysik« las, über zweihundert. Für das Wintersemester kündigte er die Vorlesung noch einmal an, aber jetzt interessierte sich überhaupt niemand mehr dafür. Einen letzten Versuch startete er im Wintersemester 1821/22 mit der Ankündigung, daß er nun gedenke, »Über die Grundlegung der Philosophie oder die Theorie der gesamten Erkenntnis« zu lesen. Auch dieses Thema lockte keinen hinter dem Ofen hervor, so daß er es aufgab. 24 Semester sollte Schopenhauer der Berliner Universität als Dozent angehören, aber nur in einem Semester hatte er vor Zuhörern gelesen. Warum er nicht gleich nach seinem Fiasko im ersten Semester die Koffer gepackt hatte, um die Stadt, die er nicht liebte, zu verlassen,

Arthur Schopenhauer (1788–1860).

wird ewig ein Rätsel sein. Er verließ zwar die Stadt nicht, aber dafür wechselte er häufig sein Quartier. Von der Letzten Straße 34 zog er Anfang April um in die Kronenstraße 55. Hier wohnte er im zweiten Stock bei einem Dr. Wagner zur Untermiete, aber auch hier hielt er es nicht lange aus. Schon Ende April hatte er sich neu einquartiert, dieses Mal bei der Witwe Dorothea Marie Becker in der Niederlagstraße 4. Schopenhauer bewohnte in dem schmalen dreistöckigen Haus zwei Zimmer, und zwar ein nach vorne herausgehendes Studierzimmer und das nach hinten gehende Schlafzimmer. Speisen tat unser philosophischer Frührentner first class im Hotel Russischer Hof Unter den Linden 23. Hier hatte der Hof-Traiteur Jagor ein Speiserestaurant eingerichtet. Heinrich Heine, der 1821 im Nachbarhaus Unter den Linden 24 wohnte, berichtet über Jagor:

»... Jagor! Eine Sonne steht über diese Paradies Pforte. Treffendes Symbol! Welche Gefühle erregt diese Sonne in dem Magen eines Gourmands! Wiehert er nicht bei dem Anblick wie das Roß des Darius Hystaspis? Kniet nieder, ihr modernen Peruaner, hier wohnt – Jagor! Und dennoch, diese Sonne ist nicht ohne Flecken. Wie zahlreich auch die seltenen Delikatessen sind, die hier auf der täglich neu gedruckten Karte angezeigt stehen, so ist die Bedienung doch oft sehr langsam, nicht selten ist der Braten alt und zähe, und die meisten Gerichte finde ich im ›Café Royal‹ weit schmackhafter zubereitet. Aber der Wein? Oh, wer doch den Säckel des Fortunatus hätte! – Wollen Sie die Augen ergötzen, so betrachten Sie die Bilder, die hier im Glaskasten des Jagorschen Parterre ausgestellt sind. Hier hängen nebeneinander die Schauspielerin Stich, der Theologe Neander und der Violinist Boucher!«

Es war ein Haus mit Geschichte, worauf Heine ganz diskret hinwies, mit der Sonne! Denn bevor hier der Russische Hof um 1800 seine Pforten öffnete, residierte hier seit 1763 der Gasthof »Zur Sonne«. Hier übernachten bei seinem Berlinbesuch am 15. Mai 1778 für fünf Tage der neunundzwanzigjährige Goethe und dann, schon im Russischen Hof, 1804 Friedrich Schiller mit seiner gesamten Familie. Dieser historische Ort mußte 1869 einem Neubau weichen, der berühmten Lindenpassage, von der der »rasende Reporter« Egon Erwin Kisch schreibt: »Das Schönste von Berlin ist die Lindenpassage. Das Schönste der Lindenpassage ist das Passagenpanoptikum. Das Schönste vom Passagenpanoptikum ist das

Anatomische Museum. Das Schönste vom Anatomischen Museum ist das Extrakabinett. Das Schönste vom Extrakabinett ist – pst!«

Gut, Herr Kisch, wir schweigen über »das Schönste« des Extrakabinetts und kehren kurzentschlossen zu Schopenhauer und seinem Berlin zurück. Es war eine unruhige Zeit für Berlin, als sich Schopenhauer hier für elf Jahre niederließ. Etwa vergleichbar mit der Zeit nach der Wende 1989. Damals wie heute schickte die Stadt sich an, ihr Gesicht zu verändern. Schinkel begann gerade, das barocke Berlin zu eliminieren und durch seine neoklassizistischen Bauten zu ersetzen. Und Schopenhauer mittendrin. Die Schloßbrücke entstand, die Friedrichswerdersche Kirche, die Bauakademie, um nur um einmal die Großbauten in seiner unmittelbaren Umgebung aufzuzählen. Für die Bauakademie und die Kirche wurden in der Niederlagstraße viele barocke Häuser abgerissen. Aber nicht nur vom Baulärm fühlte sich Schopenhauer damals gestört, sondern auch noch von einer Frau.

Schopenhauer und die Frauen also.

Folgendes trug sich am frühen Abend des 12. August 1821 im Hause Niederlagstraße 4 zu. Schopenhauer, der gerade von einem Spaziergang zurückkehrte, erwartete seine Geliebte, die Choristin Caroline Médon, zu einem trauten Stelldichein. Als er seine Wohnung betrat, bemerkte er in seinem kleinen Entrée drei Frauen, Caroline Marquet, Auguste Elke und Henriette Mendel, die sich dort unberechtigterweise aufhielten. »Frauenzimmer« vor seiner Wohnung, in seinem Entrée. Nein, das geht zu weit. Überdies erwartet er seine Geliebte. Da kann er keine »schwatzhaften« Zeuginnen gebrauchen. Raus mit ihnen. Aber, seiner Aufforderung zu gehen kamen nicht alle nach. Seine neue Nachbarin, Frau Marquet, blieb einfach stur sitzen. Im Entrée stand ihre Truhe, was Schopenhauer nicht wußte. Ihrer beider Wirtin hatte es ihr gestattet, sie dort abzustellen. Und daraus leitete sie ab, daß sie ein Recht habe, sich bei ihrer Truhe auch aufzuhalten. Die Geliebte im Anmarsch, eine renitente Näherin vor der Schlafzimmertür, unser Philosoph wird gewalttätig. Er setzt die Näherin kurzerhand vor die Tür. Das Rendezvouz war gelaufen. Schopenhauer kochte vor Wut und kündigte am nächsten Tag erst einmal die Wohnung. Und Frau Marquet ging am 13. August zum Stadtphysikus Dr. Klug und ließ sich untersuchen. Dieser stellte fest, daß an ihrer linken Backe eine Warze eingerissen sei, sie blaue Flecken am linken Oberarm sowie am

Ellenbogen des rechten Arms habe und daß sie über Stiche und häufiges Zittern klage. So ausgerüstet mit einem ärztlichen Attest, erhob sie vor dem Berliner Hausvogteigericht Klage gegen Schopenhauer wegen tätlicher Beleidigung, denn dieser hatte sie nicht nur mit Gewalt vor die Tür gesetzt, sondern auch noch als »altes Luder« beschimpft.

Was nun folgte, war ein über mehrere Jahre sich erstreckender wechselnder Prozeß, an dessen Ende Schopenhauer dazu verurteilt wurde, an Frau Marquet vierteljährlich 15 Taler Alimente zu zahlen. Aber so weit sind wir noch nicht. Hören wir, was Schopenhauer selbst zu dem Vorfall zu sagen hatte. Der ganze Briefwechsel zu den Prozessen vor den diversen Gerichten legt offen, daß nicht sein mehrbändiges Werk »Die Welt als Wille und Vorstellung« als sein Hauptwerk anzusehen ist, sondern seine Schriftsätze und Einlassungen gegenüber seinem Anwalt und den Justizbehörden.

»Die gegen mich erhobene Klage ist eine monströse Verdrehung und Entstellung eines sehr unbedeutenden Vorfalls, der sich am 12. August zugetragen; ebenso sind auch die dabei obwaltenden Umstände ganz falsch angegeben. Nachstehend ist der wahre Bestand der Umstände und der Thatsachen ... Als ich ... [nach] Hause kommend ... drei Frauenzimmer in der Entrée sah, war mein Erstes, daß ich unser Dienstmädchen, die sich darunter befand, nach der Wirtin fragte, indem ich durch diese wollte die Frauenzimmer aus der Entrée wegweisen lassen. Da ich nun vernahm, die Wirtin sei nicht zu Hause, kündigte ich den Frauenzimmern selbst an, daß ihnen hier kein Aufenthalt gestattet sei, indem die Wirtin mir die ausdrückliche Zusicherung gegeben, daß Niemand sich hier aufhalten dürfe. Ich forderte sie demnach auf, sich sogleich weg zu begeben. Die beiden Mädchen machten keine Schwierigkeiten zu gehn: bloß die Klägerin verweigerte es, aus dem Grund ›daß sie eine honette Person sei‹. Ich wiederholte nachdrücklich meine Aufforderung und gieng in mein Zimmer mit dem Bedeuten, daß ich sie nicht wieder finden wolle, wenn ich herauskäme. Nach einer Weile ging ich wieder heraus ... Ich forderte nun abermals die Klägerin auf zu gehn und bot ihr meinen Arm, um sie herauszuführen, wie die Zeugen bestätigen werden. Sie beharrte darauf, bleiben zu wollen. Endlich drohte ich, sie herauszuwerfen, und da sie mir Trotz bot, geschah dieses ... Ich faßte sie, wie es zweckmäßig war, um den ganzen Leib und schleppte sie hinaus, obgleich sie sich aus Leibeskräften wehrte. Draußen schrie sie, daß sie mich verklagen wolle und schrie auch nach ihren Sachen, die ich ihr dann schleunigst nachwarf ... Nun aber erkläre ich für gänzlich falsch und erlogen die Angabe, daß ich der Klägerin die Haube abgerissen, daß sie ohnmächtig geworden und vollends, daß ich sie mit Füßen getreten und mit der Faust geschlagen. Davon ist kein Wort wahr und wer mich nur Etwas kennt, wird a priori einsehn, daß eine solche brutale Rohheit bei meinem Karakter, Stande und Erziehung sich gar nicht denken läßt... Auch habe ich sie nicht ›Luder‹ und ›altes Mensch‹ geschimpft, sondern nur einmal in Subjekt und Prädikat, ›altes Luder‹.«

Genug fürs erste. »Wer mich nur etwas kennt ...«, tja, Pech für ihn, daß ihn niemand vor Gericht kannte, und so kam es, daß er in erster Instanz zur Zahlung von 20 Talern verurteilt wurde. Nun gut, Schopenhauer ist zwar nicht zufrieden, aber er akzeptiert das Urteil und tritt am 27. Mai 1822 seine zweite Italienreise an.

Das hätte er besser gelassen, denn Frau Marquet ist mit dem Urteil überhaupt nicht einverstanden. Sie geht in Revision und fordert eine jährliche Alimentation. Und sie bekommt recht. Da Schopenhauer nicht in Berlin ist, sondern auf Reisen, wird sein Vermögen beim Bankhaus Mendelssohn & Fränkel beschlagnahmt. Er kehrt überstürzt nach Berlin zurück und geht in Berufung. Diesesmal hatte er Erfolg. Die Ansprüche von Frau Marquet werden vom Appellationssenat zurückgewiesen. Nun geht Frau Marquet zum Obertribunal. Und bekommt wiederum recht. Schopenhauer kocht. Als letzten Ausweg sieht er nur noch, sich an den preußischen Justizminister Graf von Danckelmann zu wenden: »Ew. Excellenz hohe Berufsgeschäfte zu unterbrechen, um Ihre Aufmerksamkeit, wenn auch nur auf wenige Minuten, für eine Privatsache in Anspruch zu nehmen, ist ein Unterfangen, dessen ich mich nicht erdreisten würde, wenn ich nicht wüßte, daß mein Fall wirklich zu den außerordentlichen gehört, bei denen daher eine außerordentliche Bewilligung, welche nur von Ew. Excellenz ausgehn kann, kein unziemliches Begehren ist.«

Und dann folgt seitenweise der ganze Fall von Anfang an: langweiliges Rechthabertum, nach dem Motto, daß nicht sein kann, was nicht sein darf, daß nämlich der »ehrenwerte« Herr Dr. Schopenhauer von einem preußischen Gericht wegen Körperverletzung in Tateinheit mit Verbalinjurien verurteilt wird. Aber den Grafen Danckelmann läßt die ganze Sache kalt. Das vom Geheimen Obertribunal ausgesprochene Urteil ist rechtens. Und Schopenhauer muß zahlen: die Heilungskosten sowie eine Geldbuße von 20 Talern und wegen dauernder Minderung der Erwerbsfähigkeit der Klägerin monatlich 5 Taler »Alimente«, ein Leben lang. Als Caroline Marquet 1842 im Französischen Hospital in der Friedrichstraße 129 stirbt, schreibt er auf ihren Totenschein: »Obit anus, abit onus«, frei übersetzt: »Die Alte ist tot, es endet die Not.« En passant sei noch erwähnt, daß diese Geschichte auch seine Biographen nicht ruhen ließ. So schreibt einer, daß der Verlauf und Ausgang dieses Prozesses ein »ungünstiges Licht auf die damalige deutsche Justiz« werfe, und ein anderer salbadert darüber, daß dem armen Schopenhauer das »fatale Schicksal« widerfahren sei, »trickreicher weiblicher Gerissenheit« unterlegen zu sein. Genug dieser einseitigen Berichterstattung! – und ein Lob der unabhängigen preußischen Justiz, die der von Schopenhauer malträtierten Näherin recht gab.

Das »dürre Berlin«, die ungeliebte Stadt, verließ Schopenhauer 1831 aus Angst vor der Choleraepidemie. Er geht als »privatisirender Fremder« nach Frankfurt am Main. Hier wird er von 1833 bis zu seinem Tod im Jahre 1860 leben und Berlin vergessen, das nur durch Mißerfolge sich in seinem Gedächtnis hielt.

»Berlin ist physisch und moralisch ein vermaledeites Nest, und ich bin der Cholera sehr dankbar, daß sie mich vor 25 Jahren daraus vertrieben hat und hieher, ins mildere Klima und sanftere Leben.«

Der verlorene Prozeß, die unglücklich verlaufende Liebesgeschichte mit der Choristin Caroline Médon, die ihm allenthalben auch noch Hörner aufsetzte, und sein Scheitern als Universitätslehrer, all das verarbeitete er in den 1851 erschienenen »Parerga und Paralipomena«. So heißt es z. B. dort im § 131: »Ferner bin ich der Meinung, daß vor Gericht, das Zeugnis eines Weibes, ceteris paribus [unter gleichen Umständen; d. Vf.], weniger Gewicht haben sollte als das eines Mannes; so daß z. B. zwei männliche Zeugen etwan drei, oder gar vier, weibliche aufwögen. Denn ich glaube, daß das weibliche Geschlecht, in Masse genommen, täglich dreimal so viel Lügen in die Luft schickt als das männliche und noch dazu mit einem Anschein von Wahrhaftigkeit und Aufrichtigkeit, den das männliche nie erlangt.«

Verlassen wir jetzt unseren misanthropischen, frauenhassenden, privatisierenden Philosophen und springen wieder zurück zu unserem komponierenden Sänger-Schauspieler Albert Lortzing, auf daß der Kreis sich schließe.

Im selben Jahr, in dem sich Schopenhauer entschließt, für immer in Frankfurt zu leben, verläßt Albert Lortzing mit seiner Familie Detmold und übersiedelt nach Leipzig, wo er und seine Frau ein neues Engagement am dortigen Schauspielhaus antreten. Dreizehn Jahre werden die Lortzings hier leben und arbeiten. Es werden Alberts fruchtbarste und erfolgreichste Jahre sein. Anfänglich arbeitet er noch ausschließlich als Schauspieler und Sänger, aber ab 1844 dann nur noch als Kapellmeister. Hier entstehen in rascher Folge u. a seine Opern »Zar und Zimmermann« (1837), »Der Wildschütz« (1842) und »Undine« (1845), die seinen Ruhm als genuiner Musikdramatiker begründen sollten.

Tod in der Friedrich-Wilhelm-Stadt

1835 nutzte Albert Lortzing die Theaterferien in Leipzig zu einem Gastspiel in seiner Geburtsstadt. Am 15. Juni traf er in Berlin ein. Er nahm bei einem Cousin seines Vaters, dem Farbenfabrikanten Johann Friedrich Thomas, in der Niederwallstraße 5 Quartier. An seine Frau in Leipzig schrieb er: »Gestern habe ich denn endlich mit Glanz mein Gastspiel begonnen. Das Haus war ... voller als die Tage vorher bei Opern und Spectakelstück. Ich empfing während der Vorstellung großen Applaus und am Schluß allgemeine Hervorrufe und kann somit vollkommen zufrieden sein. Am Dienstag ist der leichtsinnige Lügner. – Meine Lebensweise ... ist sehr gut, aber höchst genant. Gleich am Tage meiner Ankunft (ich kam um halb 10. an) schleppte mich der Onkel zu Fuß und zu Wagen durch halb *Berlin*, nach dem Schulgarten, nach *Charlottenburg*, nach den *Zelten*, alles an einem Tag ... Berlin ... ist wunderschön, Du hast gewiß noch keine Stadt mit solchen Straßen und Prachtgebäuden gesehen ... In meinem elterlichen Hause in der breiten Straße war ich bis hinten auf dem Hof, ich fand wenig verändert.«

Das Theater, an dem Lortzing gastierte, war das Königsstädtische Theater am Alexanderplatz in der Alexanderstraße 2, eines der vielen Privattheater Berlins, die im ersten Drittel des 19. Jahrhunderts entstanden sind. Lortzing stand hier zum erstenmal am 20. Juni 1835 als Karl von Ruf in der »Schachmaschine« auf der Bühne. In der Oper »Die weiße Dame« von François-Adrien Boieldieu sang er die Rolle des Pächters Dikson. Eine große Partie für einen Spieltenor. Ein Berliner Kritiker vermerkte nach der Aufführung: »Lortzing Spiel war gut und sein Gesang störte nicht.« Ein vernichtendes Urteil über einen Sänger. Davon berichtete er aber nichts nach Hause. Ansonsten vermerkte er sehr akribisch die Kritiken über sein Spiel als Schauspieler.

Berlin hatte sich, seit Lortzing es vor 23 Jahren mit seinen Eltern verlassen, rasant verändert. Schinkel, der seit 1815 als Geheimer Oberbaurat amtierte, hatte 1817 einen Bebauungsplan für das Zentrum Berlins erstellt. Die teilweise Umsetzung sollte das Erscheinungsbild der preußischen Metropole entscheidend verändern. So entstehen nacheinander u.a. die Neue Wache (1817/18), der Neubau des Königlichen Schauspielhauses auf dem Gendarmenmarkt (1819/21), das Palais des Grafen Redern (1829–1831), Unter den Linden 1 (heute Standort des Hotels Adlon), die Schloßbrücke (1822–24), die die alte Hundebrücke ersetzte, die Singakademie (1827), heute Maxim-Gorki-Theater, Am Kupfergraben, das Königliche Museum am Lustgarten (1830), die Bauakademie und die Friedrichswerdersche Kirche (1835). All dies hat auf Albert Lortzing großen Eindruck gemacht, und heimlich hatte er gehofft, daß der Gründer und Direktor des Königsstädtischen Theater, der ehemalige Pferdehändler und Rentier Friedrich Cerf, ihn, wenn nicht als musikalischen Direktor, dann doch vielleicht als Schauspieler engagieren würde. Doch die Hoffnung trog. Cerf hatte keine Verwendung für ihn. Er setzte auf große Namen, hauptsächlich im Bereich der Oper, die er für zwei, drei Aufführungen engagierte. Lortzing reiste enttäuscht ab. Es sollten noch fünfzehn Jahre vergehen, bevor ein Ruf aus Berlin an ihn erging. Also weiter den komischen Liebhaber spielen oder Rollen singen, die weit über den Möglichkeiten seiner Stimme lagen, wie die Titelfigur in Mozarts »Don Giovanni«. Seine Zeit war einfach noch nicht gekommen. Also spielte und komponierte er weiter. 1842 wurde Ringelhardt als Direktor des Leipziger Stadttheaters abgelöst. An seine Stelle trat Carl Christian Schmidt, und als eine seiner ersten Amtshandlungen verpflichtete er Lortzing als Kapellmeister. Endlich schien er am Ziel seiner Wünsche angekommen zu sein. Kein Frondienst mehr als Schauspieler und Sänger. Aber sein Glück sollte nur drei Jahre währen. Im April 1845 wurde

Albert Lortzing (1801–1851).

ihm vom Magistrat zum Ende der Spielzeit gekündigt. Als die Öffentlichkeit davon erfuhr, kam es im Theater zum Auffruhr und zu einer Solidaritätsbekundung des Publikums, aber es sollte ihm nicht helfen. Die Kündigung wurde nicht rückgängig gemacht. Was nun? Ohne Einkünfte, und die Familie wird immer größer. Da naht die Rettung aus Wien. Am 30. Mai 1846 wurde im Theater an der Wien seine Oper »Der Waffenschmied« sehr erfolgreich uraufgeführt. Und Lortzing bekam einen Vertrag als Kapellmeister. Er richtet sich in der Fleischmannsgasse 1/Ecke Wiedner Hauptstraße im IV. Bezirk häuslich ein und läßt im September seine Familie nachkommen. Seine Euphorie hält aber nicht lange an. Er kommt mit Wien, den Wienern Theaterverhältnissen und mit dem, was man den »Wiener Schmäh« nennt, nicht klar. Seine Briefe an Freund Düringer legen beredtes Beispiel davon ab. Aber von irgendwas muß der Mensch ja leben. Dann bricht 1848 auch in Wien die Revolution aus, und Lortzing reagiert darauf, mit seinen Mitteln, er komponiert eine »ernste Oper«. Er bringt die 48er Revolution auf die Opernbühne. An seinen Verleger Raimund Härtel in Leipzig schrieb er: »Hiermit zeige ich Ihnen an, daß ich ein neues *Opus* vollendet habe, in welches ich Vertrauen setze, weil es ZeitUmstände berührt, Freiheitslieder u.d.g. enthält und einige famöse Parthien besitzt. Ich habe die Oper für das Kärnthnerthor:Theater berechnet, leider aber laßen die hiesigen Zustände noch keine Eröffnung der Bühnen hoffen und dann auch – leider muß ich es aussprechen, fragt sich – ob derartiges gegeben werden darf, denn *Wien* steht auf dem Punkte, seine Errungenschaften ... wieder herausgeben zu müssen. Wenn wir nicht die Kroaten, die vor unsern Thoren liegen sammt den österreichischen Truppen aufs Haupt schlagen, ist unsre Freiheit dahin. Gott stärke unsre Waffen. Also ... obenerwähntes *Opus* (dem nur noch die Ouvertüre mangelt) offerire ich ihnen wie früher.«

Bei dem erwähnten Opus handelt es sich um »Regina«. Ein Novum in der deutschen Operngeschichte: Aufgebrachte bewaffnete Arbeiter stürmen über die Opernbühne und singen:

»Beschlossen ist's: zu Ende sei
Die Knechtschaft und die Tyrannei!
Wir werden Recht uns bald verschaffen,
Wenn nicht mit Worten, doch mit Waffen!«

Zur Aufführung kamen solche ketzerischen Sätze natürlich nicht. Alle Theater, denen Lortzing sein Stück anbot, lehnten dankend ab. Der Stoff war ihnen zu brisant. Das Publikum sollte nicht mit brennenden Fabrikgebäuden, streikenden Arbeitern sowie einer entführten und vergewaltigten Fabrikantentochter verunsichert oder angestachelt werden. Fünfzig Jahre sollte es dauern, bis »Regina« das erste Mal aufgeführt wurde, aber natürlich nicht in der Gestalt, die ihr Lortzing gab, sondern auf allerhöchsten Befehl des Kaisers deutsch-national umgedeutet. Die Handlung wurde nach Schlesien ins Jahr 1813 verlegt und statt streikender Arbeiter sieht man brave Bürger und Handwerker, die mit Marschall Blücher gegen Napoleon ins Feld ziehen.

Es mußten noch mal hundert Jahre vergehen, bis »Regina« unverfälscht aufgeführt wurde. Dem Regisseur Peter Konwitschny ist dies zu verdanken. Das Gelsenkirchener Theater gedachte mit »Regina« des 150. Jahrestages der 1848er Revolution.

Doch zurück nach Wien, zu Lortzing, seiner Oper und der Revolution. Als Lortzing den Brief an seinen Verleger Härtel nach Leipzig schickte, war die »Regina« bis auf die Ouvertüre fertiggestellt. Aber die Arbeit an ihr will nicht so recht von der Hand gehen, denn um ihn herum tobt der Straßenkampf. An seinen Freund Philipp Düringer in Mannheim schreibt er am 8. November: »Das war ein schönes Leben! pfui Teufel! seit dem sechsten *October*, dem unglücklichen Tage an welchem der Kriegsminister *Latour* vom Volke gemordet und aufgehenkt wurde bis zum 31ten *October* fast täglich wie nächtlich Kanonendonner, Barrikaden, Allarmschlagen, Sturmläuten, Verwundete, Todte und endlich – vollkommene Militairherrschaft! ... Es ließe sich viel über dieß Thema sagen, wenn man es wagen dürfte frei von der Leber weg zu reden. Genug, wir haben eine schreckliche Zeit durchlebt und der Schaden an Zerstörungen der Häuser, Fabriken *etc:* beläuft sich auf Millionen. In der ganzen Leopoldstadt ... findest Du kein Haus von Kugeln verschont und gegen den Prater zu und die Donau entlang liegen die Häuser, einige 50 an der Zahl in Trümmer und Asche, ... und wie viel Menschenleben hat es gekostet! – Daß das Leben in Wien, obwohl die Kriegsstürme sich gelegt, jetzt kein behagliches ist, bedarf wohl keiner Versicherung. Es geht bereits in die fünfte Woche, daß die Theater geschloßen sind ... Was uns von den Errungenschaften der Märztage noch übrig geblieben sein wird ... Viel wirds nicht sein.«

Das klingt sehr resignativ. Dabei hatte die Revolution in Wien doch so hoffnungsvoll begonnen. Kaum waren am 13. März 1848 Arbeiter, Studenten und Radikaldemokraten mit dem Ruf »Nieder mit Metternich!« auf die Straßen gegangen, da trat dieser auch schon zurück und emigrierte nach England. Was für Metternich noch glimpflich ausging, endete für einige der Demonstranten tödlich. Als sich der Zug der Menge in Richtung Landhaus, dem niederösterreichischen Landtag, in Bewegung setzte, formierten sich vor diesem kaiserliche Truppen, die sofort das Feuer eröffneten, als sich die Demonstranten näherten. Es gab Tote zu beklagen. Die Folge waren Massenaufstände, die immer wieder aufloderten.

Am Sonntag, dem 27. August 1848, erreicht nach einunddreißigstündiger Bahnfahrt der Chefredakteur der »Neuen Rheinischen Zeitung«, Karl Marx, Wien. Er befand sich auf einer Goodwilltour durch preußische und österreichische Lande für seine »Neue Rheinische Zeitung«. Er reiste mit französischen Papieren, weshalb man am 30. August in der »Wiener Zeitung« lesen konnte: »Herr Carl Marxe, Doctor der Philosophie, von Paris.« Marx kam von Berlin und blieb zehn Tage in Wien. Neben Geldsammeln und Abonnentenwerben für seine Zeitung wollte er sich selbst ein Bild von der politisch-revolutionären Lage machen, die er bisher nur aus Berichten des Korrespondenten der »Neuen Rheinischen Zeitung«, Eduard von Müller-Tellering, kannte. Durch diesen wurde Marx in den »Demokratischen Verein« sowie den »Ersten Wiener Arbeiterverein« eingeführt. Vor letzterem hielt er einen Vortrag, den er schon 1845 vor Brüsseler Arbeitern zum besten gegeben hatte:

»Lohnarbeit und Kapital«. Und bei einer Diskussion im »Demokratischen Verein« gab Marx den Wiener revolutionären Demokraten und Arbeitern, als sie ihn fragten, wem sie die Forderung nach Rücktritt der Regierung unterbreiten sollten, dem Kaiser oder dem Reichstag, folgenden Rat: »Man hat bis jetzt nur von zwei hohen Gewalten gesprochen, an welche man sich wegen der Absetzung der Minister wenden will, an den Reichstag und an den Kaiser, die höchste Gewalt hat man vergessen – das Volk! Wir müssen uns an das Volk wenden und es mit allen Mitteln bearbeiten.«

Sprach's und verschwand wieder in Richtung Berlin und ließ seine Wiener Gesinnungsfreunde ratlos zurück, denn wie das gehen solle, sich an die »höchste Gewalt«, das Volk, zu wenden und es zu bearbeiten, unterließ er geflissentlich auszuformulieren.

Ein anderer war da konkreter und direkter als Marx: Robert Blum. Als Vertreter der Messestadt Leipzig im Frankfurter Paulskirchen-Parlament und Führer des linken Flügels reiste er am 13. Oktober mit den Abgeordneten Julius Fröbel und Moritz Hartmann nach Wien, um den Aufständischen dort eine Solidaritätsadresse der Frankfurter Nationalversammlung zu übergeben. Geplant war nur ein kurzer Besuch, als sich die Ereignisse überstürzten. Marschall Windischgrätz, der Oberbefehlshaber der kaiserlichen Truppen, bereitet den Gegenangriff der Reaktion auf das revolutionäre Wien vor. Jetzt war praktische Solidarität gefordert, und anders als Marx, der glaubte mit ein paar lauen Vorschlägen sich aus der Affäre ziehen zu können, tritt Blum am 25. Oktober zusammen mit Fröbel in das Elitekorps ein und nimmt als Kommandeur der ersten Kompanie an der Verteidigung Wiens teil. An seine Frau schrieb er: »Wir haben hier jetzt etwa 100.000 Bewaffnete, gegen uns stehen etwa 72.000, aber freilich dort geübte Soldaten, hier Bürger. Nun, dafür auch dort nur Sold, hier Begeisterung und Bewußtsein des Kampfes. Besonders die Arbeiter sind bewundernswert; für die Bourgeoisie, die ihnen nie etwas gab oder gönnte, stehen sie bereit, in den Tod zu gehen. Nein, es ist doch für etwas Höheres, denn in Wien entscheidet sich das Schicksal Deutschlands, vielleicht Europas. Siegt die Revolution hier, so beginnt sie von neuem ihren Kreislauf; erliegt sie, dann ist wenigstens für eine Zeitlang Kirchhofsruhe in Deutschland.«

Idealismus hin, »Höheres« her. Die Truppen des Fürsten Windischgrätz schossen die Stadt am 30. Oktober übergabebereit. Blum an seine Frau:

»Die Schlacht ist verloren, das boshafte Glück hat uns geäfft. Nein, das Glück nicht; der schmachvollste Verrat, den jemals die Weltgeschichte gesehen hat, war derart gesponnen, daß er im Entscheidungsaugenblick und nur und allein in diesem ausbrach. Ich habe am Samstag noch einen sehr heißen Tag erlebt; eine Streifkugel hat mich sogar unmittelbar am Herzen getroffen, aber nur den Rock verletzt.«

Seine revolutionäre Begeisterung sollte ihm zum Verhängnis werden. Am 4. November wird Blum im Gasthof zur Stadt London verhaftet. Zwei Tage später informiert er seine Frau: »Meine liebe Jenny! Als ich

Dir meine letzten Zeilen schrieb, deren Kürze die Umstände geboten, glaubte ich denselben auf dem Fuß zu folgen und wenigstens kurze Zeit in meinem Hause zu verleben. Das ist anders geworden, und ich werde unfreiwillig hier zurückgehalten, bin verhaftet. Denk Dir indessen nichts Schreckliches, ich bin in Gesellschaft Fröbels, und wir werden sehr gut behandelt; allein die große Menge der Verhafteten kann die Entscheidung wohl etwas hinausschieben. Sei also ruhig, und wenn Du das bist, wirst Du zu meiner Ruhe wesentlich beitragen; ich denke Dich stark und gefaßt, und ich bin's deshalb selbst.«

Das war blauäugig geschrieben. Blum hat nicht mit dem Haß des neuen österreichischen Ministerpräsidenten Fürst Schwarzenberg gerechnet. Alexander von Hübner, Vertrauter des Fürsten, berichtet: »Indem Fürst Felix seinen Prozeß verlangte, vollzog er einen Akt der Gerechtigkeit, des Mutes, der Politik. Der Gerechtigkeit: die Gesetzgebung aller zivilisierten Länder verhängen die Todesstrafe über den Rebellen, von welcher Nation er sei, der mit den Waffen in der Hand ergriffen wird. Des Mutes: der Fürst täuscht sich nicht über den Ernst der Lage: er erkannte die möglichen schweren Folgen der Hinrichtung Blums; er war sich vollkommen bewußt, durch dieselbe einen wuchtigen Streich gegen die Revolution zu führen und daher ihren Ingrimm und ihre Rache auf sich zu ziehen. Endlich war es ein Akt der Politik. Obgleich von allen Seiten angegriffen und bedroht, verschmähte er es, mit der Anarchie zu unterhandeln. Den Kopf eines Mannes zu verlangen, widerstrebt dem menschlichen Gefühl. Wenn aber dieser Mann ... Blut vergossen hat und höchstwahrscheinlich noch vergießen wird, so ist sein Tod ... eine Ersparung an Blut ... Auf diesen Gesichtspunkt stellte sich Fürst Schwarzenberg ... Er begriff, daß die Begnadigung Blums unter den gegenwärtigen Umständen für die kaiserliche Regierung gleichbedeutend wäre mit einer moralischen und politischen, wahrscheinlich nicht wiedergutzumachenden Niederlage.«

Vier Tage nach seiner Verhaftung wird Robert Blum am 8. November zum Tode verurteilt. In einem letzten Brief an seine Frau heißt es: »Mein teures, gutes, liebes Weib, lebe wohl, wohl für die Zeit, die man ewig nennt, die es aber nicht sein wird. Erziehe unsere, jetzt Deine Kinder zu edlen Menschen, dann werden sie ihrem Vater nimmer Schande machen ... Alles was ich empfinde, rinnt in Tränen dahin, daher nochmals, leb wohl teures Weib! Betrachte unsere Kinder als teures Vermächtnis, mit dem Du wuchern mußt, und ehre so Deinen treuen Gatten. Leb wohl, leb wohl. Tausend, tausend, die letzten Küsse von Deinem Robert.«

Am 9. November um halb sechs in der Früh wird Robert Blum standrechtlich, ohne Rücksicht darauf, daß er Abgeordneter der Frankfurter Nationalversammlung war und in dieser Eigenschaft zumindest in Deutschland Immunität genoß, erschossen. Eine Empörung ging durch die demokratische Bewegung. Bei der Trauerfeier in seiner Geburtsstadt Köln sang man an seinem Grab:

> »O du verrat'nes Deutschland
> Dein größtes Heiligtum,
> erschossen ist dein Robert,
> dein treuer Robert Blum.«

Der 9. November, ein deutscher Schicksalstag. Als Albert Lortzing von der Erschießung Blums erfuhr, brach er die Arbeit an der Ouvertüre seiner Oper »Regina« bei Takt 155 ab. Sie blieb unvollendet. Blum und Lortzing kannten sich aus Leipzig. Blum, der seit 1832 in Leipzig Theatersekretär (Kassierer) war, hatte für Lortzing das Libretto zu der Oper »Die Schatzkammer des Ynka« verfaßt. Leider existiert kein Autograph von diesem Werk, von dem Lortzing schrieb: »Im Jahre 1836, als noch keine meiner Opern zur Aufführung gelangt war, schrieb ich eine große tragische Oper: *Die Schatzkammer des Ynca*, Text von *Robert Blum*; nach dem günstigen Erfolge indessen, den meine komischen Opern hatten, wagte ich nicht, mit einer durchgängig ernsten Komposition vor das Publikum zu treten, und so unterblieb die Aufführung bis auf den heutigen Tag.«

Einzig ein Marsch und das Libretto haben sich erhalten. Ob die beiden sich in Wien gesehen haben, ist ungewiß. Lortzing scheint eher ein ambivalentes Verhältnis zum Revolutionär Blum gehabt zu haben. In einem Brief an seinen Freund Georg Meisinger in Regensburg heißt es am 26. November ganz lapidar: »Ueber Blum's Verurtheilung läßt sich dafür und dawider sprechen. – Darüber einmal mündlich.«

Lortzing ging es nach dem Sieg der Konterrevolution nicht gut. Seine Oper »Regina« wollte kein Theater aufführen. Sein Arbeitgeber war ihm drei Monatsgagen schuldig. Um leben zu können, trug man fast den gesamten Hausrat ins Pfandhaus. Mehr recht als schlecht schlug man sich durch. Lortzing tingelte als Sänger, Schauspieler und Kapellmeister durch die deutschen Lande. Wie es um ihn stand, kann man einem Brief entnehmen, den er am 4. Februar 1850 an Philipp Reger schrieb: »Der deutsche Komponist *Albert Lortzing* muß alle 8 bis zehn Tage seine Familie verlassen! ihre geringe Baarschaft reicht kaum so weit, bis er wieder etwas verdient hat! er selbst hat kaum so viel, um den Dampfwagen bezahlen zu können ... Dazu die Strapazen bei solcher Kälte auf solchen kleinen Theatern und vor Allem: der gräßliche Wiederwillen gegen das Komödienspielen! aber merkwürdig – alle Theater sind versessen darauf, an *Bedeutende* habe ich noch gar nicht geschrieben, doch ich bin überzeugt, daß ich auch bei jenen willkommen bin und weßhalb? nicht weil ich der Schauspieler – nein, weil ich der Komponist *Lortzing* bin, und das ist eben das Bittere dabei.«

Der Komponist als Hanswurst auf der Bühne, und das Theaterpublikum schlägt sich auf die Schenkel. Diese Demütigung sollte noch eine Zeitlang so weitergehen. Lortzing schreibt Bewerbungen en masse. Wo immer eine Stelle als Kapellmeister frei wird, er bewirbt sich. In Lüneburg, wohin ihn sein Wanderleben führte, erreicht ihn die Nachricht aus Berlin, daß das Friedrich-Wilhelmstädtische Theater an ihm als Kapellmeister interessiert sei. Seiner Frau schrieb er am 16. Februar 1850: »... empfieng ich heute einen Brief worin mir die Direktion des neuen Friedr: Wilhelmstädter Theaters in *Berlin* die Kapellmeisterstelle anträgt und meine Bedingungen verlangt ... Ich habe geantwortete, daß mir der Antrag genehm wäre, vorausgesetzt, ... ob sie eine Spieloper errichten wolle ...«

Man erwartet Lortzing Anfang April in Berlin, denn am 1. Mai will man das umgebaute Theater eröffnen. Aber ganz so schnell geht es dann doch nicht. Lortzing sollte erst früh am Dienstag, dem 30. April, den Zug von Leipzig nach Berlin besteigen, wo er am Abend eintraf. Am Freitag, dem 3. Mai, schrieb er nach Leipzig: »Ich schreibe diese Zeilen bereits in meiner Wohnung: (*Schuhmann's strasse No 15*) dicht neben dem Theater. Gegen zehn Uhr langte ich am Dienstag Abend bei Freund *Dünz* an, der mich natürlich sehr freundlich empfieng und bei dem ich bis gestern (Donnerstag) Nachmittag kampirte, vortrefflich lebte ... aber es ist und bleibt eine genante Sache, nicht sein eigner Herr sein zu können – (ich schlief mit ihm in einer Stube) – so machte ich denn, daß ich fort kam, was auch gar nicht schwer wurde, da die *Chambres garni's* – in dieser Gegend namentlich, *dutzendweise* zu haben sind. Ich habe eine sehr hübsche Stube, elegant meubilirt, ersten Stock, vorn heraus und zahle dafür 4 Thlr. 15 Ngr: *per Monat*, am 15ten kann ich nun wieder kündigen, wenn es die Umstände erheischen. Es wird glaube ich nicht schwer werden, eine Familienwohnung zu finden ... Das neue Theater wird ein sehr hübsches Gebäude, dünkt mich aber noch etwas weit zurück; vor dem 15ten *Mai* wenigstens ist keine Idee von Anfangen. Das Alte ist eine kleine Bude und werden darin nur *Local*:Sachen und *vauxdevilles* gegeben.«

Das Friedrich-Wilhelmstädtische Theater gehörte zu den im Gefolge der 1848er Revolution wie die Pilze aus dem Boden schießenden Privattheatern. Im Jahre 1842 eröffnete der vermögende Zimmerer Friedrich Wilhelm Deichmann sen. in der Schumannstraße 14 ein Tanzlokal, das Friedrich-Wilhelmstädtische Casino. Der Name leitet sich nicht, wie man annehmen könnte, von Deichmanns Vornamen ab, sondern von dem Stadtteil, in dem es lag, der Friedrich-Wilhelm-Stadt. Der Namensgeber dieses Stadtteils war Friedrich Wilhelm III., in dessen Regierungszeit der planmäßige Ausbau fällt. Das Viertel erstreckt sich von der Invaliden-/Hannoverschen Straße im Norden bis zum Schiffbauerdamm im Süden sowie von der Friedrichstraße bis zum Spreebogen. Das Viertel hatte keinen besonders guten Ruf in Berlin. Friedrich Saß schreibt dazu: »Hier besteht fast jedes Haus von oben bis unten aus Chambres-garnies, hier ist das Quartier latin Berlins. Namentlich wird diese Stadtgegend von jungen Medizinern, die eben ihr Examen machen, bevölkert, sie sind alle Chambre-garnisten und jeder Mediziner ist hier eo ipso ein ›Doktor‹. – In keiner Stadtgegend sind die Chambregarnievermieter so ausgelernt und erprobt in ihrem Geschäfte, als hier, aber auch niergends wird dem Mieter, wenn er nur pünktlich seine Miete zahlt, so viel durch die Finger gesehen, als hier. Es hat sich so in dieser Stadtgegend eine Welt zusammengefunden, die einen ganz besonderen Charakter zur Schau trägt. Habsüchtige Stubenvermieter, Studenten, junge Doktoren, Grisetten und femmes entretenues, das sind die Hauptgestalten dieser kleinen Welt ... Die einen nehmen hier das Leben auf die leichteste Achsel, die anderen suchen von dieser Frivolität zu profitieren und quetschen den Rest der Zitrone nach allen Kräften.«

Heute gehört dieses Viertel zum Boomgebiet der Berliner Mitte. Ein neues Eldorado für Spekulanten. Wer gerne wissen will, wie es zur Zeit Lortzings hier ausgesehen hat, der besuche die Marienstraße. Hier erhält er einen Einblick in die Bebauung der Friedrich-Wilhelm-Stadt aus der Zeit der dreißiger Jahre des 19. Jahrhunderts.

Deichmanns Casino hatte keinen guten Ruf, oder anders gesagt, es hatte einen besonderen Ruf, von dem Robert Springer schreibt: »Die Buhldirnen wurden ... Schankmädchen in Bierhäusern, in der Villa bella und im Friedrich-Wilhelmstädtischen Casino kokettirten Amazonen, welche sich aber nicht die Brüste abnahmen, sondern oft falsche ansetzten.«

1847 übertrug Deichmann sen. seinem Junior die Leitung des Casinos. Aber dieser hatte mehr künstlerische Ambitionen, als mit halblegalen, den Schein des Anständigen wahrenden Nebengeschäften mit seinen Schankmädchen sein Geld zu machen. Er ließ im Mai 1848 ein auf dem Grundstück befindliches Gartenhaus zur Bühne umbauen. Da diese Bühne nur im Sommer bespielt werden konnte, ließ er, nachdem er auch eine Konzession für den Winterspielbetrieb erhalten hatte, das Gebäude nochmals umbauen. Im September 1849 war Baubeginn des Friedrich-Wilhelmstädtischen Theaters, des heutigen Deutschen Theaters, und am 17. Mai 1850 dann endlich die festliche Eröffnung mit Reden und einer von Lortzing komponierten Festouvertüre, die mit viel Beifall aufgenommen wurde. Lortzing ist glücklich: »Gestern wurde unser neues Haus eröffnet, nachdem bis halb sechs Uhr Abends noch gehämmert, geklebt ... wurde; auch dürften noch ... sechs Wochen vergehen, bis man es ganz fertig nennen kann. Indeßen kann doch gespielt werden und das thut Noth, da am Sonntag bereits das alte Haus geschloßen wurde. – Dieß Theater ist unbestritten Eins der schönsten, welche in neuerer Zeit gebaut wurden. Nicht zu groß, nicht zu klein, elegant, ja man könnte sagen: prachtvoll ... kurz, es ist eine wahre Freude, in diesem Gebäude zu wirken. Die Vorstellung selbst bestand in einem Prolog ... Als ich im Orchester erschien wurde ich mit einem nicht enden wollendem Beifallssturm empfangen. Daßelbe nach der Ouvertüre, die sich sehr schön macht und vom hin und wieder noch mangelhaften Orchester, deßen Tyrann ich bin, recht brav exekutirt wurde.«

Und der gestrenge »Scharfrichter« Rellstab schrieb fast hymnisch in der »Vossischen Zeitung« am 18. Mai über die Eröffnungsvorstellung: »Bietet das Theater auf diese Weise in seiner äußerlichen Ausstattung Alles dar, was nach den Verhältnissen nur erreicht werden konnte, so läßt sich zugleich nicht verkennen, daß auch für die innere Hebung desselben ein regsames Streben thätig ist. Als das Zeichen eines solchen begrüßen wir namentlich den Gewinn eines Kapellmeisters von so begründetem Ruf und Verdienst, wie Herrn Lortzing, der Componist der Oper Czar und Zimmermann.«

Aber schon wenige Tage später wird sich Lortzings Einschätzung um 180 Grad gedreht haben. Er, der als Kapellmeister und Hauskomponist engagiert worden war, wurde unter künstlerischem Wert beschäftigt. Da mal ein Weißbierlied oder ein paar musikalische Einlagen zu drittklassigen Possen, aber nichts Größeres. Und das Ensemble: der Chor, ein bunt zusammengewürfelter Haufen singender Dilettanten; ein dezimiertes Orchester, das nicht in der Lage war, den von Lortzing geforderten Ansprüchen gerecht zu werden. Das Honorar, das Deichmann an Lortzing zahlte, reichte hinten und vorne nicht, um seine inzwischen dreizehnköpfige Familie zu ernähren. Er mußte wieder dazuverdienen und verdingte sich im ungeliebten Schauspielerberuf an der Kroll-Oper. Am 11. Juni 1850 erst folgte ihm die Familie nach Berlin. Lortzing wohnte, nach einem Zwischenaufenthalt in Töpfers Hotel (Luisenstraße 27), jetzt in der Luisenstraße 53. Es war ein Leben am Rande des Existenzminimus. Geld war fast keins vorhanden. Seinem Freund Düringer klagte er: »... was ich noch keinem gestanden, daß ich durch die letzten Verhängnißvollen Jahre, das viele Uebersiedeln, die mehrfache Engagementlosigkeit (und hauptsächlich durch den seit drei Jahren gänzlich von mir gewichenen *Opernseegen*, so verarmt bin – so verarmt, daß Deutschland darob erröthen könnte, wenn es anders Schaam im Leibe hätte. Gott weiß es und die Meinigen, ich habe immer gearbeitet aber ich habe seit drei Jahren mit *drei* letzten neuen Opern Pech gehabt; das heißt: es ist *keine durchgefallen*, aber sie haben halt das nicht gemacht was von mir erwartet und die Herrn Intendanten, Direktoren, Oberregißeure und andere Schweinehunde, wenn sie nicht gleich Erfolge wie des Freischützen, auch eines *Czar* u. Zimmermann's wittern, laßen den deutschen Komponisten in Stich – weil es eben ein deutscher ist.«

Neben den Geldsorgen kamen gesundheitliche Probleme dazu. Das unstete Leben forderte seinen Tribut. Und dann kündigte ihm auch noch

Deichmann zum 1. Februar 1851. Jetzt galt's. Er setzte jetzt noch einmal alles auf eine Karte, auf eine neue Oper. Die »Opernprobe«! Die »Komödie aus dem Stegreif« von Johann Friedrich Jünger arbeitet Lortzing zu einem Spiel im Spiel um. Seine Opernprobe wird zur Opern-Parodie. Lortzing rechnet auf witzig-hintersinnige Art mit dem Sujet, das er jahrelang mit Stoffen versorgt hat, ab. Die Uraufführung des Einakters »Die vornehmen Dilettanten oder die Opernprobe« fand am 20. Januar 1851 in Frankfurt am Main statt. Den Erfolg seiner Oper hat Lortzing nicht mehr erlebt. Er starb am frühen Morgen des 21. Januar an den Folgen eines Schlaganfalls. Ihrer Nichte Christine Kupfer schilderte Lortzings Witwe Rosine Regina dessen letzten Tag:

»... am Montag den 20. Januar gieng er nachdem er den ganzen Tag zu Hause war ins Theater kam um halb 8 Uhr wieder zu Hause aß mit seinem kleinen Bubi u. legte sich ½ 9 Uhr ins Bette lies Hänschen ›Vater unser‹ beten ich sagte beyden gute Nacht, u. lies sie ruhig schlafen. – 9 Uhr kamen Lottchen u. Fränzchen, welche im königlichen Schauspiel waren zu Hause frugen nach Papa ich sagte er schläft noch nicht ganz fest Ihr könnt ihm noch gute Nacht sagen, sie giengen an sein Bette gaben ihm noch ein Kuß er frug sie noch wie es Ihnen im Theater gefallen u. legte sich dann schlafen. Die ganze Nacht schlief er ruhig ½ 7 Uhr wo wir beiden aufstehen wollten, ich war schon im Ankleiden begriffen als ich ihn mit einmal schmerzlich stöhnen hörte ich wandte mich nach ihm um fühle ihn an, kalter Schweiß steht auf seinem Antlitz, ich rufe, ich rüttle ihn, keine Antwort, schnell rufe ich das Mädchen sie solle Essig bringen u. zum Artzt gehen der bey uns im Hause wohnte ... endlich kommt er ... [und schlägt] ihm an beiden Armen die Adern, es kommt auch noch Blut, er giebt noch einige Laute, schlägt das Auge auf, allein nur kurze Zeit, um es auf ewig zu schließen seine edle Seele war entflohen ½ 8 Uhr war er verschieden ...«

Mit Lortzings Tod an einem kalten Wintermorgen in der Luisenstraße 53 schließt sich, nicht zufällig, unser Kreis, der mit Mozart begann. Hatte Mozart das deutsche Singspiel zur Meisterschaft gebracht, so kann man Lortzing als Vollender dieser Gattung ansehen. Mit seiner als deutsches Pendant zur italienischen opera buffa und der französischen opéra comique geschaffenen Form der Konversationsoper steht er im 19. Jahrhundert als Solitär unter den Komponisten seiner Generation da. Leider wird das von den Intendanten deutscher Opernhäuser heute so nicht mehr gesehen, wie sonst wäre zu erklären, daß in einem doppelten Jubiläumsjahr, wie es das Jahr 2001 ist (200. Geburtstag und 150. Todestag), keine Bühne seiner Geburtsstadt ihn feierte. Das hat er nicht verdient.

Lortzing war immer auf Wanderschaft. Seine Seßhaftigkeit war eine virtuelle. Er hetzte von Stadt zu Stadt, von Bühne zu Bühne, von Engagement zu Engagement. Und das seit Kindesbeinen. Der Thespiskarren wurde sein Zuhause. Selbst als er in seine Geburtsstadt Berlin zurückkehrte, als bekannter und geschätzter Komponist, war seine Seßhaftigkeit auch keine von Dauer. Vom Dirigieren konnte er nicht leben. Was er mit seinen Kompositionen verdiente, war zuwenig zum Leben und zuviel zum Sterben. Und so nahm er wieder Engagements als Schauspieler/Sänger bei Bühnen an. Das Unstete wurde zu seinem ständigen Begleiter und darin, aber nicht nur darin, trifft er sich mit Mozart. So wie Mozart zum Schöpfer der ersten bürgerlichen Oper wurde, in der er Menschen wie du und ich und nicht irgendwelche Allegorien auf die Bühne brachte, so Lortzing den Fabrikarbeiter, den streikenden, revoltierenden. Und damit schließt sich unser Kreis der biografischen Erkundungen. Mozart war ein musikalischer Revolutionär. Politisch eher konservativ. Lortzing war auch ein musikalischer Revolutionär. Politisch kein Revoluzzer, obwohl ihn einige dazu machen wollen. Seine Oper »Regina« ist eine, die die Sozialpartnerschaft predigt, sie ist, wenn überhaupt, sozialdemokratisch. Das Revolutionäre an ihr ist ihre Rebellion gegen das Sujet. Sie ist seine einzige Oper, in der es einen Toten gibt. Sie ist zu ihrer Zeit die einzige Oper, wo der Sopran den Heldentenor, weil der sie vergewaltigt hatte, ermordet. Mozart, mit dem unsere Reise begann, steht für den Übergang vom Ancien régime zum revolutionären. Lortzing wurde zum Sprachrohr des Zeitgeistes zwischen Revolution und Restauration.

Alle Wege führen nach Rom, nur die Schleichwege nicht. Diese führten uns nach Berlin, aber nicht auf direktem Wege. Die Umwege brachten es mit sich, daß wir in bestimmten Orten uns mehr oder weniger lange aufhalten mußten. So wie wir uns nach Berlin einschlichen, so spazierten wir auch durch das Leben unserer Akteure. Auch hier sind wir nicht, wie es sich gehört, durch die Vordertür eingetreten, sondern durch die Hintertür. Das hatte wiederum zur Folge, daß wir ihr Leben unter einem neuen Aspekt sahen. Das hatte Folgen für die Interpretation. Sie beruhte nicht auf neuen Fakten, sondern ordnete das, was wir wissen, neu, oder anders gesagt, wir brachten die geläufige »Ordnung der Dinge« etwas durcheinander. Aber da das Chaos die Ordnung gebiert, ist alles wieder im Lot. Ein Blick durch die Hintertür des Lebens entschädigt für tausend andere Blicke.

Literatur

Hedwig Abeken, Hedwig von Olfers geb. Staegemann 1799–1871. Berlin 1908.

Achim und Bettina in ihren Briefen. Briefwechsel von Achim von Arnim und Bettina Brentano. Hrsg. von Werner Vordtriede. Frankfurt/M. 1961.

Hans Adler (Hrsg.), Literarische Geheimberichte. Protokolle der Metternich-Agenten. Bd. 1 1840–43. Köln 1977.

Kofi Agawa, Schubert's Sexuality: A Prescription for Analysis. In: 19th-Century Music XVII/1. University of California 1993.

Jean Le Rond D'Alembert, Mélanges de Littérature, d'histoire et de philosophie. Paris 1805 (Berlin 1821).

Hannah Arendt, Rahel Varnhagen. Lebensgeschichte einer deutschen Jüdin aus der Romantik. München 1981.

Achim von Arnim und Clemens Brentano. Freundschaftsbriefe. Vollständige kritische Edition von Hartwig Schultz et al. 2 Bde. Frankfurt/M. 1998.

Achim von Arnim, Werke. 6 Bde. Frankfurt/M. 1989–1994.

Marion Barzen, Die »Heilige Familie« in Charlottenburg. In: Schriften aus dem Karl-Marx-Haus Nr. 43. Trier 1990.

Briefwechsel zwischen Bruno Bauer und Edgar Bauer während der Jahre 1839–1842 aus Bonn und Berlin. Charlottenburg 1844.

Michel Bakunin, Sozial-politischer Briefwechsel. Berlin 1877.

Ernst Barnikol, Bruno Bauer. Studien und Materialien. Assen 1972.

Bruno Bauer, Disraelis romantischer und Bismarcks sozialistischer Imperialismus. Chemnitz 1882.

Edgar Bauer, Konfidentenberichte über die europäische Emigration in London 1852–1861. Trier 1989.

Hildegard Baumgart, Bettine Brentano und Achim von Arnim. Lehrjahre einer Liebe. Berlin 1999.

Jacob Baxa, Adam Müller. Ein Lebensbild aus den Befreiungskriegen und aus der deutschen Restauration. Jena 1930.

Jacob Baxa (Hrsg.), Adam Müllers Lebenszeugnisse. 2 Bde. München et al. 1966.

Wilhelmine Markgräfin von Bayreuth, Denkwürdigkeiten. 2. Teil. Tübingen 1811

Beaumarchais, Die Figaro-Trilogie. Frankfurt/M. 1976.

August Bebels Briefwechsel mit Karl Kautsky. Hrsg. von Karl Kautsky jr. Assen 1971.

Ludwig van Beethoven, Briefwechsel. Gesamtausgabe. Bd. 1. München 1996.

Walter Benjamin, Das Passagen-Werk. 2 Bde. Frankfurt/M. 1982.

Wilhelm R. Beyer, Zwischen Phänomenologie & Logik. Hegel als Redakteur der Bamberger Zeitung. Köln 1974.

Die Bibel. Freiburg 1965.

Franz Binder, Luise Hensel, ein Lebensbild nach gedruckten und ungedruckten Quellen. Freiburg 1904.

Ludwig Börne, Briefe aus Berlin. Frankfurt/M. 1999.

Dito, Briefe aus Paris. Frankfurt/M. 1986.
Stephan Born, André Chénier. Ein Dichterleben aus der Zeit der Französischen Revolution. Basel 1878.
Volkmar Braunbehrens. Mozart in Wien. München 1986.
Brentano Chronik, Daten zu Leben und Werk. München et al. 1978.
Clemens Brentano, Der Philister vor, in und nach der Geschichte. Scherzhafte Abhandlung. Faksimiledruck des in Berlin im Jahre 1811 erschienenen Originals. Berlin 1905.
Dito, sämtliche Werke und Briefe. Historisch-kritische Ausgabe. Stuttgart 1975 ss.
Attilio Brilli, Als Reisen eine Kunst war. Berlin 1997.
Jacob Burckhardt, Briefe zur Erkenntnis seiner geistigen Gestalt. Hrsg. von Fr. Kaphan. Leipzig 1935.
Charles Burney, Tagebuch einer musikalischen Reise. Wilhelmshaven 1980.
Johann Ludwig Caspar, Charakteristiken der französischen Medizin, mit vergleichenden Hinweisen auf die englische. Leipzig 1822.
Benvenuto Cellini, Mein Leben. Zürich 2000.
Renate Chédin, L. S. Mercier: »Tableau de Paris«. Eine kritische Betrachtung. Diss phil. München 1968.
Christopher Dannemann, Bruno Bauer. Eine monographische Untersuchung. Diss. Erlangen 1969.
Die Briefe Peter Gast's an Friedrich Nietzsche 2 Bde. (1884–89). München 1924.
Die Deutsche Revolution 1848/49 in Augenzeugenberichte. Hrsg. und eingeleitet von Hans Jessen. München 1973.
Ernst Dronke, Berlin. Darmstadt et al. 1974.
Johann Peter Eckermann: Gespräche mit Goethe in den letzten Jahren seines Lebens 1823-1832. Frankfurt/Main 1985 ss.
Lothar Ehrlich, Christian Dietrich Grabbe. Leipzig 1986.
Joseph von Eichendorff, Sämtliche Werke. Historisch-kritische Ausgabe. Bd. 11. Tagebücher. Regensburg 1921.
Ulrich Enzensberger, Herwegh. Ein Heldenleben. Frankfurt/M. 1999.
Wolfgang Eßbach, Die Junghegelianer. Soziologie einer Intellektuellengruppe. München 1988.
Arnold Feil, Franz Schubert. Die schöne Müllerin. Winterreise. Stuttgart ^{2}1996.
Johann Gottlieb Fichte, Beitrag zur Berichtigung der Urteile des Publikums über die französische Revolution. Hamburg 1973.
Dito, Reden an die deutsche Nation. München o. J. (1967).
Petra Fischer, Vormärz und Zeitbürgertum. Gustav Albert Lortzings Operntexte. Stuttgart 1997.
Peter Foley, Heinrich von Kleist und Adam Müller. Frankfurt/M. 1990.
Theodor Fontane, Von Zwanzig bis Dreißig. Berlin ^{2}1998.
Briefe Friedrich des Großen. Hrsg. von Max Hein. 2 Bde. Berlin 1914.
Erik Gamby, Edgar Bauer. Junghegelianer, Publizist und Polizeiagent. Trier 1985.
Hermann Gerstner, Brüder Grimm mit Selbstzeugnissen und Bilddokumenten. Reinbek b. Hamburg 1973.
Reinhard Gerlach, Strophen von Leben, Traum und Tod. Ein Essay über Rückert-Lieder von Gustav Mahler. Wilhelmshaven 1983.

Felix Glenn, Der heilige Rock – Geschichten und Legenden. In: Geist und Leben 69 (1996).
Goethes Leben von Tag zu Tag. Eine dokumentarische Chronik von Robert Steiger. Bd. 1 1749–1775. Zürich/München.
Gespräche mit Marx und Engels. Hrsg. von Hans Magnus Enzensberger. Frankfurt/M. 1973.
Christian Dietrich Grabbe, Werke und Briefe. Historisch-kritische Gesamtausgabe in sechs Bänden. Emsdetten 1960–1973.
Dirk Grathoff, Kleists Geheimnisse. Unbekannte Seiten einer Biographie. Opladen 1993.
Franz Grillparzer, Sämtliche Werke. Ausgewählte Briefe, Gespräche, Berichte. Bd. 4. München 1960–1965.
Melchior Grimm, Paris zündet die Lichter an. Literarische Korrespondenz. Leipzig 1977.
Frank Haase, Kleists Nachrichtentechnik. Eine diskursanalytische Untersuchung. Opladen 1986.
Heinz Härtel, Arnim und Goethe. Zum Goethe-Verhältnis des 19. Jahrhunderts. Diss. Masch. Halle 1977.
Dito, Romantischer Antisemitismus. Arnim und die Tischgesellschaft. In: Weimarer Beiträge 33. Weimar 1987.
Rudolf Haym, Hegel und seine Zeit. Berlin 1857.
Friedrich Heer, Gottes erste Liebe. Die Juden im Spannungsfeld der Geschichte. Frankfurt/M. et al. 1986.
Hegel bei den Slaven. Hrsg. von Dmitrij Tschitschewskij. Darmstadt 1961.
Hegel in Berichten seiner Zeitgenossen. Hrsg. von Günther Nicolin. Hamburg 1970.
Briefe von und an Hegel. Hrsg. von Johannes Hoffmeister und Friedhelm Nicolin. Bd. I–IV. Hamburg 1977.
Hegel. Dokumente und Materialien zur Biographie. Hrsg. von Friedhelm Nicolin. Hamburg 1977.
Heinrich Heine, Historisch-kritische Gesamtausgabe der Werke. Hrsg. von Manfred Windfuhr. Hamburg 1973 ss.
Deborah Hertz, Die jüdischen Salons im alten Berlin. Frankfurt/M. 1991.
Helmut Hirsch, Karl Marx als Publizist. In: Beiträge zur Zeitungswissenschaft. Festgabe für Karl d'Ester. Münster 1952.
Franz von Holbein, Deutsches Bühnenwesen. Ein Handbuch für alle ... Wien 1853.
E. T. A. Hoffmann, Briefe und Tagebücher. Hrsg. von Walter Harich. 2 Bde. Weimar 1924.
E. T. A. Hoffmann, Leben und Werk in Briefen, Selbstzeugnissen und Zeitdokumenten. Berlin 1976.
E. T. A. Hoffmann, Werke. 6 Bde. Berlin (O) 1958.
Paul Hoffmann, Unbekanntes aus der Lebensgeschichte Adam Müllers. In: Nationalwirtschaft, Blätter für organischen Wirtschaftsbau 2. Berlin 1928/29.
Wilhelm und Caroline von Humboldt in ihren Briefen. Hrsg. von Anna von Sydow. 7 Bde. Berlin 1906 – 1916.
Jean-Paul-Chronik. Daten zu Leben und Werk. Zusammengestellt von Uwe Schweikert. München 1975.
Jean Pauls Persönlichkeit. In Berichten von Zeitgenossen. Gesammelt und hrsg. von Eduard Berend. Berlin et al. 1956.

Jean Paul, Sämtliche Werke. Historisch-kritische Ausgabe. Abt. III. Die Briefe. Bd. 1–9. 1927–1964.
Werner Keil, E.T.A. Hoffmann als Komponist. Studien zur Kompositionstechnik an ausgewählten Werken. Wiebaden 1986.
Hermann Kesten, Dichter im Café. Frankfurt/M. et al. 1983.
Sören Kierkegaard, Briefe. Gütersloh [2]1996.
Dito, Entweder–Oder. München 1975.
Dito, Die Tagebücher 1834–1855. Leipzig 1941.
Dito, Werke. 5 Bde. Übersetzt von Liselotte Richter. Bd 2. Die Wiederholung. Reinbek 1961.
Heinrich von Kleist, Brandenburger Ausgabe. Kritische Edition sämtlicher Texte. Hrsg. von Roland Reuß et al. Basel et al. 1988 ss.
Dito, Lebensspuren. Dokumente und Berichte der Zeitgenossen. Hrsg. von Helmut Sembdner. Münschen 1996.
Dito, Nachruhm. Eine Wirkungsgeschichte in Dokumenten. Hrsg. von Helmut Sembdner. München 1997.
Dito, Sämmtliche Briefe. Stuttgart 1999.
Dito, Sämtliche Werke und Briefe in vier Bänden. Hrsg. von Ilse-Marie Barth, Klaus Müller-Salget et al. Frankfurt/M. 1987–1997.
Karl Friedrich Klöden, Von Berlin nach Berlin. Erinnerungen 1786–1824. Berlin 1976.
Rudolf Klöpper, E.T.A. Hoffmann am Bamberger Theater. Bamberg 1929.
Jules Laforgue, Berlin. Der Hof und die Stadt 1887. Frankfurt/M 1970.
Paul de Lagarde, Erinnerungen an Friedrich Rückert. Göttingen 1897.
Elisabeth Lenk, Dissident der bürgerlichen Gesellschaft. Eine Erinnerung an einen hierzulande fast vergessenen Dichter der Französischen Revolution: André Chénier. In: Die Tageszeitung vom 24. 8. 1989.
Max Lenz, Geschichte der Berliner Universität. 2 Bde. Halle 1910.
Albert Lortzing, Sämtliche Briefe. Historisch-kritische Ausgabe. Hrsg. von Irmlind Capelle. Kassel et al. 1995.
John Henry Mackay, Max Stirner. Sein Leben und sein Werk. Freiburg/Br. 1977.
Julie Marc, Erinnerungen an E. T. A Hoffmann. Bamberg 1965.
Karl Marx, Frühe Schriften II. Hrsg. von Hans-Joachim Lieber et al. Stuttgart 1971.
Karl Marx, Friedrich Engels, Gesamtausgabe (MEGA). Dritte Abteilung. Bd. 1. Karl Marx, Friedrich Engels Briefwechsel. Berlin (O) 1975.
Karl Marx, Friedrich Engels, Werke. (MEW). Bde. 7, 21, 27, 37, EB 1, 2. Berlin (O). 1961–1968.
Louis-Sébastian Mercier, Tableau de Paris. Auswahl und Übersetzung aus dem Französischen von Wolfgang Tschöke. Zürich 1990.
Mohr und General. Erinnerungen an Marx und Engels. Berlin 1982.
Mozart, Briefe und Aufzeichnungen. Gesamtausgabe. Bd. I–IV. (Text), Bd. V–VI (Kommentar). Kassel et al. 1962–1975.
Mozart. Die Dokumente seines Lebens. Hrsg. von Otto Erich Deutsch. Kassel et al. 1961.
Leopold Mozart, Reise-Aufzeichnungen 1763–1771. Dresden 1920.
Max Müller, Alte Zeiten – Alte Sitten. Gotha 1901.
Wilhelm Müller, Werke. Tagebücher. Briefe in fünf Bänden. Berlin 1994.

Karlheinz Muscheler, Die Schopenhauer-Marquet-Prozesse und das preußische Recht. Tübingen 1996.
Kristina Muxfeldt, Political Crimes and Liberty, or Why Would Schubert Eat a Peacock? In: 19 th-Century Music XVII/1. University of California 1993.
Friedrich Nicolai, Beschreibung der Königlichen Residenzstädte Berlin und Potsdam und aller daselbst befindlichen Merkwürdigkeiten. 3 Bde. Berlin 1786.
Margarete von Olfers, Elisabeth Staegemann. Leipzig 1937.
Jean Orieux, Das Leben des Voltaire. Frankfurt/M. 1994.
Rahels erste Liebe. Rahel Levin und Karl Graf von Finckenstein. Nach den Originalen hrsg. und erläutert von Günter de Bruyn. Frankfurt/M. 1986.
Rahel und Alexander von der Marwitz in ihren Briefen. Ein Bild aus der Zeit der Romantik. Hrsg. von Heinrich Meisner. Gotha et al. 1925.
Ludwig Rellstab, Aus meinem Leben. 2 Bde. Berlin 1846.
Dito, Ludwig Berger, ein Denkmal. Berlin 1846.
Jean-Jacques Rousseau, Bekenntnisse. Frankfurt/M. 1971.
Dito, Emile. Stuttgart. 1969.
Dito, Julie oder die neue Héloïse. München 1978.
Friedrich Rückert, Briefe. Hrsg. von Rüdiger Rückert. Schweinfurth. 1977–87.
Heinrich Rückert in seinem Leben und Wirken dargestellt von Amélie Sohr. Weimar 1880.
Rüdiger Safranski, Schopenhauer und die wilden Jahre der Philosophie. Eine Biographie. München 1987.
Miriam Sambursky, Ludwig Roberts Lebensgang. In: Bulletin des Leo Baeck Instituts NF 1976.
Maynard Solomon, Schubert: Some Consequences of Nostalgia. In: 19th-Century Music XVII/1.University of Calofornia 1993.
Dito; Franz Schubert and the Peacocks of Benvenuto Cellini. In: 19th- Century Music xII. University of California 1989.
F.W. J. Schelling, Philosophie der Offenbarung 1841/42. Hrsg. und eingeleitet von Manfred Frank. Frankfurt/M. 1977.
Louis Schneider, Geschichte der Oper und des königlichen Operhauses in Berlin. Berlin 1852.
Arthur Schopenhauer, Gespräche. Hrsg, von Arthur Hübscher. Stuttgart-Bad Cannstatt 1971.
Dito, Parerga und Paralipomena. 2 Bde. Frankfurt 1986.
Dito, Reisetagebücher. Hrsg. von Ludger Lütkehaus. Zürich 1987.
Johanna Schopenhauer. Im Wechsel der Zeiten, im Gedränge der Welt. Jugenderinnerungen, Tagebücher, Briefe. Düsseldorf et al. 2000.
Die Schopenhauers. Der Familien-Briefwechsel von Adele Schopenhauer, Heinrich Floris und Johanna Schopenhauer. Hrsg. von Ludger Lütkehaus. Zürich 1991.
Schubert. Die Dokumente seines Lebens. Gesammelt und erläutert von Otto Erich Deutsch. Kassel et al. 1964.
Christoph Schwandt, »Unaussprechlich, unbegriffen«. Indizien und Argumente aus Leben und Werk für die wahrscheinliche Homosexualität des Franz Peter Schubert. In: Musik-Konzepte 97/98 München 1997.

Robert Springer, Berlins Straßen, Kneipen und Clubs im Jahre 1848. Berlin 1850.
Friedrich August Staegemann, Erinnerungen an Elisabeth. Berlin 1835.
Peter Staengle, Heinrich von Kleist. München 1998.
Reinhold Steig, Heinrich von Kleists Berliner Kämpfe. Berlin 1901.
Max Stirner, Der Einzige und sein Eigentum. Stuttgart. 1972.
David Friedrich Strauss, Voltaire. Leipzig 1870.
Heidi Thomann-Tewarson, Rahel Varnhagen mit Selbstzeugnissen und Bilddokumenten. Reinbek b. Hamburg 1988.
Die Töchter von Karl Marx. Unveröffentlichte Briefe. Köln 1981.
Und grüß' mich nicht Unter den Linden. Heine in Berlin. Gedichte und Prosa. Hrsg. und mit einem Nachwort versehen von Gerhard Wolf. Berlin (O) 1980.
Rahel Varnhagen, Briefwechsel. Hrsg. von Friedhelm Kemp. 4 Bde. München ^{2}1979.
Dito, Rahel-Bibliothek. Gesammelte Werke. Hrsg. von Konrad Feilchenfeld et al. 10 Bde. München 1983.
Karl August Varnhagen von Ense, Rahel. Ein Buch des Andenkens für ihre Freunde. 3 Bde. Berlin 1834.
Dito, Denkwürdigkeiten des eigenen Lebens und vermischte Schriften. 9 Bde. Leipzig 1843–1859.
Voltaire, Das Zeitalter Ludwig XIV. Leipzig 1885.
Wilhelm Heinrich Wackenroder/Ludwig Tieck, Herzensergießungen eines kunstliebenden Klosterbruders. Stuttgart 1979.
Dito, Werke und Briefe. Nachdruck der Ausgabe von 1938. Heidelberg 1967.
Thomas Wichmann, Heinrich von Kleist. Stuttgart 1988.
Petra Wilhelmy-Dollinger, Die Berliner Salons. Berlin 2000.
Johann Joachim Winckelmann, Briefe aus Rom. Mainz 1997.
Gabrielle Wittkop-Ménardeau, E. T. A. Hoffmann in Selbstzeugnissen und Bilddokumenten, Reinbek 1966.
Carl Friedrich Wittmann (Hrsg.), Die Stumme von Portici. Leipzig 1926.
Hans Christoph Worbs, Albert Lortzing in Selbstzeugnissen und Bilddokumenten. Reinbek 1979.
Stefan Zweig, Heinrich von Kleist. In: Der Kampf mit dem Dämon. Frankfurt/M. 1998.

Personenregister

Bildnachweis

Das Bildarchiv Preußischer Kulturbesitz, bpk Berlin, stellte die Bildvorlagen zur Verfügung, mit Ausnahme der Karikatur von Friedrich Engels auf Seite 309. Das Blatt wurde übernommen aus: Hans Georg Helms, Die Ideologie der anonymen Gesellschaft, Köln 1962.

Danksagung

Für vielfältigen Rat danke ich besonders Dirk Pilz, der mir Kierkegaards Dänisch nahebrachte, sowie Dr. Lutz Gümbel und Dr. Christian Zacker für ihre fachlichen Hinweise zu Franz Schubert, letzterem auch für seine Übersetzungen aus dem Französischen, und last but not least danke ich meiner Frau Evelin Lubig-Fohsel, ohne deren Geduld und Engagement dieses Buch nicht hätte geschrieben werden können, sowie Monika Lange, die weiß warum.

Berlin, im Januar 2002